教育部高等学校管理科学与工程类学科专业教学指导委员会推荐教材

江苏省精品教材

质量管理学

第2版

马义中　汪建均　编著

机械工业出版社

本书根据质量学科的发展和读者的反馈，在第1版的基础上，进行了系统修改、补充和完善。全书分为三个部分，共12章。第1部分，质量管理概述，包括第1章质量与质量管理、第2章质量管理基础、第3章质量经济性分析、第4章质量管理的基本工具；第2部分，质量分析与控制，包括第5章数据处理与抽样检验、第6章测量系统分析、第7章过程能力分析、第8章统计过程控制；第3部分，质量管理专题，包括第9章质量功能展开、第10章六西格玛管理、第11章卓越绩效模式、第12章服务质量管理。

本书可作为普通高等学校管理类、经济类和工程类本科生及工商管理硕士（MBA）的教材，也可供企事业单位的工程技术人员、生产管理人员、质量管理人员等学习参考。

图书在版编目（CIP）数据

质量管理学/马义中，汪建均编著.—2版.—北京：机械工业出版社，2019.7（2025.1重印）

江苏省精品教材　教育部高等学校管理科学与工程类学科专业教学指导委员会推荐教材

ISBN 978-7-111-62947-4

Ⅰ.①质…　Ⅱ.①马…　②汪…　Ⅲ.①质量管理学－高等学校－教材　Ⅳ.①F273.2

中国版本图书馆CIP数据核字（2019）第115635号

机械工业出版社（北京市百万庄大街22号　邮政编码100037）
策划编辑：易　敏　商红云　责任编辑：易　敏　商红云　郑　玫
责任校对：佟瑞鑫　封面设计：张　静
责任印制：单爱军
北京虎彩文化传播有限公司印刷
2025年1月第2版第7次印刷
185mm×260mm·17.25印张·415千字
标准书号：ISBN 978-7-111-62947-4
定价：46.00元

电话服务　　　　　　　　　　　网络服务
客服电话：010－88361066　　机　工　官　网：www.cmpbook.com
　　　　　010－88379833　　机　工　官　博：weibo.com/cmp1952
　　　　　010－68326294　　金　书　网：www.golden－book.com
封底无防伪标均为盗版　　　机工教育服务网：www.cmpedu.com

教育部高等学校管理科学与工程类学科专业
教学指导委员会推荐教材

编　审　委　员　会

序

当前，我国已成为全球第二大经济体，且经济仍维持着较高的增速。如何在发展经济的同时，建设资源节约型、环境友好型的和谐社会；如何从资源消耗型、劳动密集型的粗放型发展模式，转变为“科技进步、劳动者素质提高、管理创新”型的低成本、高效率、高质量、注重环保的精益发展模式，就成为摆在我们面前的一个亟待解决的课题。现代科学方法与科技成就所阐明和揭示的管理活动规律，以提高管理效率为特征的管理科学与工程类学科，无疑是破解这个难题的重要手段和工具。因此，尽快培养一大批精于管理科学与工程理论和方法，并能将其灵活运用于实践的高层次人才，就显得尤为迫切。

为了提升人才育成质量，近年来教育部等相关部委出台了一系列指导意见，如《高等学校本科教学质量与教学改革工程的意见》等，以此来进一步深化高等学校的教学改革，提高人才培养的能力和水平，更好地满足经济社会发展对高素质创新型人才的需要。教育部高等学校管理科学与工程类学科专业教学指导委员会（以下简称教指委）也积极采取措施，组织专家编写出版了“工业工程”“工程管理”“信息管理与信息系统”“管理科学与工程”等专业的系列教材，如由机械工业出版社出版的“21世纪工业工程专业规划教材”就是其中的成功典范。这些教材的出版，初步满足了高等学校管理科学与工程学科教学的需要。

但是，随着我国国民经济的高速发展和国际地位的不断提高，国家和社会对管理学科的发展提出了更高的要求，对相关人才的需求也越来越广泛。在此背景下，教指委在深入调研的基础上，决定全面、系统、高质量地建设一批适合高等学校本科教学要求和教学改革方向的管理科学与工程类学科系列教材，以推动管理科学与工程类学科教学和教材建设工作的健康、有序发展。为此，在“十一五”后期，教指委联合机械工业出版社采用招标的方式开展了面向全国的优秀教材遴选工作，先后共收到投标立项申请书300多份，经教指委组织专家严格评审、筛选，有60余部教材纳入了规划（其中，有20多种教材是国家级或省级精品课配套教材）。2010年1月9日，“全国高等学校管理科学与工程类学科系列规划教材启动会”在北京召开，来自全国50多所著名大学和普通院校的80多名专家学者参加了会议，并对该套教材的定位、特色、出版进度等进行了深入、细致的分析、研讨和规划。

本套教材在充分吸收先前教材成果的基础上，坚持全面、系统、高质量的建设原则，从完善学科体系的高度出发，进行了全方位的规划，既包括学科核心课、专业主干课教材，也涵盖了特色专业课教材，以及主干课程案例教材等。同时，为了保证整套教材的规范性、系统性、原创性和实用性，还从结构、内容等方面详细制定了本套教材的“编写指引”，如在内容组织上，要求工具、手段、方法明确，定量分析清楚，适当增加文献综述、趋势展望，以及实用性、可操作性强的案例等内容。此外，为了方便教学，每本教材都配有课件，并采用双色印刷。

本套教材的编写单位既包括了北京大学、清华大学、西安交通大学、天津大学、南开大学、北京航空航天大学、南京大学、上海交通大学、复旦大学等国内重点大学，也吸纳了安徽工业大学、内蒙古科技大学、中国计量大学、石家庄铁道大学等普通高校；既保证了本套教材较高的学术水平，也兼顾了普适性和代表性。这套教材以管理科学与工程类各专业本科生及研究生为主要读者对象，也可供相关企业从业人员学习参考。

尽管我们不遗余力，以满足时代和读者的需要为最高出发点和最终落脚点，但可以肯定的是，本套教材仍会存在这样或那样不尽如人意之处，诚恳地希望读者和同行专家提出宝贵的意见，给予批评指正。在此，我谨代表教指委、出版者和各位作者表示衷心的感谢！

齐二石

于天津

前　言

在由中国制造向中国创造、中国速度向中国质量、中国产品向中国品牌转变的过程中，中共中央、国务院于2017年9月发布了《关于开展质量提升行动的指导意见》，质量已经上升为国家战略。在这种情况下，如何加强质量管理、保持企业的持续改进、保证企业的生存和发展，是每个质量工作者必须面对和思考的问题。

本书依据质量学科的发展和读者的反馈，在第1版的基础上进行了修改、补充和完善，力求系统地介绍质量管理与质量技术的基本理论、方法和技术。全书分为三个部分，共12章。

第1部分质量管理概述，包括第1~4章。第1章质量与质量管理，主要内容包括质量概念的演变和质量管理的发展过程、质量管理大师的质量观、产生质量问题的根本原因和提高质量的途径；第2章质量管理基础，主要内容包括质量管理的相关术语及质量管理原则、质量管理体系、质量认证制度和质量管理小组等；第3章质量经济性分析，主要内容包括质量成本的概念和发展、质量成本的核算与分析、质量成本概念的新发展及其改进模型；第4章质量管理的基本工具，主要内容包括质量管理的老、新七种工具。

第2部分质量分析与控制，包括第5~8章。第5章数据处理与抽样检验，主要内容包括数据的收集与整理、抽样检验的一般原理和计数型抽样检验等；第6章测量系统分析，主要内容包括测量系统分析的模型、R&R估计、测量系统能力的评价和应用等；第7章过程能力分析，主要内容包括过程能力分析的基本概念、常用的过程能力指数及其性质、过程绩效指数等；第8章统计过程控制，主要内容包括统计过程控制概述、常规控制图、计数值控制图、小批量控制图和小波动控制图等。

第3部分质量管理专题，包括第9~12章。第9章质量功能展开，主要内容包括质量功能展开的基本概念、质量功能展开的模式、质量功能展开的实施过程和应用实例等；第10章六西格玛管理，主要内容包括六西格玛管理的概念和特点、六西格玛管理的组织和推进、六西格玛管理方法论等；第11章卓越绩效模式，主要内容包括卓越绩效模式产生的背景、几种主要的卓越绩效模式、中国卓越绩效评价准则和实施指南、ISO 9000族标准与卓越绩效模式的比较等；第12章服务质量管理，主要内容包括服务质量的概念、服务质量模型和应用、服务质量管理理论等。

本书在第1版的基础上，增加了抽样检验、质量功能展开、服务质量管理等内容，修改了质量管理体系、卓越绩效模式等内容，这些工作均由马义中执笔完成。

本书能够与读者见面，离不开那些为之提供无私帮助和热情支持的组织和个人。首先，感谢江苏省教育厅将本书列入“江苏省精品教材”计划，也感谢南京理工大学给予的资助；其次，感谢在编著过程中，研究生曹程明、乐春雨、谢恩等完成了绘图、校稿等工作；最后，感谢机械出版社编辑所做的辛勤工作。

本书可作为普通高等学校管理类、经济类和工程类本科生，以及工商管理硕士（MBA）的教材，也可供企事业单位的工程技术人员、生产管理人员、质量管理人员和企业各级领导参考和自学之用。

尽管编著者尽了最大努力，期望做到“零缺陷”，但质量学科总是不断发展变化的，难免存在问题和不足，竭诚期望读者斧正，进一步提高本书的质量。

马义中

联系方式：yzma－2004@163.com

目 录

第 3 部分 质量管理专题

第 1 部分　质量管理概述

第1章 质量与质量管理

著名的质量管理学专家朱兰（Joseph H. Juran）曾经说过："20 世纪是生产力的世纪，21 世纪将是质量的世纪。"以全面质量管理著称的菲根堡姆（A. V. Feigenbaum）也认为："质量在全球经济中处于领导地位。"伴随着全球经济一体化的发展和科学技术的进步，国内外市场的竞争日趋激烈，竞争的焦点是质量、成本/价格、上市时间。随着人们生活水平提高和需求更加个性化，顾客对产品质量的要求也越来越高。任何组织要想在激烈的竞争中生存和发展，必须连续不断地提高质量，同时降低成本和提高效率，以满足顾客的需求，即注重西方人所说的全面质量（total quality）。要提升全面质量，不仅需要质量管理的思想和方法，而且更需要质量工程技术和管理工具。如何利用质量管理的方法和技术，设计并制造出高质量、高可靠性、低成本、短周期的产品，由此获得竞争优势，已成为国内外质量管理研究者和实际工作者极为关注的问题。

本章首先阐述了质量概念的演变和质量管理的发展过程，接着阐述了著名质量大师的质量观。在此基础上，重点介绍了产生质量问题的根源与提高质量的途径。

1.1 质量概念的演变和质量管理的发展过程

1.1.1 质量概念的演变

随着质量管理实践活动的不断深入，人们对质量的认识也在不断变化和深化。随着时代的变迁，质量的概念也在不断地发展、丰富和完善。总体上，人们对质量概念的认识经历了以下五个不同的阶段。

1. 客观质量

最早使用的质量概念是通过设定规格（specification）来定义的，即质量特性"满足规格要求（落入设计公差内）的产品为合格产品，不满足规格要求的产品为不合格产品"。实际上，该定义来源于工程领域，通常被称为客观质量（objective quality）。这是从生产者角度来定义产品质量的，如何确定规格，往往是由制造者确定的。因此，最初的"规格要求"并不能反映顾客的各种需求和期望。

2. 主观质量

随着市场的竞争和发展，顾客已逐渐成为市场的主体，而上述客观质量没有把经营中的市场因素联系起来，由此，产生了主观质量（subjective quality）的概念，即质量要满足顾客的需求。它是由美国著名质量专家戴明（W. E. Deming）于 20 世纪 50 年代初期，在日本进行质量教育和培训时，根据市场竞争的需要所提出的。这种主观质量的理念指导日本企业从管理到工程的每个细节为顾客考虑，企业真正地为顾客而存在。这正是日本产品在 20 世纪80年代初期，在国际市场上取得主导地位的主要原因之一。

3. 动态质量

随着科学技术的快速发展、市场竞争的日趋激烈及人们期望的不断提高，今天使顾客满意的产品，明天或许就会被顾客所遗忘，于是产生了动态质量（dynamic quality）的概念，即要连续不断地满足顾客的需求。动态质量的概念，是近年来许多世界级公司所推崇的连续质量改进的源泉。从狩野纪昭（Noriaki Kano）提出的顾客需求模型（Kano 模型）中，可以清楚地看到这一点，如图1-1所示。

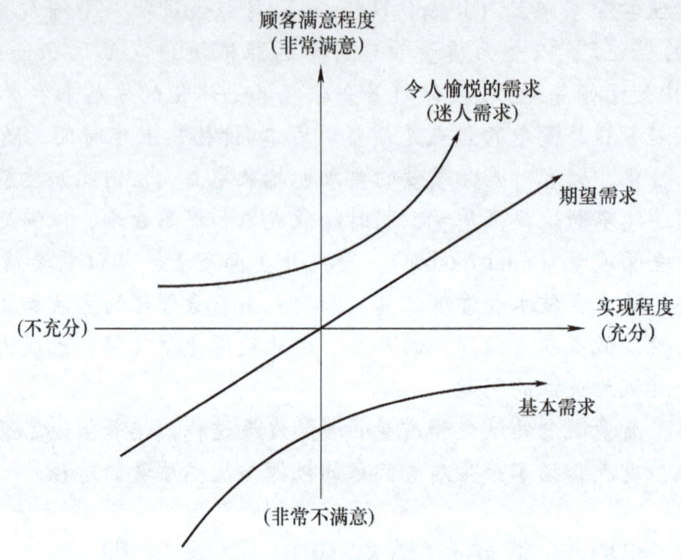

图1-1 Kano 顾客需求模型

狩野纪昭把顾客需求划分为三个层次：基本需求、期望需求和令人愉悦的需求（或称迷人需求）。基本需求是顾客潜意识的期望，它是明显的、不需表述的需求。如果不能满足这些需求，则必然导致顾客的不满意。期望需求是顾客意识到的和期望的需求。满足顾客的期望需求，将极大地提高顾客的满意度；令人愉悦的需求是指超越顾客期望的需求，往往能够给顾客带来意外的惊喜。应充分注意到，Kano 模型中的三个层次需求是动态的，今天是令人愉悦的质量需求，明天也许会变成期望的质量需求，后天也许成为最基本的质量需求。同时也应该看到：任何一种产品在投放市场后，其质量不管多么令人惊喜，最终都将会成为一种基本的需求。

4. 全面质量

要真正做到连续不断地满足顾客的需求，仅仅要求质量是不够的，只有高质量和合理的价格，两位一体才能真正使顾客满意。在合理的价格下要保证企业的利润、生存和发展，必须最大限度地降低成本，减少质量损失，因而西方质量专家把“在低投入下，获得的高质量”称为全面质量。值得注意的是，不能把全面质量误解为产品实现全过程的质量总和，即产品设计、开发、制造、检验、售后服务等阶段的全部质量。全面质量是从质量到价格全面竞争的产物，它强调了经济的含意，反映了当代质量管理的哲学。现在所进行的连续质量改进工作，实际上正是朝着全面质量的目标而进行的，也就是连续全面质量改进。

5. 国际标准化组织的质量观

在上述各种质量观的基础上，国际标准化组织（ISO）对ISO 9000族标准中的质量概念也在进行不断完善。ISO 9000：2015《质量管理体系基础和术语》标准把质量定义为："客体的一组固有特性满足要求的程度"，并对该定义进行了详细的解释。这一定义看上去高度抽象而概括，但只要把握了"特性"和"要求"这两个关键词就很容易理解。它从"特性"和"要求"两者之间的关系来描述质量，即客体（可感知或可想象到的任何事物）的"特性"满足某个群体"要求"的程度，满足的程度越高，质量也就越好。

固有的：其反义是"赋予的"，指在存在于客体之中，尤其是那种永久的特性。固有特性是产品、服务、过程或体系的一部分，而人为赋予的特性（如产品的价格）不是固有特性，不反映在产品的质量范畴中。

特性：是指"可区分的特征"，它可以是固有的或赋予的，定性的或定量的。固有特性的类型包括技术性或理化性的特性（这些特性可以用理化检测仪器精确测定）、心理方面的特性、时间方面的特性、社会方面的特性、安全方面的特性等。

要求：是指"明示的、通常隐含的或必须履行的需求或期望"。"明示的"可以理解为规定的要求，是供需双方在业务洽谈和签订合同过程中，用技术规范、质量标准、产品图样、技术要求加以明确规定的内容，在文件中予以阐明。而"通常隐含的"则是指组织与相关方的惯例或一般做法，所考虑的需求或期望是不言而喻的。"要求"可由不同的相关方或组织提出，可以是多方面的；特定要求可使用修饰词表示，如产品要求、质量管理要求、顾客要求等。

在理解"质量"术语时，还要注意以下几点内涵：

- 质量的广义性：质量的载体是实体，实体是"可单独描述和研究的事务"。实体可以是产品（硬件和软件），也可以是组织、体系或人，以及以上各项的任意组合。质量不仅指产品质量，也可以指某项活动或过程的工作质量，还可以指涉及人的素质、设备的能力、管理体系运行的质量。
- 质量的时效性：组织的顾客及其他相关方对组织的产品、过程和体系的需求和期望是不断变化的，组织应根据顾客和相关方需求和期望的变化，不断调整对质量的要求，并争取超越它们的期望。
- 质量的相对性：组织的顾客和相关方对同一产品的功能提出了不同的需求；也可能对同一产品的同一功能提出不同的需求；需求不同，质量要求也就不同，但只要满足需求，就应该认为质量是好的。
- 质量的动态性：随着科学技术的发展和生活水平的提高，人们对产品、过程或质量体系会提出新的质量要求。因此，应定期评价质量要求，修订规范。不同顾客、不同地区因自然环境条件和技术水平的不同，消费水平的差异，也会对产品提出不同的要求，产品应具有各种环境的适应性，以满足顾客"明示或隐含"的要求。

Garvin曾指出，质量应该是多维度的，它至少应该包括：性能，即产品实现其目标的效率；特征，即产品属性；可靠性；符合性（Conformance）；耐用性；可服务性；美观性；让人可以感受到等方面。

尽管人们对质量的认识可能有所不同，但在一个组织内部，对质量的认识必须统一、一致，这是交流、沟通、改进的基础。

人们对质量的认知过程是永无止境的。随着人类社会的进步，人们对质量的认知在不断变化，越来越接近事物的本质，并逐渐被企业、社会所理解、接受。

1.1.2 质量管理的发展过程

随着质量概念的不断演变，质量管理也随之不断地发展。根据质量管理主要方法的不同，质量管理经历了产品质量检验、统计过程控制和全面质量管理三大历史阶段。20 世纪 30 年代以前，质量管理是通过检验把关的，这一阶段，通常称为质量检验阶段；自 20 世纪 30 年代，休哈特（W. A. Shewhart）提出控制图以来，质量管理的重心从对产品的事后检验，转向对生产过程的监测控制，这一阶段，通常称为统计过程控制阶段；自 20 世纪 60 年代，费根堡姆提出全面质量管理（total quality control，TQC）以来，质量管理进入了全面质量管理阶段。质量管理发展的路线图如图 1-2 所示。

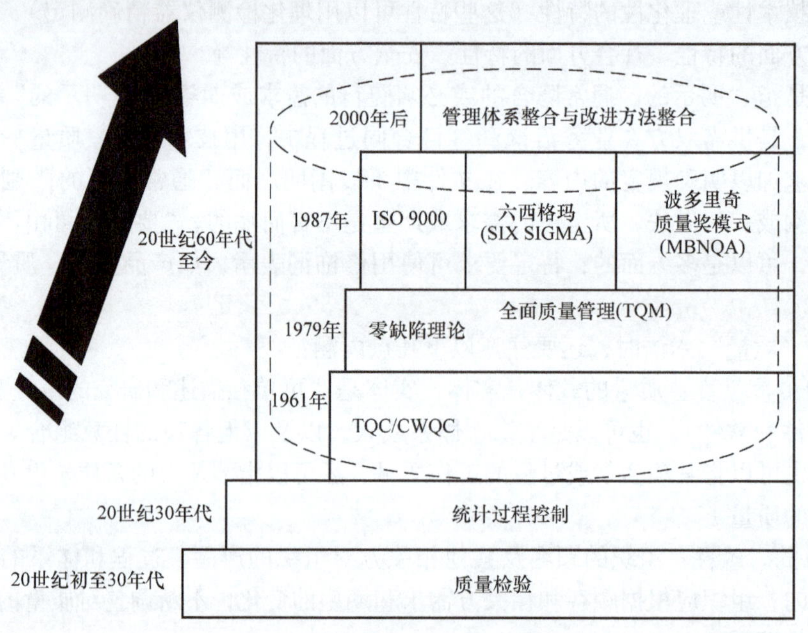

图 1-2 质量管理发展的路线图

1. 质量检验阶段

人类历史上自有商品产生以来，就形成了以商品的成品检验为主的质量管理方法。在家庭作坊制生产条件下，产品质量主要依靠操作人员的技艺和经验来保证，因此有人称之为“操作者的质量管理”。

在 20 世纪初期，随着机器工业大生产的出现，“科学管理运动”的奠基人，美国的泰勒（F. W. Taylor）提出了科学管理的理论，要求按照职能的不同进行合理的分工，首次将质量检验作为一种管理职能从生产过程中分离出来，建立了专职检验的部门，并形成了严格的产品质量检验制度。同时，随着企业生产规模的扩大，基于大批量生产的产品技术标准也逐步建立起来，为质量检验奠定了基础。在这一阶段，执行质量管理的责任逐步由操作者转移给工长，然后由工长转移给专职的检验员。大多数企业都设置专职的检验部门并直属厂长、经理管理，负责企业各生产单位的产品检验工作，因此有人称这阶段的质量管理为

“检验员的质量管理”。质量检验人员根据预先制定的产品技术和加工精度的要求，利用各种测试手段对零部件或成品进行检验，做出合格与不合格的判断，不允许不合格产品进入下一道工序或者出厂。

质量检验属于事后把关，对防止不合格品出厂、维护消费者的利益与保证产品质量起到了重要作用。但是这种事后检验方法在产品生产过程中很难起到预防与控制的作用，存在一些弱点：其一，属于“事后检验”，无法在生产过程中进行预防和控制，一旦发现废品，往往无法挽救。其二，要求对成品进行100%的检验，这样做有时在经济上并不合理，造成检验成本太高，有时从技术上（如破坏性检验）也无法实现。特别是在大批量生产的情况下，这种检验方法的管理效率很低。

2. 统计质量控制阶段

统计质量控制（statistical quality control，SQC）起源于20世纪30年代。这一阶段的主要特征是强调用数理统计方法与质量管理方法相结合，从单纯依靠产品检验发展到对制造过程的控制，通过控制过程质量来保证产品质量，形成了预防性控制与事后检验相结合的管理方式。

随着生产力水平的提高，数理统计方法在质量管理领域中得到了广泛的应用。20世纪20年代，英国数学家费希尔（R. A. Fisher）根据农业试验提出了试验设计和方差分析等理论和方法，为近代数理统计学发展奠定了基础。与此同时，美国贝尔实验室成立了两个课题组，一个是由休哈特领导的过程控制组，另外一个是由道奇（H. F. Dodge）领导的产品控制组。休哈特在20世纪30年代创建了统计过程控制（statistical process control，SPC）理论，实现了应用统计技术对生产过程的监控。道奇与其同事罗米格（H. G. Roming）在30年代提出了抽样检验理论，解决了全数检验和破坏性检验在具体应用中的困难，构成了质量检验理论的重要内容。

在20世纪30年代提出统计过程控制理论和抽样检验理论之时，恰逢西方发达资本主义国家经济衰退时期，因此这些新理论的推广和应用受到了一定的影响。直到第二次世界大战，由于国防工业急切需要生产大量的军需品，为了保证其质量，迫切需要进行质量控制，这些理论才得到了广泛的应用。上述理论的实际应用效果显著，于是战争结束后便风行于全世界。

统计质量控制的方法有效地减少了不合格品，降低了生产费用。但统计质量控制过分强调数理统计方法，忽视了组织管理工作，使人们误以为质量管理就是统计方法。对多数人来说，数理统计方法过于深奥，往往只有少数质量管理专家才能掌握，这在一定程度上影响了统计质量控制方法的应用、推广和普及。随着科学技术的发展，生产规模日益扩大，产品结构也日趋复杂，品种日益增多，影响产品质量的因素也越来越多，单纯依靠数理统计方法已无法解决一切质量管理问题。随着大规模系统的涌现与系统科学的发展，质量管理走上了系统工程的道路。

3. 全面质量管理阶段

20世纪60年代以来，随着科学技术和工业生产的飞速发展，人们对产品质量的要求从注重产品的一般性能发展为对可靠性、安全性、美观性、维护性、经济性等的全面关注。管理的科学理论，特别是行为科学的理论在这一时期有了很大的发展，开始重视人的积极因素，强调以人为本，充分调动企业全体人员在提高产品质量方面的积极性和创造性。在20世纪60年代初，低劣商品充斥市场，严重损害了消费者的权益。许多国家相继发起了“保护消费者权益”的运动，出现了产品质量责任制度，迫使企业必须强化质量管理，从而推动了质量管理理论和实践的进一步发展。随着国际贸易的发展，国际市场竞争也越来越激烈，质量已成为争夺市场、开拓市场和占领市场的关键因素。与此同时，系统分析的观念和方法日趋成熟，并广泛地应用于生产和管理之中。人们意识到了应将质量问题作为一个有机的整体加以综合分析研究，实施全员、全过程、全方位的管理。在上述背景下，全面质量管理的理论应运而生。全面质量管理早期称为全面质量控制，后来逐步发展而演变成全面质量管理（total quality management，TQM）。1961年，美国通用电气（GE）公司的质量总经理费根堡姆首先在《全面质量管理》（Total Quality Control）一书中提出了全面质量管理的概念。他指出：“全面质量管理是为了能够在最经济的水平上考虑到充分满足顾客需求的条件下进行市场研究、设计、生产和服务，把企业各部门的研制质量、维持质量和提高质量的活动构成一体的有效体系”。

全面质量管理的理论起源于美国，但首先取得卓越绩效的却是在日本。日本在20世纪50年代引进美国的质量管理方法后，结合日本的国情进行了创新性的探索，提出了公司范围内的质量控制（company wide quality control，CWQC），开展质量管理小组（QC小组）活动，将质量管理工作扎根于企业员工之中，使其具有广泛的群众基础。在全面质量管理的实践活动中，日本质量管理专家先后提出一系列的质量管理方法与技术，如田口方法（Taguchi method）、质量功能展开（quality function deployment，QFD）、全面生产维护（total productive maintenance，TPM）和丰田生产方式（Toyota production system，TPS）等，归纳总结了“质量管理的新、老七种工具”并普遍应用于质量改进与质量控制中，丰富和发展了全面质量管理。日本企业应用全面质量管理获得了极大的成功，引起了世界各国的广泛关注。这些思想和方法在全球范围内得到了广泛的传播和推广，各国结合各自的国情和实践进行了进一步的创新和发展。

日本企业通过推行全面质量管理，极大地提高了其产品的国际竞争力。20世纪80年代初，面对国际竞争中的不利局面，美国人反思其在质量管理方面存在的问题，将质量管理置于企业管理的核心地位，并努力付诸实践，提出了“第二次质量革命”。在1979年，美国著名质量专家克劳士比（Philip B. Crosby）出版了重要著作《质量免费——确定质量的艺术》，提出了绝对质量和“零缺陷”理论。1987年，美国国会通过了美国100~107公共法案《马尔科姆·波多里奇国家质量提高法》，决定启动波多里奇国家质量奖评审。这是美国重新审视和借鉴日本全面质量管理发展的一个里程碑，为全面质量管理建立了一个从过程到结果的卓越绩效评价框架。摩托罗拉（Motorola）公司在总结20世纪70年代竞争失利的基础上，于1986年提出在全公司正式实施六西格玛管理（six sigma management）。经过不懈的努力，到20世纪90年代，美国生产的汽车等产品的质量又超过了日本，极大地提高了美国产品的国际竞争力，并对美国的国家竞争力产生了深远的影响。

为了适应全球化贸易的需要，国际标准化组织在1987年发布了第一套质量管理标准——ISO 9000系列标准，由此拉开了国际质量体系认证的序幕；随后，ISO 9000系列标准得到大多数工业发达国家的认可，在国际贸易中发挥了重要的作用。

进入2000年后，无论是质量管理体系，还是质量技术、方法，质量管理出现了逐步交叉、整合的趋势，如ISO 9001标准与ISO 14000，ISO 28000的整合，六西格玛管理与精益生产（lean production，LP）的整合，统计过程控制与工程过程控制（engineering process control，EPC）的整合等。

总之，全面质量管理的观念已逐步被世界各国所接受，并在实践中得到创新。各国质量管理专家广泛吸收各种现代管理科学理论，将技术管理、经营管理以及标准化管理等方法综合起来，形成了一整套全面质量管理的理论和方法，使质量管理发展到一个新阶段，即全面质量管理阶段。质量管理观念的进步总是伴随着科学技术的进步与社会变革产生新的飞跃。21世纪以来，随着人类进入全球化与信息化的时代，质量管理也向全球供应链质量管理（global supply - chain quality management，GSQM）和社会化质量管理（social quality management，SQM）的新阶段迈进。

1.2 质量大师的质量观

质量观是对质量的理解和看法，它影响着人们对质量的认识及组织经营管理战略的制定和实施。在质量管理科学发展的过程中，出现了许多大师级的人物，正是他们在长期质量管理的理论和实践中所形成的质量哲学思想，推动人们对质量管理认识的不断提高，不断吸收科学的方法和技术，促进质量科学的发展和进步。本节将主要介绍休哈特、戴明、朱兰、克劳士比、费根堡姆、石川馨、田口玄一等人的质量观。

1.2.1 休哈特的质量观

休哈特（1891—1967），美国著名的统计质量控制专家；1917年获得加利福尼亚大学伯克利分校的物理学博士学位；1918—1924年在西方电气公司任工程师。休哈特博士基于对西方电气公司产品的研究，创立了统计过程控制理论，并于1924年做出了世界上的第一张控制图，由此把质量管理从产品检验阶段推动到对生产过程的监测控制阶段。休哈特于1925—1956年任贝尔实验室研究员，期间先后到伦敦大学、斯蒂文理工学院、美国农业部研究生院和印度讲课。1931年，他发表了经典著作《制造产品质量的经济控制》，并将控制图应用在西方电气公司霍桑工厂的产品质量控制中。1939年，他出版了《质量控制的统计方法》，奠定了统计过程控制的理论基础。

1. 统计过程控制的理论

统计过程控制以美国休哈特博士所发明的控制图为标志。休哈特在研究中发现，所有产品在生产过程中都存在波动（variation），发现和控制波动是质量改进的主要目的。休哈特主张通过链图（run chart）来观测数据，以便了解数据的趋势和变化。他进一步指出，制造过程中存在两类因素的波动：一类是偶然因素（chance cause），另一类是系统因素（system cause）。偶然因素引起波动的幅度较小，在工程上是可以接受的。即便是这种较小的波动，人们也不希望它的存在，因为它毕竟对产品的质量有一定的影响。由于这种因素不可控制，或控制起来较昂贵，在技术上难以消除，在经济上也不值得消除，就不得不承认它在生产过程中存在的合理性。也就是说，这种因素存在于制造过程是一种正常现象。因此，他也称其为通常因素（common cause）。因此，仅受偶然因素影响的制造过程为正常的或稳定的过程，此时过程所处的状态为受控状态（in control）。正常的制造过程正是在这种状态下进行的，一旦这种状态遭到破坏，则称过程处于失控状态（out of control）。此时就要查找问题的原因，使之恢复到受控状态，维持生产过程的正常运行。由于偶然因素的影响，输出结果具有一定的偶然性，过程输出的个别观察值难以揭示过程当前的运行状况。而系统因素一旦发生变化，对产品质量影响较大，需要查出并采取措施予以消除，因此，也称系统因素为可指出因素（assignable cause）。正是由于系统因素的作用，使得过程输出结果的偶然性呈现出一种必然的内在规律。通过过程输出结果的规律性，可以探测当前过程是否处于控制状态，即系统因素是否发生变异。系统因素所引起的波动属于异常波动，过程控制的目的就是消除、避免异常波动，使过程处于正常波动状态。休哈特控制图的基本思想是：根据偶然原因所形成正态分布的3σ原则建立了一组控制限，任何落在控制限之外的或者呈现某种异常趋势的观测值都表明可能存在系统变异。由于产品在生产过程的观测数据按所发生的顺序进行描点，若存在异常趋势或形态，可通过控制图将其区分开来。根据反馈信息，可及时发现系统因素出现的变异，并采取措施消除其影响，使过程维持在仅受随机因素影响的受控状态，达到控制质量的目的。

统计过程控制非常适用于重复性的生产过程。它能够对过程做出可靠的评估；确定过程的统计控制界限，判断过程是否失控、过程能力是否满足要求；为过程提供了一个早期的报警系统，及时地监控过程的情况防止废品的发生；减少对常规检验的依赖性，定时的观察以及系统的测量方法替代了大量的检测和验证工作。

2. 休哈特环

休哈特最先提出了连续质量改进的思想，即著名的计划（Plan）—执行（Do）—检查（Check）—行动（Act）循环（PDCA循环）。戴明博士于1951年将这种思想传授给日本，日本人称之为戴明环。事实上，戴明一直把这种思想归功于休哈特。如果要说戴明环的话，戴明认为是PDSA（plan，do，study，act）。戴明将检查改为研究学习的目的就是强调获取知识，增强能力。知识越多，解决问题的能力就越强。

1.2.2 戴明的质量观

戴明（W. E. Deming）（1900—1993），美国著名的质量专家和统计学家；1921年获得美国怀俄明大学工程学学士学位；1925年获得美国科罗拉多大学数学和物理学硕士学位；1928年获得美国耶鲁大学物理学博士学位。

1946—1948年，戴明应日本科学技术联盟（the Japanese union of scientists and engineers，JUSE）邀请，讲授人口调查方法，受到广泛欢迎；1950年JUSE再次邀请戴明访问日本，讲授统计方法。戴明帮助听众理解统计质量管理在制造业中的重要性，对统计质量管理在日本的发展起到了巨大的推动作用。为了促进日本质量管理的发展，纪念戴明对日本的友好和贡献，日本在1951年设立了戴明质量奖。直到1980年6月，美国国家广播公司（NBC）制作了专题节目“日本人能够做到的，为什么我们不能”后，戴明才在美国家喻户晓。

1. 戴明的系统观

戴明主张的是一种系统的观念，即采用科学方法来优化系统，从而实现质量的改进。戴明指出：导致效率低下和不良质量的原因85%在于企业的管理系统中，而只有15%是由员工造成的。他强调统计方法的应用，主张管理者必须掌握一套基本的知识体系才能采取正确的行动，并提出了深知识体系（profound knowledge system），包括对系统的认识、波动理论、知识理论和心理学知识。深知识体系是一个管理构架，它将统计原理应用于过程和系统，将知识理论用于预测，将心理学知识用于解决人的问题。

戴明认为质量是经营和社会效益的首要推动力，并按反应链的理论进行传递。假设一个组织改进了质量，成本就会降低，资源会得到更好的利用，这样就提高了生产率，从而使组织因高质量和低价格获得市场份额，使组织能够更好地经营和发展。

2. 戴明质量管理的“14点”

戴明在1986年出版的著作《走出危机》中，提出了质量管理的“14点”，为许多组织提供了质量管理的构架。其具体要点有：

- 建立持续改进产品和服务的长期目标。
- 人们处在一个新经济时代，要有新的管理哲学。
- 停止依靠大量的质量检验。
- 结束仅仅依靠价格来选择供应商。
- 持续地改进计划、生产和服务系统，系统中将人包括在内。
- 建立工作岗位培训制度。
- 坚持改进的领导方法，提升领导能力。
- 驱除恐惧，以使每个人都能有效地为公司服务。
- 打破部门间的障碍。
- 取消提高生产力的口号、说教和指标，要提供给员工方法。
- 取消对工人的量化定额，取消对管理人员的量化目标。
- 去掉使员工感到自豪的障碍。
- 鼓励教育和每个人的自我提高。
- 采取措施，实现这种转变。

戴明也指出了西方管理中存在的“七个致命问题”，具体包括：

- 缺乏对产品和服务的一致性目标。
- 过分强调短期利润。
- 人事评价，由此产生的结果是具有破坏性的。
- 管理的易变性使员工忙于应付。
- 重视可见的数字指标，很少或者没有考虑未知或无形的指标。
- 过度的医疗成本。
- 过度的保证成本和律师诉讼成本。

戴明博士是一位世界公认的质量管理大师，管理学之父彼得·德鲁克认为他“对日本和美国都产生了难以估量的影响”，以戴明命名的“戴明质量奖”至今仍是日本质量管理的最高荣誉。

1.2.3 朱兰的质量观

朱兰（1904—2008），美国著名的质量管理专家，1924年获得美国明尼苏达大学电子工程专业学士学位，并就职于芝加哥西方电气公司霍桑工厂检验部。1926年，朱兰参加了来自贝尔实验室团队（其中包括休哈特和道奇）的培训，学习贝尔实验室所开发的质量管理工具和方法。1951年，朱兰主编了《质量控制手册》，在质量管理领域赢得了国际声誉。1954年，朱兰应日本科学技术联盟的邀请，到日本为中高层管理人员讲授质量管理课程。

1979年，朱兰建立了朱兰研究学院，该学院现已发展为世界一流的质量管理咨询机构。

朱兰所倡导的质量管理理念和方法始终影响着世界企业及世界质量管理的发展。朱兰最早将帕累托原理应用于质量管理中。他主编的《质量控制手册》被称为当今世界质量管理科学的“圣经”，他为全面质量管理（TQM）的理论基础和方法做出了卓越的贡献。

1. 朱兰的质量管理三部曲

朱兰认为质量管理应和其他职能一样受到关注，因此，他提出了“朱兰三部曲”或称“质量管理三部曲”：

- 质量策划，目的在于建立有能力满足质量标准化的工作程序。
- 质量控制，目的在于掌握何时采取必要措施纠正质量问题。
- 质量改进，有助于发现更好的管理工作方式。

质量管理三部曲为解决企业质量问题提供了明确的方向，但朱兰在对许多公司考察后发现，人们往往把主要精力集中在质量控制环节，而质量策划和质量改进并没有引起足够的重视，因此，朱兰呼吁将更多注意力放在质量策划与质量改进环节，尤其是质量改进环节。朱兰将质量策划、质量控制和质量改进看作是成功的关键，高层管理者必须遵从其逻辑顺序，正如财务预算、成本控制和利润改进的顺序一样。

朱兰认为质量改进需要持续的努力，只有这样企业才能成为质量领导者。朱兰将成功的基础描述为：

- 高层管理者必须承诺时间和资源。
- 首席执行官（CEO）必须成为质量咨询委员会（指导委员会）的一员。
- 具体的质量改进目标必须在经营计划中，包括测量结果的手段、结果对照目标的评审、对优秀质量绩效的奖励。
- 改进的责任必须落实到每个人。
- 必须加强对人的培训。
- 必须授权员工参与。

朱兰还定义了质量管理的三个层次，即战略质量管理，主要考虑组织的质量方针；运行质量管理，主要考虑过程管理；劳动力质量管理，主要考虑遵守规范和工作程序。

2. 帕累托（80/20）原则

朱兰最先将经济学中的帕累托定律（Pareto’s law）应用于质量管理中。以帕累托定律的思想来看，大部分的质量问题是由相对少数的关键因素造成的。朱兰将造成质量问题的原因分为关键的少数和次要的多数，尖锐地提出了质量责任的权重比例问题。他依据大量的实际调查和统计分析认为，在所发生的质量问题中，追究其原因，只有20%来自基层操作人员，而80%的质量问题是由于领导责任所引起的。

3. 朱兰质量螺旋曲线

朱兰博士用一条螺旋曲线来表示质量的形成过程，称为朱兰质量螺旋曲线，如图1-3所示。朱兰认为产品质量的形成由市场研究、产品开发（研制）、设计、制定产品规格、制定工艺、采购、仪器仪表及设备装置、生产、过程控制、检验、测试、销售、服务13个环节组成。这13个环节一环扣一环，周而复始，但不是简单的重复，而是一个不断上升、不断提高的过程。产品质量的形成是全过程的，对质量要进行全过程的管理。

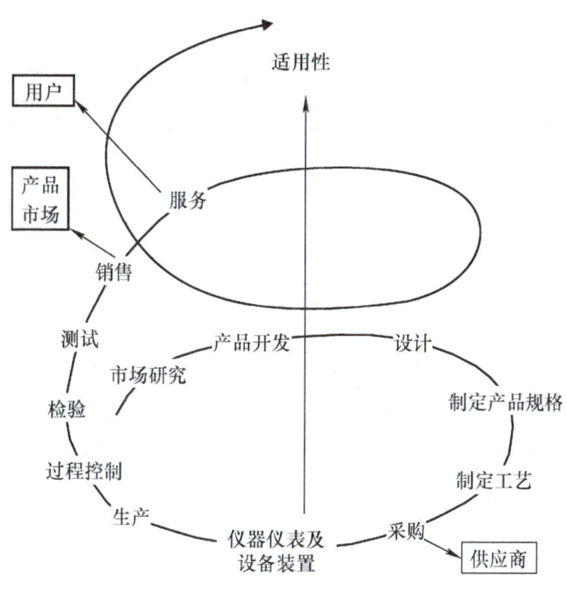

图1-3 朱兰质量螺旋曲线

4. “大质量”与“小质量”

朱兰提出了“大质量”与“小质量”的概念，并将其加以区分。他认为相对于战术层面的质量为“小质量”；而相对于战略层面的质量为“大质量”。这是人们逐步认识的过程。例如，公司团队解决一个具体的质量问题，就是一个“小质量”；整个公司需要解决的质量问题，就是一个“大质量”。

1.2.4 克劳士比的质量观

克劳士比（P. B. Crosby）（1926—2001），美国著名的质量管理专家；1952年任克罗斯莱公司质量部初级技术员、质量工程师；1961年提出了“零缺陷”的概念；1979年出版了著作《质量免费》（Quality Is Free），成为当时的畅销书，并引起轰动，从而奠定了其质量管理大师的地位；1979年创立了克劳士比质量学院和克劳士比顾问公司（Philip Crosby Associate，Inc.，PCA）。1985年，PCA在美国证券交易所（AMEX）上市，开创了全球管理咨询机构资本化运作的先河。2000年，克劳士比获得了国际管理理事会颁发的著名的“麦克菲勒奖”。2001年2月，他又当选美国质量学会（ASQ）终身荣誉会员——美国质量界公认的最高荣誉。2002年，美国质量学会设立以克劳士比命名的“克劳士比奖章”以提携、表彰质量管理方面的优秀作家。

如果其他质量管理大师被认为是学者，克劳士比则被认为是实干家。他被誉为当代“伟大的管理思想家”“零缺陷之父”，终身致力于“质量管理”哲学的发展和应用，引发全球质量活动由生产制造业扩大到工商企业领域；克劳士比在营销其质量理念方面做得最为成功，在他的质量学院，有大量高层管理者蜂拥而至。

克劳士比认为质量即“符合规范”；强调质量定义必须清晰明确，可以度量，否则企业难以采取具体的改进行动；主要质量体系应着重于预防而不是检验；工作应当是“零缺陷”的，即一开始就把事情做好；管理者可以用“因不合规定而付出的代价”来衡量质量。

由于克劳士比对质量的定义是符合规范，因此可以用不合格成本来测量质量。用这种方法意味着要实现零缺陷的绩效目标。克劳士比定义了他所称的以下四个绝对质量管理：

- 质量表示符合性而不是精美，需求是由顾客提出的；第一次就把工作做正确是最便宜的。
- 质量来自于预防，纠正问题在于系统。
- 唯一的绩效测量是质量成本。
- 唯一的绩效标准是零缺陷。

1. “零缺陷”理论

“零缺陷”（zero defect）的思想主张使自己的产品、业务没有缺陷，并向着高质量标准目标奋斗。它要求生产工作者从一开始就本着严肃认真的态度把工作做得准确无误，在生产中从产品的质量、成本与消耗、交货期等方面的要求来做合理安排，而不是依靠事后的检验来纠正。“零缺陷”管理具有三个要点：

- 质量管理的标准是零缺陷，合格品率是“容许错误存在”的体现。
- 要求每一个人第一次就把事情做对，事后补救是非常昂贵的。
- 提高质量的良方是事先预防，不是事后检验。

“零缺陷”要求人们把一次做对作为工作质量的执行标准，将工作的重心放在预防上。预防产生质量，资源的配置要确保各项工作能够正确完成，不能将资源浪费在查找问题和补救层面上。

2. 连续改进的14步法

克劳士比坚持认为，任何产品和服务，都绝对没有存在缺陷的理由，公司应该接受质量“疫苗”以预防不合格。质量改进是一个过程，它是永恒和持续的。克劳士比提出的质量改进14步法构成了零缺陷质量改进方法的基础。具体内容有：

- 明确管理是对质量的承诺。
- 由来自每个部门代表组成质量改进团队。
- 确定如何测量哪里存在当前的和潜在的质量问题。
- 计算质量成本，并用管理工具对其进行解释。
- 提升所有员工的质量意识和个人参与。
- 通过正式的措施，纠正前面步骤识别出的问题。
- 做出对零缺陷项目的承诺。
- 培训所有员工，使之积极完成其在质量改进项目中的工作。
- 举办“零缺陷日”，让所有员工相信这里已经发生了变化。
- 鼓励个人建立自己的或小组的改进目标。
- 鼓励员工向管理者沟通他们为实现改进目标所面临的障碍。
- 承认并感谢那些参与改进的人。
- 建立质量委员会，定期进行沟通。
- 重复进行上述步骤，强调质量改进项目永无止境。

克劳士比认为，质量改进的基本要素由三个独特的管理行动组成，即决心、教育和实施。教育是任何一个组织在任何阶段都必不可少的过程，可用（6C）来表示：领悟（comprehension）、承诺（commitment）、能力（competence）、沟通（communication）、改正（correction）和坚持（continuance）。

1.2.5　费根堡姆的质量观

费根堡姆（1920—2014），美国著名的质量管理专家；1951 年毕业于美国麻省理工学院，获工程学博士学位；19 世纪 40 年代后期在通用电气公司建立了“全面质量管理”的理念，并于 1961 年首次发表。他所著的《全面质量管理》为大多数质量专家所采用。1988 年，费根堡姆被美国商务部长任命为美国波多里奇国家质量奖项目的首届理事会成员。1992 年，费根堡姆入选美国工程院院士，2008 年，获得美国技术和创新奖章。费根堡姆也是国际质量科学院（International Academy For Quality）首任院长。

1. 全面质量管理的理念

费根堡姆是全面质量管理的创始人。他主张用系统或者全面的方法管理质量：解决质量问题的方法和手段是多种多样的，应综合利用；在质量管理过程中要求所有职能部门参与，而不局限于生产部门，这一观点要求在产品形成的早期就注重质量，而不是在既成事实后再做质量的检验和控制。费根堡姆强调管理的观点，并认为人际关系是质量控制活动的基本问题，一些特殊的方法，如统计和预防维护，只能被视为全面质量控制程序的一部分；他指出质量并非意味着“最佳”，而是“客户使用和售价的最佳”。费根堡姆主张整个组织的人员均须参与到质量改进的过程中，提高产品质量是公司全体成员的责任，应当使全体人员都具有质量意识和承担质量责任的精神，这意味着质量管理并不仅仅是少数专职质量管理人员的事；他认为在组织中存在着质量发展、质量维护和质量改进的不同团队，一个组织要成为整合这些团队的有效系统，在最经济的水平上，使产品和服务全面地满足顾客的要求。他认为产品质量与成本不是相互矛盾的，离开成本谈质量是没有任何意义的，应强调质量成本的重要性。

2. 全面质量管理（TQC）成功的原则

费根堡姆认为，成功实施全面质量管理应遵循以下原则：

- 全面质量管理是全公司范围内的过程。
- 质量是由顾客定义的。
- 质量和生产成本是伙伴关系。
- 高质量等价于低成本。
- 需要组织个人和团队的热情。
- 质量是运用领导能力进行管理的一种方式。
- 质量和创新应结合在一起。
- 所有的管理者都必须参与到质量工作中。
- 必须实施持续改进。
- 质量是提高生产率的一种捷径。
- 必须考虑顾客和供应商。

3. 质量管理的三要素和四原则

费根堡姆提出了质量管理的三要素：①质量领导，领导的重点必须持续放在质量上，必须在特定期限内进行全面策划；②质量技术，传统的质量部门不能解决 80% ~90% 的质量问题；③组织承诺，为实现所需的质量，持续改进是必需的，质量应看成是经营策划中的战略要素。全面质量管理的四项基本原理：①竞争意味着不存在永久的质量水平；②良好的管理应努力通过调动组织的质量知识、技能，使每一个人都相信质量的改进会使所有事都变得更好；③成功的创新要求有好质量来支持，特别需要设计新产品和更快更有效的投放来支持；④成本和质量是相互补充，而不是相互矛盾的目标。费根堡姆认为创新管理和全面质量管理是组织经营成功的关键因素，全面质量管理应关注的五个领域是产品开发、供应与采购、培训与人力资源开发、质量经济和传承管理。

1.2.6 石川馨的质量观

石川馨（Kaoru Ishikawa）（1915—1989），日本著名质量管理专家；1939 年毕业于东京大学工程系，1960 年获得工程学博士学位。石川馨一生致力于质量管理工作，被称为日本质量管理之父、因果图的发明者、质量管理小组（quality control circle，QCC）的奠基人。他是首位著书立说定义质量控制，并荣获"戴明奖""日本改善新闻奖"和工业标准化奖的日本学者；1972 年著有《质量控制指南》，强调质量始于教育，终于教育。他认为质量反映的是顾客满意程度，顾客的需求是变化的，因此质量的定义也是不断变化的。

石川馨认为实施质量控制就是开发、设计、生产和服务一个质量产品，让顾客感到经济、有用和满意。为了区分日本全面质量管理模式和西方全面质量管理模式，他将日本的全面质量管理模式称为全公司范围内的质量管理（CWQC）。CWQC 包括了组织从最高管理者到一线员工的全员参与，并贯穿于产品的整个生命周期。CWQC 有六个显著的特点：

- 在质量管理中，具有更多的教育和培训。
- 质量管理小组活动仅占整个 CWQC 活动的 20%。
- 公司全员参与。
- 对质量管理进行审核。
- 应用七种工具和先进的统计方法。
- 全国范围的质量管理促进活动。

石川馨在其著作《质量控制指南》中指出下列主要内容：

- 质量始于教育，并终于教育。
- 质量的第一步是要了解顾客的需求。
- 理想的质量控制是不再需要检验。
- 消除根本原因，而非表象。
- 质量管理是所有员工和所有部门的责任。
- 不要将方法和目标混淆。
- 质量第一，注重长期目标。
- 市场营销是质量的入口和出口。
- 当将事实摆在下属面前时，高层管理者不能发怒。
- 公司 95% 的问题，可以用质量管理的七种工具解决。
- 没有散度信息的数据是错误数据。

1.2.7 田口玄一的质量观

田口玄一（Genichi Taguchi）（1924—2012），日本著名的质量工程专家；1942—1945 年

服务于日本海军水路部天文科，随后在公共卫生与福利部、教育部的统计数学研究所工作。1950 年，田口玄一加入日本电话与电报公司新成立的电子通信实验室。在此期间，他训练工程师使用有效的技巧来提升研发活动的生产力，并逐渐形成他的方法。1962 年，田口玄一获得日本九州岛大学博士学位。1980 年，他首次将其三次设计的思想引入美国贝尔实验室。田口玄一博士是数理统计应用技术方面的著名学者，被称为“质量工程之父”“田口方法”的创始人，田口玄一博士也是戴明奖的获得者。

1. 三次设计的理论

田口玄一把数理统计、经济学应用到质量控制中，形成了在线（on line）质量控制和离线（off line）质量控制，进而创立了“质量工程学（quality engineering）”，形成自己独特的质量哲学。他认为产品质量首先是设计出来的，其次才是制造出来的。田口玄一认为，开发具有某种性能的产品以满足顾客需要，通常要经历以下三个阶段：

- 系统设计（system design）阶段：通常由专业技术人员利用专业知识和工程学原理对具有某种功能的产品进行产品布局和结构设计。
- 参数设计（parameter design）阶段：在系统设计确定后，需要进一步确定系统中的参数，使得产品性能指标既能达到目标值，又能使它在各种环境条件下对噪声干扰不敏感，稳定性能好。参数设计也称稳健设计（robust design）。
- 公差设计（tolerance design）阶段：确定各种设计参数的公差值。

2. 质量损失原理

田口玄一认为，质量特性一旦偏离其设计目标值，就会造成质量损失，偏离越远，损失越大，并用期望损失函数（通常为二次函数）加以刻画。他把质量特性分为三类，即望大特性（larger the better）、望小特性（smaller the better）和望目特性（nominal the best），并用信噪比（signal to noise ratio，SNR）作为质量特性的度量准则。

田口玄一利用正交表进行实验设计，以减少质量损失。他把影响系统的输入因素分为可控因子（controllable factor）和不可控因子（non - controllable factor）或噪声因子（noise factor），采用内、外正交表直积的方式，通过选择可控因子水平的不同搭配，使得产品或过程在各种噪声因素的干扰下，对噪声因子的影响不敏感，即实现产品或过程的稳健。

1.3 产生质量问题的原因与提高质量的途径

1.3.1 产生质量问题的根源是波动

在产品的设计和制造过程中，往往存在着不同程度的缺陷。即使是合格品，也常常由于不同程度的缺陷而被划分为不同的等级。产品在制成过程中出现缺陷是一个极为普遍的现象。波音公司《先进质量体系（advanced quality system）》文件中表明：如果假定每架飞机需要 200 万个零件，根据当前制造工业过程能力数据资料的估算，在这 200 万个零件的生产中，将有 14 万个零件存在不同程度的缺陷，这将导致资源的极大浪费和巨大的质量损失。人们自然迫切希望在产品的形成过程中，这些缺陷能够被及时消除或减少到最低程度，进而改进产品质量，降低成本，提高企业的经济效益。

要消除或减少缺陷，首先需要弄清楚引起产品缺陷的原因。为此，考虑一个大胆的设想：如果产品的设计是好的，产品每个零件的尺寸与设计目标值全部吻合，每个零件的材料也一致均匀、符合要求，装配过程始终稳定于一个最优状态，那么，在这种理想的环境中形成的产品一定是完美无缺的。然而，在实际中，这种理想状态是难以达到的。即使在设计完好的情况下，每个零件的尺寸也都围绕设计目标值存在不同程度的偏差，每个零件所使用的原材料也常常存在差异，各个装配环节的水平也存在偏差。正是在产品的形成过程中，各个阶段存在这种差异、波动，导致了最终产品的缺陷。要提高产品质量、减少产品的缺陷，就必须在产品形成的各个阶段，最大限度地减小、抑制和控制波动。

统计过程控制的创始人休哈特认为：在相同的生产条件下，不同产品之间的差异，就是抽样波动，而且不同产品之间的质量是不同的。朱兰和戈瑞纳（Gryna）不仅认同休哈特的波动概念，并且认为波动是生活中的一部分。肯（Kan）利用统计学的术语，把波动定义为："过程测量值的离差"。泰勒则把统计波动定义为："相同单位产品之间的差异"。而巴克（Barke）则认为："这种差异（波动）丰富了人们的生活，但波动却是质量的大敌"。"波动"渗透到产品的形成过程中，将成为影响产品质量的大敌。因此，在产品的设计和制造过程中，不断识别"波动"的根源，进而将其减小、控制到最小限度，就成了理论研究和实际工作者所面临的重要任务。

1.3.2 波动产生的原因

在产品形成的过程中，各个阶段波动的叠加，导致了最终产品的缺陷。那么波动又是由什么引起的呢？事实上，波动无处不在，它是客观存在的，主要有以下几种：

（1）原材料的波动。无论对购进的原材料有多么严格的要求，原材料在厚度、长度、密度、微观结构、颜色、硬度等方面往往存在着微小差异。

（2）操作水平的波动。不同的操作人员具有不同的阅历、知识结构、天赋、心理特征，以及在专业技术训练中获得的不同技能，这些将导致在工作过程中操作技术水平的波动。此外，即使是同一个人，在不同的时间内，操作水平也会有差异。

（3）机器设备的波动。例如轴承的轻微磨损、钻头的磨钝、调整机器出现的偏差、机器运转速度和进给速度的变化等。

（4）环境的变化。这包括生产过程中，电压的波动、温度和湿度等的变化等。

上述种种无法穷尽的潜在波动相互作用，注定了产品与设计目标值之间会存在差异。随着科学技术的不断进步，可以通过某些技术减小上述种种波动的幅度，从而达到减小、抑制和控制波动之目的。但试图完全消除上述波动是永远办不到的。这是因为：首先，无法穷尽影响整个产品形成过程中的波动源；其次，即使从宏观上能够消除这些差异，但微观结构上的差异也是难以消除和控制的。因此，必须承认波动是客观存在的。既然波动是客观存在的，那么只有尊重这种客观事实，认识其规律并利用它。

在正常情况下，过程的输出通常服从正态分布。假设过程输出的质量特性为 Y，则 $Y \sim N(\mu,\sigma^2)$。其中，μ 为过程输出的均值，表示过程输出的平均水平；σ 为过程输出的标准差，表示过程输出波动的大小。图1-4展示了在正态分布下均值 μ 和标准差 σ 对过程分布形状的影响。

从田口玄一的质量损失原理来看，只要过程输出的质量特性值偏离设计目标值就会造成质量损失，偏离程度越远，损失也就越大，如图1-5所示。其中，LSL为下规格线，USL为上规

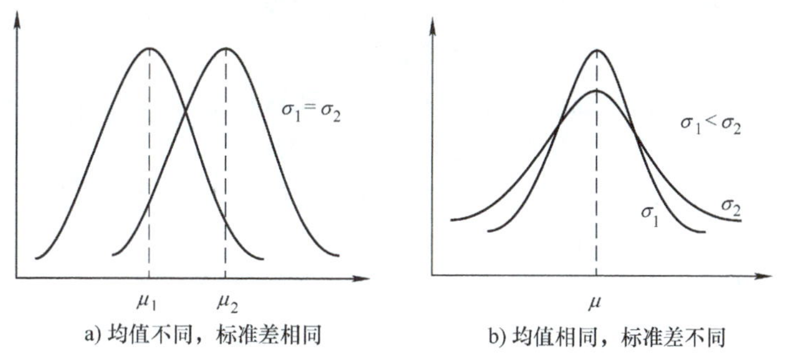

图 1-4 正态分布下不同参数对分布形状的影响

格线，T 为设计目标值。质量损失函数 $L(Y)$ 为

$$L(Y)=kE\ (Y-T)^2$$

式中，k 是质量损失常数。

为了量化质量损失，田口玄一提出了期望损失函数的概念，即用 $L(Y)$ 的数学期望 $E(L)$ 来表示期望质量损失。其表达式为

$$\begin{aligned}E(L)&=kE\ (Y-T)^2\\&=kE\ (Y-\mu+\mu-T)^2\\&=k[\sigma^2+(\mu-T)^2]\end{aligned}$$

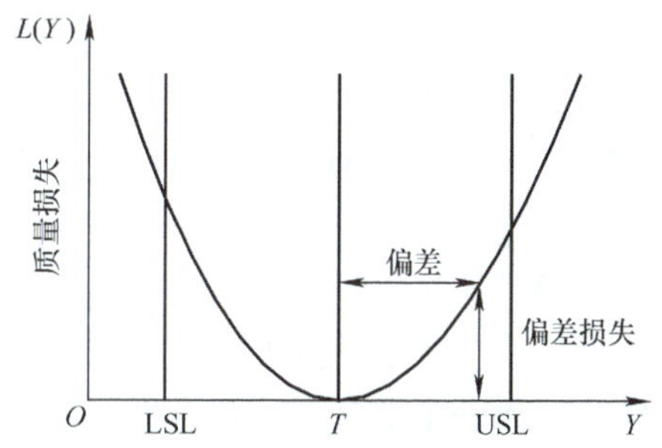

图 1-5 质量损失函数

为了最大限度地减小质量损失，人们努力的方向就是：在过程输出的均值落在或接近设计目标值的情况下，尽可能减小过程输出的波动。由于过程输出的波动不可能为零，因此，质量改进是永无止境的。

1.3.3 提高质量的途径

在任何过程中，随机因素的干扰引起了过程输出质量特性的波动。尽管这种随机波动在工程中往往是可以接受的，但人们还是希望能够最大限度地减小或者消除这种随机波动。事实上，随机因素是一个相对的概念。随着科学技术的不断进步，也许过去曾经被认为是不可控制，甚至不可识别的随机因素，在现代科学技术的条件下，变成了可以控制的系统因素。因而，随机因素并非是一成不变的，它受所处的时空制约。随机因素可以转化的思想为人们在过程中不断地削弱随机因素，加强系统因素，进而减小和控制过程输出产生的随机波动奠定了坚实的基础。削弱随机因素，减小和控制波动有不同的途径，概括起来就是质量管理、质量工程技术及技术创新。

现代质量科学的主题是连续质量改进，尤其是低投入下进行的全面质量改进。在提高质量方面，质量工作者和工程技术人员长期存在着争议，其焦点为：是质量部门还是工程部门提高了产品质量？这一问题带来了相关学科研究中的模糊性，甚至在实践中引起了资源分配的问题。因此，提高质量应该从三个方面着手，即质量管理、质量工程技术和技术创新。

1. 质量管理

ISO 9000：2015《质量管理体系——基础和术语》中对质量管理一词作了明确的定义：在质量管理方面指挥和控制组织的协调活动。这些活动包括：制定质量方针和质量目标，以及通过质量策划、质量控制、质量保证和质量改进实现这些目标的过程。从内容上来看，它包括质量管理哲学、战略质量策划、质量信息与分析、标准化管理、质量审核和认证等方面的内容。图1-6给出了质量管理所包含的主要内容。

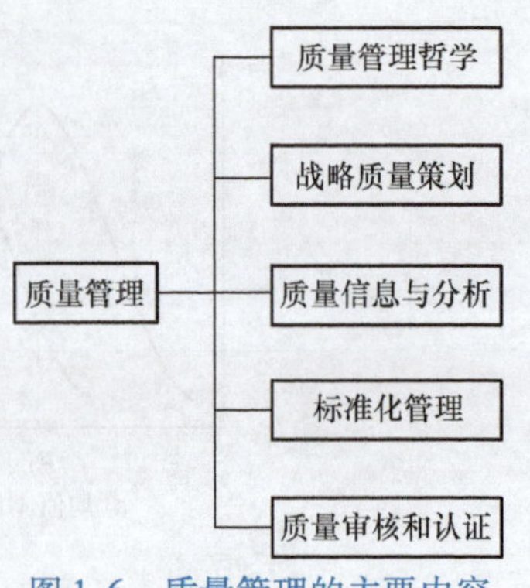

图1-6 质量管理的主要内容

任何质量改进都要从质量管理的概念开始，包括以承诺、策划、教育培训和度量的方式展示质量管理哲学。特别需要强调建立起一种企业质量文化，其中包括企业高层领导持续和强有力的支持、面向顾客、基于事实的决策、加强过程管理、人人参与、连续改进、工作满意、与供方的互利合作关系、团队精神、教育和培训等方面的内容。

任何组织都有自己的质量目标。战略质量策划是一个为建立和满足整个组织质量目标的系统方法。它应该包括：质量保证手册；质量策划工具，如甘特图、计划评审技术（PERT）网络和其他适用于控制各种质量活动时间表的工具等；质量功能展开（quality function deployment，QFD）；质量成本，如预防成本、鉴定成本、内部质量损失、外部质量损失及外部质量保证成本。

戴明将质量活动描述为一个有供应商、组织内部过程和顾客组成的系统。在组织经营的系统中，每一个部分都需要信息。需要收集、存储、分析和报告质量情况，帮助领导进行决策。质量信息应该包括：供应商性能评价，质量缺陷报告，纠正措施，顾客信息（如顾客需求、市场分析、顾客满意度），竞争对手情况等。可以借助数据库技术来设计和开发计算机集成化的质量信息系统。

标准是以往宝贵经验的总结，同时也是进一步提高水平的基础，是质量管理的重要组成部分。最著名的标准是国际标准化组织颁布的ISO 9000族标准，它提出了建立、健全组织质量体系的基本要求，已被世界各国普遍接受和采用。值得注意的是：ISO 9000系列标准并不是唯一的质量体系标准，一些著名的世界级公司都有自己的管理标准系列文件，如波音公司的先进质量体系（advanced quality system，AQS）；福特等三个公司联合制定的汽车工业标准化体系文件ISO（IATF）16949等。实施标准化管理为组织实现全面质量改进奠定了良好的基础。

依据标准建立起的质量管理体系，其实施和运行是一个动态过程，是一个通过质量体系审核与评审不断提高、逐步改进和完善的过程。为了进入国际市场，提高企业的质量信誉，许多企业已经或者正在实施质量体系认证。ISO 9000认证通常被形象地比喻为质量管理旅程中的新起点，企业还必须利用质量管理的思想和方法，以及质量工程技术，在认证的基础上，连续不断地进行质量改进。在获得和总结新经验的基础上，还要丰富和改进认证使用的标准。认证不代表质量管理的终结，而是实施全面质量改进的新起点。

2. 质量工程技术

提高质量的另外一个有效途径是质量工程技术的应用。质量工程一词最初由日本质量工程专家田口玄一博士提出。20世纪80年代初，田口玄一博士在美国新泽西的贝尔实验室，展示了如何应用统计试验提高工业研究和开发产品过程的效率，如何提高产品的质量和可靠性。在“田口方法”的名义下，一系列思想、方法和技术开始在美国传播。当时，一些田口方法的追随者将其作为医治美国制造业逐渐失去竞争优势和产品质量不如日本的灵丹妙药。但田口方法很快就受到美国质量界的尖锐批评和挑战。特别是应用统计学家发现，田口方法缺乏坚实的理论基础，并找出了大量的反例，指出了田口方法实现程序中的严重缺陷，并由此展开了长达十多年的大讨论。尽管不同的学术观点出现在学术会议、期刊和专著中，但形成共识的是：引起产品缺陷的真正原因是波动，质量工程的核心是减小、抑制和控制产品形成过程中出现的波动，这是由工程上新的质量损失原理所决定的。新的质量损失原理认为："质量特性只要偏离设计目标值，就会造成质量损失；偏离越大，造成的损失就越大。"这一新原理揭示了为了改进和提高质量、降低成本，就必须最大限度地减小和控制围绕设计目标值的波动。当前，质量工程技术主要涉及以下内容：识别/确定关键质量特性、质量设计技术、过程监控技术、测量系统分析及可靠性工程技术，如图 1-7 所示。

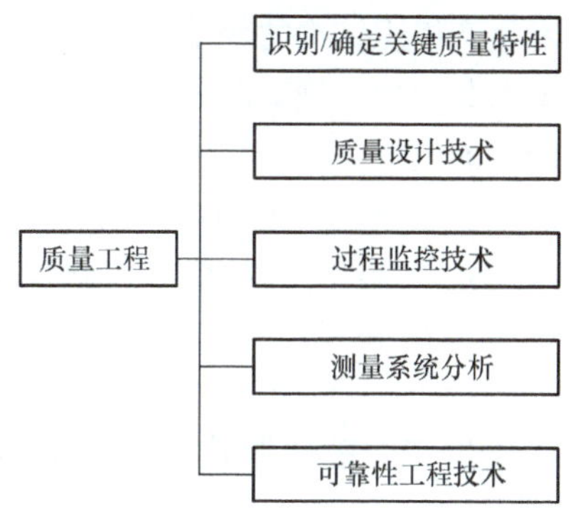

图 1-7　质量工程技术的主要内容

(1) 识别/确定关键质量特性（key quality characteristic）。关键质量特性是指对产品的性能、使用寿命和装配具有重要影响的质量特性。识别/确定关键质量特性的常用方法有头脑风暴法（brain storming）、帕累托分析（Pareto analysis）、需求分析、质量损失函数、风险分析等。

(2) 质量设计技术，包括技术开发、产品和工艺设计、量具的优化等方面的内容。质量设计试图在产品或工艺过程的设计中考虑稳健性（robustness），即在各种噪声因子的干扰下，使得产品或过程的波动尽可能小。常用的实现技术有：经典的试验设计、田口方法、计算机试验设计与分析（computer experiment design），响应曲面与双响应曲面以及广义线性模型等。

(3) 过程监控技术。过程监控的目的主要是维护过程的设计水平，使过程处于稳定的运行状态，并提供减小过程波动所需要的信息。过程监控技术可以分为两大类：一类是统计过程控制，另一类是工程过程控制。统计过程控制的基本原理是小概率事件原理，并连续地进行假设检验。其目的是维护过程的正常运行，一旦发现失控信号，及时查找失控原因，从而达到减小波动、维护过程正常运行之目的。其内容主要包括过程能力评价、过程分析与诊断，以及各种控制图的应用，如常规的休哈特控制图、累积和（cumulative sum，CUSUM）控制图，以及指数加权移动平均图（exponential weighted moving average，EWMA）。工程过程控制则通过控制方程，自动监测调整，通过前馈或者反馈的方式，使过程输出波动尽可能小。

(4) 测量系统分析。研究的测量系统主要目标是从整个波动中分离出量具波动和生产过程自身的波动，进而减小量具的波动，优化测量系统，特别是定量计量器具的重复性和再现性（R&R），以确定用于收集数据的测量设备的精度。

(5) 可靠性工程技术。可靠性工程技术主要包括可靠性模型、可靠性设计和可靠性寿命分析。许多可靠性模型基于失效模式。可靠性模型中最重要的设计参数是故障率和平均寿命。寿命分析的基本方式是失效模式与效果分析（failure mode and effects analysis，FMEA）和故障树分析（failure tree analysis，FTA）。

3. 技术创新

技术创新包括：新能源、新材料、新设备、新工艺的引入；新技术的开发、利用；企业或者生产组织结构的变革，如同步工程、再造工程（reengineering）。技术创新是建立在不断地汲取其他相关领域新技术的基础之上的，是动态的、相对的。创新是其灵魂，并贯穿于组织经营的全过程，它包括产品创新、工艺过程创新、生产手段创新、管理创新、组织创新及市场创新等。技术创新的领域非常广泛，仅就现代系统管理技术而言，它至少包括制造资源计划（manufacturing resource planning，MRP）、准时制（just in time，JIT）及精益生产、敏捷制造（agile manufacturing，AM）、全球化制造（global manufacturing，GM）和管理信息系统（management information system，MIS）等。技术创新常常带来质量的飞跃，它通常属于工程领域的范畴。图1-8给出技术创新的实现途径。

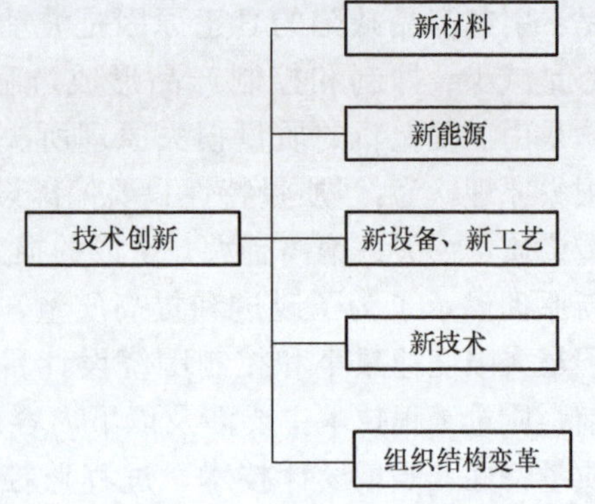

图1-8 技术创新的实现途径

技术和管理结合起来，必然能够产生质量的突破。因此，企业要获得竞争优势，必须把质量管理、质量工程技术和技术创新有机地结合起来。质量管理和质量工程技术的应用是持续的，而技术创新是属于阶段性的，即在技术创新之后，要持续不断地利用质量管理和质量工程技术，不断减少波动，实施质量改进。质量管理和质量工程技术的共同特点是在低投入下进行的质量改进，这样生产出的产品才有市场竞争优势。20世纪60年代，日本人从西方买来专利（技术创新的产物），不断地进行质量改进后，返回并抢占西方市场，这正是日本人善于利用质量管理与质量工程技术所产生的效应。相比之下，20世纪80年代以前，包括美国在内的西方发达国家过分依赖昂贵的技术开发，而忽视质量管理与质量工程技术在连续质量改进的应用。实际上，技术创新是质量的突变或质变过程，而质量管理和质量工程技术是质量的量变过程，“量变”和“质变”的无限往复是企业健康发展的必由之路。

思考与练习

1. 什么是质量？如何理解质量概念的演变？
2. 产品质量包含哪些特性？
3. 如何理解产品形成过程的波动？
4. 什么是质量管理？
5. 全面质量管理的核心观点是什么？
6. 理解如何将帕累托原则应用于质量管理之中？
7. 质量管理经历了几个发展阶段？每个阶段的主要特征是什么？
8. 简述戴明“14点”的内容，及其对现代质量管理的启示。
9. 简述“零缺陷”的基本思想。
10. 何谓“质量工程”？查阅资料并进行讨论。
11. 何谓“连续改进”？查阅资料并进行讨论。
12. 到有关企业调研，分析调研企业质量管理的水平及存在的问题。

第2章 质量管理基础

本章主要介绍质量管理中的一些基础知识，包括：质量管理的相关术语；质量管理的原则；ISO 9000 族标准；质量管理体系的基本要求、建立和运行，以及质量认证制度等；质量管理小组（quality circle）的组织和实施；基准比较方法等。

2.1 质量管理相关术语及质量管理原则

2.1.1 质量管理的相关术语

为了更好地理解质量管理的概念，本节将对质量管理的有关重要术语进行阐述，这些术语来自于 ISO 9000：2015《质量管理体系——基础和术语》。

1. 过程

过程是指利用输入实现预期结果（输出）的相互关联或相互作用的一组活动。图 2-1 给出了过程示意图。

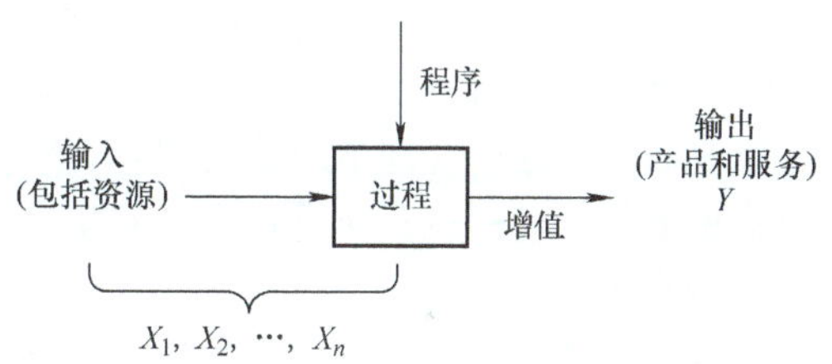

图 2-1 过程示意图

过程的任务在于将输入转化为输出，而输出是过程的产品或服务，输入、输出及过程特性应该是可测量的。输入和预期的输出可以是有形的（设备、材料和元器件），也可以是无形的（信息），输出也可能是非预期的（废料、污染）。不易或者不能经济地确认其输出是否合格的过程，通常称为“特殊过程”。

过程应该是增值或者能够实现价值转移的，否则，应进行改进或删除。为了使过程增值，组织应对过程进行策划，即识别过程及其要求，进行过程设计并形成程序，建立过程绩效测量和过程控制方法。过程策划能够使过程稳定、受控地获得增值。为了使过程具有更强的增值能力，组织还应当对过程进行持续的改进和创新。

将输入转化为输出的动因是活动，而且是一组相互关联或相互作用的活动；过程具有伸展性，一个过程可以分解成若干更小的过程。若干小过程可以集成一个较大的过程，如产品实现过程就是由若干过程组成的。

过程输入可以是人力、设备设施和材料，或者是决策、信息等。实用而简单的过程概念模型是“Y 是 X 的函数”，即

$$Y=f(X_1,X_2,\cdots,X_n)$$

式中，Y 是结果变量，X 是输入变量。

上述公式所表达式的信息是，通过选取和控制 X 值，可以改进过程输出 Y。需要强调的是，在众多 X 中，只有少数 X 对 Y 产生决定性影响，我们称这些 X 为关键的过程输入变量

(key process input variables，KPIV)。

2. 质量特性

质量特性是指产品、过程或体系与要求相关的客体的固有特性。这里，特性是指可区分的特征，可以是固有的或赋予的，也可以是定量的或者定性的。所谓“固有的”是指产品、过程或体系本来就有的，尤其是那种永久的特性。还要注意的一点是，赋予产品、过程或体系的特性（如产品的价格、所有者）不属于它们的质量特性。

产品的质量特性包括性能、适用性、可信性（可用性、可靠性、可维修性）、安全性、环境性、经济性和美学性；服务的质量特性包括时间性、功能性、安全性、经济性、舒适性和文明性。

根据对顾客及其相关方满意的影响程度不同，质量特性可分为关键质量特性、重要质量特性和次要质量特性。关键质量特性是指该特性超过规定的要求，会直接影响产品的安全性或导致产品整体功能丧失；重要质量特性是指该特性超过规定的要求，会造成产品部分功能的丧失；次要质量特性是指该特性超过规定的要求，暂不影响产品的功能，但可能会引起产品功能的逐渐丧失。

3. 质量管理

质量管理是指在质量方面指挥和控制组织的协调活动。质量管理是组织管理中的一部分，因此，它应具备管理的一般职能，特别是质量方面的计划、组织、指挥、协调和控制。质量管理的首要任务是制定组织的质量方针和质量目标；质量管理的基本活动是指为了实现组织的质量方针和质量目标，所进行的质量策划、质量控制、质量保证和质量改进等活动。质量管理是组织各项管理中的重要内容，涉及组织的各个方面，其目的在于通过管理活动使得产品和服务、过程达到质量要求，并实现持续改进。

4. 质量方针

质量方针是指由组织的最高管理者正式发布的组织的质量宗旨和方向。组织是指职责、权限和相互关系得到安排的一组人员及设施。例如，企事业单位、研究机构、代理商、社团或上述组织的部分或者组合。质量方针是一个组织总方针的重要组成部分，可以与组织的愿景和使命相一致，是组织质量活动的纲领。其制定必须以质量管理原则为基础，应反映对顾客的承诺，并为制定质量目标提供框架。质量方针应形成书面文件，并由组织的最高管理者正式发布，动员全体员工贯彻实施。

5. 质量目标

质量目标是指组织在质量方面所追求的目标。质量目标通常是依据组织的质量方针制定的，是质量方针的具体体现，要加以量化，以便实施、检查。质量目标还应根据组织的结构和职能进行逐层分解、细化，以便在组织的不同层次上展开、落实。

质量目标依据其达到的时间长短，可分为长期质量目标（3~5年）和短期质量目标（时间单位为年、季度、月、周等）。质量目标的内容包括质量指标、顾客满意度指标、质量成本目标、质量管理目标等。

6. 质量策划

质量策划是质量管理的一部分，致力于制定质量目标并规定必要的运行过程和相关资源以实现质量目标。质量策划的目的是制定质量目标并努力使之实现。组织无论研制、生产什么样的产品，都必须进行质量策划。质量策划包括提出明确的质量目标，规定必要的作业过程，配备相关的资源，明确职责，最后形成书面文件，即质量计划。编制质量计划是质量策划的一部分。

7. 质量控制

质量控制是质量管理的一部分，致力于满足质量要求。质量控制是一个设定标准（根据质量要求）、分析结果、发现偏差、采取纠正和预防措施的过程。例如，为控制采购过程的质量，通常采取的控制措施包括：制定控制计划、通过评定选择供应商、规定对进货产品的检验方法、做好质量记录并定期进行绩效分析等。质量控制通常与质量管理的工具或技术相关，组织通过利用这些工具或技术对产品形成和体系实施的全过程进行控制，找出不满足质量要求的原因并予以消除，以减少损失，从而带来效益。

8. 质量保证

质量保证是质量管理的一部分，致力于提供质量要求会得到满足的信任。它分为内部质量保证和外部质量保证：内部质量保证是向组织自己的管理者提供信任；外部质量保证是向顾客或其他相关方提供信任。

质量保证的基础和前提是保证质量、满足要求，核心是提供信任。质量管理体系的建立和有效运行是提供信任的重要手段。为了使顾客有足够的信任，需要对供方质量管理体系的要求进行证实。证实的方法有：供方的合格声明、提供形成文件的基本证据、提供由其他顾客认定的证据、顾客亲自审核、由第三方进行的审核、提供经国家认可的认证机构出具的认证证据。

9. 质量改进

质量改进是质量管理的一部分，致力于增强满足质量要求的能力。质量改进的目的是增强能力，使组织满足质量要求。质量改进的过程就是在对现有质量水平的控制和维持的基础上加以突破和提高，将现有质量提高到一个新的水平。质量改进的对象可能涉及组织的质量管理体系、过程和产品，组织应注意识别需要改进的项目和关键质量要求，考虑改进所需要的过程。质量改进以有效和高效为准则，需要持之以恒。组织只有推动持续的质量改进才能满足顾客的需要，为组织带来持久的效益。

质量改进有许多技术和方法，如试验设计（design of experiments，DOE）、田口方法、全面质量管理新老七种工具、六西格玛改进等。群众性的质量管理小组活动是质量改进最基层的组织形式。

10. 质量管理体系

质量管理体系是指在质量方面指挥和控制组织的管理体系。其中，体系是指相互管理或相互作用的一组要素，而要素是指构成体系的基本单元或组成体系的基本过程；管理体系是指建立方针和目标并实现这些目标的体系。一个组织的管理体系可以由若干个不同的管理体系构成，如质量管理体系、环境管理体系、职业健康安全管理体系、财务管理体系、人力资源管理体系等。质量管理体系是组织诸多管理体系的一个重要组成部分，它致力于建立质量方针和质量目标，并为实现质量方针和质量目标确定相关的组织机构、过程、活动和资源。建立质量管理体系的目的是在质量方面帮助组织提供持续满足要求的产品和服务，以满足顾客和其他相关方的要求。质量管理体系由领导作用、策划、支持、运行、绩效评价与改进组成。质量管理体系是建立在过程和连续改进的基础之上的。

2.1.2　质量管理原则

质量管理原则是国际标准化组织质量管理和质量保证技术委员会（ISO/TC 176）在总

结质量管理近百年的实践经验、广泛吸纳国际著名质量管理专家理念的基础上，用高度概括而又易于理解的语言整理出来的。质量管理原则阐述了质量管理最基本、最通用的一般性规律，可指导组织通过长期关注顾客及其利益相关方的需求和期望，达到改进总体绩效之目的。质量管理原则适合于所有类型的组织，已成为现代质量管理的理论基础。它是组织有效实施质量管理工作必须遵循的原则，也是从事质量相关工作的人员理解、掌握 ISO 9000 族标准的基础。质量管理原则的主要内容如下：

1. 以顾客为关注焦点

质量管理的首要关注点是满足顾客要求，并且努力超越顾客期望。以顾客为关注焦点是质量管理的核心思想。任何组织都依存于顾客，如果没有顾客，组织也就失去了存在和发展的基础。因此，组织应理解、关注顾客当前和未来的需求，以及顾客的满意程度。

市场是发展变化的，顾客的需求和期望也随着时间的变化而变化，要持续赢得顾客的信赖，组织必须在研究顾客的需求和期望的基础上，快速反应，及时调整自身的策略和采取措施，满足顾客并力争超越顾客的需求和期望，进而获得顾客的信任，在市场中站稳，并为组织获取更大的效益。

为了确保组织的目标和顾客的需求与期望相一致，必须加强组织内部的沟通与协调，管理好顾客关系，兼顾顾客（包括内部顾客和外部顾客）和其他利益相关方的利益。

2. 发挥领导作用

领导作用是指各级领导建立统一的宗旨和方向，并创建全员积极参与实现组织质量目标的条件。领导是质量管理的关键。作为决策者，领导有责任确立本组织统一的质量宗旨及方向，创造并保持使员工能充分参与实现组织目标的内部环境。

领导者的作用在于为组织的未来描绘清晰的愿景，确定组织的方针和目标，在组织内部建立价值共享的道德伦理观念，建立沟通和信任机制；为员工提供所需的资源、教育培训，并赋予其职责范围内的自主权，加强激励机制，为员工营造良好的内部环境和质量文化，使每名员工均能充分参与实现组织目标的活动。任何一个组织，如果领导不将质量放在中心位置来抓，这样的企业就不可能生产出高质量的产品，也就不可能让顾客满意。

3. 全员积极参与

整个组织内各级胜任、经授权并积极参与的人员，是提高组织创造和提供价值能力的必要条件。各级人员都是组织之本，只有员工充分参与，才能用他们的才干为组织带来收益。高质量的产品和优质的服务是组织员工共同劳动的结果，组织的绩效是建立在每位员工绩效的基础之上的。

必须充分调动员工的积极性和创造性，赋予其相应的权限和职责，根据其承担的目标评价绩效，不断提升员工自身的能力、知识和经验，服务于组织的利益。全员积极参与是现代质量管理的核心理念之一。

4. 过程方法

组织为了有效地运营，必须识别和管理众多相互关联的过程。系统地识别和管理组织所应用的过程，特别是这些过程之间的相互作用的方法，称为“过程方法”。

采用过程方法进行管理，能够充分认识过程之间的内在关系和相互联系。通过过程的控制活动，能够获得可预测并具有一致性的结果，进而使组织按优先次序改进过程。在过程管理中，要确定关键过程，测量并掌握关键过程的能力，识别和改进影响关键过程的要素，定期评估风险和对顾客、供方和其他相关方的影响。

5. 改进

成功的组织持续关注改进。一个组织面对不断变化的环境，不进则退，只有坚持持续改进，才能不断进步。为了改进组织的整体绩效，组织必须持续不断地改进产品质量和服务质量，改进质量管理体系和过程的有效性和效率，以满足顾客和其他利益相关方日益增长和不断变化的需求和期望。因此，持续改进总体绩效应当是组织的一个永恒的目标、永恒的追求、永恒的活动。

改进是一种管理的理念，是组织的价值观和行为准则，是一种持续满足顾客要求、增加效益、追求提高过程有效性和效率的活动。为了提高组织的绩效，组织应当运用 PDCA 循环等方法，持续不断地改进产品、过程和体系。只有坚持改进，才能不断提高组织的管理水平，组织才能不断进步。

6. 循证决策

基于数据和信息的分析和评价的决策，更有可能产生预期的结果。组织的成功，首先在于正确的决策，如市场定位、产品方向、质量管理体系、过程、方法、程序和职责权限等都需要正确的决策。而正确的决策需要科学的方法，并以客观事实或正确的数据、信息为基础，再通过合乎逻辑的分析、判断才能得到。因此，有效决策是建立在数据和信息分析的基础上的。

为了实现基于事实的决策，应当重视数据信息的准确性、及时性和全面性，并借助其他辅助手段，如计算机辅助管理信息系统。为了确保获得对决策有用的信息，应充分调查，收集数据和信息；全面分析，确保数据和信息充分、精确、可靠；科学决策，在基于事实的基础上，权衡经验与直觉，做出决策并采取措施。

7. 关系管理

为了持续成功，组织需要管理与相关方（如供方）的关系。组织与相关方是相互依存、互利的关系。如供方向组织提供的产品质量对组织向顾客提供的产品质量有着重要的影响，而且直接影响到组织对市场的快速应变能力。同时，组织依靠高质量的产品赢得更为广大的市场时，也为供方提供了销售更多产品的机会。因此，把供方、协作方、合作方都看作是组织经营战略同盟中的合作伙伴，可以优化成本和资源，形成竞争优势，有利于增强组织和相关方共同获利的能力。

任何一个组织都有其供方。随着社会的不断发展，专业化和协作化程度也不断提高，供应链也日益复杂。组织和供方建立良好的合作关系，能够对顾客需求的变化及时反应，从而使组织和供方共同增强创造价值的能力，实现双赢。

2.2 质量管理体系

2.2.1 ISO 9000 族标准简介

1. ISO 9000 族标准的构成

ISO 9000 族标准是由 ISO/TC 176 质量管理与质量保证技术委员会制定的国际标准，是针对组织的管理结构、人员、技术能力、各项规章制度、技术文件和内部监督机制等一系列体现组织保证产品和服务的管理措施的标准。目前 2015 版的 ISO 9000 族标准由 5 项标准、技术报告和小册子组成。技术报告和小册子作为 ISO 9000 族标准的支持性文件，是质量管理体系建立和运行的指导性文件。2015 版的 ISO 9000 族标准的构成如图 2-2 所示。

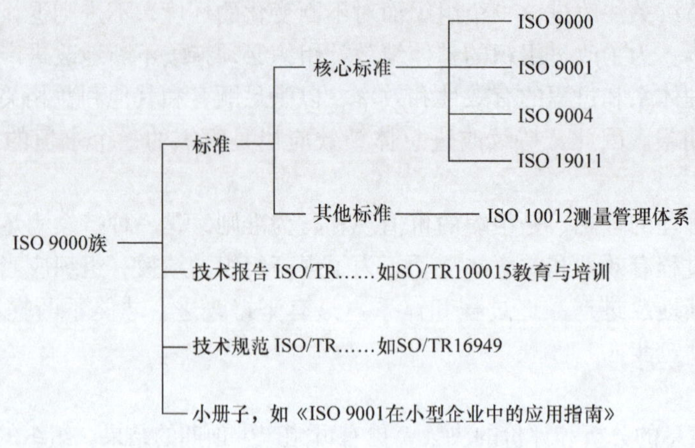

图 2-2 2015 版 ISO 9000 族标准的构成

2. ISO 9000 族标准的特点

ISO 9000 族标准具有以下特点：

（1）具有较强的通用性。ISO 9000 族标准适用于所有不同产品类别、不同规模的组织，在满足删减条件的前提下，可根据组织实际需要，剪裁使用某些质量管理体系要求的条款，调整相应的内容。

（2）应用过程方法，具有逻辑性和相关性。ISO 9000 族标准提倡利用过程的方法来建立质量管理体系，并利用过程方法对质量活动进行控制。

（3）应用系统的管理思想，以提高实现目标的有效性和效率为目的，强调质量管理体系的适宜性和有效性。

（4）具有兼容性。与环境管理体系、职业健康安全管理体系兼容；遵循 PDCA 运行模式。

（5）具有继承性，且期望每五年修订一次。目前最新版的 ISO 9000 族标准为 2015 版 ISO 9000 族标准。

（6）协调一致的成对标准。ISO 9001 和 ISO 9004 标准协调一致，两个标准使用相同的术语，均遵循质量管理原则，都采用以过程为基础的质量管理体系模式。

3. 2015 版 ISO 9000 族标准核心标准简介

2015 版 ISO 9000 族标准的核心标准有以下四个：

（1）ISO 9000：2015《质量管理体系　基础和术语》。该标准为质量管理体系提供了基本概念，原则和术语，为质量管理体系的其他标准奠定了基础。该标准旨在帮助使用者理解质量管理的基本概念、原则和术语，以便能够有效和高效地实施质量管理体系，并实现质量管理体系其他标准的价值。该标准从 13 个方面，对质量管理领域的基础知识进行了明确的阐述，对质量管理领域相关的质量术语的概念进行了解释，并提供了术语之间的关系图。该标准中还明确指出，质量管理原则是组织改进绩效的框架，能帮助组织获得持续成功，也是 ISO 9000 族质量管理体系的基础。

（2）ISO 9001：2015《质量管理体系　要求》。相较于 ISO 9001：2008 而言，ISO 9001：2015 修改了主要技术方面的内容，如采用基于风险的思维，更少的规定性要求，对成文信息的要求更加灵活，提高了服务行业的适用性，更加强调组织环境，强调对领导作用的要求，更加注重实现预期的过程结果以增强顾客满意等。

标准采用以过程为基础的质量管理体系模型，过程方向包括按照组织的质量方针和战略方向，对各过程及其相互作用进行系统的规定和管理，从而实现预期结果。可通过采用 PDCA 循环以及始于风险的思维，对过程和整个体系进行管理，旨在有效利用机遇，并防止发生不良结果。PDCA 循环能够应用于所有过程及整个质量管理体系。图 2-3 是该标准的结构在 PDCA 循环中的展示。

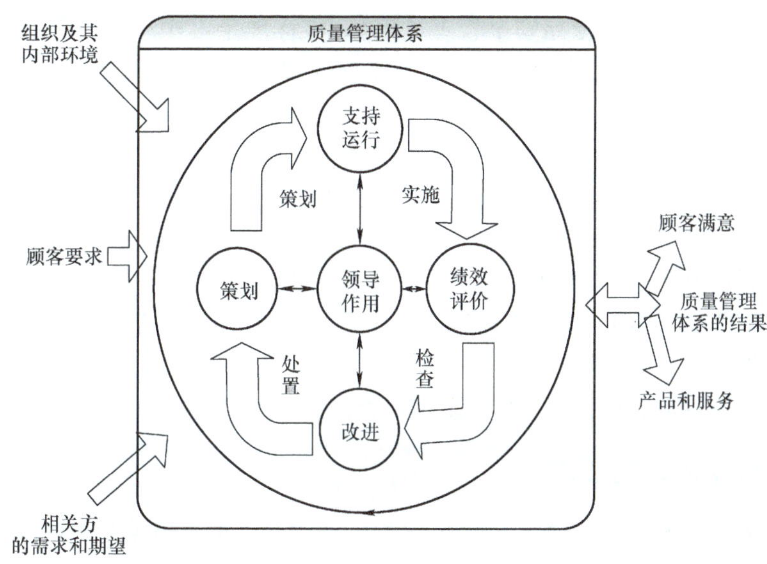

图 2-3　ISO 9001：2015 的结构在 PDCA 循环中的展示

（3）ISO 9004：2018《追求组织的持续成功　质量管理方法》。该标准为组织选择超出本标准的要求提供指南，关注能够改进组织整体绩效的更为广泛的议题。标准包括自我评价指南，以便组织能够对其质量管理体系的成熟度进行评价。

标准以质量管理原则为基础，用以促进组织整体绩效的改进，并增进有利益关系的个人或团体，包括顾客、所有者、员工、供方和合作伙伴、社会等的满意。该标准也应用以过程为基础的质量管理体系模式，提供了考虑质量管理体系的有效性和效率两方面的指南，以及质量管理体系成熟度水平的自我评价方法。虽然标准提供了超出 ISO 9001 要求的指南和建议，但是不能作为第三方认证的依据及法规、合同目的，也不是 ISO 9001 标准的实施指南。

ISO 9001 和 ISO 9004 标准的异同点主要有：两个标准都遵循质量管理原则，采用相同的质量管理体系基础和术语，具有相似的体系结构；但是 ISO 9001 适用的范围只是顾客，用于认证或者合同目的或内部管理，而 ISO 9004 适用于所有的相关方，用于持续改进组织的总体绩效和效率，使相关方满意。

（4）ISO 19011：2018《审核管理体系指南》。该标准就审核方案管理、管理体系审核和审核组织能力评价提供了指南，可作为内部审核和外部审核评定的依据。该标准适合于审核员、审核组织、实施质量管理体系的组织。

4. 其他管理体系标准

其他管理体系的标准很多，这里仅给出具有代表性的几个标准。

（1）环境管理体系标准。随着环境问题变得越来越突出，以及可持续发展战略的需要，国际标准化组织为响应联合国实施可持续发展的号召，于1993年6月成立了第207个技术委员会（TC207），专门负责制定环境管理标准。环境管理体系标准包括：ISO 14001《环境管理体系标准及使用指南》、ISO 14004《环境管理体系原则、体系和支持技术通用指南》等。

（2）OHSAS 18001：2015《职业健康安全管理体系要求》。该标准针对职业健康安全而非产品和服务安全，规定了职业健康安全管理体系的要求。

（3）ISO 22000：2018《食品安全管理体系》。该标准是一个国际认证标准，适于所有组织，可贯穿整个供应链。标准中规定了食品安全管理体系的要求，结合公认的关键元素，以确保从食品链至最后消费点的食品安全。

（4）ISO/TATF16949：2016《质量管理体系汽车行业生产件与相关服务件的组织应用ISO 9001：2015的特殊要求》。该标准由美国、法国、德国、英国、意大利五国汽车工业部门联合起草，由国际汽车工作组（International Automotive Task Force，IATF）组织制定，是国际上共同认可的专门适合于汽车工业的质量体系认证。

（5）ISO/TS22163：2017《质量管理体系：铁路行业经营管理体系的要求：ISO 9001：2015应用于铁路行业的特殊要求》。该标准是由欧洲铁路工业协会（UNIFE）开发的技术规范，目的是开发并持续改进运营管理体系，以确保在全球铁路领域的产品质量与安全。

2.2.2 质量管理体系的要求

ISO 9001：2015《质量管理体系 要求》为各种类型、不同规模和提供不同产品和服务的组织规定了质量管理体系要求：①需要证实其具有稳定提供满足顾客要求及适用法律法规要求的产品和服务的能力；②通过体系的有效应用，包括体系改进的过程，以及保证符合顾客要求和适用的法律法规要求，旨在增加顾客满意。具体要求有七个方面：

1. 组织环境

在日益复杂的动态环境中持续满足要求，并针对未来需求和期望采取适当行动，这无疑是组织面临的一项挑战。为此，组织需要：

（1）理解组织及其环境。组织应确定与其宗旨和战略方向相关并影响其实现质量管理体系预期结果的能力的各种外部和内部因素（外部因素是指法律法规、技术、竞争、市场、文化、社会和经济环境等，内部因素是指组织的价值观、文化、知识和绩效等有关的因素），并对这些外部和内部因素的相关信息进行监视和评审。

（2）理解相关方的需求和期望。由于相关方对组织稳定提供符合顾客要求及适用法律法规要求的产品和服务的能力具有影响或者潜在影响，因此，组织应确定与质量管理体系有关的相关方，以及与质量管理体系有关的相关方的要求。同时，组织应该监视和评审这些相关方的信息及相关要求。

（3）确定质量管理体系的范围。组织应确定质量管理体系的边界和适用性，以确定其范围。在确定范围时，组织应考虑：①组织及其环境中的各种外部和内部因素；②与质量管理体系有关的相关方的要求；③组织的产品和服务。组织的质量管理体系范围应作为成文信息，可获得并得到维护。该范围应描述所覆盖的产品和服务类型，如果组织确定本标准的某些要求不适用于其质量管理体系范围，应说明理由。

（4）质量管理体系及其过程。组织应按照要求，建立、实施、保持和持续改进质量管理体系，包括所需过程及其相互作用。组织应确定质量管理体系所需的过程及其在整个组织中的应用，包括确定这些过程所需的输入和期望的输出；确定这些过程的顺序和相互作用；确定和应用所需的准则和方法（包括监视、测量和相关绩效指标），以确保这些过程的有效运行和控制；确保这些过程所需的资源并确保其可获得；分配这些过程的职责和权限；按照应对风险和机遇的措施的要求应对风险和机遇；评价这些过程，实施所需的变更，以确保实现这些过程的预期结果；改进过程和质量管理体系。同时，在必要的范围和程度上，组织应保留成文信息，以支持过程运行并确认其过程按策划进行。

2. 领导作用

领导作用是质量管理原则之一，在策划、建立、运行、改进质量管理体系的过程中，对高层管理者提出了更高要求：

（1）领导作用和承诺。一方面，最高管理者应通过以下方面，证实其对质量管理体系的领导作用和承诺，包括：①对质量管理体系的有效性负责；②确保制定质量管理体系的质量方针和质量目标，并与组织环境相适应，与战略方向相一致；③确保质量管理体系的要求融入组织的业务过程；④促进使用过程方法和基于风险的思维；⑤确保质量管理体系所需的资源是可获得的；⑥沟通有效的质量管理和符合质量管理体系要求的重要性；⑦确保质量管理体系实现其预期结果；⑧促使人员积极参与，指导和支持他们为质量管理体系的有效性做出贡献；⑨推动改进；⑩支持其他相关管理者在其职责范围内发挥领导作用。

另一方面，最高管理者为了证实其以顾客为关注焦点的领导作用和承诺，需确保：①确定、理解并持续地满足顾客要求以及适用的法律法规要求；②确定和应对风险和机遇，这些风险和机遇可能影响产品和服务合格，以及增强让顾客满意的能力；③始终致力于提高顾客满意度。

（2）方针。最高管理者应制定、实施和保持质量方针。质量方针应满足以下要求：①适应组织的宗旨和环境并支持其战略方向；②为建立质量目标提供框架；③包括满足适用要求的承诺；④包括持续改进质量管理体系的承诺。同时，质量方针应可获取并保持成文信息，在组织内得到沟通、理解和应用，需要时，可为相关方所获取。

（3）组织的岗位、职责和权限。最高管理者应确保组织相关岗位的职责、权限得到分配、沟通和理解，以实现以下目标：①确保质量管理体系符合标准的要求；②确保各过程获得其预期输出；③报告质量管理体系的绩效及改进机会，特别是向最高管理者报告；④确保在整个组织中推动以顾客为关注焦点的理念和工作；⑤确保在策划和实施质量管理体系变更时保持其完整性。

3. 策划

策划是建立、实施、保持和改进质量管理体系的第一步，涵盖以下内容：

（1）应对风险和机遇的措施。在策划质量管理体系时，组织应考虑组织及其环境所涉及的因素和相关方的要求，并确定需要应对的风险和机遇，以确保质量管理体系能够实现其预期结果、增强有利影响、预防或减少不利因素、实现改进。组织还需要策划如何整合并实施这些措施，以及如何评价这些措施的有效性。

（2）质量目标及其实现的策划。组织应针对相关职能、层次和质量管理体系所需的过程建立质量目标。质量目标应做到：①与质量方针保持一致；②可测量；③考虑适用的要求；④与产品和服务合格以及增强顾客满意相关；⑤予以监视；⑥予以沟通；⑦适时更新。组织应保持有关质量目标的成文信息。在策划如何实现质量目标时，组织应确定：①要做什么；②需要什么资源；③由谁负责；④何时完成；⑤如何评价结果。

（3）变更的策划。当组织确定需要对质量管理体系进行变更时，变更应按所策划的建立质量管理体系及其过程的方式实施。组织应考虑：①变更目的及其潜在后果；②质量管理体系的完整性；③资源的可获得性；④职责和权限的分配或再分配。

4. 支持

组织在建立、实施、保持和持续改进质量管理体系时，应确定并提供所需的资源、能力、意识、沟通和成文信息。具体要求如下：

（1）资源。组织应从现有内部资源的能力和局限、需要从外部供方获得的资源这两个方面考虑人员、基础设施、过程运行环境、监视和测量资源、组织的知识等因素。

（2）能力。能力是指客体实现满足要求的输出的本领。组织应做到：①确定在其控制下工作的人员所需具备的能力，这些人员从事的工作影响质量管理体系绩效和有效性；②基于适当的教育、培训或经验，确保这些人员是胜任的；③需要时，采取措施以获取所需的能力，并评价措施的有效性；④保留适当的成文信息，作为人员能力的证据。需要说明的是："适用措施"既可以是对在职人员进行培训、辅导或重新分配工作，也可以是聘用、外包胜任的人员。

（3）意识。组织应确保在其控制下工作的人员知晓质量方针，相关的质量目标，他们对质量管理体系有效性的贡献，包括改进绩效的益处，及不符合质量管理体系要求的后果。

（4）沟通。组织应确定与质量管理体系相关的内部和外部沟通，包括：①沟通什么；②何时沟通；③与谁沟通；④如何沟通；⑤谁来沟通。

（5）成文信息。组织的质量管理体系不仅应该包括标准所要求的成文信息，而且应该包括组织所确定的、为确保质量管理体系有效性所需的成文信息。质量管理体系成文信息的多少和详略程度，取决于组织的规模，以及活动、过程、产品和服务的类型，过程及其相互作用的复杂程度，以及人员的能力。对所需要的成文信息，应注意创建、更新和控制。

- 创建和更新。在创建和更新成文信息时，组织应确保适当的：①标识和说明（如标题、日期、作者、索引编号）；②形式（如语言、软件版本、图表）和载体（如纸质的、电子的）；③评审和批准，以保持适宜性和充分性。
- 成文信息的控制。组织在控制质量管理体系和标准所要求的成文信息时，一方面，应确保：①在需要的场合和时机，均可获得并适用；②予以妥善保护（如防止泄密、不当使用或缺失）。另一方面，组织为控制成文信息，应适当进行下列活动：①分发、访问（指查阅）、检索和使用；②存储和防护，包括保持可读性；③更改控制（如版本控制）；④保留和处置。对于组织确定的策划和运行质量管理体系所必需的来自外部的成文信息，组织应进行适当识别，并予以控制；对所保留的、作为符合性证据的成文信息应予以保护，防止非预期的更改。

5. 运行

对运行的要求体现在以下几个方面：运行的策划和控制，产品和服务的要求，产品和服务的设计、开发，外部提供的过程、产品和服务的控制，产品和服务的提供，产品和服务的放行，不合格输出的控制等要求。

（1）运行的策划和控制。为满足产品和服务提供的要求，并实施策划所确定的措施，组织应通过以下措施对所需的过程进行策划、实施和控制：①确定产品和服务的要求；②建立过程、产品和服务接收的准则；③确定所需的资源以使产品和服务符合要求；④按照准则实施过程控制；⑤在必要的范围和程度上，确定并保持、保留成文信息，以确信过程已经按策划进行，证实产品和服务符合要求。策划的输出应适合组织的运行。组织应控制策划的变更，评审非预期变更的后果，必要时，采取措施减轻不利影响。同时，组织也应确保外包过程受控。

（2）产品和服务的要求。产品和服务的要求包括顾客沟通、产品和服务要求的确定、产品和服务要求的评审、产品和服务要求的更改。

- 顾客沟通。与顾客沟通的内容应包括：①提供有关产品和服务的信息；②处理问询、合同或订单，包括更改；③获取有关产品和服务的顾客反馈，包括顾客投诉；④处置或控制顾客财产；⑤关系重大时，制定应急措施的特定要求。
- 产品和服务要求的确定。在确定向顾客提供的产品和服务的要求时，组织应确保：①对产品和服务的要求做出规定，包括适用的法律法规要求和组织认为的必要要求；②提供的产品和服务能够满足所声明的要求。
- 产品和服务要求的评审。组织应确保有能力向顾客提供满足要求的产品和服务。在承诺向顾客提供产品和服务之前，组织应对如下各项要求进行评审：①顾客规定的要求，包括对交付及交付后活动的要求；②顾客虽然没有明示，但规定的用途或已知的预期用途所必需的要求；③组织规定的要求；④适用于产品和服务的法律法规要求；⑤与以前表述不一致的合同或订单要求。组织应确保与以前规定不一致的合同或订单要求已得到解决。若顾客没有提供成文的要求，组织在接受顾客要求前应对顾客要求进行确认。组织应保留评审结果、产品和服务的新要求等方面相关的成文信息。
- 产品和服务要求的更改。若产品和服务要求发生更改，组织应确保相关的成文信息得到修改，并确保相关人员知道已更改的要求。

（3）产品和服务的设计、开发。组织应建立、实施和保持适当的设计和开发过程，以确保产品和服务的提供。这方面的要求包括设计和开发策划、设计和开发输入、设计和开发控制、设计和开发输出、设计和开发更改等。

（4）外部提供的过程、产品和服务的控制。组织应确保外部提供的过程、产品和服务符合要求。在下列情况下，组织应确定对外部提供的过程、产品和服务实施的控制：①外部供方的产品和服务将构成组织自身产品和服务的一部分；②外部供方代表组织直接将产品和服务提供给顾客；③组织决定由外部供方提供过程或部分过程。组织应基于外部供方按照要求提供过程、产品和服务的能力，确定准则并实施对外部供方的评价、选择、绩效监视及再评价。对于这些活动和由评价引发的任何必要的措施，组织应保留成文信息。

（5）产品和服务的提供。这方面的内容包括生产和服务提供的控制、标识和可追溯性、顾客和外部顾客的财产、防护、交付后活动、更改控制。

（6）产品和服务的放行。组织应在适当阶段验证产品和服务。除非得到有关授权人员或顾客的批准，否则在验证确定之前，不应向顾客放行产品和交付服务。组织应保留有关产品和服务放行的成文信息包括：①符合接收准则的证据；②可追溯到授权放行人员的信息。

（7）不合格输出的控制。组织应确保对不符合要求的输出进行识别和控制，以防止非预期的使用或交付。组织应根据不合格的性质及其对产品和服务符合性的影响采取适当措施，这也适用于在产品交付之后，以及在服务提供期间或之后发现的不合格产品和服务。组织应通过下列一种或几种途径处置不合格输出：①纠正；②隔离、限制、退货或暂停对产品和服务的提供；③告知顾客；④获得让步接收的授权。对不合格输出进行纠正之后应验证其是否符合要求。组织应保留下列工作相关的成文信息：①描述不合格；②描述所采取的措施；③描述所获得的让步；④识别处置不合格的授权。

6. 绩效评价

绩效评价包括监视、测量、分析和评价，内部审核，管理评审三个方面的内容，下面给出具体要求。

（1）监视、测量、分析和评价。组织应确定：①需要监视和测量什么；②需要用什么方法进行监视、测量、分析和评价，以确保结果有效；③何时实施监视和测量；④何时对监视和测量的结果进行分析和评价。组织应评价质量管理体系的绩效和有效性，并保留适当的成文信息，作为结果的证据。

- 顾客满意。组织应监视顾客对其需求和期望已得到满足的程度的感受。组织应确定获取、监视和评审该信息的方法。

- 分析与评价。组织应分析和评价通过监视和测量获得的适当的数据和信息。应利用分析结果对以下事项做出评价：①产品和服务的符合性；②顾客满意程度；③质量管理体系的绩效和有效性；④策划是否得到有效实施；⑤应对风险和机遇所采取措施的有效性；⑥外部供方的绩效；⑦质量管理体系改进的需求。

（2）内部审核。组织应按照计划的时间间隔进行内部审核，提供有关质量管理体系的下列信息：①是否符合组织自身的质量管理体系要求，是否符合本标准的要求；②是否得到有效的实施和保持。

组织应依据有关过程的重要性，对组织产生影响的变化和以往的审核结果，策划、制定、实施和保持审核方案，审核方案包括频次、方法、职责、策划要求和报告；规定每次审核的审核准则和范围；选择审核员并实施审核，以确保审核过程客观公正；确保将审核结果报告给相关管理者；及时采取适当的纠正和纠正措施；保留成本信息，作为实施审核方案以及审核结果的证据。

（3）管理评审。最高管理者应按照计划的时间间隔对组织的质量管理体系进行评审，以确保其持续的适应性、充分性和有效性，并与组织的战略方向保持一致。

- 管理评审输入。计划和实施管理评审时应考虑下列内容：①以往管理评审所采取措施的情况；②与质量管理体系相关的内外部因素的变化；③有关质量管理体系绩效和有效性的信息，包括其趋势，如：顾客满意和有关相关方的反馈，质量目标的实现程度，过程绩效以及产品和服务的合格情况，不合格及纠正措施，监视和测量结果，审核结果，外部供方的绩效；④资源的充分性；⑤应对风险和机遇所采取措施的有效性；⑥改进的机会。

- 管理评审输出。管理评审的输出应包括与下列事项相关的决定和措施：①改进的机会；②质量管理体系所需的变更；③资源需求。组织应保留成文信息，作为管理评审结果的证据。

7. 改进

组织应确定和选择改进机会，并采取必要措施，以满足顾客要求和增加顾客满意。这应包括：①改进产品和服务，以满足要求并应对未来的需求和期望；②纠正、预防或减少不利影响；③改进质量管理体系的绩效和有效性。

（1）不合格和纠正措施。当出现不合格情况时（包括来自投诉的不合格），组织应：①对不合格情况做出应对，并在适用时，采取措施以控制、纠正和处置；②通过评审和分析，确定产生不合格情况的原因，确定是否存在或可能发生类似情况，评价是否需要采取措施，以消除根源，避免其再次发生或者在其他场合发生；③实施所需的措施；④评审所采用的纠正措施的有效性；⑤需要时，更新在计划期间确定的风险和机遇；⑥需要时，变更质量管理体系。纠正措施应与不合格所产生的影响相适应。组织应保留成文信息，作为评价和采取措施及纠正措施的结果的证据。

（2）组织应持续改进质量管理体系的适宜性、充分性和有效性。组织应考虑分析和评价的结果以及管理评审的输出，以确定是否存在需求或机遇，这些需求或机遇应作为持续改进的一部分加以应对。

2.2.3　质量管理体系的建立和实施

质量管理体系是通过周期性改进，随着时间的推移而进化的动态系统。正规的质量管理体系为策划、完成、监视和改进质量管理活动的绩效提供了框架。质量管理体系不用复杂，而是要准确地反映组织的需求。质量管理体系的策划不是一劳永逸的，而是一个持续的过程，它随着组织的学习和环境的变化而逐渐完善。定期监视和评价质量管理体系的执行情况及其绩效状况，对组织来说非常重要。严谨的指标，更有利于监视和评价活动的开展。审核是一种评价质量管理体系有效性的方法，以识别风险和确定是否能够满足要求。为了有效地进行审核，需要收集有形和无形的证据，在对此进行分析的基础上，采取纠正和改进措施，使质量管理体系的绩效达到更高的水平。

建立质量管理体系的步骤可分为：

- 确定顾客、产品和服务以及其他相关方的需求和期望；
- 建立组织的质量方针和质量目标；
- 确定实现质量目标必需的过程和职责；
- 确定和提供实现质量目标必需的资源；
- 规定测量每个过程的有效性和效率的方法；
- 应用这些测量方法确定每个过程的有效性和效率；
- 确定防止不合格及消除产生原因的措施；
- 建立和应用持续改进质量管理体系的过程。

根据上述步骤建立质量管理体系时，不仅要考虑标准的要求，而且还要考虑到组织自身的实际。一般建立质量管理体系的过程包括四个阶段：质量管理体系的策划、编制质量管理体系的文件、质量管理体系的试运行、质量管理体系的审核。

1. 质量管理体系的策划

质量管理体系的策划属于建立质量管理体系的前期工作，主要活动包括：领导决策，组织落实；全员参与，骨干培训；拟定计划，配备资源；确定质量方针和质量目标，识别过程等。

(1)领导决策，组织落实。最高管理者通过其领导作用可以创造一个员工充分参与的内部环境，质量管理体系只有在这样的环境下才能确保其有效运行。领导层的参与，特别是最高管理者的参与是质量管理体系建立和实施的关键。最高管理层应统一思想，做出有关建立和实施质量管理体系并持续改进其有效性方面的承诺，并身体力行，积极推动质量管理体系建立的各项工作。质量管理体系的建立涉及组织的各个部门和每个员工，成立一个强有力的领导小组和工作班子，是质量管理体系建立和运行的保证。通常是搭建一个分为三个层次的工作班子：

第一个层次为领导班子，以组织最高领导人为负责人，负责质量管理体系的建立工作。主要任务包括：质量管理体系建设的总体规划、质量方针和质量目标的制定、各级组织工作的安排和协调。

第二个层次为职能部门领导参加的工作班子，由质量管理部门和计划部门的领导共同牵头，主要任务是根据质量管理体系建设的总体规划，组织实施质量管理体系。

第三个层次为部门小组，根据各职能部门的分工，明确质量管理体系条款的责任单位，编写相关的质量管理体系文件。

(2)全员参与，骨干培训。全员参与是组织质量管理体系建立与实施的基础，只有充分调动全体员工的积极性和创造性，才能确保最高管理者所做出的各种承诺得以实现。组织应采取措施确保在整个组织内提高满足顾客要求的意识，使每名员工都认识到所在岗位的重要性，为实现质量目标做出贡献，为组织带来收益。质量管理体系的建立和实施的过程是始于教育、终于教育的过程，也是提高认识和统一认识的过程，要分步骤对组织的各级员工进行培训。

(3)编制计划，配备资源。组织落实和责任明确后，要根据进度目标制定组织建立、实施质量管理体系的详细工作计划。编制工作计划时，要目标明确，重点突出，控制进度。明确要完成的任务、解决的问题、达到的目的，并明确任务完成的时间表和所有参与人员的分工。此外，在质量管理体系建立的各项工作开展后，要根据需要对涉及的相应硬件、软件和人员进行配备。

(4)制定质量方针和目标，确定过程。在建立质量管理体系前，还应对组织的现有体系进行检查和分析，明确现有体系的不足和改进方向，同时确定各级过程应开展的质量活动。质量方针是组织最高管理者正式发布的该组织的质量宗旨和方向。组织应该根据自身的实际制定相应的质量方针，而质量目标是质量方针的具体化，在此基础上，进一步对产品实现过程和其他过程进行识别确定，确保这些过程满足所确定的产品质量目标和相应的要求。

2. 质量管理体系文件的编制

编制符合组织自身特点和实际的质量管理体系文件是建立质量管理体系过程的核心任务。质量管理体系的文件应具有适宜性、可操作性。质量管理体系文件在于通过表达确定的信息，使人们便于沟通，统一行动。此外，文件的编制和实施过程本身也是一项增值的活动。这阶段工作包括：质量管理体系文件的策划和编写、征求意见、评价、发布和实施等。

组织质量管理体系文件的内容并没有具体的规定，通常包括质量记录（quality record）、工作指导（work instruction）、程序文件（quality procedure）、质量手册（quality manual）、质量方针和目标（quality policy and objectives），实际工作中还需要质量计划、规范和外部文件等。具体的质量管理体系文件结构如图 2-4 所示。在确定组织所需文件的数量、详略程度及载体时，应当根据组织的实际，包括组织的类型和规模、过程的复杂性和相互作用、产品的复杂性、顾客要求、适用的法规要求及人员能力等来确定。

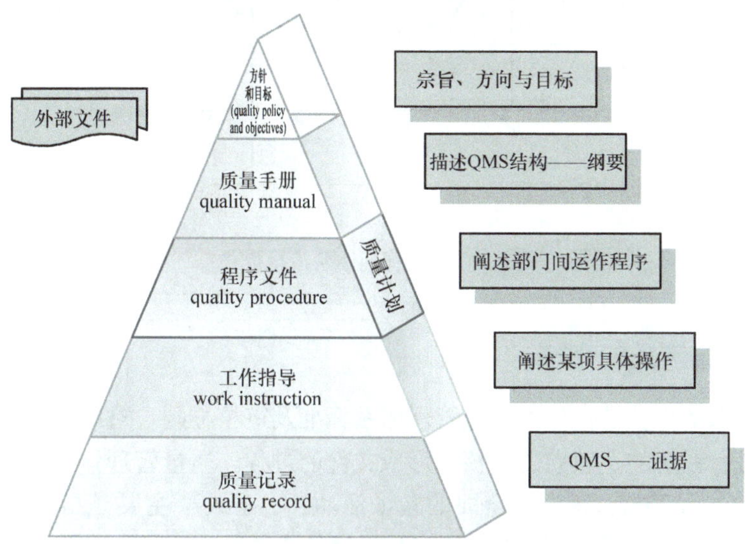

图 2-4　质量管理体系文件的构成

在质量管理体系文件正式发布前应认真征求各方面的意见，修改完善，并经授权人批准发布。质量手册必须经最高管理者签署发布。质量手册的正式发布实施意味着质量手册所规定的质量管理体系正式开始实施和运行。在质量管理体系文件正式发布尚未正式实施之前，各部门、各级人员都要认真学习，清楚了解质量管理体系文件对本部门、本岗位的要求，以及对其他部门、岗位的要求和对相互关系的要求，只有这样才能确保质量管理体系文件在整个组织内得以有效实施。

3. 质量管理体系的试运行

编写的质量管理体系文件是否有效，组织内部是否协调，这些都需要通过试运行来检验。在这一阶段，需要对试运行中暴露的问题进行整改，以完善体系文件，确认体系文件的符合性和有效性。这一阶段的活动主要包括质量管理体系文件的实施、内部质量管理体系审核（内部审核）、文件的整改完善、管理评审等。内部审核是指组织内部审核员对质量管理体系进行审核，以确认质量管理体系是否符合策划的安排、是否达到组织所规定的质量管理体系的要求、是否得到有效实施和保持。在内部审核的基础上，组织的最高管理者就质量方针、质量目标，对质量管理体系进行系统的评审（称为管理评审）。评审内容包括评价质量管理体系改进的机会和变更的需要，以及质量方针、质量目标变更的需要。管理评审的目的是确保质量管理体系持续的适用性、充分性和有效性。内部审核和管理评审是组织建立自我评价、自我完善机制的重要手段，组织每年都应坚持实施内部审核和管理评审。质量管理体系运行的过程实际就是根据 PDCA 循环进行系统改进的过程，具体的质量管理体系运行模式如图 2-5 所示。

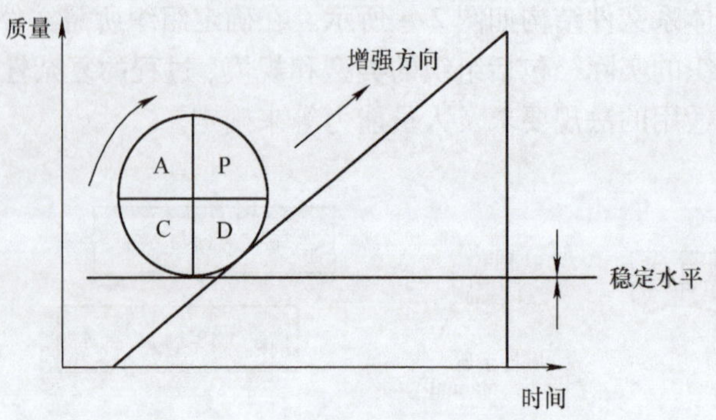

图2-5 质量管理体系运行模式

2.2.4 质量管理体系的审核

质量管理体系的审核是指依据质量管理体系标准及审核准则，对组织质量管理体系的符合性及有效性进行系统的、独立的审核并形成文件的过程。质量管理体系审核的系统性是指审核活动必须是一项正式、有序、全面的验证活动。“正式”主要是指外部审核按合同进行，内部审核由最高管理者授权；“有序”是指审核必须是有组织、有计划并按规定程序进行的；“全面”是指对与审核对象有关的各个方面都要进行审核，以便得出完整的结论。形成文件是审核的基本要求，包括审核前应准备的审核计划、检查表，审核中的不符合报告和审核记录，审核后提交的审核报告等。下面介绍质量管理体系审核的基本概念和质量管理体系审核的实施。

1. 质量管理体系审核的基本概念

（1）审核。ISO 9000：2015中对“审核”的概念描述是：“审核是为获得审核证据并对其进行客观的评价，以确定满足审核准则的程度所进行的系统的、独立的并形成文件的过程”。审核的目的是为了确定审核准则是否得到满足，审核的方法是要获取证据并对证据进行客观评价，审核的要求是审核过程应具有系统性，并独立化和文件化。

（2）审核准则。审核准则是用作依据的一组方针、程序或要求。审核准则又称审核的依据，通常包括标准、相关的法律法规、组织的质量管理体系文件（质量方针、质量手册、程序文件等）。

• 审核证据。审核证据是与审核准则有关的而且能够证实的记录、事实陈述或其他信息。审核证据可以是审核员在审核范围内查阅的文件、记录，也可以是现场审核中观察到的现象，还可以是自己或他人测量与试验的结果、被审核人的谈话等。

• 第一方审核即内部审核。内部审核是一个组织对其自身的质量管理体系所进行的审核，由组织自己或以组织的名义进行，可作为组织自我合格声明的基础。

• 第二方审核。第二方审核是由组织的顾客或其他人以顾客的名义，按合同规定要求对组织的质量管理体系进行审核，可作为合同前评定组织是否具备一定的质量保证能力的措施。

• 第三方审核。第三方审核是由外部独立的审核服务组织（通常须经认可），依据质量管理体系的要求，提供符合规定要求的认证或注册。审核的作用包括确定现行的质量管理体系实现规定质量目标的有效性，确定受审核方的质量管理体系是否能被认证或注册，为受审核方提供改进其质量管理体系的机会。

2. 质量管理体系审核的实施

质量管理体系审核一般要经历基础工作、审核前的准备、现场审核、纠正措施跟踪和认证后监督等阶段。

（1）基础工作。基础工作包括选择咨询机构、运行质量管理体系、提出认证申请、认证申请的审查与批准、签订认证审核合同等。

1）选择咨询机构。组织在准备实施 ISO 9000 系列标准时，应首先到权威机构进行咨询，深入了解 ISO 9000 质量管理体系的概念，建立质量管理体系的方法、步骤，邀请咨询机构指导并参与组织质量管理体系的建立过程。咨询机构应为组织开展各类培训，包括培训内部审核员。

2）运行质量管理体系。在组织建立好质量管理体系后，至少运行半年至一年，才可提出认证申请。

3）提出认证申请。申请单位向认证机构提出认证申请并向认证机构提交一份正式的、由其授权代表签署的申请书。

4）认证申请的审查与批准。认证机构收到申请方的正式申请后，将对申请方的申请文件进行审查。经审查符合规定的申请要求后，认证机构决定接受申请并发出“接受申请通知书”，同时通知申请方做好下一步与认证有关工作的安排。若经审查不符合规定的要求，应及时与申请方联系，要求申请方做必要的补充或修改，符合规定后，再发出“接受申请通知书”。若确实不符合规定的申请要求，决定不接受申请，则认证机构应向申请方发出“不接受申请通知”，说明不接受申请的理由，并退回有关文件。

5）签订认证审核合同。认证机构在发出“接受申请通知书”后，若有必要，可以派人到申请方进行非正式的访问，协商认证费用，最终签订合同。

（2）审核前的准备。质量管理体系审核前的准备是指现场审核前的策划和准备工作，包括组成审核组、文件审查、编制审核计划、编制检查表等活动。

1）组成审核组。审核组通常由 2 ~ 4 人组成，至少配备一名主任审核员，并至少有一名经认可的具有相关专业能力的技术专家。审核组组长应具备一定的资格，通常是国家注册高级审核员，具有组织管理整个审核工作的能力。如果申请方认为审核组的某个成员可能与本单位存在利害冲突，可要求认证机构更换成员。

2）文件审查。审核组对申请方提供的质量手册等质量管理体系文件进行审查，主要评价质量管理体系必需的过程是否被确定，过程程序是否被恰当地形成文件，体系文件是否满足申请认证的标准要求，并初步确定审核的范围和删减的合理性。

3）编制审核计划。审核计划是指对现场审核的人员、时间及审核路线进行安排的文件，由审核组组长负责编制，认证机构批准确认，一般在审核前 10 ~ 30 天通知受审核方，使其有充分时间按审核计划要求做出安排。审核计划的内容应包括审核的目的和范围，审核依据的标准，审核涉及的部门、人员和场所，审核组成员，审核日程安排，保密承诺和要求等。

4）编制检查表。检查表是审核员在审核时用的工作文件、提纲或工具，是如何进行审核的策划工作成果。检查表应列出审核项目和要点，确保审核覆盖面完整，明确审核步骤和方法。依据检查表的审核内容进行审核可保证审核目标清晰、明确，检查表既可做备忘录使用，又能控制审核时间。

（3）现场审核。现场审核的目的是为了查证质量管理体系标准和质量管理体系文件的实际执行情况，对质量管理体系运行状况是否符合标准和文件规定作出判断，并据此给出是否通过质量管理体系认证的结论。现场审核包括首次会议、现场检查、检查情况分析、编写不符合项报告、编写审核报告、末次会议等。

1）首次会议。首次会议由审核组组长主持，审核组全体成员、受审核方领导及有关人员参加，重申审核计划内容并取得确认，介绍和沟通审核的程序和方法。

2）现场检查。严格意义上的现场审核是从现场检查开始的。现场检查的主要目的是确定质量管理体系过程的符合性，判定体系总体的有效性。现场检查按审核计划的日程安排，通过现场观察、查阅文件和有关记录、与受审核方人员交谈和提问，必要时经实际测定等调查方法，查证发现问题和获取客观证据。审核可以按部门、按过程，也可以以顺向、逆向追踪的方式进行。

3）检查情况分析。审核过程中应对收集到的信息进行分析、整理，以确定哪些是严重不符合项，哪些是有待进一步证实或舍弃的不符合项，哪些是偶然、孤立的不符合项，哪些是审核过程中已经纠正的不符合项等。

4）编写不符合项报告。不符合项分为一般不符合项和严重不符合项。严重不符合项主要是指该不符合项如继续存在下去，将对质量管理体系的有效运行或产品质量产生严重后果。一般不符合项是指孤立的、个别的、偶尔发生但不会产生严重后果的情况。不符合项报告包括事实陈述（时间、地点、不符合事实的过程、涉及的文件和记录）、性质判定（严重程度）、审核依据（质量管理体系标准或质量管理体系文件）及不符合项的条款号或编号、审核员与受审核方双方确认（签字）等。

5）编写审核报告。审核员在现场检查完后，应对审核过程的记录进行汇总整理，统计分析不合格项，通过召开审核组内部会议，审核不符合项报告，判定质量管理体系的有效性，起草书面报告，为末次会议做准备。审核报告的内容包括审核项目编号、受审核方的基本情况、审核目的、审核范围、审核依据、审核组成员名单、审核过程综述（审核分工、抽样情况、审核计划及执行情况、不符合项统计分析）、评价和结论等。

6）末次会议。末次会议是对现场审核的总结，会议由审核组组长主持，报告审核结果，宣布审核结论。审核结论通常有以下三种情况：①质量管理体系已建立，运行有效，同意推荐认证通过；②质量管理体系已建立，开始运行，对在审核中发现的不合格项，要求限期实施纠正措施，同意在验证纠正措施实施后推荐认证通过；③质量管理体系仍有缺陷，不予推荐认证通过。

（4）纠正措施跟踪和认证后监督。对暂缓通过情况中提出的不符合项，由受审核方确认后，审核组应提出纠正措施的要求。受审核方制定纠正措施计划并加以实施，审核组对实施情况进行跟踪。

认证机构对审核组提出的审批报告进行全面审查，经审查，若批准通过认证，则认证机构予以注册并颁发注册证书。所谓注册，是指认证机构将通过认证的供方的特点和已评定的能力范围登记在注册本或表格中。注册证书的内容一般包括：证书号，注册供方的名称、地址，所认证质量管理体系覆盖的产品范围，评价依据的质量标准，颁发证书的机构，签发人和日期等内容。

质量管理体系认证机构对获得认证的受审核方在证书有效期内（一般为三年）定期实施监督和复查，以验证其是否持续满足认证标准的要求，并促使受审核方质量管理体系正常运行并持续改进。监督管理的主要内容包括监督检查、认证暂停、认证撤销、认证注销、复审、再次审核等。

2.3　质量认证制度

2.3.1　质量认证制度概述

世界上实行认证最早的国家是英国。1903 年，原英国工程标准委员会（现为英国标准学会）首创用于符合标准的标志，即“BS”标志，也称“风筝”标志。后来，该标志按英国 1922 年的《商标法》注册，成为世界上第一个受法律保护的认证标志。

随着市场经济和国际贸易的发展，质量认证制度从 20 世纪 30 年代开始迅速发展，到 20 世纪 50 年代，工业化国家基本都开展了质量认证活动。从 20 世纪 70 年代起，发展中国家也开始推行质量认证制度，使质量认证制度发展到一个新阶段，出现了跨国界建立起的若干区域认证制度和国际认证制度。国际标准化组织于 1970 年成立了认证委员会（CERTICO），后改为合格评定委员会（CASCO），主要负责质量认证指南的制定和国际相互认可工作的推进。

我国质量认证制度的法律依据是《中华人民共和国产品质量法》（以下简称《产品质量法》）第十四条第一款的规定：“国家根据国际通用的质量管理标准，推行企业质量体系认证制度。企业根据自愿原则可以向国务院产品质量监督管理部门认可的或者国务院产品质量监督管理部门授权的部门认可的认证机构申请企业质量体系认证。经认证合格的，由认证机构颁发企业质量体系认证证书”。

按照《产品质量法》和国务院批准的管理职能，国家市场监督管理总局依法统一管理全国的质量认证工作，是全国质量认证工作的主管机构。我国的认证认可管理机构有：中国国家认证认可监督管理委员会（CNCA），负责实施质量体系认证机构国家认可制度，是国际标准化组织承认的中国质量体系认证国家认可机构；中国合格评定国家认可委员会（CNAS）；中国认证认可协会（CCAA）。

2.3.2　质量认证及其类别

质量认证也称合格性认证（conformity certification），是指第三方依据程序对产品、过程或体系符合规定要求给予的书面保证（合格证书）。

认证的对象可以是产品、过程或体系；认证的依据可以是规定的要求、标准、合同、法律、法规；认证的方法可以是抽样检验、体系审核等；证明方法可以是认证证书和认证标志。从认证的作用看，可分为安全认证和合格认证；从认证的对象看，可分为产品质量认证和质量管理体系认证（或注册）。产品质量认证主要针对企业的某种产品，颁发的证书仅适用于产品本身；质量管理体系认证是第三方依据程序对供方（第一方）的质量管理体系进行的评定或注册活动，目的是通过审核、评定和事后监督等活动，对供方的质量保证能力给予证实。下面将着重介绍产品质量认证的类型、产品质量认证和质量管理体系认证的区别、质量认证的流程、质量认可与质量认证的区别等。

1. 产品质量认证的类型

产品质量认证可分为自愿性产品认证和强制性产品认证。自愿性产品认证是指依据国家标准、行业标准、国际电工委员会（IEC）标准、其他国家先进标准及中国质量认证中心（CQC）补充技术要求进行的产品认证，如电视显示设备“高清显示”等。强制性产品认证是指按国家统一发布的标准目录执行的产品认证，如中国强制性产品认证（CCC）、产品绿色标志认证等。产品质量认证的类型主要有以下几种：

- 型式试验。型式试验是指按规定的试验方法对产品的样品进行试验，以证明样品符合标准或技术规范的要求。这种认证主要用于证明产品设计符合规范要求，而且只提供证书，不允许使用认证标志。
- 型式试验 + 体系评定。体系评定是对组织按既定规范要求提供产品的质量保证能力进行评定。
- 型式试验 + 监督抽检。监督的办法是对产品进行抽样检验，以证明认证产品的质量持续符合标准或技术规范的要求。抽样检验的方式有市场抽样检验、供方抽样检验，以及市场和供方抽样检验。这种认证可以使用产品认证标志，还可以提供产品质量的信任程度。
- 型式试验 + 体系评定 + 监督抽检。该认证类型的特点是在批准认证的资格条件中增加了对产品供方质量管理体系的检查和评定，在批准认证后的监督措施中也增加了对供方质量管理体系的复查。它能够给顾客提供最好的产品质量信任，可以使用认证标志。这种认证类型也是目前各国认证机构通常采用的一种类型，我国产品质量认证的典型工作流程也是采用的这种方式。

2. 产品质量认证与质量管理体系认证的区别

质量管理体系认证源于产品质量认证，但是又不同于产品质量认证。表 2-1 从认证对象、认证依据、证实的方式、认证目的、证明的使用等方面给出了二者的区别。

表 2-1 产品质量认证和质量管理体系认证的区别

项目	产品质量认证	质量管理体系认证
认证对象	特定产品	供方组织的质量管理体系
认证依据	产品质量符合指定标准要求； 质量管理体系符合指定的质量管理体系标准及特定的补充要求	质量管理体系符合申请认证的质量管理体系标准和必要的补充要求
证实的方式	对质量体系进行审核，并依据特定标准对产品实施检查	对质量管理体系审核，但不对实物产品和规定要求的符合性进行检验
认证目的	证实供方的具体产品符合规定标准的要求	证实供方的质量管理体系具有连续保证所提供的产品满足规定要求的能力
证明条件	产品认证证书；认证标准	质量管理体系认证证书；认证标志
证明的使用	证书不能用于产品上，标准可用于获准认证的产品上	证书和标志都不能在产品上使用，但可用于正确的宣传
性质	自愿/强制	自愿

3. 质量认证的流程

图 2-6 所示为质量认证的流程图。

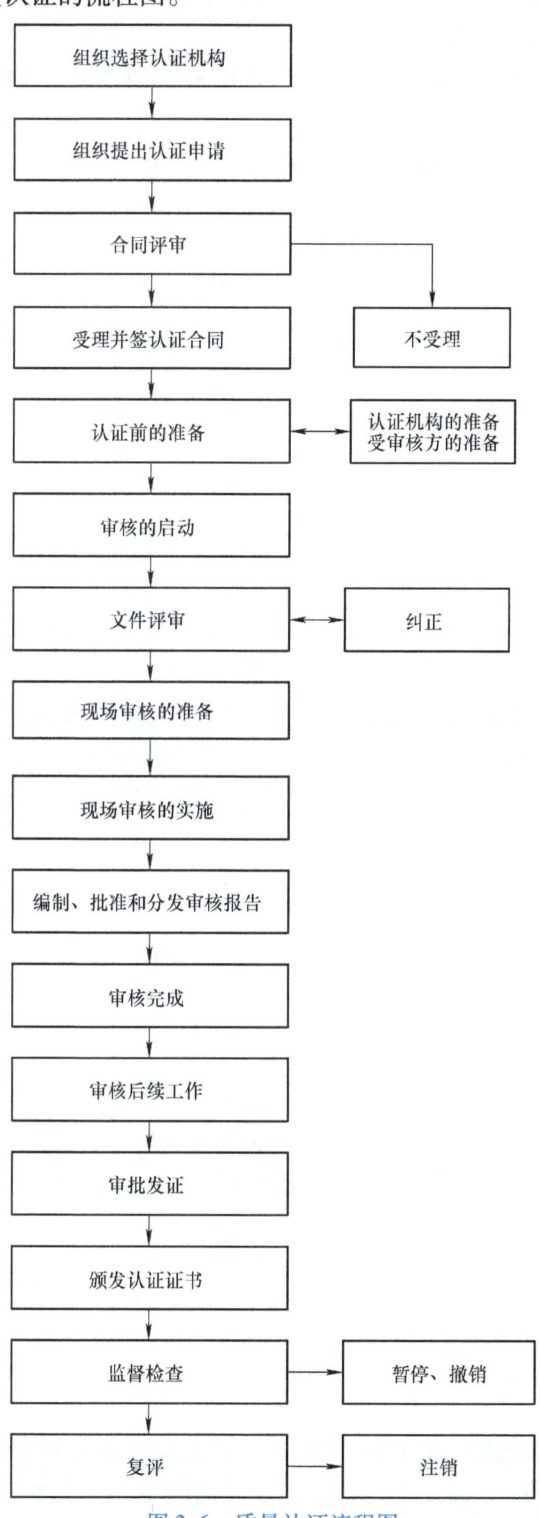

图 2-6　质量认证流程图

4. 质量认可与质量认证的区别

认可是指一个权威团体依据程序对某一团体或个人具有从事特定任务的能力给予正式承认，最后出具的证明方式是认可证书。

认可的对象可以是团体（组织）或个人，认可的依据是认可程序，认可的方法是评审后正式承认，证明方式是认可证书。

由此可以看出，认证与认可具有显著的区别。表2-2从对象、主体、内容等方面比较了认可与认证的区别。

表2-2　认可与认证的区别

	认可	认证
对象	人、机构（实验室或检查、培训、认证机构）	产品、过程或体系
主体	由权威机构进行	由第三方机构进行
内容	考核能力	考核符合性
依据	认可准则	各个标准
结果	正式承认	书面保证

尽管质量认可与质量认证具有明显的差异，但二者均属于合格评定的范畴。所谓合格评定，是指与直接或间接确定相关要求被满足的任何相关活动。合格评定的主体是质量认证和质量认可，质量认证包括产品质量认证、质量管理体系认证、职业健康安全管理体系认证等；质量认可包括认证机构认可、实验室认可、检查机构认可和人员资格认可等。合格评定的主要活动如图2-7所示。

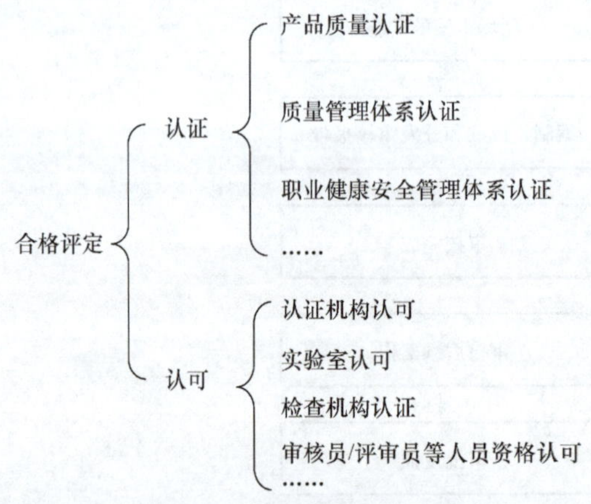

图2-7　合格评定的构成

2.4　质量改进的质量管理小组

质量管理小组（QC小组）于1962年由日本人首创，并把它作为广泛开展全面质量管理的一项重要工作。随后，在亚洲、欧洲、拉丁美洲等地有七十多个国家和地区开展这一活动。虽然取名有所不同，如“QC小组”“品质圈”“质量小组”“改进小组”等，但其活动的宗旨以及活动课题所涉及的范围大体上是相同的。

我国第一个质量管理小组于1978年在北京内燃机总厂诞生，随着时间的推移，质量管理小组活动在各行各业蓬勃开展。质量管理小组以其特有的组织形式，在质量管理中发挥着越来越重要的作用。质量管理小组活动依靠小组成员的主人翁责任感，在本职工作岗位上，在力所能及的范围内，运用质量管理的理论和方法，脚踏实地地开展活动，为提高质量、降低消耗、增加效益而真抓实干，还通过活动造就了成千上万个重质量、懂管理、讲团结、多奉献的优秀团队。

2.4.1　质量管理小组的基本概念

1. 质量管理小组的定义

日本著名质量管理专家石川馨把质量管理小组定义为：在同一车间内自发地进行质量管理活动的一环，由全体人员参加，自我启发，互相启发，采用质量管理的手段不断地加强和改进车间的管理工作。

我国把质量管理小组定义为：在生产或工作岗位上从事各种劳动的职工，围绕企业的经营战略、方针目标和现场存在的问题，以改进质量、降低消耗、提高经济效益和人的素质为目的组织起来，运用质量管理的理论和方法开展活动的小组。

由此可见，质量管理小组是以保证和提高产品质量及工作质量为目的，围绕生产现场所存在的问题，由若干人员自愿组成、主动开展质量管理活动的小组。质量管理小组是团队工作（teamwork）方式的一种，它是目标管理、行为科学及重点管理方法在组织质量管理中的综合运用，是一种重要的群众性质量管理方法。质量管理小组的活动，可以不断改进工作质量，解决现场在质量、成本、效率、设备等方面存在的问题。更重要的是，质量管理小组的活动可以激发员工的潜能，调动员工的积极性，使他们有更大的工作满足感和工作动力。

2. 质量管理小组的性质和特点

质量管理小组是群众性质量管理活动中一种有效的组织形式，是职工参加民主管理的经验与科学管理方法相结合的产物，是职工参加民主管理的新发展。质量管理小组的主要特点有：

- 明显的自主性：以员工自愿参加为基础，实行自主管理、自我教育、自我提高、相互启发，充分发挥员工的主观能动性和创造性。
- 明确的目的性：通过活动增强能力，提高素质，加强团结，共同进步，为社会和组织创造更多的财富。
- 严密的科学性：活动中遵循科学的工作程序来分析和解决问题，采用科学的技术和方法。
- 广泛的群众性：质量管理小组是人人参与、献计献策、充分发挥群众优势的有效组织形式，组内平等、互相尊重，提倡自我实现。
- 高度的民主性：质量管理小组本身就是民主管理的一种形式，在活动中充分发扬民主，各抒己见，集思广益，各显其能，实现共同目标。

3. 质量管理小组的分类

- 现场型：这类小组以班组和现场操作工人为主体组成，以稳定过程质量、改进产品质量、降低物质消耗、改善生产环境、提高工作质量为目的，活动的范围主要是生产现场。

• 服务型：由从事服务型工作的员工组成，以提高服务质量，推动服务工作的标准化、程序化、科学化，提高经济效益和社会效益为目的，在各自岗位上开展质量管理小组活动。这类质量管理小组多以选择优质服务、加速资金周转、开展多功能服务为活动课题。

• 攻关型：这类小组大多由领导、工程技术人员和工人结合组成，以解决技术关键问题为目的。一般来说，攻关型质量管理小组的课题难、周期长、投入多，但经济效果显著。

• 管理型：这类小组是由管理人员组成的，以提高工作质量、解决管理中的问题、提高管理水平为目的。如组织方针目标的确定、质量职能的分配、劳动组织的调整，以及各类提高工作质量的问题，都可以作为管理型质量管理小组的课题。

• 创新型：这类小组以创新为宗旨，以提高产品竞争力为目的。通常，这类小组的课题难、周期长、投入多、经济效益不确定。

4. 质量管理小组的组建原则和成员构成

质量管理小组的组建工作将直接影响质量管理小组活动的效果。组建质量管理小组的原则有：

• 自愿参加，自愿组合。这里强调的是自愿，表明质量管理小组是在广大职工具有自觉参与质量管理、自觉发挥主人翁精神的迫切要求前提下成立的。

• 自上而下，上下结合。自上而下是组建小组的过程，上下结合是组建小组的基础。

• 实事求是，联系实际。小组的组建要与组织的实际相联系，与整体工作相一致，围绕组织质量工作应运而生，力争做到组建一个小组就能结出一颗成熟的果实。

• 灵活多样，不拘一格。质量管理小组的生命力主要体现在它能解决实际问题上。由于各行各业的特点不同，在组建质量管理小组时更不能追求一个模式，只要有利于质量管理小组活动，就要本着灵活多样、不拘一格的原则进行质量管理小组的组建。

质量管理小组一般由5~11人组成，其成员通常来自于同一部门的工作现场。随着并行工程等概念的出现，现场中出现的问题往往越来越多地涉及其他部门，因此，质量管理小组成员也可以包括其他部门的成员。质量管理小组的组长是该小组的核心人物，不但要有娴熟的专业技能，还应具有一定的组织和领导能力。尽管质量管理小组强调自主自愿参加，但组长应在质量管理小组的运行过程中起到引导和必要的约束作用。企业在初次推行质量管理小组活动时，最好先对企业内有可能或有条件成为组长的人员进行质量管理小组方法的培训，如统计方法的应用、对质量管理小组的认识、推动质量管理小组活动的工作方法、参加人员的注意事项、组长应具备的条件等。

2.4.2　质量管理小组的活动程序

质量管理小组的活动程序，就是人们通常所说的“四个阶段，十个步骤”。这四个阶段是根据PDCA循环细化出的十个步骤。图2-8生动描述了质量管理小组的活动程序。

质量管理小组活动的十个步骤是：

（1）选择活动课题。选择课题时要注意：第一，要选择周围易见的课题，这样的课题大家都熟悉，容易解决；第二，选择小组成员共同关心的关键问题和薄弱环节，这样大家就能积极踊跃地参加活动；第三，要“先易后难”，注重现场和岗位能解决的问题；第四，选题要具体明确，理由充分。否则，如果课题选择不合适，课题过大或过难，久攻不克，或失败，就会挫伤员工的积极性，违背质量管理小组活动的初衷。

（2）调查现状。调查现状的目的不仅是要把握问题的现状，而且要找出问题的症结所在，为设定目标提供依据。这里应注意几个问题：首先，要用数据说话，在调查现状中必须认真、全面、客观地收集数据，这是质量管理小组活动的一项基本要求；其次，认真整理、分析数据，对调查取得的数据，要采用分层法进行整理、分析，以便找出影响质量的问题；再次，要到现场收集数据，不仅要收集已有记录的数据，还应该到现场去观察、测量和跟踪，以直接掌握第一手资料，摸清问题的实质；最后，绘制排列图，找出主要质量问题。

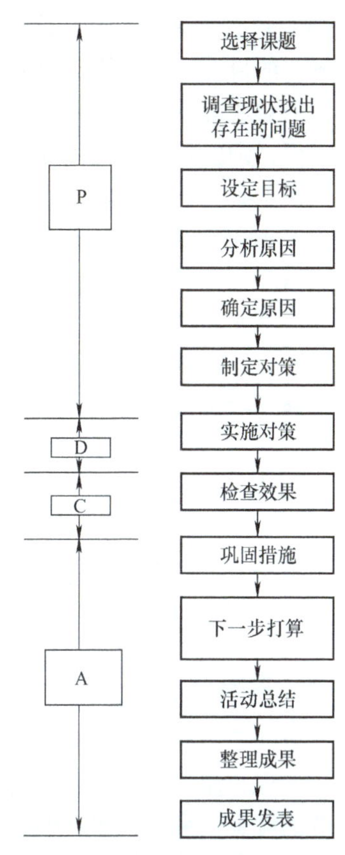

图2-8　质量管理小组的活动程序

（3）确定改进目标和工作计划。设定目标要掌握目标管理的SMART原则，即目标要清晰，主题应明确（specific）；目标应该是可测量的，要尽量定量化（measurable）；目标经努力是可以实现的（attainable）；目标是组织和个人都关心和需要的（relevant）；目标的实现和测量是有时限的（timetable）。

另外，要使确定的目标明确可行，还要应用4W2H法，也就是：做什么，即主题项目和目标（what）；谁来做，即小组成员的分工（who）；何处进行，即进行的场所及配合的部门（where）；何时做，即制订阶段性进度计划（when）；如何做，即制订措施计划（how to do）；成本如何，即大约需要花费多少费用（how much）。

目标确定后，小组全体成员应探讨实现目标的具体做法，进行分工，确定时限；然后，每人为自己分得的任务制订工作计划，要注意按时检查进度。

（4）分析原因。工作现场中观察到的任何问题都有它存在的原因，在分析问题的原因时，应注意以下几个方面：①针对所存在的质量问题进行分析。②正确、恰当地应用统计方法。小组活动过程中，可根据存在问题的情况以及对工具方法的熟悉、掌握程度来选用，选用原则是简单、实用、有效。原因分析常用的统计方法有因果图、系统图、关联图等。③分析原因要全面，通常是按“5M1E”六大因素去寻找原因。④分析原因要彻底，通过反复思考，一层一层分析下去，分析到可直接采取措施、能有效解决存在的质量问题为止。⑤要充分发挥质量管理小组成员的智慧，广开言路，充分发表意见。

（5）确定主要原因。抓住主要矛盾，把那些确实影响质量的重要原因找出来，以便有针对性地制定对策，采取具体措施。

（6）制定对策。确定主要原因之后，就要列出消除原因的对策措施，制定一份措施计划表，内容包括需要改进的项目、发生的原因、采取的对策和措施、对策和措施的责任人及预定完成的时间等。提出的对策和措施要具体、明确，具有可操作性。

（7）实施对策。在措施、计划实施之前，要召集相关人员进行说明和培训，对相关人员进行正确的指导是实施过程成败的关键。此外，对策和措施制定完毕后，要严格按措施计划表执行。

(8) 检查效果与评价。检查的目的是为了验证和确认小组活动后的总效果是否达到了课题预定的目标。效果检查的主要方法是对比法，包括与对策实施前的状况对比、与小组设定目标的对比等。若检查结果效果显著，令人满意，则小组活动可进入下一个阶段；如果效果不理想，则应重新探讨，可能是原因找错，也可能是对策和措施不当，这时需要考虑是否重新回到步骤（4）或步骤（6），通过 PDCA 循环，最终可取得预期的效果。

(9) 制定巩固措施。在改进活动取得成果后，为巩固成果、防止问题再发生，必须制定巩固措施，也就是把已被实践证明的有效措施，纳入有关标准，为将来的工作提供指导。制定的标准或文件，应按照组织的有关规定，向组织的有关部门申报，由这些部门批准后执行。另外，小组成员要在巩固期及以后的时间里，经常到现场进行跟踪检查，以确认新标准是否已被正确执行。

(10) 总结和下一步打算。质量管理小组活动结束后，应进行认真总结，回顾活动的全过程、成功的经验和不足之处。对成功的经验要加以肯定，这样有利于今后更好地开展活动；对不足之处，也要进行原因分析，吸取经验教训，以提高解决问题的能力，使得今后在活动中少走弯路。质量管理小组在完成总结后，就可以做出下一步打算，提出新的课题和目标。

2.4.3 质量管理小组成果报告的编写和评审

质量管理小组成员，经过 PDCA 循环活动，完成了课题的改进，达到了预期的目标，应将工作过程、使用的方法、实现的效果以图表的方式予以发表，一方面，可以得到主管部门及企业的肯定，另一方面，小组成员可以分享成果，增强小组的凝聚力和工作的积极性，同时，还可以促进质量管理小组之间互相交流、互相学习、取长补短。

成果报告的具体内容包括：工程概况、小组简介、选题理由、现状调查、确定目标值及可行性论证、原因分析、制定对策、实施对策、检查效果和评价、巩固措施、总结及今后打算。

质量管理小组活动成果评审的目的有：①肯定成绩，总结经验，指出不足，不断提高质量管理小组活动水平；②表彰先进，落实奖励，使质量管理小组活动扎扎实实地持续开展下去。

质量管理小组活动成果评审的基本要求有：①有利于调动、保护和鼓励质量管理小组的积极性，避免挫伤他们的积极性；②有利于提高质量管理小组活动水平，不仅要认真负责地指出缺点和不足，而且要热情地提供帮助；③有利于交流和互相启发，对小组成果进行评审，对交流能起到引导作用，别的小组也能从中得到启发和帮助。

质量管理小组活动成果评审的原则有：①从大处着眼，找主要问题；②要客观并有依据；③避免在专业技术上钻牛角尖；④不要单纯地以经济效益为依据来评选优秀质量管理小组。

质量管理小组活动成果的现场评审又叫活动评价，主要评价质量管理小组开展活动的真实性。评审的主要内容有质量管理小组的组织、活动情况与活动记录、活动成果及成果的维持与巩固，以及质量管理小组教育等。

2.4.4 推行质量管理小组活动应注意的问题

- 高层领导的重视。尽管质量管理小组活动主张自主自愿参加，但高层领导的关心和支持对活动的顺利开展是至关重要的，如提供组织上的条件、技术上的支持，通过公开宣传和谈话表示关心，参与成果发表会表示重视，以激发员工参加质量管理小组活动的积极性。此外，组织的高层领导要充分认识到，质量管理小组活动的意义不仅表现在可量化的产出上，而且表现在增强员工对工作的满意度和积极性上。
- 加强培训工作。只有观念没有方法和手段是不行的，因此，要加强培训，特别是质量管理小组骨干的培训，通过培训使全体员工具备进行质量管理小组活动的技能，掌握分析和解决问题的能力和方法。
- 建立健全规章制度。把开展质量管理小组活动作为完善组织质量体系的一个重要环节，并对质量管理小组活动的组织、管理、教育、交流、发表、评选和奖励等项工作在组织的质量管理文件中作出规定，使在组织中开展质量管理小组活动有章可循，从而健康地成长和发展。
- 与组织的持续改进活动紧密结合起来。日本企业把质量管理小组活动作为提高产品质量和生产力管理上的硬件，持续改进活动和提案活动的基础。例如，日本富士公司在质量管理小组活动的基础上，1979 年平均每名员工提出、得以实施并收到效益的提案为 99 项，为公司产品质量的提高、成本的降低、市场竞争力的增强起到了巨大的作用。

2.5 过程改进的基准比较法

基准比较法（benchmarking）也称水平比较或标杆管理，它是确定过程改进的一种方法。基准（benchmark）是指经营绩效被视为业界典范的组织。世界上存在许多基准公司，如作为过程基准的丰田汽车公司、作为设计基准的英特尔（Intel）公司、作为培训基准的摩托罗拉公司、作为服务基准的北欧航空（Scandinavian Airlines）公司等。基准比较法的基本思想就是将本组织的过程与其他组织相同或类似的过程进行认真的比较，从而找出改进的机会，并通过改进获取收益，也就是人们常说的“比、学、赶、超”。

基准比较法最初由施乐（Xerox）公司提出，这是施乐公司与日本佳能公司在经营复印机的竞争中总结出来的，其思想即“知己知彼，百战不殆”。施乐公司运用基准比较法，改进其经营过程，取得了极大的成功，于 1989 年获得美国第二届波多里奇国家质量奖。近年来，基准比较法在很多企业得到应用，已成为许多著名企业，如美国电话电报公司（AT&T）、福特公司、杜邦公司、国际商业机器公司（IBM）等质量改进的重要方法。

一般而言，基准比较有以下三种类型：①内部基准比较，常常适合在组织内部、部门之间、现场之间进行；②竞争性基准比较，即将本组织的绩效水平与竞争对手、同行业最佳组织进行比较；③一般性基准比较，这是对所有行业而言的一种基准比较，通过一般性基准比较，总可以找到改进的机会。

本节将着重介绍竞争性基准比较的原则、类型和实施过程等。

2.5.1 竞争性基准比较的原则

竞争性基准比较是指公司间相互分享信息，从而使彼此进步。竞争性基准比较需要有发起公司（initiator firm）和目标公司（target firm）的参与。发起公司是主动联系对方，并向其学习的一方；而目标公司则是被学习的一方（或称为竞争性基准比较伙伴）。在竞争性基准比较中，发起公司首先要做的是记录当前的绩效，从而确定公司目标，并寻找目标公司，研究目标公司如何运作，并收集构想用于改进。为了快速、高效而又合乎伦理地进行竞争性基准比较，应遵守下列原则：

- 合法性原则。任何可能导致或有意限制经营行为的讨论与活动均应避免，其中包括划分市场或顾客、限定价格、暗箱交易、操纵竞标、贿赂等。如果成本是定价要素，那么不要与竞争对手讨论成本。
- 交换原则。在任何竞争性基准比较的交换过程中，应乐于提供彼此所需要的同等级信息。
- 保密原则。对于竞争性基准比较所交换的信息，不论是相关的个人还是组织，均应绝对保密。在没有事先得到竞争性基准比较伙伴同意的情况下，不能将获得的信息传给其他公司。任何组织参与竞争性基准比较的事实未经允许不得对他人提及。
- 使用原则。经由竞争性基准比较伙伴所获得的信息，仅供联盟公司作为改进运营使用。竞争性基准比较伙伴的名称与相关资料，或是所观察的实务，对外使用或交流时，需经伙伴允许。即使是作为顾问或另一竞争性基准比较伙伴，在未经第一个伙伴公司的允许下，也不能向其他公司透露竞争性基准比较的研究成果。
- 第一方接触原则。在任何情况下，进行任何接触都应局限于伙伴公司所设定的竞争性基准比较接触方式。在转发任何信息或向他方分派任何任务之前，应先获得伙伴公司的许可。
- 第三方接触原则。在提供他人姓名以响应接触请求之前，应征得他人的同意。
- 准备原则。在竞争性基准比较过程的每一个阶段，尤其在最初的合作接触阶段，均应有充分的准备，以此证明高效且有效地进行竞争性基准比较的决心。

2.5.2 竞争性基准比较的类型

根据比较内容的不同，竞争性基准比较通常可分为以下几种类型：

- 过程竞争性基准比较（process benchmarking）。在进行过程竞争性基准比较时，发起公司应将其精力集中在观察与研究目标公司的业务流程上，包括工艺流程、运营系统、过程技术等，旨在识别并观察一家或多家基准公司的最佳实践，通过改进核心流程来提升整个公司的经营绩效。
- 财务竞争性基准比较（financial benchmarking）。财务竞争性基准比较的目标是进行财务分析与成果比较，进而评价公司的整体竞争力。这种竞争性基准比较通常不需要发起公司与目标公司间的直接互动，但需要发起公司与收集财务资料的第三方之间的直接互动。目前，许多公司在网上公布年度报告，因此，互联网成为财务竞争性基准比较的重要工具。
- 绩效竞争性基准比较（performance benchmarking）。绩效竞争性基准比较是指发起公司通过将产品与服务同目标公司进行比较，评价自身的竞争地位。绩效包括成本结构、各种生产率绩效、产品从概念到上市的速度、质量指标以及其他绩效评价指标等。

- 产品竞争性基准比较（product benchmarking）。在设计新产品或改进现有产品时，许多公司进行产品竞争性基准比较，其通常采用逆向工程（reverse engineering）分解竞争对手的产品，以了解其设计的优、缺点。通过观察其他企业的设计，发起公司可能产生新的理念，并将该理念应用于产品和服务的设计中。
- 战略竞争性基准比较（strategic benchmarking）。战略竞争性基准比较包括观察其他公司是如何竞争的，观察对象并不限于特定的行业，通常是指获得过有影响力奖项（如波多里奇国家质量奖或戴明质量奖）的目标公司。这种竞争性基准比较的重点是识别使这些公司成为成功竞争者的战略组合，但其往往需要花费大量的时间和资金。
- 职能竞争性基准比较（functional benchmarking）。职能竞争性基准比较是指公司将其竞争性基准比较的重点放在某一功能上，以改进该项功能的运作。以采购为例，通常采购经理会利用网络来分享不同组织采购职能的信息。

2.5.3　竞争性基准比较的实施过程

施乐公司开发的竞争性基准比较实施过程，共有六个阶段，即计划、寻找、观察、分析、修改、改进，如图 2-9 所示。这六个阶段类似于 PDCA 循环，目标是连续改进一个竞争对手业已实现，并超越顾客期望，而自身尚没有实现的关键过程。

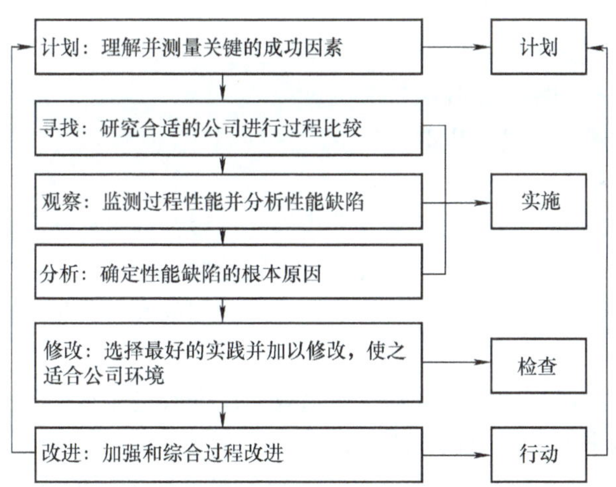

图 2-9　施乐公司的竞争性基准比较实施过程

依据这六个阶段，施乐公司给出了以下进行竞争性基准比较的具体清单：

计划：

- 我们的过程是什么？
- 我们的过程是如何运行的？
- 我们如何测量过程？
- 目前我们过程的绩效如何？
- 谁是我们的顾客？
- 我们向顾客交付什么产品和服务？

- 我们的顾客对产品和服务的期望及要求是什么？
- 我们的绩效目标是什么？
- 我们如何建立这个目标？
- 如何将我们的产品和服务与竞争对手进行比较？

寻找：

- 哪个公司的过程运行得比较好？
- 哪个公司的过程运行得最好？
- 我们应向最好的公司学习什么？
- 我们与谁联系来确定他们是否愿意参与我们的研究？

观察：

- 比较对象的过程是什么？
- 比较对象的绩效目标是什么？
- 随着时间的变化和位置的变更，对方过程的运行情况如何？
- 对方如何测量过程绩效？
- 对方如何实现过程绩效？
- 什么因素可能妨碍将对方的过程改造成我们公司的过程？

分析：

- 绩效缺陷的本质是什么？
- 绩效缺陷的价值是多少？
- 对方过程绩效高的特征是什么？
- 我们的过程中哪些活动可以改变？

修改：

- 如何利用比较对象过程的知识来改进我们的过程？
- 根据基准比较，我们需要重新定义或者重新设置我们的绩效目标吗？
- 对方过程中的哪些活动需要修改，使之适合我们的经营环境？

改进：

- 在这次基准比较研究期间，从基于高绩效的过程改进中我们学到了什么？
- 在我们的过程中如何实施这些改变？

罗伯特·坎普（Robert Camp）进一步将施乐公司早期采用的竞争性基准比较的六个阶段概括为10个步骤，用于改进过程。这10个步骤是：

步骤1：确定竞争性基准比较的内容。

任何公司都存在许多改进的方面，然而并不是所有这些方面都能马上实施；而且，同时进行太多改进可能导致组织混乱，进而影响绩效。因此，公司必须将最具有改进潜力的过程加以排序。为达到这一目的，需要识别关键过程，并将这些过程列表以供以后分析。

步骤2：选定竞争性基准比较的对象。

识别出具有杰出成果和过程的行业内的竞争者和行业外的公司，他们开展了最好的业务，可以作为竞争性基准比较的主要对象。

步骤3：制订计划并进行调查。

为了完成这一步骤，需要确定收集哪些数据，并针对目标公司开发出一种收集数据的方法。一旦收集了数据，便可观察目标公司的操作实践，并记录所观察到的好的操作实践。

步骤4：找出目前绩效上的差距。

一旦收集到过程方面的数据，便可通过头脑风暴法确定公司的某个过程与目标公司的过程在绩效上存在的最大差距。这一步骤有助于对最需要变化和改进的方面进行排序。

步骤5：预测未来绩效水平。

预测未来竞争性基准比较过程的绩效差距会缩小还是会扩大。若将来这一差距可能扩大，则应预测它对公司的影响程度。

步骤6：沟通竞争性基准比较中的发现并获得认同。

将竞争性基准比较中的发现传达给将受其影响的人，可通过会议或书面报告进行。沟通过程越透明越好，这可使不确定性与担心降至最低。

步骤7：修订绩效指标。

识别出对方的最佳操作实践后，即可修正运营目标，以此建立评价方法，评价基于竞争性基准比较的改进成果。

步骤8：开发行动计划。

行动计划是执行的具体目标和步骤。开发行动计划是将行动计划分配给相关人员，附上时间表并与项目管理方法相结合。

步骤9：实施具体行动计划并监控进展。

在执行过程中，应向管理者和股东报告进展情况。

步骤10：重新校正基准。

持续不断地与顶尖公司进行竞争性基准比较，有助于识别新的最佳操作实践，这种“门槛”的提高将有助于进一步提高未来绩效。

总而言之，基准比较法已经成为一种基本的管理方法，它可以使一个组织找到一种最好的实践并把它结合到本组织当前的过程中；有助于减少人们对变更的阻力。一般而言，当人们知道一些最好的实践正在被其他公司成功应用时，那么他们对这种变更的思想就会更容易接受。

思考与练习

1. 什么是质量？应如何理解质量的概念？
2. 什么是过程？试举例。
3. 试述质量管理原则，你同意质量管理原则的排列顺序吗？请进行讨论。
4. ISO 9000 质量管理体系标准的基本概念是什么？
5. 在国际标准化组织网站查阅 ISO 9000 族标准的最新进展，提交一篇综述性的研究论文。
6. 部分企业实施了 ISO 9001 质量管理体系，但质量管理水平和产品质量并没有得到提高，试分析原因。
7. 如何理解以过程为基础的质量管理体系模式？
8. 简述“改进”的含义。
9. 可用哪些方法对质量管理体系进行评价？它们的特点各是什么？

10. 什么是质量管理体系认证？简述质量管理体系认证的一般程序。
11. 质量管理体系的认证和审核有什么区别和联系？
12. 简述你对PDCA循环的理解。质量目标管理与PDCA循环有什么联系？
13. 试简述质量管理小组的活动程序及推行质量管理小组活动应注意的问题。
14. 试简述基准比较法的思想及类型。

第3章 质量经济性分析

现代质量观念是“满足顾客的需求和期望”，即质量要求（包括设计在内的质量特性和其价值总和的要求）满足顾客（包括其他相关方）的明确或通常隐含的需求和期望。提高顾客满意度的最佳途径是提高质量同时降低价格（或成本）；其次是在不降低质量要求的情况下，大幅度降低价格，或者是以低成本提供质量佳的产品和服务；或者是不降低价格，而创造出具有特色的与众不同的质量。持续改进质量、提高经济效益是企业追求成功的关键。

本章主要内容包括质量成本的概念和发展、质量成本的核算与分析、质量成本概念的新发展及其改进模型。

3.1 质量成本的概念和发展

经济效益通常通过有效的资源管理和实施适宜的过程来实现，以提高组织的整体价值和健康水平。财务效益则是以货币形式体现的组织改进的成果，通过组织内成本—效益管理实践来实现。

应用质量管理原则所产生的效益包括：提高收益率；增加收入；改进预算绩效；降低成本；改进现金流；提高投资回报；增强竞争力，提高决策的有效性；提高组织绩效、信誉和可持续性等。

3.1.1 质量成本的演化

质量经济性分析是衡量质量管理效率的一个重要手段。统计过程控制的创始人休哈特于1931年就将其专著取名为《制造产品质量的经济控制》，可见经济性是质量管理关注的重要问题。早在1951年，著名质量管理专家朱兰博士就在其名著《质量控制手册》中提出了质量经济性的概念，将发生在不良品上的质量成本比喻为“矿中黄金”，将明显的废品比喻为“水面冰山”。“矿中黄金”是指“质量上可以避免的成本总额”，它的核心思想是通过对“矿中黄金”的挖掘，使投入的资金得到补偿并得到相应的回报；而“水面冰山”则强调挖掘潜在废次品的深远意义。

20世纪50年代中期，美国质量专家费根堡姆把产品质量预防成本、鉴定活动的费用和产品不符合要求所造成的厂内损失和厂外损失一起加以考虑，最早提出了质量成本的概念，得到了西方国家的普遍重视。他把质量成本分为预防成本（preventive cost）、鉴定成本（appraisal cost）和故障（损失）成本（failure cost），俗称PAF分类法（见图3-1），人们称之为传统的质量成本理论。

传统的质量成本管理理论认为，预防、鉴定成本会随着质量水平的提高而增加，因此，企业要经济地生产出高质量的产品，就是通过对质量与投入、质量与产出之间的关系进行分

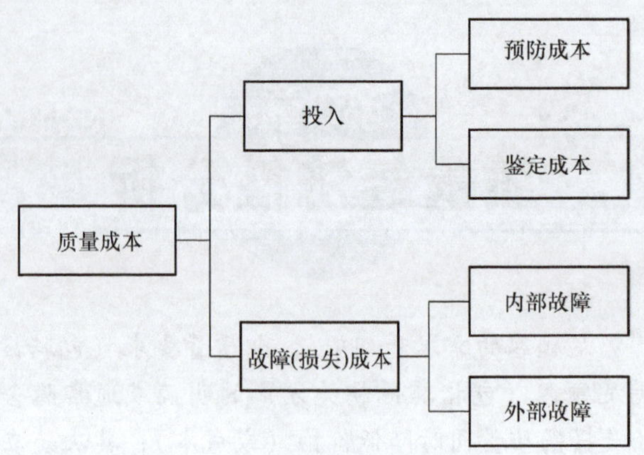

图 3-1 传统的质量成本分类法

析，寻求最佳质量水平，使企业和社会的经济效益均达到最大化。因此，衡量和平衡预防成本、鉴定成本和损失成本的经济关系，追求适度的质量水平，是 20 世纪 50 年代质量成本管理的主要方法。

到了 20 世纪 60 年代，产品更新换代加快，企业为了保证和提高产品质量、开发新产品而进行设备更新、原材料开发、工艺革新、人才培训等方面的支出大幅度增加，而当时的质量成本理论并没有考虑这些内容。为弥补这一不足，日本质量管理专家水野滋等在 20 世纪 70 年代初提出："从整个企业的立场来探索问题，决定重点，评价实施情况。为了减少不良品和索赔，加强教育和改进检查是有效的方法。若把质量成本的应用范围扩展到更新设备、改换材料、改进加工工艺等方面，将可能具有很好的效果"。遗憾的是，这种思想在当时并没有引起质量管理界的重视。

到了 20 世纪 80 年代，由于消费者维权意识和环境保护意识的增强，企业从只关心自身的微观利益逐步转向同时兼顾企业利益和社会利益。在这样的背景下，费根堡姆进一步提出把质量成本的范围扩大到整个产品的生命周期。美国著名质量专家哈灵顿（H. J. Harrington）也在其名著《不良质量成本》中主张将质量成本改为"不良质量成本"。他认为质量成本的概念会使人们理解为高质量产品，需要高成本，因此使用不良质量成本更为确切。他还进一步将不良质量成本划分为直接不良质量成本和间接不良质量成本。直接不良质量成本中包括预防成本、鉴定成本、厂内损失成本和厂外损失成本；而间接不良质量成本中包括用户损失成本、信誉损失成本、用户不满损失成本等。前者也称为工作质量成本，后者也称为外部质量保证成本。

事实上，很多质量管理专家和国际组织对质量成本的内涵进行了界定，以反映质量成本的实质。如表 3-1 所示为质量成本观点一览表。

表 3-1 质量成本观点一览表

序号	质量成本观点	提 出 者
1	工厂和公司的质量成本包括两个主要方面：控制成本和控制失效成本。这些都是生产者的经营质量成本	（美）费根堡姆：《全面质量管理》，第 3 版，1983 年

（续）

序号	质量成本观点	提　出　者
2	企业为保证和提高产品质量而支出的一切费用，以及因未达到既定质量水平而造成的一切损失之和。质量成本只涉及有缺陷的产品，即制造、发现、返修、报废及避免产生不合格产品等有关的费用。质量成本是指归因于劣等质量的成本。生产合格产品的费用并不属于质量成本的内容，它应属于生产成本	（美）朱兰：《质量控制手册》，1987 年
3	质量成本应改称为不良质量成本，它是指使企业全体雇员每次都把工作做好的成本，鉴定产品是否可以接受的成本和产品不合公司和（或）用户期望所引起的成本之和	（美）哈灵顿：《不良质量成本》，1987 年
4	企业实际开支与不存在价值消耗时的假定开支间的差额	（法）让·玛丽·戈格：《工业社会中质量的挑战》
5	是对与达到或达不到产品或服务的质量要求有关的那部分费用的具体度量。这些质量要求可以由公司规定，或由公司与顾客所签订的合同约定，或由社会规定	美国质量学会：《质量成本原理》
6	质量经济学的一部分，指生产方、使用方在确保和保证满意的质量时所发生的费用以及当不能获得满意的质量时所遭受的损失	ISO/TC 176 提出的名词术语，ISO/DIS 8402——补充件（1），1988 年
7	预防缺陷和检验活动费用与内部和外部故障造成的损失	英国标准 BS 4778《质量保证名词术语汇编》
8	为了确保和保证满意的质量而发生的费用，以及因没有达到满意的质量而导致的有形和无形的损失	ISO 8402：1994《质量管理和质量保证术语》
9	将产品质量保持在规定的水平上所需的费用。它包括预防成本、鉴定成本、内部损失成本和外部损失成本，在特殊情况下，还需增加外部质量保证成本	GB/T 13339—91《质量成本管理导则》

通过对知名学者和国际组织对质量成本所持观点的比较分析可以看出：尽管对质量成本的表述在形式上有所差异，在内容上有所侧重，但在本质上都是一致的，所谓质量成本，就是指“企业为保证和提高产品质量而支出的一切费用，以及因未达到既定的质量水平而造成的有形和无形的一切损失之和”。

3.1.2　质量成本的分类

按照存在的形式，质量成本可分为显见质量成本和隐含质量成本。显见质量成本是指已经列入国家现行开支范围的成本；隐含质量成本是指未列入国家现行开支范围的成本。

按照成本性质，质量成本可分为内部运行成本和外部活动成本。内部运行成本主要包括预防成本、鉴定成本和损失成本；而外部活动成本主要是指外部质量保证成本。

按照活动过程，质量成本可分为符合性成本和非符合性成本。符合性成本是指在现行过程无故障情况下完成所有明确的和隐含的顾客要求所支付的费用；而非符合性成本是指由于现行过程的故障所造成的损失。如果从符合性和非符合性的角度分析，质量成本又可以由图3-2所示的几部分构成。

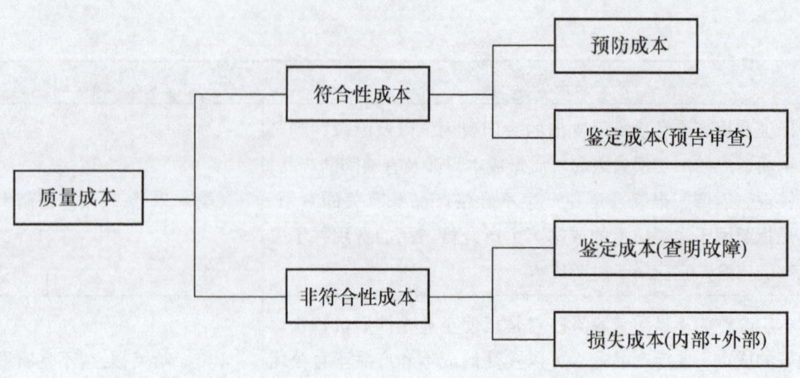

图 3-2 质量成本的构成

不同的国家、企业对质量成本有不同的划分方法。我国企业在进行质量成本管理时，通常按照质量成本的性质划分，即分为内部运行成本（包括预防成本、鉴定成本、损失成本）和外部活动成本（外部质量保证成本）。

1. 预防成本

预防成本是指为保证质量达到预期目标而采取各种预防性措施所需的全部费用。主要包括：

- 质量策划费用：包括制订总体的质量计划和专门计划（如检验计划、产品可靠性计划）的一系列活动所发生的费用，也包括向有关方面沟通这些计划所必需的投入和制定质量管理程序等所发生的一切费用。
- 质量评审费用：实施产品质量设计、进行产品设计评审、制订实验计划、实施推出新产品所必需的可靠性工程及开展其他与质量相关活动所发生的费用。
- 过程策划费用：过程能力研究、检验策划以及其他与制造和服务过程相关活动所发生的费用。
- 过程控制费用：在工艺过程中进行质量控制所发生的费用，主要包括为使生产过程处于受控状态，使生产的各基本要素处于最佳组合，有效配合运转状态所必需的费用。
- 供应商质量评估费用：评估、选择供应商所发生的费用，包括在选定供应商前对供应商活动的评估、合同期间对供应商活动的审核的费用，以及其他与供应商有关活动所需要的费用。
- 质量教育培训费用：为了保证达到质量要求，提高人员素质，对有关人员的质量意识、技术质量、工作质量、质量管理等方面进行的各种教育、培训所发生的一切费用。
- 质量信息费用：为收集、整理、分析质量资料，识别质量问题，发布质量信息等所支付的一切费用。
- 质量奖励费用：为预防事故和保证质量而支付的各种奖励费用。
- 质量改进费用：制订和实施质量改进计划、开展产品质量升级创优等工作所发生的一切费用。
- 质量管理专职人员的工资、奖励和附加费用。
- 其他质量预防费用等。

预防成本的汇总非常重要，它凸显了在预防活动上的投资，通过提高预防成本来降低损失成本的可能性，高层管理者应领悟到这个道理。

2. 鉴定成本

鉴定成本是指为了评定产品是否符合规定的要求和标准所需要的费用。具体包括：

- 进货检验和试验费用：对外购的原材料、配套件、协作品进行检验、试验、验收所发生的费用，以及对长期供应商的检测系统进行检验、评估所发生的费用，也包括驻协作厂人员的监督检查费用。
- 过程检验和试验费用：产品在制造过程中进行检验和试验所需的费用。
- 最终检验和试验费用：评估完工产品是否符合质量要求而进行检验和试验所需的费用。
- 检测设备的维护、校准费用：为保证测量仪器和设备处于正常状态，对检测设备、工具、量具进行定期检查和维护所发生的费用。
- 存货检验费用：对库存的产品、材料、设备进行定期或不定期检验所发生的费用。
- 产品试验费用：为鉴定产品是否满足质量标准及用户需求而进行适用性试验、破坏性试验所发生的费用，以及应顾客要求进行现场检查、现场运行情况评估、可信性试验所发生的费用。
- 产品质量认证费用：参加各种质量认证所发生的费用。
- 检测设备折旧费用：各种检测设备在使用过程中，每年都要提取一定的折旧费，以及大修理费用。
- 工作质量检测费及监督检查活动发生的费用。
- 专职检验人员、计量人员的工资及附加费。
- 其他鉴定成本。

3. 内部损失成本

内部损失成本也称内部故障成本，是指产品出厂前，因不满足规定的质量要求而发生的一切费用。主要包括：

- 废品损失：产品存在无法修复的缺陷，或在经济上不值得修复而报废所造成的损失。
- 返修费用：为修复不合格品而发生的一切费用，包括对不合格的成品、半成品、在制品进行返修时所消耗的材料、人工、设备折旧费等。
- 校验费用：对返工修复的产品进行检验所发生的一切费用，包括对返修和其他校正产品进行再检验和再试验发生的复试费用。
- 停工损失：由于各种缺陷或质量事故而引起的停工所造成的损失。
- 减产损失：由于存在质量问题而使产量降低带来的损失。
- 故障处理费用：由于处理内部故障而发生的费用，包括抽样检查不合格而进行的筛选、更改原有设计的错误而发生的人工费用和材料费用、纠正制造和服务过程的失控费用等。
- 降等、降级损失：产品质量达不到原有质量要求，降等、降级使用所造成的损失。
- 库存损耗：因计划不周造成外购品及自制品超过合理储备定额和期量标准造成积压、变质，而处理这些产品所发生的费用，也包括由于实际库存量与记录的库存量之间的差异所引起的损失。
- 过时产品报废损失：对已经淘汰产品的处置费用。

- 非增值活动成本：冗余操作、选检以及其他非增值活动而发生的费用。
- 其他内部损失成本。

4. 外部损失成本

外部损失成本也称外部故障成本，是指产品出厂后，因不满足规定的质量要求而支付的有关费用，也包括丧失销售收入的机会成本。主要包括：

- 客户索赔：由于产品质量缺陷，经用户提出申诉而进行索赔处理所支付的费用。
- 退货损失：由于产品缺陷，造成用户退货、换货而支付的一切费用。
- 保修费用：在保修期间或根据合同规定对用户提供保修服务或更换的一切费用。
- 折价损失：产品质量低于标准，经与用户协商同意折价出售而造成的损失。
- 诉讼费：用户向有关执法单位提出产品质量的诉讼请求，并进行处理的过程中所发生的有关费用。
- 顾客背离损失：由于劣质质量而失去潜在顾客所带来的损失。
- 其他外部损失成本。

5. 外部质量保证成本

在合同环境下，由于质量保证的要求，顾客经常提出特殊的和附加的质量保证要求，供方为证明和验证其产品的质量保证能力，需向顾客提供客观依据。这种根据顾客要求而提供客观证据所支付的费用就是外部质量保证成本。主要包括：

- 为提供特殊的附加质量保证措施、程序、数据等所支付的费用。
- 产品验证、试验和评定费用。如由公认的独立试验机构对产品质量特殊安全性能进行试验所支付的费用。
- 为满足用户要求，进行质量体系认证所支付的费用。
- 其他费用。

通过对外部质量保证成本进行独立核算，一方面，可以证明其保证能力，提高信誉，增强竞争力；另一方面，可以按照国际惯例把它增加到销售价格中，避免国际贸易时吃亏。GB/T 10300. 5《质量管理和质量体系要素指南 》已将外部质量保证成本列入质量成本中。

3.1.3 质量成本管理的意义

质量成本反映的是全面质量管理中的劳动耗费，以及未达到质量目标而发生的一切损失之和。据有关资料表明，我国企业每年仅由于不合格品造成的损失就占到销售收入的10%以上，这还不包括质量成本的其他费用。质量成本的分析、控制对提高产品和服务质量、增加企业的经济效益具有极为重要的意义。概括起来，开展质量成本管理的主要意义有：

- 有利于质量管理的深化。通过对质量成本的分析，以货币的形式可使高层领导意识到加强质量管理、降低质量成本的重要性，认识到不合理的质量成本会给企业带来巨大的损失，从而促进高层领导重视和积极推进质量改进活动。
- 有利于强化质量责任。通过对质量成本的分析，企业可以客观地确定质量活动中的薄弱环节，促使相关部门加强质量责任制，解决质量管理中的主要问题。
- 有利于提高企业的经济效益。通过对质量成本的管理，企业可以为顾客创造“物美价廉”的产品和服务，提高顾客的满意度，增大市场份额，进而提高企业的经济效益。
- 为评价提供依据。质量成本分析所提供的数据可作为评价企业开展质量活动效果的依据，有助于发挥员工的主观能动性，提高员工的自豪感。

- 有利于提高企业的管理水平。开展质量成本管理，可使经济工作人员深入了解质量，使技术人员增加经济概念。经济与技术的相互结合，可极大地提升企业的管理水平。

3.2　质量成本的核算与分析

质量成本分析是指综合运用质量成本核算资料和指标，结合有关质量信息，对质量成本形成的原因进行分析，目的是找出影响产品质量的主要缺陷和质量管理的薄弱环节，为降低质量成本、实现质量目标提供必要的信息，谋求在保证产品质量的前提下降低质量成本的途径。质量成本分析是质量成本管理中最重要而又富于创造性的管理环节。

3.2.1　质量成本模型

产品的运行成本是由预防成本、鉴定成本、内部损失成本和外部损失成本所组成。这些质量成本及其相互关系的示意图如图 3-3 所示。

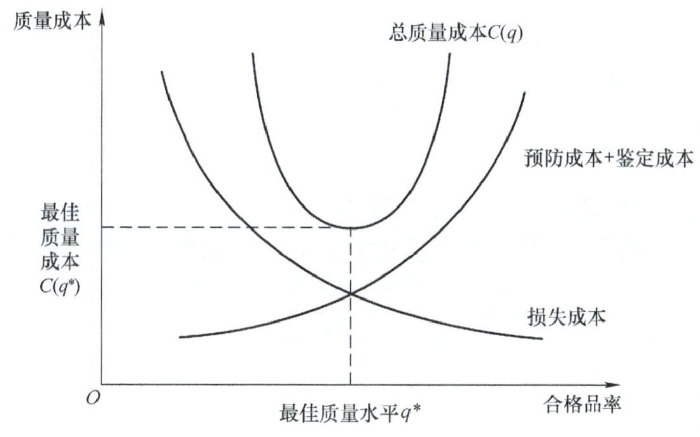

图 3-3　质量成本模型

在图 3-3 中，横坐标表示产品质量水平的提升，采用合格品率（q）度量；纵坐标代表质量成本，用 $C(q)$ 表示。企业为了提高产品的质量水平，降低产品的不合格品率，就需要对产品质量进行控制，严格把关，严格检验，这增加了企业的预防成本和鉴定成本。当质量水平很低时，预防成本和鉴定成本也较少，但损失成本却很高。因此，随着质量水平的提高，预防成本和鉴定成本逐渐增大，而损失成本（内部损失成本和外部损失成本）却逐渐减少，这两者叠加就构成了质量成本曲线 $C(q)$。在质量成本曲线中最低点所对应的质量水平 q^*，就是进行质量管理和控制所追求的最佳质量水平，也把此时的质量成本称为最适宜的质量成本。

在国外，对质量成本的研究已经取得了较为成熟的成果，如朱兰认为预防成本 10%、损失成本 50%、鉴定成本 40% 为最佳构成，并将质量成本分为三个部分，分别为质量成本改进区、质量成本控制区和质量成本过剩区（见图 3-4）。

- 质量成本改进区。在这个区域中，质量成本偏高的原因主要是由于质量管理水平低造成的，其特点是质量损失成本在总质量成本中所占的比重较大，甚至可能达到 70% 以上，

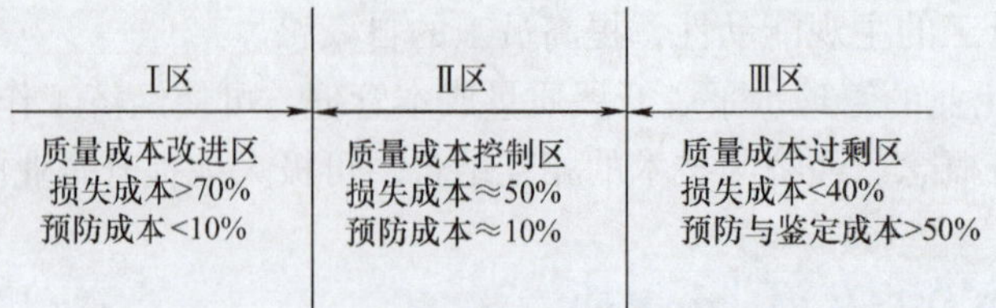

图 3-4 质量成本区域划分

而预防成本一般低于10%。这种因预防措施不力而导致的产品质量水平较低，可以通过加强质量管理和检验工作、结合 PDCA 循环、确定和实施质量改进项目、采取积极的预防措施来解决。

- 质量成本控制区。在这个区域中，总质量成本处于最低水平，其特点是质量损失成本约占总质量成本的50%，而预防成本趋向于10%，产品为顾客提供的使用价值适中，总质量成本相对较低。在这种情况下，如果找不出更好的质量改进项目，或者没有技术上的突破，就应该把工作重点放在维持和控制现有的质量水平上。
- 质量成本过剩区。在这个区域中，质量成本偏高的原因主要是鉴定成本过高，超过了质量损失成本，其特点是质量损失成本占总质量成本的比例约小于40%，而鉴定成本则大于50%，产品提供的使用价值超过了顾客的实际需要，出现了“过剩质量”。在这种情况下，应采取抽样方法，减少检验层次，降低鉴定成本，消除由于提供不必要的质量而增加的质量成本。

哈灵顿则认为，预防成本10%，鉴定成本25%，内部损失成本57%，外部损失成本8%为最佳结构。而桑德霍姆认为，表3-2中所示的质量成本结构最具代表性。

表 3-2 典型产品质量成本构成

质量成本类目		类目内费用比例（%）	总质量成本比例（%）
预防成本	（1）质量管理培训费	7.6	0.6
	（2）新产品评审费	15.2	1.2
	（3）数据收集分析费	17.7	1.4
	（4）过程控制费	30.4	2.4
	（5）供应商评审费	3.8	0.3
	（6）推进质量管理费	1.3	0.1
	（7）质量方面的行政管理费	24.0	1.9
	合计	100	7.9
鉴定成本	（1）来料检验费	20.4	5.1
	（2）过程检验费	45.0	10.7
	（3）成品检验费	22.3	5.6
	（4）检测维护校准费	0.8	0.2
	（5）质量审核费	6.0	1.2
	（6）特殊检验费	5.5	1.0
	合计	100	23.8

（续）

质量成本类目		类目内费用比例（%）	总质量成本比例（%）
内部损失成本	（1）废品损失	51.7	22.5
	（2）返修损失	35.2	15.3
	（3）复检费用	2.3	1.0
	（4）降级损失	0.9	0.4
	（5）减产损失	0.5	0.2
	（6）处理费用	4.8	2.1
	（7）废品分析费用	4.6	2.0
	合计	100	43.5
外部损失成本	（1）保修费用	79.5	19.7
	（2）受理客户申诉费	16.9	4.2
	（3）折价损失	3.6	0.9
	（4）退货损失	0	0
	合计	100	24.8

3.2.2　质量成本核算的指标体系

研究质量成本结构能够帮助人们分析整个质量管理体系的结构效率，规划合理的质量成本体系。

1. 质量成本体系数据的汇总

下列两项指标是总体性指标，通过对它们的核算，可以使利益相关方清楚地看到质量管理给企业带来的资金耗费和经济效益，以及因质量管理不善造成的质量损失，从而增强员工的质量意识，提高企业经济效益：

$$\text{总质量成本}=\text{预防成本}+\text{鉴定成本}+\text{内部损失成本}+\text{外部损失成本}$$

$$\text{损失成本}=\text{内部损失成本}+\text{外部损失成本}$$

2. 质量成本体系的结构比指标

在计算质量成本的结构比时，可采用下列公式。

$$\text{预防成本率}=\frac{\text{预防成本}}{\text{总质量成本}}\times 100\%$$

$$\text{鉴定成本率}=\frac{\text{鉴定成本}}{\text{总质量成本}}\times 100\%$$

$$\text{损失成本率}=\frac{\text{损失成本}}{\text{总质量成本}}\times 100\%$$

损失成本率又可以进一步具体化，按内部损失成本率和外部损失成本率分别计算。

$$\text{内部损失成本率}=\frac{\text{内部损失成本}}{\text{损失成本}}\times 100\%$$

$$\text{外部损失成本率}=\frac{\text{外部损失成本}}{\text{损失成本}}\times 100\%$$

3. 质量成本体系的相关比指标

相关比指标通常从一个侧面反映了企业为保证和提高质量投入了多少资金及对质量管理

的重视程度，也说明了企业核算和质量管理的成本、开发质量成本的重要性。常用的相关比指标有

$$\text{产值质量成本率} = \frac{\text{总质量成本}}{\text{企业总产值}} \times 100\%$$

$$\text{销售收入质量成本率} = \frac{\text{总质量成本}}{\text{总销售收入}} \times 100\%$$

$$\text{销售利润质量成本率} = \frac{\text{总质量成本}}{\text{总销售利润}} \times 100\%$$

$$\text{产品成本质量成本率} = \frac{\text{总质量成本}}{\text{总产品成本}} \times 100\%$$

表述企业质量成本的指标很多，每一类指标都是从某个侧面反映企业质量管理的运行情况。一般而言，质量成本中资金的投入，不会对质量收入的增加产生立竿见影的效果，有时甚至需要长期、持续的投入，才能发挥作用、取得效果。

3.2.3 质量成本分析的内容和方法

企业应通过对质量成本的形成、原因的分析和评价，找出影响质量成本的关键因素和管理中的薄弱环节，寻求最佳质量成本构成。质量成本分析的主要内容包括质量成本总额分析、质量成本趋势分析、质量成本比较基数分析、质量成本构成比分析等。

1. 质量成本总额分析

所谓质量成本总额分析，就是根据某一时期内的质量成本总额，将其与前期数据进行对比，从而发现质量成本管理中存在的问题，并找出原因。在对质量成本总额进行对比时，要同时考虑质量改进的状况。

2. 质量成本趋势分析

在较长一段时间内，将质量成本及其指标的实际数据绘制在坐标轴上，可以观察质量成本的变动情况，进行系统的分析比较。趋势分析既可用于报警，也可用于研究质量成本不佳的原因。图3-5为某公司总质量成本趋势图，从图中可以看出，总质量成本呈现下降趋势。

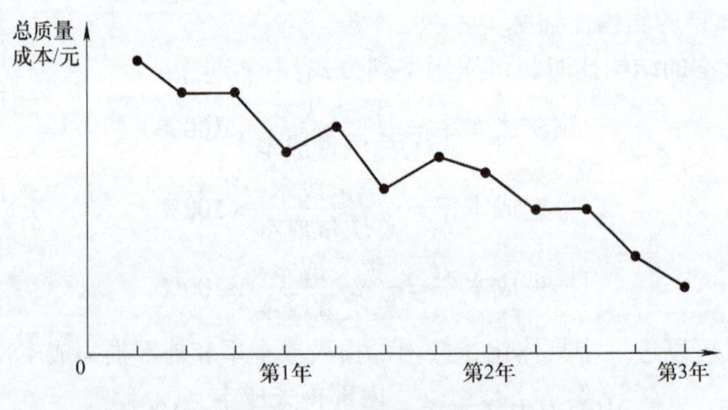

图3-5 总质量成本趋势图

3. 质量成本比较基数分析

质量成本比较基数分析是指将质量成本与既定的比较基数（如销售额、产值、利润等）进行比较，以掌握质量的经济特性。常用的指标有

$$百元销售额损失成本=\frac{内部损失成本+外部损失成本}{总销售收入/100}$$

$$百元销售额质量成本=\frac{总质量成本}{总销售收入/100}$$

$$百元产值损失成本=\frac{内部损失成本+外部损失成本}{总产值/100}$$

$$百元产值质量成本=\frac{总质量成本}{总产值/100}$$

$$百元利润损失成本=\frac{内部损失成本+外部损失成本}{总利润/100}$$

$$百元利润质量成本=\frac{总质量成本}{总利润/100}$$

4. 质量成本构成比分析

质量成本构成比分析是指通过确定预防成本、鉴定成本、内部损失成本和外部损失成本之间适宜的比例关系，找出提高质量、降低成本的途径和方法。在一定条件下，若产品不检验或少检验，则鉴定成本下降，内部损失成本下降，但外部损失成本会极大地增加，这样总质量成本就会上升；反之，若严格加强检验，则外部损失成本会减少，但鉴定成本和内部损失成本会上升；若增加预防成本，则其他三项质量成本均会下降，总质量成本在一般情况下也会下降。因此，研究这四种质量成本的比例关系，就可以找出提高质量、降低成本的潜力所在。实践经验表明，上述四种质量成本占总质量成本的比例通常为：内部损失成本25%～40%；外部损失成本20%～40%；鉴定成本10%～50%；预防成本0.5%～10%。

3.2.4 质量成本的预测、控制与报告

1. 质量成本的预测

质量成本预测是指根据历史资料和有关信息，分析研究影响质量成本的因素与质量成本的依存关系，结合质量成本目标，利用大量的观测数据和一定的预测方法，对未来质量成本变动趋势所做的定量描述和逻辑判断。质量成本预测的目的是：①为提高企业的产品质量和挖掘、降低质量成本的潜力指明方向，为企业编制质量成本计划提供可靠依据；②指明企业内部各单位努力降低产品质量成本的方向和途径，为编制增产节约计划和拟定产品质量改进措施计划提供可靠的依据。

在编制质量成本计划之前，要对未来的质量成本进行预测。质量成本预测的工作程序可分为以下三个步骤：①调查和收集信息资料及有关数据；②对收集的信息资料进行整理分析；③提出质量成本改进计划和措施，为编制质量成本计划打好基础。

企业的质量成本预测都是根据质量成本明细项目逐项进行的，不同性质的项目，可以根据企业的实际状况而选择不同的预测方法。通常，质量成本预测有以下三种方法：①经验判断法，即企业中与质量管理相关的工程技术、财务、计划等部门经验丰富的人员，根据掌握的信息资料，对预测期内质量成本有关项目进行预测。②计算分析法，即根据质量成本的历史资料对未来时期各有关因素变化，采用数学分析的方法，对质量成本进行分析和预测。③根据质量成本的历史资料，预测其占产值、销售收入、利润等的比例来预测质量成本。这三种方法各有特点，企业在进行质量成本预测时，可有机地结合运用。

2. 质量成本的控制

质量成本控制是指通过各种措施和手段，为实现质量成本目标而进行的一系列管理活动。质量成本控制包含两方面的含义：一方面，是对质量成本目标及其完成过程的控制；另一方面，是着眼于未来的改进和降低质量成本。

质量成本控制的一般程序可分为事前控制、事中控制和事后处理三个步骤。所谓事前控制，就是事先确定质量成本项目控制标准，根据质量成本计划的目标，层层分解展开到单位、班组和个人，进行限额费用的控制。所谓事中控制，是指在生产经营全过程，包括开发、设计、采购、制造、检验、销售服务等阶段分别进行控制，它是质量成本控制的重点。对于日常发生的各种费用，按照事先确定的标准进行监督控制，力求做到所有直接费用不突破定额，各项间接费用不超过预算。所谓事后处理，是指查明实际质量成本偏离目标质量成本的原因，提出切实可行的纠正措施，以便进一步改进，最终达到降低质量成本的目的。

3. 质量成本报告

质量成本报告是质量成本管理的阶段性总结文件，它的作用是为单位领导和有关部门制定质量成本政策、质量成本改进目标、质量成本改进措施提供准确的依据。质量成本报告的内容通常包括质量成本计划执行和完成情况与基期的对比分析、质量成本构成比例变化的分析、质量成本与相关经济指标的效益对比分析、典型事例及重点问题的分析与解决措施、效益判断的评价和建议等。

质量成本报告的类型，按时间可分为定期（月、季、年）报告和不定期报告（典型事例和重点问题）；按报送对象可分为向领导的报告和向有关部门的报告；按形式可以分为报表式报告、陈述式报告和图表式报告。多数情况下，质量成本报告是由财务部门负责出具的兼而有之的综合性报告。

3.3 质量成本概念的新发展及其改进模型

随着质量成为组织战略决策的重要决定因素，组织迫切需要加强质量管理，包括对质量成本的统计、核算、分析和控制。由于现行的质量成本观认为质量成本存在一个最佳点，因此质量水平不能过低也不宜过高。这与“零缺陷”管理和连续质量改进的思想相冲突。本节简要介绍不良质量成本及质量成本的改进模型等内容。

3.3.1 不良质量成本的概念

不良质量成本（cost of poor quality，COPQ），也称劣质成本，由美国质量学会前主席哈灵顿于1987年在其专著《不良质量成本》中提出。他认为质量成本应改为不良质量成本，以避免将质量成本误解为提高产品质量所需的高成本。质量成本是指由于质量不良而造成的成本损失，或者说是由于没有第一次就把事情做正确而额外付出的成本。哈灵顿将不良质量成本分为两大类：直接不良质量成本和间接不良质量成本。

直接不良质量成本包括：可控制的不良质量成本、结果不良质量成本损失和设备不良质量成本。可控制的不良质量成本是指管理层可以直接控制这种成本，以使顾客能接受这些产品和服务，它包括预防成本和检查成本；结果不良质量成本损失是指由内部误差率组成，包括公司失误造成的所有成本；设备不良质量成本是指在设备方面的投资以及在空间和设备需要方面的成本，这种成本必须单独处理，且不能上报为一次性损失，应该在生命周期内分期清偿。由于这三项可以直接被测量并反映到企业的成本结构中，因此被结合起来称为直接不良质量成本。

间接不良质量成本包括：顾客引发的不良质量成本、顾客不满意的不良质量成本和名誉损失的不良质量成本。顾客引发的不良质量成本是指当产品不能满足顾客期望值时所产生的质量损失；顾客不满意的不良质量成本是指当顾客对产品不满意时，对其他人的负面影响所造成的质量损失；而名誉损失的不良质量成本则较顾客不满意的不良质量成本带来的损失更为严重，且更加难以测量和预测。

直接不良质量成本和间接不良质量成本就像朱兰提出的“水面冰山”一样，露在外面的是人们核算的那些由于产品或服务不良而造成的损失，如返工、返修、报废、浪费、测试、顾客投诉和退货等，这些显见的成本只是冰山一角，即能够看到的部分，它往往只占销售额的3% ~5%。而隐藏在水面下方的是巨大的隐含质量成本，这些成本包括未准时交付的订单、错误的发货所引起的额外费用，由于设计生产周期延长而增加的成本，库存积压，紧急订货而多付的费用，人员流动过于频繁，顾客赔偿备用金，以及交货期延误、新产品延迟上市、丧失销售机会、顾客流失、不良评价等，这些隐含的成本损失比露出的部分大得多，这种不良质量成本占销售额的15% ~20%。这些显见的或隐含的不良质量成本已经远远超过销售利润。

通过对不良质量成本的研究发现：不良质量成本要远大于财务报表上显示的数字；不仅在产品的实现过程中会产生不良质量成本，在支持产品生产的过程中也同样会产生；这些成本在大多数情况下是可以降低甚至消除的。因此，需要研究不良质量成本的构成和识别方法。如果能准确识别不良质量成本尤其是隐含的不良质量成本，则不仅可以降低产品成本，而且可以找出产生不良质量成本的原因，进而提出相应的对策，提高质量、降低成本。

3.3.2 不良质量成本的构成和分析

不良质量成本按其构成可分为非增值损失成本和故障损失成本。非增值损失成本是指由现行过程中存在的非增值过程造成的损失，而故障损失成本是指由现行过程中的故障造成的损失。其构成如表3-3 所示。

表3-3 不良质量成本构成

不良质量成本	非增值损失成本	预防成本（非增值部分）
		鉴定成本（非增值部分）
	故障损失成本	鉴定成本（分析故障原因部分）
		内部损失成本
		外部损失成本

其中，预防成本中的非增值部分是指所花费的预防成本中，没有达到预期目的的那部分成本；鉴定成本中的非增值部分是指为了预防而进行检验，但却未达到预防目的的那部分成本；而鉴定成本中的分析故障原因部分是指为了分析质量不良的原因而进行试验、检验和检查所发生的费用。

不良质量成本是由于工作上的错误和缺陷所造成的，而这些工作遍及企业系统中的各个部门，渗透于不同过程中的各个环节，因此，分析不良质量成本要从企业系统和过程两方面入手，通过适当的路径，由表及里，由此及彼，层层深入，使不良质量成本信息得到充分利用，为质量改进提供坚实基础。通过不良质量成本的识别、收集和分析，建立不良质量成本报表，从而确定改进项目并选择改进过程，在优化所选改进过程的基础上确定改进机会。

3.3.3 质量成本的改进模型

随着企业成功推行六西格玛（6σ）质量经营战略，管理实践已经证明了质量免费的观点，打破了传统质量成本观点。有关研究表明，达到6σ水平的企业，其质量成本仅占销售额的4.5%，而达到4σ水平的企业，其质量成本占销售额的20%～30%。随着产品质量趋于零缺陷，企业的质量成本不仅不会上升，反而会下降。因此，连续改进，追求零缺陷，才是企业的最佳质量成本点。这是因为，当质量水平达到5σ～6σ水平时，企业可以大幅度地减少预防和鉴定成本。通常的方法有适当减少成品的质量抽检、提高顾客的满意度、扩大市场份额等。

通用电气公司认为，公司从3σ～4σ水平提高到6σ水平，减少的不良质量成本每年可达80亿～120亿美元。统计资料表明：如果一个3σ水平的企业组织其所有资源改进过程，大约每年可以提高1σ水平，在其达到4.7σ水平之前，无需大的资本投入，这期间，利润率的提高十分显著；而当达到4.8σ后再提高时，就需要重新设计过程，即实施六西格玛设计，资本投入增加，但此时产品、服务的竞争力提高，市场占有率将显著增加。对一个3σ水平的企业来说，提高1σ水平可以获得如下收益：利润率增长20%；产出能力提高12%～18%；劳动力减少12%；资本投入减少10%～30%。

随着质量水平的不断提高，从3σ水平向6σ水平改进的过程中，故障成本不断降低，预防成本与鉴定成本缓慢向右推移；交点处的成本呈现下降趋势，即总质量成本不断下降。图3-6给出了质量成本的改进模型。

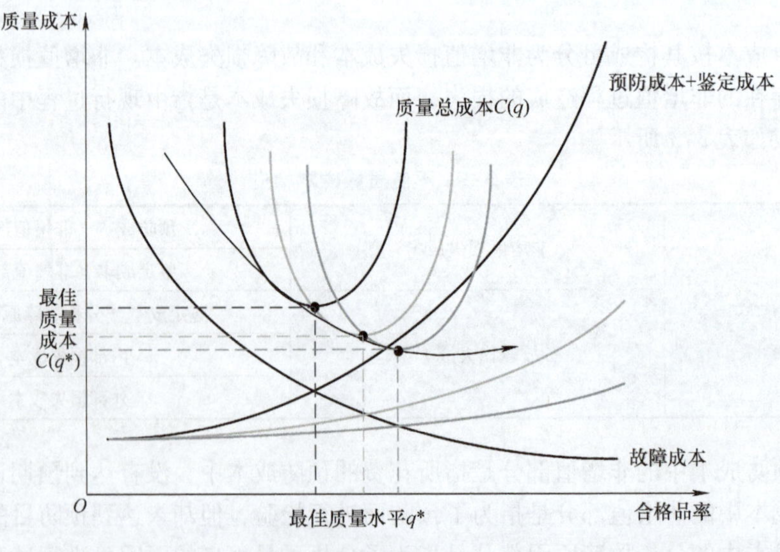

图3-6 质量成本的改进模型

从质量成本的改进模型可以清楚地看出：随着质量水平的提高，总质量成本并不是增加而是下降，这和零缺陷的思想是一致的。更重要的是，六西格玛管理的实践已证明：当美国多数制造业的质量水平处于3σ～3.5σ水平之间，提高到4σ～4.5σ水平时，质量成本的确是极大地降低了，这就证实了改进的质量成本模型是可行的。因此，连续质量改进是永恒的主题。

国际标准ISO/TR 10014：2006《质量管理实现财务和经济效益的指南》中提供了实现财务和经济效益的整个过程模式的通用表示方法，见图3-7。

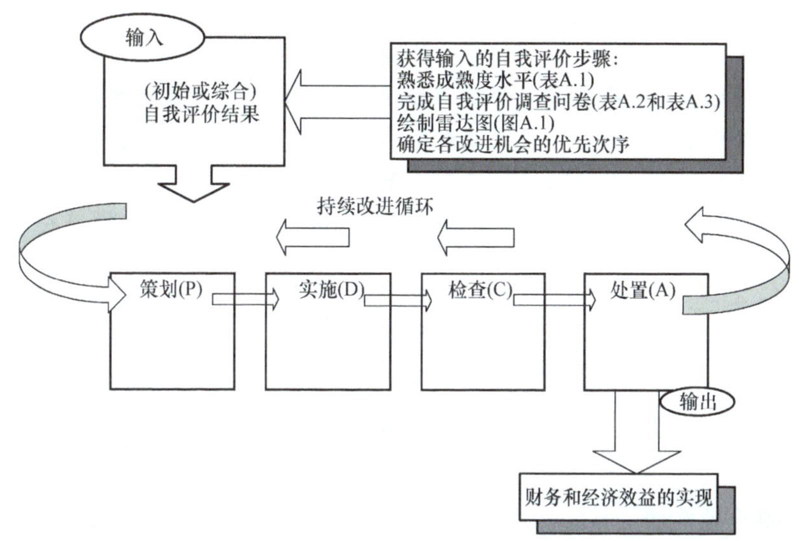

图3-7 整个过程的通用图示

案例

质量经济性的外延思考：质量与生存

单纯地从成本角度考察质量的经济性，往往会造成短期行为而忽视企业的长期发展。考察质量经济性不能仅仅考虑会计账簿上能够直接反映的质量成本，还应该考虑无法直接在账面上反映却能间接为企业带来贡献的因素。特别是在产品处于某一特定的生命周期或企业处于特殊的竞争环境之中时，短时期内刻意降低所谓的“剩余质量”，会牺牲企业长期的竞争能力。质量的经济性不仅体现在企业这一方面，在顾客的使用中也会得到体现。假设一个顾客要购买一个灯泡，他有以下产品可供选择：一种是一般的灯泡，价格较低，质量不太好；一种是质量较好的灯泡，价格稍贵；最后一种是质量非常好的灯泡，据说其正常使用寿命是普通产品的几十倍，但价格也是普通产品的几十倍。顾客会购买哪种灯泡？不同的顾客由于个体经济条件及实际应用的差别，可能会选择后两种产品，正常情况下都不会选择第一种产品。因此，质量对不同的消费者所发挥的经济性是不同的，因为他们对质量和价格等产品的其他因素的需求不同。

质量是产品某些性能的集合，不是某个性能。仅对灯泡这种简单的产品而言，其质量指标不仅仅包括使用寿命，还有照明光度、散热程度、耗电量等因素。产品质量也不是企业做好某项工作就可以保证的，而是必须做好所有与产品质量有关的活动，以产品质量为核心，延伸到服务质量、工作质量、人才质量、管理质量中去，将产品的质量升华定位于与每个人息息相关的全方位工作质量的提升。

由质量经济性的外延思考联系到企业质量管理工作的实践，质量管理应该是一个体系。它包括从高层的质量目标、企业战略到一线员工每一个工序的质量保证，在企业内部贯穿上下。企业的质量目标也是多元化的，如产品质量应该达到什么水平、质量成本应该如何控制、怎样看待“剩余质量”问题等。

质量问题实际上是一个经济问题。质量经济分析和管理，是一个企业质量经营追求成功的重要环节，也是衡量一个企业质量管理有效性的重要标志。质量成本是质量经济性的主要内容。对质量成本的重视和研究，是企业发现薄弱环节，挖掘潜力，持续降低成本和改进质量的经济任务和重要途径。但质量成本不是质量经济性的全部内容，企业应该从行业和自身的实际发展状况出发，制定涵盖质量管理内容的企业战略，指导、推进企业的质量管理工作。

思考与练习

1. 什么是质量成本分析？为什么要进行质量成本分析？质量成本分析的内容和方法有哪些？

2. 如何提高企业经济效益？

3. 质量成本由哪些部分组成？

4. 什么是最适宜的质量成本？它与“零缺陷”等先进的质量管理观念是否有冲突？为什么？

5. 什么是质量成本曲线？它反映的根本问题是什么？

6. 有人认为质量和成本是不兼容的，也就是说，质量越高，所花费的成本也就越高，你认为这种说法正确吗？为什么？

7. 如何进行质量成本的预测、控制？

8. 克劳士比说“质量是免费的”，从质量成本管理方面你如何理解这句话？

9. 什么是不良质量成本？它由哪些部分构成？如何理解不良质量成本？

10. 质量成本改进模型的优点主要体现在哪里？

11. 如何理解质量与经济的关系？

12. 有些企业热衷于设置大量的售后服务和维修网点，试用质量经济理论分析其中的合理性。

第4章 质量管理的基本工具

质量管理不仅需要理念，更需要方法、工具的支持。在质量管理中，一项重要的内容就是通过收集、整理、分析数据，从中找出产生问题的原因，进而采取相应的措施，解决问题，实施改进。

本章将着重介绍质量管理的“老七种工具”和“新七种工具”。“老七种工具”产生于统计质量控制阶段，主要是针对数据的处理，包括调查表、分层法、因果图、排列图、直方图、散布图和控制图，其中控制图将在第8章中专门介绍；“新七种工具”主要用于决策分析，包括关联图、系统图、过程决策程序图（process design program chart，PDPC）、网络图、矩阵图、矩阵数据分析法和亲和图（KJ 法）。

4.1 质量管理的老七种工具

质量管理的“老七种工具”是20世纪60年代，由日本著名的质量管理专家石川馨根据日本常用的质量控制方法总结而形成的，包括调查表、分层法、直方图、散布图、控制图、因果图和排列图。这七种工具主要用于数据收集、整理、分析，以解决现场质量管理存在的问题。图4-1给出了应用老七种质量管理工具的逻辑顺序。

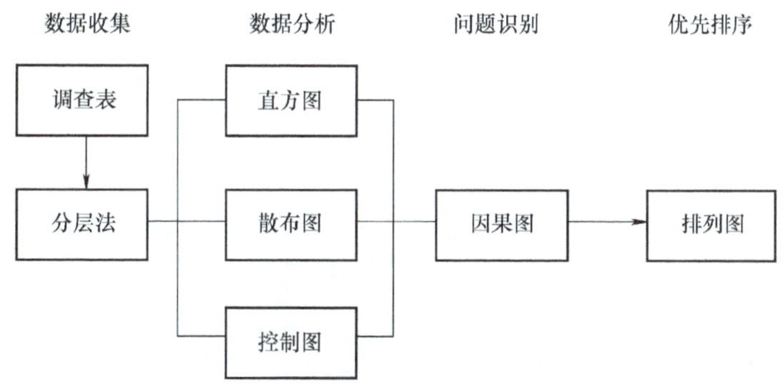

图4-1 “老七种工具”逻辑顺序图

本节主要介绍质量管理“老七种工具”中的调查表、分层法、因果图、排列图、直方图、散布图。控制图将在第8章中给予专门介绍。

4.1.1 调查表

调查表也称检查表，是用于收集和整理质量原始数据的一种规范化表格。其特点是：规格统一，使用简便，易于整理数据，便于提高效率。由于产品对象、工艺特点、调查目的和分析方法的不同，调查表的格式也有所不同，常用的调查表有过程分布调查表、不合格项目调查表、缺陷位置调查表、不合格原因调查表、特性调查表、操作调查表、对策表等。

1. 过程分布调查表

过程分布调查表是用来调查过程中各种质量特性出现频率的一种表格。在使用过程中，对测量的每一个数据，在相应的栏目中作一标记，测量完毕，数据的分布形状也就呈现出来了。因此，在使用过程分布调查表时，并不要求了解每个测量值，只需整理分布状态及其与标准规范的关系，进行分类和数据统计。表4-1给出了某过程分布调查表。

表4-1　过程分布调查表

名称：	时间：
代号：	车间：
标准：50±0.06	测量者：
检查数：	生产班组：
总数：	日期：
批号：	备注：

49.92		49.94		49.96		49.98		50.00		50.02		50.04		50.06		50.08	
									/								
							/////	///	/////	//							
						/////	/////	/////	/////	/////	/////	//					
			/	///	/////	/////	/////	/////	/////	/////	/////	/////	/////	////			
/	//	////	/////	/////	/////	/////	/////	/////	/////	/////	/////	/////	/////	/////	/////	//	/

2. 不合格项目调查表

不合格项目是指产品不能满足质量要求的项目。为了查找不合格项目发生的原因，需要调查发生了哪些不合格项目，以及它们所占的比率，在这种情况下，可以采用不合格项目调查表。表4-2给出了某合成树脂成型工艺的不合格项目调查表。

表4-2　某合成树脂成型工艺的不合格项目调查表

品名： 过程：最终检验 不合格种类：缺陷、加工不合格、形状不合格等 检验总数：105个 备注：		时间：　　年　　月　　日 车间： 班组： 检验员： 合同号：
不合格种类	检验	小计（个）
表面缺陷	正正正正正正	30
砂眼	正正正正	20
加工不合格	正正正正正正正正	40
形状不合格	正正	10
其他	正	5
	合　计	105

3. 缺陷位置调查表

缺陷位置调查表主要用来调查产品各部位的缺陷情况，可将该产品的草图或展开图画在调查表上，不同类型的缺陷可采用不同的符号或颜色来标记。这种调查表常常用于调查产品表面的外伤、油漆脱块、铸锻件表面缺陷等。表4-3是一张汽车车身喷漆质量调查表。

表4-3 汽车车身喷漆质量调查表

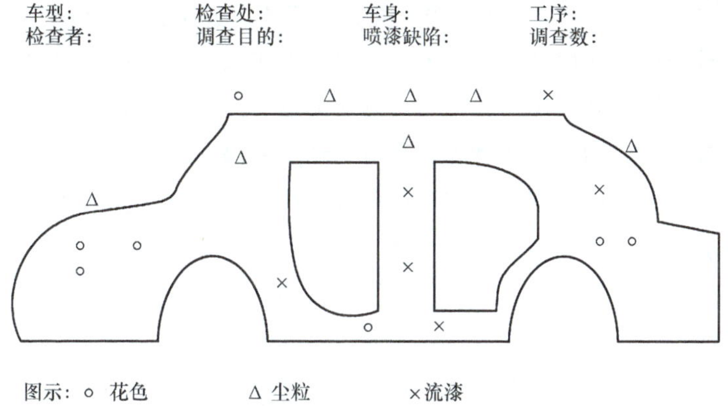

4. 不合格原因调查表

不合格项目调查表和缺陷位置调查表只表明了不合格项目/缺陷发生的频数和位置。为了弄清楚各种不合格产品或不合格项目产生的原因，可以按照影响工艺过程的人、机、料、法、环、测（5M1E）等分层标志进行分层调查，并填写不合格原因调查表。在使用中，常把有关原因的数据与其结果对应收集，然后作散布图，再加以分析。在比较简单的场合，用调查表就可以收集到对应的数据，并可大致看出其主要原因。

5. 特性调查表

特性调查表主要用于检查质量特性是否合乎要求，尤其是当检查项目较多，而且容易遗漏时，可用特性调查表逐项进行检查，以避免错误和重复检查。

6. 操作调查表

操作调查表主要是为了使操作人员能严格遵守操作规程，以保证工作质量。在重要过程或批量大的过程中使用自检用的调查表，按列出的检查项目逐一落实，填入表格。

7. 对策表

当利用其他工具和方法，集思广益找出存在的问题后，为了迅速且有步骤地解决问题，可用对策表来明确对策措施和标准要求，并定员、定期保证对策实施。对策表的特点是简单明确、责任分明、便于推行。

4.1.2 分层法

分层法也称分类法或分组法，它是将质量数据归类整理的一种统计分析方法。在生产过程中，影响质量波动的原因是多方面的，因此，人们所收集的质量数据往往带有综合性。为了真实地反映质量问题的原因和变化规律，将收集到的数据按其来源进行分类后，再进行质量分析的方法，称为分层法。

分层法是分析质量影响因素的一种基本工具，它能将杂乱无章的数据和错综复杂的因素按不同的分类目的、性质、来源等加以分类，使之条理化、系统化，以便抓住主要矛盾，找出影响质量的主要因素，从而采取相应的措施。分层法可以与质量管理中的其他方法和工具联合使用，形成分层排列图、分层相关图等，以提高分析研究的效率和质量。

在确定分层依据时，应使同一层数据在性质上的差异尽可能小，而层与层之间的差异尽可能大。在分析影响质量因素时，通常按下列标志将数据分层：

- 按操作人员分层，如按新、老工人，或男、女工人，或不同技术等级的工人等。
- 按操作方法分层，如按操作条件、速度、温度、压力、流量、切削用量等。
- 按使用设备分层，如按设备种类、型号、精度等级、工夹具等。
- 按原材料分层，如按不同的供应商、产地、尺寸、批号、型号等。
- 按时间分层，如按早、中、晚班，日、周、旬、月、季度等。
- 按检验手段分层，如按测量者身份、所用仪器、抽样方法等。
- 按操作环境分层，如按清洁程度、采光、运输形式等。
- 按其他标志分层，如按合作单位、过程、故障项目等。

【例4-1】 某发动机装配车间，气缸体与气缸盖装配好后，经常发现漏油。通过调查发现漏油的主要原因是密封不好。该装配过程是由甲、乙、丙三个工人各自完成的，并发现漏油的原因是三个人在涂黏结剂的方法上不同，所使用的气缸垫分别来自A和B两个供应商。调查的数据结果是：调查总数50个，漏油数19个，漏油发生率为38%。表4-4和表4-5分别提供了按照操作人员和供应商分层收集、整理的分层数据表。

表4-4　按操作人员分层数据表

操作人员	漏油数（个）	不漏油数（个）	漏油发生率（%）
甲	6	13	32
乙	3	9	25
丙	10	9	53
合计	19	31	38

表4-5　按供应商分层数据表

供应商	漏油数（个）	不漏油数（个）	漏油发生率（%）
A	9	14	39
B	10	17	37
合计	19	31	38

对表4-4和表4-5进行分析发现，操作人员乙的漏油发生率最低，供应商B提供的气缸垫漏油发生率也比较低，因此，建议采用乙的操作方法并选用供应商B的产品。实际结果却事与愿违，漏油发生率反而增加了。经过研究发现，失败的原因是没有考虑操作方法与气缸垫之间的联系，应重新进行分层。进一步考虑操作人员与供应商之间联系的分层结果如表4-6所示。

表 4-6　操作人员与供应商联合分层数据表　　(单位：个)

			供应商 A	供应商 B	合计
操作人员	甲	漏油数	6	0	6
		不漏油数	2	11	13
	乙	漏油数	0	3	3
		不漏油数	5	4	9
	丙	漏油数	3	7	10
		不漏油数	7	2	9
合计		漏油数	9	10	19
		不漏油数	14	17	31
总　计			23	27	50

从表 4-6 可知，在使用供应商 B 提供的气缸垫时应采用甲的操作方法，而在使用供应商 A 提供的气缸垫时应采用乙的操作方法。采用这个对策后，该发动机的漏油问题得到了圆满解决。

4.1.3　因果图

因果图也称鱼刺图或特性要因图，它是由日本著名质量管理专家石川馨先生于 1953 年提出的，因此也称石川图。因果图就是要查找产生问题的多种影响因素，加以分类和分析，在同一张图上把它们的因果关系用箭头的方式表示出来，对因果进行明确、系统的表现。它主要用于分析质量特性与影响质量特性的可能原因之间的因果关系，通过把握现状、分析原因、寻找措施来促进问题的解决。

在实际应用中，大部分问题的原因可归结为六大类，即人（man）、机（machine）、料（material）、法（method）、环（environment）、测（measurement），简称 5M1E。图 4-2 提供了某企业生产的电动机存在间隙不稳问题的因果图。

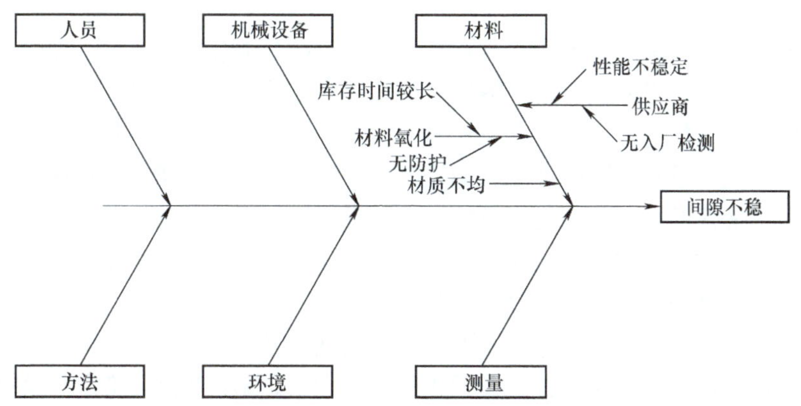

图 4-2　某企业生产的电动机存在间隙不稳问题的因果图

1. 因果图的绘制

在绘制因果图时，通常遵循以下步骤：

• 明确质量问题（结果）。应召集对该问题有丰富知识和经验的有关人员来讨论，在决定成为问题的结果时，可以利用排列图。

• 画出问题与主干，分析并选取影响结果的原因。一般而言，探讨问题产生的原因要从大到小、从粗到细，即先按5M1E 画出大枝，再对大枝分类，进一步画出中枝和细枝，直至能采取措施处置原因为止。

• 对特别重要的原因附以标记，以醒目。附标记的原因不能太多，最多不超过4～5个。

• 记录因果图标记及有关事项，如产品名称、生产数量、参加人员、单位、日期、制图者等。

2. 绘制因果图应注意的事项

• 问题要提得具体。例如，“零件不合格”就不具体，应指出是尺寸不合格还是其他缺陷导致的不合格。若尺寸不合格，就要指明是哪个尺寸不合格，这样因果关系才明确。

• 应明确目的是为了改变还是为了改进。改变就要变动均值，改进就要减小波动，因而寻找原因的着眼点不同。

• 集思广益，充分发表意见。应防止对问题产生主观固定的看法，重视现场人员的意见，提高客观性。

• 对问题的原因难以提出时，改变思路常常可以收到很好的效果。

• 一个问题做一个因果图，不能几个问题用一张因果图。

在因果图的实际应用中，日本电子公司对其进行了扩展，称之为带有附加卡的因果图。在带有附加卡的因果图上，卡片被标上箭头，作为识别问题处理结果的标记，在卡片上以简单的语言描述用于控制问题原因的预防方法。带有附加卡的因果图完成后，被挂到工作现场，作为日常工作的提示牌，让人们去注意它，遇到问题，按卡片上的提示去采取预防方法。这种图十分方便，每个人都能十分清楚地知道如何去控制质量，这比写在手册上要好，因为员工不一定能很好地去阅读手册。

4.1.4　排列图

排列图也称主次因素分析图或帕累托（Pareto）图。利用排列图，可以快速地从影响质量的众多因素中找出主要因素。排列图最早由意大利经济学家帕累托在分析社会财富分布状态时提出，他发现少数人占有绝大多数财富，从而总结出“关键的少数，次要的多数”这一客观规律。也就是通常所说的“二八原则”，80%的结果源于20%的原因。朱兰把这一原理最先应用到质量管理中。他认为，影响一个质量问题的因素可能有很多，但只有少数的因素对质量问题起着决定性的作用，这就是“关键的少数”，如大多数废品是由少数人造成的、大多数设备故障是由少数几个原因引起的等。

排列图的目的是比较不同的问题原因和问题类型所导致缺陷的频率及其产生的影响，选出最重要的改进项目中的优先项目，设置优先权，定义问题/机会，确定关键变量或者决定主要原因。

在实际应用中，通常把影响质量的因素分为如下三大类：

（1）A类因素。A类因素也称主要因素，累计频率在0～80%区间的因素为A类因素。其数量不多，但是是影响质量的关键因素。

（2）B类因素。B类因素也称次要因素，是累计频率在80%～90%区间的因素。一般情况下，B类因素数量较A类因素多，但对质量的影响较A类因素小。

（3）C类因素。C类因素又称一般因素，是累计频率在90%～100%区间的因素。通常这类因素的数量较多，但对质量的影响极小。

排列图由两个纵坐标、一个横坐标、若干矩形和一条折线组成。左边的纵坐标表示频数（件数、金额等），右边的纵坐标表示频率（以百分比表示），横坐标表示影响质量的各种因素，按影响程度大小从左到右排列，矩形的高度表示某个因素影响的大小，折线表示各影响因素大小的累计百分数，这条折线称为帕累托曲线。

【例4-2】 试用排列图分析某企业测量仪器发生故障的主要影响因素。

（1）收集数据。通常是收集影响因素与结果频数之间的数据。本例中收集的故障数据如表4-7所示。

表4-7 测量仪器故障数据统计表

序号	因素	频数（次）	累计频数（次）	百分比（%）	累计百分比（%）
1	早期故障	54	54	41.86	41.86
2	操作失误	35	89	27.13	68.99
3	损耗	22	111	17.05	86.04
4	其他	18	129	13.96	100
合计		129		100	

（2）频数排序。将测量仪器发生故障的各影响因素按频数从大到小的顺序进行排列，并计算各因素所占的频率和累计频率，结果填入表4-7中。

（3）作直方图。按频数大小从左到右用直方表示，使图形呈逐个下降的趋势。但“其他”一个直方例外，“其他”项无论量值多大，均应排在最右端。

（4）描线。以各个直方的右纵坐标为累计百分比，依次将表示各影响因素的直方连成一条折线，如图4-3所示。

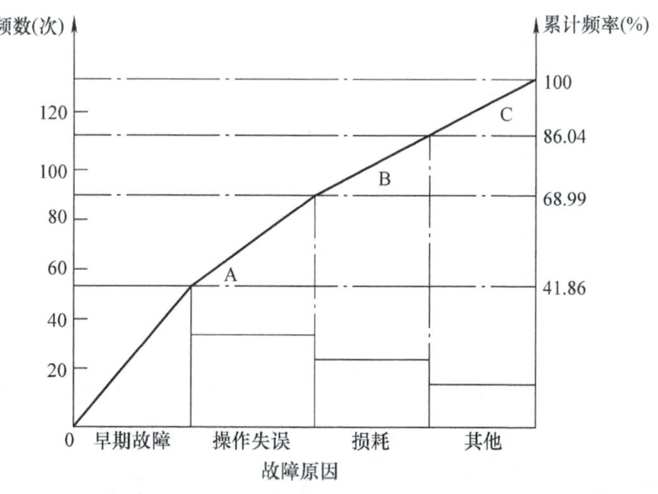

图4-3 测量仪器故障排列图

从图4-3可知，测量仪器发生故障的A类因素是早期故障和操作失误，B类因素是损耗。A类因素是质量改进考虑的重点因素，应先予以解决。

4.1.5　直方图

在质量管理中，直方图是应用很广的一种统计分析工具。直方图通过对收集到的数据进行分析、处理，可以反映出产品质量数据的分布特征、过程能力指数等，并能判断和预测产品的质量状况和不合格品率，通过对直方图的分析判断，确定质量改进工作的重点。

1. 直方图的绘制方法

• 收集数据。要求收集的质量数据$n \geqslant 100$。数据收集过少，则难以反映数据的统计特性，容易做出错误的判断；数据收集过多，则往往工作量太大，一般可取$n=100$，然后将收集到的数据列在表中。表4-8是某零件外径加工过程的质量数据（表中数据＝(实测数据－10mm)×100)。

表4-8　零件外径加工过程的质量数据

3	−1	2	1	−1	1	3	1	1	4
1	0	−1	2	1	0	2	0	0	1
2	1	2	2	4	1	2	1	2	4
1	0	2	1	1	1	5	2	−1	−2
−1	1	1	2	4	0	−1	1	1	2
1	1	1	1	0	2	0	0	2	1
1	−1	−1	3	0	1	2	0	−2	3
1	−2	1	−1	3	1	2	1	1	3
−1	0	1	1	1	0	0	1	3	0
2	1	3	1	−3	3	0	1	−1	1

• 找出数据的最大值x_{max}和最小值x_{min}，并计算极差R。在本例中，最大值$x_{max}=5$，最小值$x_{min}=-3$，$R=x_{max}-x_{min}=8$。

• 数据分组。把收集到的数据初步分成若干组，组数的多少应根据样本数决定，组数太少不能反映真实情况，组数太多又会减弱分布的规律性。如何确定数据的组数，可参考表4-9。本例中，样本总数为100，因此确定组数$k=10$。

表4-9　样本数和组数参考值

样本数	50以内	50～100	100～250	250以上
样本数组数	5～7	6～10	7～12	10～12

• 确定组距和各组上、下界限值。组距h是组与组之间的间距，可按公式$h=R/k$计算，并取整。本例中，$h=8/10=0.8\approx1$。在确定分组组界时，可先确定第一组组界。本例中，第一组的下界为$x_{min}-\dfrac{h}{2}=-3-\dfrac{1}{2}=-3.5$，第一组的上界为$x_{min}+\dfrac{h}{2}=-3+\dfrac{1}{2}=-2.5$。其余各组以此类推，得到各组的上、下界，直至包含$x_{max}$为止，如表4-10所示。

表4-10　频数分布表

组号	组界限	中心值	频数（次）
1	-3.5～-2.5	-3	1
2	-2.5～-1.5	-2	3
3	-1.5～-0.5	-1	11
4	-0.5～0.5	0	16
5	0.5～1.5	1	38
6	1.5～2.5	2	17
7	2.5～3.5	3	9
8	3.5～4.5	4	4
9	4.5～5.5	5	1
合计			100

- 计算各组中心值。中心值 b_i =(组的上界值+组的下界值)/2，见表4-10第三列。
- 作频数分布表。统计各组数据出现的频数，见表4-10第四列。
- 绘制直方图。以组距为底长、高为频数，绘制各组的矩形图，如图4-4所示。

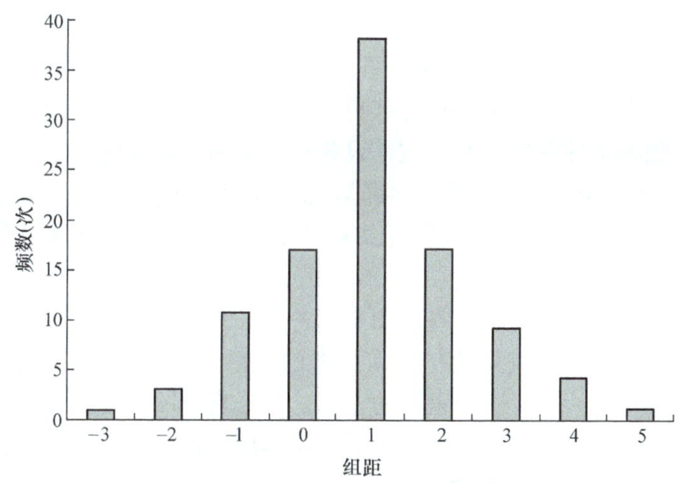

图4-4　零件外径加工过程的直方图

2. 直方图的观察与分析

绘制直方图的目的是为了研究过程质量的分布状况，判断过程是否处于正常状态。在直方图绘制好后，就要进一步对它进行分析。在正常生产条件下，所绘制的直方图应该呈现正态分布，否则，就要分析原因，采取相应的措施。图4-5给出了实践中几种常见直方图的图形形状。

- 正常型（见图4-5a）：正常型直方图具有“中间高，两边低，左右对称”的特征。两边与规格限相比，有一定距离，适当留有余地。根据产品质量特性值的频数分布所画出来的直方图是正常型时，就可初步判断生产过程处于正常状态。

- 偏态型（见图4-5b）：直方图的图形偏向一侧，有时偏左，有时偏右，形成不对称的图形。由于某种原因使下限或上限受到限制时，容易发生“偏左型”或“偏右型”。出现

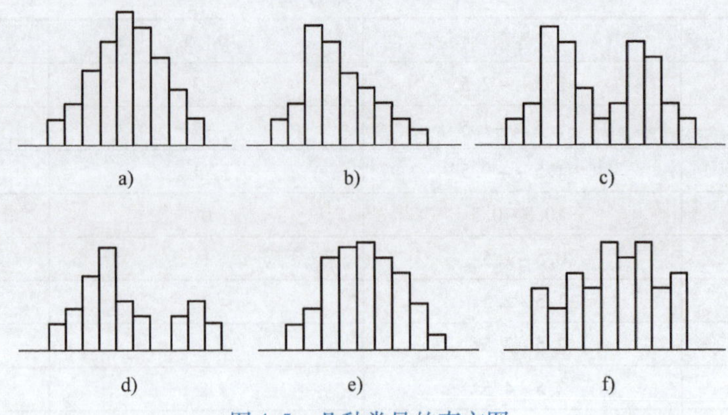

图4-5　几种常见的直方图

a）正常型　b）偏态型　c）双峰型　d）孤岛型　e）平顶型　f）锯齿型

偏态，通常是由于操作人员倾向性加工所造成的。

• 双峰型（见图4-5c）：双峰型直方图是指在直方图中有左右两个峰。出现双峰型直方图，是由于观测值来自两个总体、两种分布，数据混在一起，往往是由于将两个工人或两台机床等加工的相同规格的产品混在一起所造成的，即质量数据来源于两个不同的生产条件所造成的。

• 孤岛型（见图4-5d）：在主体直方图的左侧或右侧出现孤立的小直方图，像一个孤立的小岛。出现孤岛型直方图，说明有特殊事件发生。造成的原因通常是工艺条件，如人、机、料、法、环、测等条件发生突变所致，只要找出原因，就能使直方图恢复到正常型。

• 平顶型（见图4-5e）：直方图的顶部呈现较大范围的平顶状，没有突出的顶峰。出现这种情况，通常是由于过程中有缓慢变化的异常因素在起作用，或者是多种分布混在一起造成的。

• 锯齿型（见图4-5f）：锯齿型直方图是指各组长方形出现参差不齐的形状。出现这种情况，一般是由于分组过多，或测量方法及工具上的差异过大、读数存在问题所造成的。

在对直方图的观察分析中，一个重要的方面，就是直方图与公差关系的比较分析。在直方图分布状态正常的情况下，将数据分布范围（以均值为中心的三倍标准差范围）与质量标准（公差）比较，观察直方图是否在标准范围内，以便了解生产过程的质量状况，针对问题，采取措施。有关直方图与质量标准关系的分析，将会在“过程能力分析”中介绍。

4.1.6　散布图

散布图又称相关图，它是研究分析两种质量特性之间相关性的一种图示方法。在原因分析中，常常遇到一些变量（质量特性）共处一个统一体中，它们相互联系，相互制约。如何判断两种质量特性或两种数据之间的相关关系及相关程度，可以利用数据表中的数据作出散布图，直观地观察它们之间的相关关系。

1. 散布图的绘制

• 收集数据。将要研究的两组数据成对地收集到数据表中，数据的对数不能太少，一般取数据对数为50～100为宜。

• 设置坐标。以两个坐标轴分别表示成对数据或质量特征量。如果成对数据为因果关系时，将原因作为 x 轴，结果作为 y 轴；如果成对数据为结果与结果的关系时，则将需要控制的项目作为 x 轴。x 轴上数据的最大值与最小值之间的宽度应基本上等于 y 轴数据最大值与最小值之间的宽度。

- 描点作图。将数据表中的成对数据，在坐标中对应描点，即可得到散布图。

2. 散布图的类型

典型的散布图有六种类型，如图 4-6 所示，在工程应用时，将所绘制的散布图与这六种典型散布图进行比较，可以定性地确定其相关关系和程度。

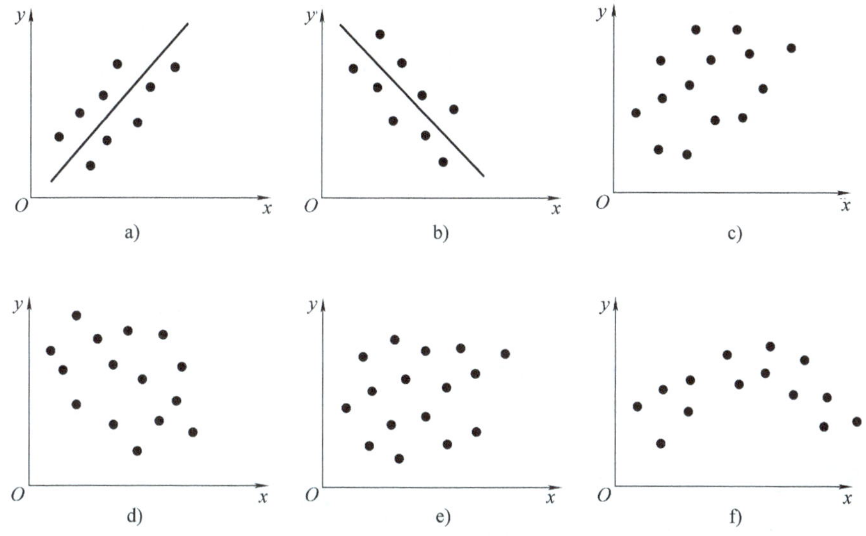

图 4-6　六种典型的散布图

a）强正相关　b）强负相关　c）弱正相关　d）弱负相关　e）不相关　f）非线性相关

在图 4-6 中，图 4-6a 为强正相关，当 x 增大时，y 也增大，两者表现为明显的相关关系；图 4-6b 为强负相关，当 x 增大时，y 随之显著减小；图 4-6c 为弱正相关，当 x 增大时，y 也有增大的趋势，但这种趋势并不明显，说明还存在其他不可忽略的影响因素；图 4-6d 为弱负相关，当 x 增大时，y 有减小的趋势，但这种趋势并不是特别明显；图 4-6e 为不相关，当 x 增大时，y 的变化很不明显，呈现随机状态；图 4-6f 为非线性相关，当 x 增大时，y 以某种曲线的形式随之变化，说明还存在其他不可忽略的影响因素。

在绘制散布图的基础上，可以进一步进行定量计算，如应用回归分析，描述 x 与 y 之间的数学关系，并计算相关系数等。

4.2　质量管理的新七种工具

上节介绍的质量管理的“老七种工具”，主要应用于制造过程，实现对过程的质量控制，基本可以解决现场 90% 的质量问题。从 20 世纪 70 年代起，全面质量管理在日本企业全面推广应用，这时“老七种工具”已不能满足要求，需要研究开发适应于全面质量管理的新方法。在长期的实践中，日本人提出了质量管理的“新七种工具”，1977 年年底开始推广应用。这七种工具是以分析为主的质量管理方法，主要应用在PDCA循环的计划（P）阶段，主要包括关联图、系统图、KJ法、矩阵图、矩阵数据分析法、网络图、过程决策程序图（PDPC）。“新七种工具”弥补了“老七种工具”不能处理非数字信息（语言文字）的不足，是以语言、图形为主的研究方法，侧重于归纳语言、文字信息，帮助人们理清思路。它是“老七种工具”的补充，二者相辅相成，不能替代。由于“新七种工具”中一种工具可为另一种工具提供输入信息，因此建议循环运作，如图4-7所示。

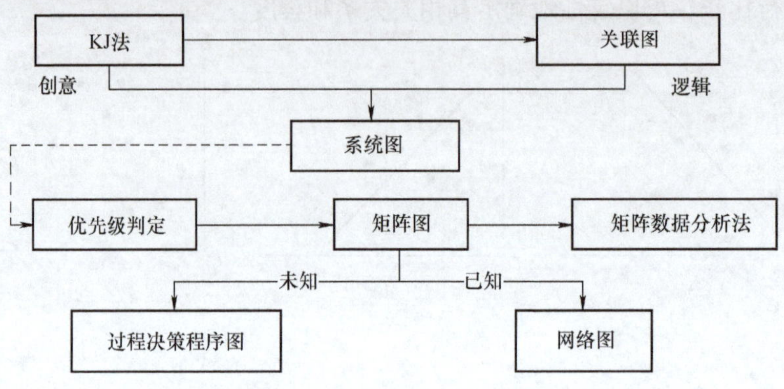

图4-7　质量管理新七种工具的逻辑关系图

4.2.1　关联图

关联图是用带箭头的连线表示事物因果关系的图。利用关联图可以整理、分析事物各因素之间原因与结果、目的与手段等方面的复杂关系，从而找到解决主要问题的方法。

1. 关联图的类型

关联图按结构形式可分为以下四种类型：

- 中心型关联图。这种关联图把重要项目或要解决的问题排在中心位置上，然后按关系密切程度把各种因素依次排列，如图4-8所示。

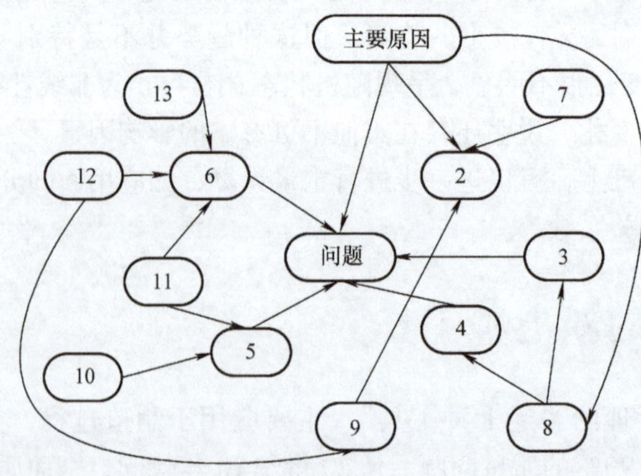

图4-8　中心型关联图

● 单项型关联图。这种关联图把重要项目或要解决的问题排在一端（上、下、左、右），然后按关系密切程度把各种因素依次排列，如图 4-9 所示。

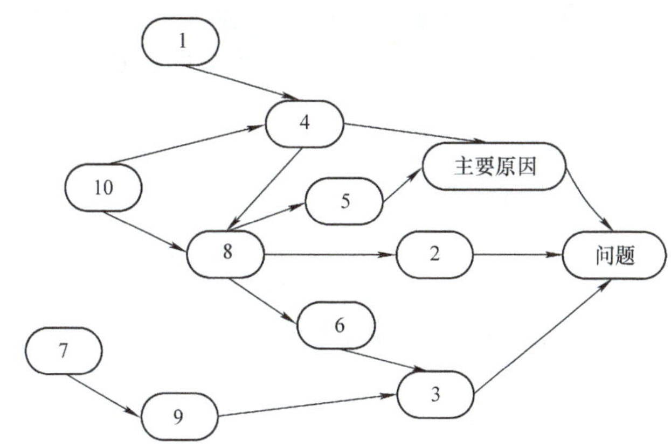

图 4-9　单向型关联图

● 关系型关联图。这种关联图只表明项目和各因素之间的因果关系，对各因素的排列位置没有明确规定，可以灵活掌握，如图 4-10 所示。

● 应用型关联图。这种关联图是以前三种关联图为基础，并与其他图形共同应用而形成的关联图，如与 KJ 法联合应用而形成的关联图、与系统图联合应用而形成的关联图等。图 4-11 所示为与分类图表联合应用而形成的关联图。

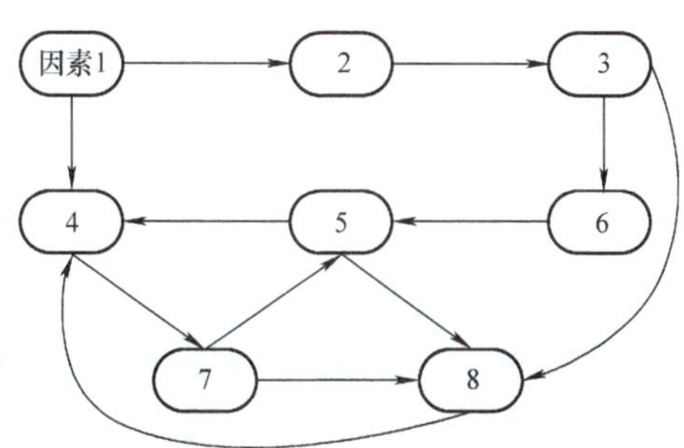

图 4-10　关系型关联图

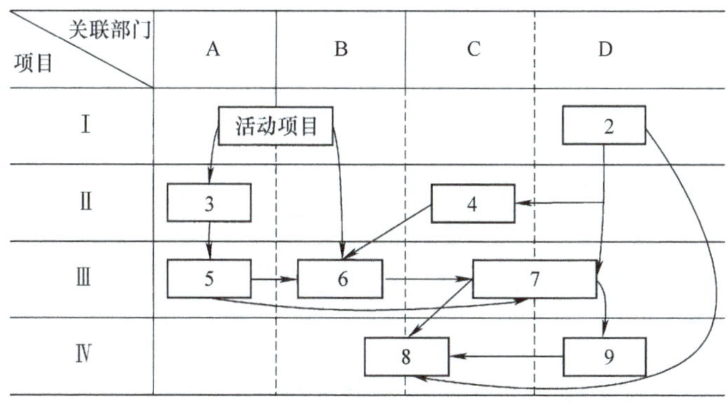

图 4-11　与分类图表联合应用而形成的关联图

2. 关联图的应用范围、方式和程序

关联图的应用范围很广，如制定全面质量管理的方针、计划，组织方针目标的展开和管理，查找质量问题，制定质量管理小组的活动计划，产品开发中设计质量的展开，索赔对象的分析等。

关联图大致有两种应用方式：一是应用于多目标问题。当多个部门协作共同开展某一活动时，涉及的许多活动事项有机地联系在一起，一般需要同时考虑质量、产量、成本、安全等多个目标，关联图可以找出它们之间的有机联系，从而找出重点项目。一是应用于单目标问题。在实践中，遇到的问题往往包含多种因素，需要将有关人员组织在一起提出自己的意见，再将多个主要因素做成关联图，取得一致意见，找出重要因素，进而使问题得到解决。

关联图的应用程序为：

- 确定选题，明确要解决的问题。
- 成立解决问题小组，开会讨论。
- 提出认为与问题有关的一切主要原因，并用简单而通俗的语言表示其主要原因。
- 用箭头表示主要原因与主要原因之间、主要原因与问题之间的关系。
- 掌握全貌，审查复核，看看有无遗漏和不确切之处。
- 在绘制的关联图上，找出重点项目或关键问题，并加以标示。
- 制定解决问题的措施和计划。
- 不断修订、完善关联图。

3. 关联图的优缺点

关联图的优点主要表现在：①能将头脑中混乱的问题整理出要点，有助于质量改进活动；②能明确与其他部门之间的关系，有助于部门协调；③通过反复多次作图，可明确解决问题的关键与根据；④当有新的信息补充时，能迅速整理出它与各因素或项目的关系；⑤能在短时间内说明情况，便于了解主要原因同整体的因果关系。

关联图的不足之处体现在：①因为是自由发言，所以同一个问题由不同小组分析可能作出不同的关联图；②若主要原因较简洁，则有可能作出违背本来意思的箭头连接；③若图形过于复杂，则反而不易看清问题，可能漏掉主要因素；④关联图上看起来简单，实际做起来并非如此。

4.2.2 系统图

系统图也叫树图或树状图，它把要实现的目的与所需要的手段或措施，按树状结构系统地展开，逐步绘出表示目的和手段关系的一系列方块图。通过对图进行分析，可以明确问题的重点，找出实现目标的最优方法和手段。

在系统图中，目的和手段是相对的，上一级手段对于下一级手段来说就是目的。这样层层展开就把目的、手段系统化。图4-12所示为系统图的基本形式。

1. 系统图的类型和形式

系统图可以分为两大类：一类是因素展开型系统图，另一类是措施展开型系统图。系统图是一种单目标的、层层展开的树状图，一般由主题、类别、要素和各级子要素组成。向下展开的系统图，称为宝塔形系统图；向侧向展开的系统图，称为侧向形系统图。图4-13和图4-14分别给出了宝塔形和侧向形两种形式的系统图。

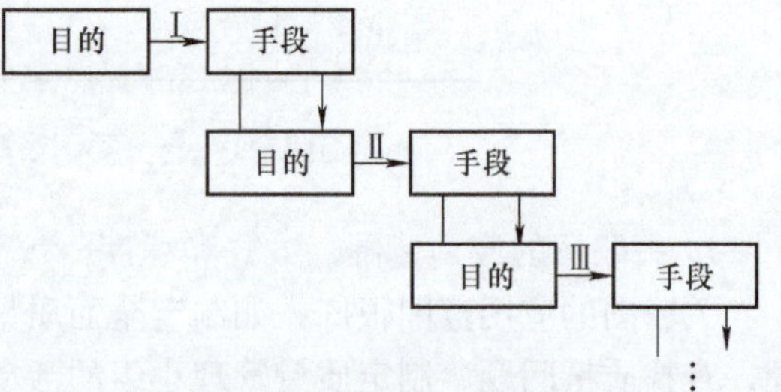

图4-12 系统图的基本形式

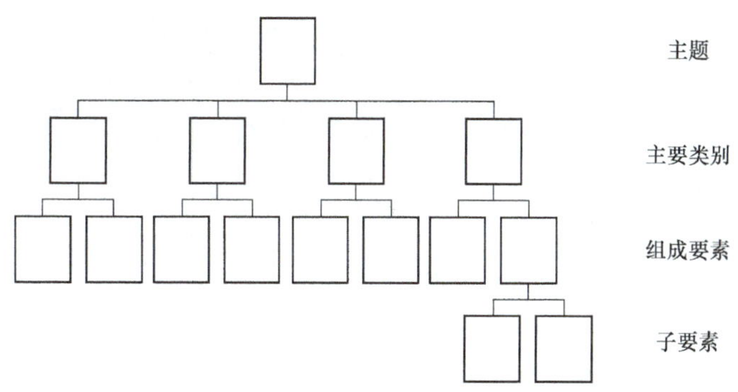

图 4-13 宝塔形系统图

2. 系统图的作用和应用程序

系统图可用来解决下列问题：①在产品开发中将设计质量展开；②用于组织方针目标的展开和管理；③进行质量职能展开和管理；④正确处理质量、成本和产量之间的关系；⑤用于企业的组织机构管理。

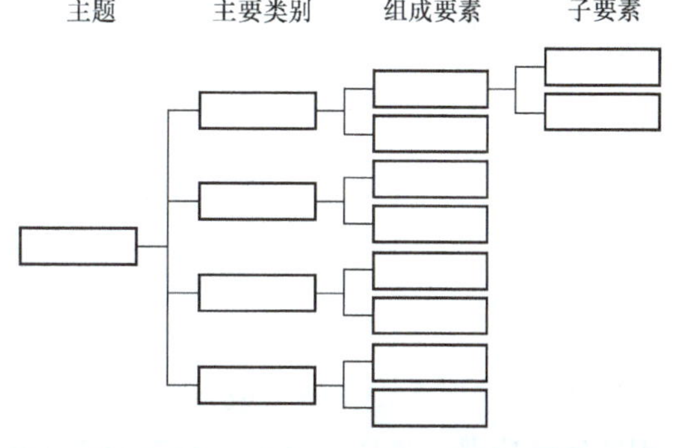

图 4-14 侧向形系统图

应用系统图的步骤包括：

- 确定具体的目的或目标。必须把目的或目标以简洁的形式表示出来。
- 提出手段和措施。为了达到预定的目的，必须召开会议集思广益，提出必要的手段、措施。
- 评价手段和方法，确定可行性。要对提出的手段、措施进行评价，讨论每项手段、措施是否适当。
- 绘制系统图。把经过评价后提出的手段、措施用通俗易懂的语言写在卡片上；根据目的和相应的手段，形成系统图。
- 验证手段，确认目的。可以从第一级开始，逐级确认“手段”对“目的”的实现程度（上级的“手段”即为下级的“目的”）；也可以从最后一级开始查起，直到最终目的的实现。
- 制订实施计划。制订各“手段”的实施计划，包括所用手段的详细说明、实施的各种标准、所需的各种条件和资料、开始和结束时间、负责人等。

【例 4-3】 某企业是从事塑料制品生产的专业厂家，注塑粒注射为成型品是其中一道关键过程，但在作业时，注塑成型品存在变形、脆裂等不合格品。试绘制系统图以采取适当的措施来减少不合格品的产生。

为解决这一问题，质量改进小组将减少注塑粒注射为成型品过程中的不合格品作为目标，然后将目标分解为四个子过程，在此基础上，按照“目的—手段”展开，构成系统图，如图 4-15 所示。通过对末端措施进行详细评价，确定了具体的实施方法，使问题得到较好的解决。

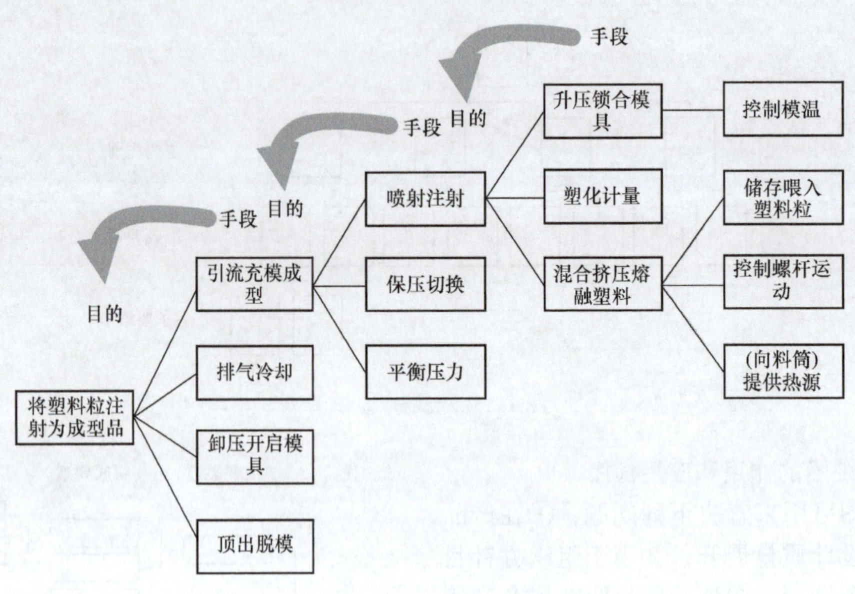

图 4-15 注射成型系统图

4.2.3 KJ 法

KJ 法又称为 A 型图解法或亲和图，它是由日本人川喜田二郎（Kawakita Jiko）在质量管理的实践中普及推广、总结、归纳而提出的，故称为 KJ 法。它将处于杂乱无章状态的语言文字资料，按其内在相互关系（亲和性）加以整理，做成归类合并图，从中理出思路，抓住问题的本质，找出解决问题的新途径和方法。

KJ 法与统计方法相比较，两者都是从实际出发考虑问题：统计方法主张“一切用数字说话”，通过对数据的分析、整理，发现各种质量问题；而 KJ 法主要用事实说话，通过对语言文字的整理，借助“灵感”发现问题。KJ 法通过重复使用 A 型图来解决问题，也就是将所收集到的有关未来或未知问题的语言文字信息，按亲和性加以综合整理，做成归类合并图。

1. KJ 法的主要用途和应用程序

KJ 法的主要用途为：研究新情况，认识新事物，发现新问题；归纳问题，整理见解；从实际出发，打破常规，标新立异；统一思想，促进协调；发挥集体智慧，提出新理论、新方法。

KJ 法的应用基础是 A 型图，它通过不断积累和应用 A 型图来发现问题，并辅以方法解决问题。用 KJ 法解决问题的程序是：

- 确定对象，根据对象选择和确定方法。对组织运营、管理和技术方面出现的各种质量问题进行系统分析，确定需要解决的关键质量问题，作为 KJ 法应用的对象，依据对象选择方法时，要综合考虑 5W1H 确定是否选用 A 型图，在简单或需要迅速解决问题时，不宜采用 KJ 法。

- 收集资料。可以用各种方法收集与待解决对象相关的语言和文字信息，如直接观察法、面谈阅览法、个人思考法等。个人思考法包括总结过去经验并整理成材料的回忆法、探索问题心理状态的内省法。收集资料时，可根据具体问题选择一种合适的方法，或几种方法同时并用。要注意应以掌握事实为主，防止掺杂个人成见，应根据不同的使用目的选择适宜的收集信息的方法。

- 制作资料卡片。将收集到的语言文字资料按内容分类，用简洁的短句记录在卡片上，语言文字不应抽象或拘泥于形式。
- 汇总、整理卡片。将相近（有亲近感）的卡片集中在一起，这是根据语言文字的亲和性归类卡片，而不是按道理分析。整理合适后，将该组卡片的本质内容用简单语言归纳起来，记录在一张卡片上（标题卡）作为分类标记。
- 绘制 A 型图。把分类标记好的卡片根据相互位置排列起来，并用适当的记号表示相互关系，即为 A 型图。A 型图的一般形式如图 4-16 所示，图中 A、B 分别是内容相近的一组卡片，各组中还可以根据内容进一步细分成更小的卡片组，各卡片组之间的关系可以用箭头表示。
- 口头及书面报告。观察、分析 A 型图，从中归纳、整理出思路及解决问题的方法，并将结果做口头或书面报告。

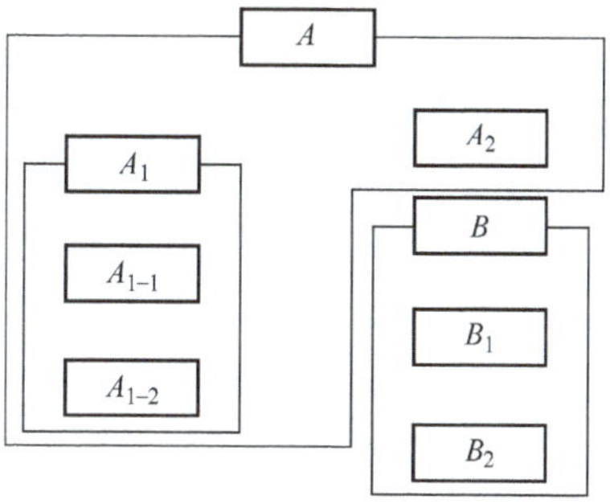

A
A_2
A_1
A_{1-1}
A_{1-2}
B
B_1
B_2

图 4-16　A 型图的一般形式

2. KJ 法示例

图 4-17 所示为某项目改进团队行为方法的 A 型图。

团队成功因素
展示承诺
指定管理负责人
指定团队的推进者
所有团队成员都是志愿者
团队过程知识
技术过程
较好的数据分析技能
团队领导者的培训
简单的过程改进模式
会议过程
改善会议时间的使用
减少团队成员之间的冲突
在会议中多听少说
支持工具
计算机接口
议程和时间的标准化表格
较好的会议设备

图 4-17　某项目改进团队行为方法的 A 型图

4.2.4　矩阵图

矩阵图就是把与问题有对应关系的各个因素排成一个矩阵的形式，如图 4-18 所示。通过对矩阵进行分析，找到“着眼点”，以矩阵中的“着眼点”作为分析问题和解决问题的焦

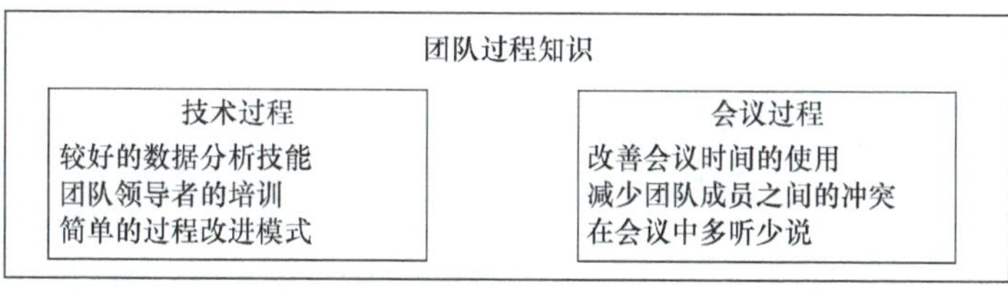

点，进而使问题得到解决。

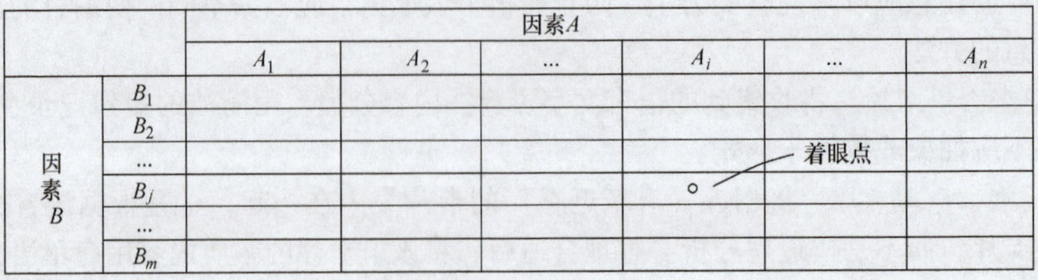

因素A
A1
A2
…
Ai
…
An
因素B
B1
B2
…
Bj
…
Bm
着眼点

图 4-18　矩阵图示意图

1. 矩阵图的类型及其作用

如图 4-19 所示，常用的矩阵图主要有下列几种形式：

- L 形矩阵图（见图 4-19a）。它是矩阵图的基本形式，它将一对事件（*A* 和 *B*）按二元表的形式表示出来。
- T 形矩阵图（见图 4-19b）。它是由两个 L 形矩阵图组合而成的矩阵图，即由 *A* 和 *C* 组成的 L 形矩阵图与 *B* 和 *C* 组成的 L 形矩阵图组合而成。
- Y 形矩阵图（见图 4-19c）。它是由三个 L 形矩阵图组合而成的矩阵图，即由 *A* 和 *B*、*B* 和 *C*、*C* 和 *A* 三个 L 形矩阵图组合而成。
- X 形矩阵图（见图 4-19d）。它是由四个 L 形矩阵图组合而成的矩阵图，即由 *A* 和 *B*、*B* 和 *C*、*C* 和 *D*、*D* 和 *A* 四个 L 形矩阵图组合而成。

因素A
因素B
A1 …
B1
因素A
因素B
因素C
A1
因素A
因素C
因素B
C1 …
B1
因素A
因素B
因素C
因素D
a)
b)
c)
d)

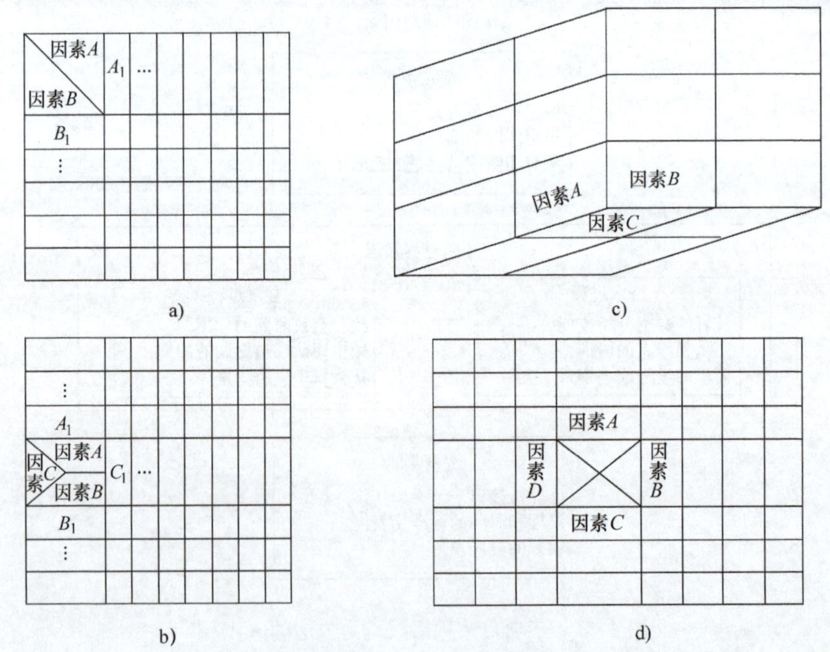

图 4-19　矩阵图的类型

a）L 形矩阵图　b）T 形矩阵图　c）Y 形矩阵图　d）X 形矩阵图

矩阵图的主要作用表现在：①确定新产品开发和老产品改进中的着眼点；②探索原材料的应用领域；③查找质量保证体系的关键环节；④分析影响产品质量的主要原因；⑤了解市

场与产品的关联性，制定产品开发战略；⑥分析工程实施中有关技术问题之间的关联程度；⑦系统核实产品的质量与各项操作乃至管理活动的关系，便于全面地对工作质量进行管理。

2. 矩阵图的应用程序

- 确定目的。由于通常涉及多方面、多因素的问题，因此，在应用矩阵图时，首先要确定目的，并明确目标。
- 确定因素组。根据实际问题，找出与问题相关的因素组。
- 选择与绘制矩阵图。根据实际问题，选择最适宜的矩阵图形式，将各因素组按对应关系排在矩阵中，形成矩阵图。
- 标注“着眼点”。对矩阵图各对因素进行分析，在对应因素的交叉点上用符号表示相互关系程度。通常用“◎”表示关系密切；用“○”表示有关系；用“△”表示可能有关系。
- 分析报告。找出关键“着眼点”，写出分析报告，制定措施加以实施。

4.2.5 矩阵数据分析法

矩阵数据分析法是对排列在矩阵中的大量数据进行整理和分析的方法。它与矩阵图相类似，所不同的是矩阵数据分析法不是在矩阵中画符号，而是填写数据；然后计算分析，找出问题的主要矛盾。它是新七种工具中唯一用数据分析问题的方法，但其结构仍是以图来表示。应用矩阵数据分析法的过程比较复杂，往往需要借助计算机进行分析，以缩短分析和处理时间。

1. 矩阵数据分析法的作用

矩阵数据分析法主要用于市场调研、新产品策划、新产品开发、过程分析等方面，应用于PDCA循环的P阶段和D阶段，只要存在数据，就应尽量采用这种方法。这种方法的用途主要表现在：

- 分析复杂因素组成的过程。
- 分析包括大量数据的质量问题。
- 分析市场调查数据，掌握市场需求。
- 对产品的功能特性进行系统分析。
- 对试验观测所形成的大量数据进行分析。
- 对产品生命周期中形成的复杂质量问题进行综合评价。

2. 应用矩阵数据分析法的程序

- 收集数据并将数据整理成矩阵表的形式。
- 计算各项目的均值和标准差。
- 将数据归一化处理。即将各项原始数据减去各评价项目的均值，然后除以该项数据的标准差。归一化处理后，各项目（数据）的均值为0，标准差为1。
- 计算相关系数。计算各个评价项目的相关关系，并将相关系数排成矩阵表的形式。
- 计算相关矩阵表的特征值和特征向量。
- 计算因子负荷量。将特征向量矩阵中各特征向量乘以各主成分的特征平方根，称为因子负荷量。
- 计算主成分得分。将归一化数据矩阵表中相应行的数据与特征向量矩阵中相应列的数据相乘，再相加，即可得到主成分。

- 用坐标图表示主成分。将主成分得分矩阵中各主成分得分数据两两组合，在直角坐标系中描点。
- 结果分析。对计算结果进行分析，得出结论。

4.2.6 网络图

网络图法又称箭条图法或矢线图法。它是将计划评审技术（PERT）和关键路线法（CPM）应用到质量管理中，用以制订质量管理日程计划，明确管理的关键和进行进度控制的方法。网络图由活动、节点和线路三部分组成：活动用箭头表示，它包含一定内容、需要消耗一定资源或占用一定时间和空间；节点用圆表示，表明紧前工序的结束和本工序的开始；线路是从箭头始点出发，经过若干活动和节点到达终点的连通路。一个网络图中一般有多条线路。图4-20所示为网络图的基本形式。

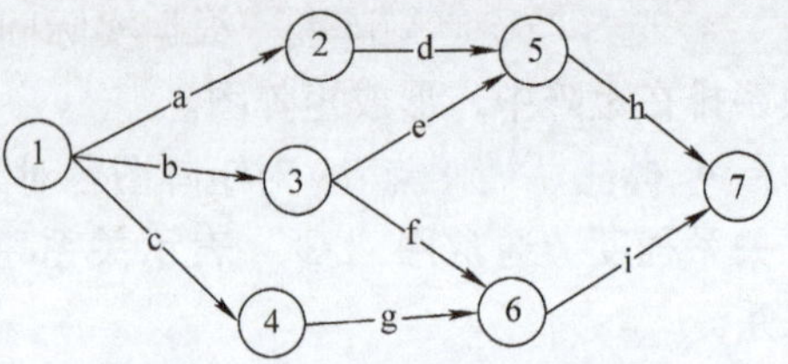

图4-20　网络图的基本形式

1. 绘制网络图的基本原则

- 非循环原则。网络图是有方向的，一般箭尾在左，箭头在右，整个网络图由左向右指向，不允许有回路。
- 两点一线原则。任意两个节点之间最多只能有一条直接相连的带有箭头的线路。
- 一源一汇原则。一个网络图只能有一个始点和一个终点，若有几项同时开始和结束的活动时，必须将其归为一个始点和终点。

网络图中各个节点都有标号，各节点的编号是唯一的，不能重号，箭头相连的节点标号数字大于箭尾相连的节点标号数。为满足此要求，可用“始点编号法”完成标号。

2. 网络图中时间参数的计算

网络图中时间参数的计算包括：活动的作业时间、节点的最早时间与最迟时间、活动的最早开始时间、最早结束时间、最迟开始时间、最迟结束时间、时差等。

- 活动作业时间的确定

作业时间是在一定技术条件下，完成规定作业内容所需要的时间，用 t_{i-j} 表示，即从节点 i 开始到节点 j 结束的活动所需的作业时间，如图4-20中，t_{3-5} 表示活动e的作业时间。确定活动作业时间的方法有：①单一时间估计法，即在未知因素较少的情况下，对活动作业时间只估计一个值。相应的网络图称为肯定型网络图。②三种时间估计法。即预先估计三种作业时间：最短作业时间（a）、最长作业时间（b）、最可能作业时间（m），再根据概率分布理论，计算出活动作业时间的平均值 t，$t=(a+4m+b)/6$。相应的网络图称为非肯定型网络图。

- 节点时间参数的计算

节点最早时间 $T_E(i)$，表示从节点 i 开始的活动，开始作业时间不能早于 $T_E(i)$，其计算公式为

$$T_E(j)=\max_{i<j}\{T_E(i)+t_{i-j}\}$$

式中，$T_E(i)$ 是节点 j 的先行节点的最早时间，并规定 T_E（始点）$=0$。

节点最迟时间 $T_L(i)$，表示在节点 i 结束的活动，结束作业时间不能迟于 $T_L(i)$，其计算公式为

$$T_L(i)=\min_{i<j}\{T_L(j)-t_{i-j}\}$$

式中，$T_L(j)$ 是始点 i 的后续节点最迟时间，并规定 T_L（终点）$=T_E$（终点）。

- 活动的时间参数计算

最早开始时间 $T_{ES}(i,j)=T_E(i)(i<j)$

最早结束时间 $T_{EF}(i,j)=T_E(i)+t_{i-j}(i<j)$

最迟结束时间 $T_{LF}(i,j)=T_L(j)(i<j)$

最迟开始时间 $T_{LS}(i,j)=T_L(i,j)-t_{i-j}(i<j)$

- 时差（亦称机动时间）的计算

节点时差 $R(i)=T_L(i)-T_E(i)$

活动总时差 $R(i,j)=T_{LS}(i,j)-T_{ES}(i,j)=T_{LF}(i,j)-T_{EF}(i,j)$

活动单时差是指活动（i，j）独自具有的机动时间，不能与其他工序调剂使用，其计算公式为

$$r(i,j)=T_E(j)-T_E(i)-t_{i-j}=T_E(j)-T_{EF}(i,j)$$

总时差与单时差的区别在于：具有总时差的活动，若将机动时间都用完，则后续活动就无机动时间，它是计划总管理者研究、调整总体日程时可使用的机动时间；而单时差的时间若被使用，则不影响后续活动的最早开始时间。

3. 关键路线

关键路线是指网络图中从始点到终点的许多线路中，作业时间最长的路线，其时间长度为工期或周期，以粗线醒目表示。确定关键路线的方法有比较法、时差法、破圈法等。

利用网络图有利于从全局出发，统筹安排各种要素，抓住影响质量的关键路线，集中精力按时或提前完成工作计划。

【例 4-4】 图 4-21 是某施工项目的甘特图，根据该甘特图绘制的网络图如图 4-22 所示。

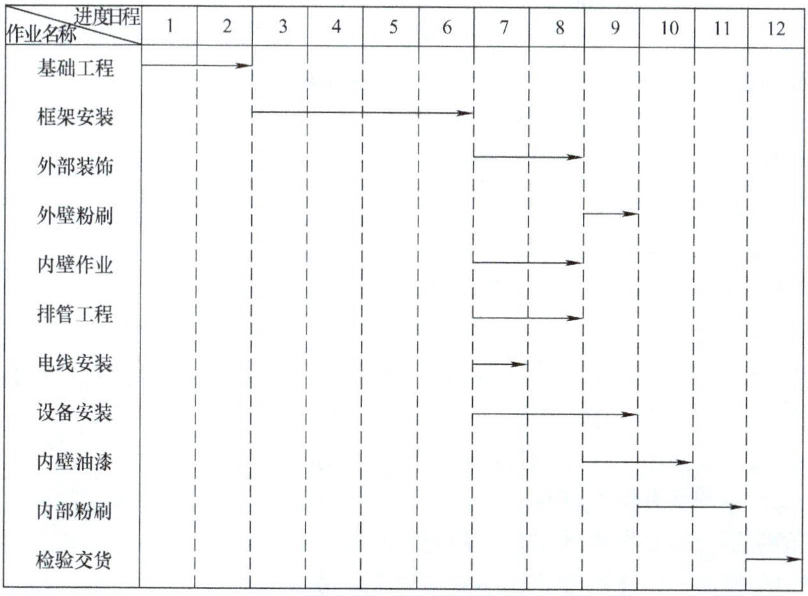

进度日程 作业名称	1	2	3	4	5	6	7	8	9	10	11	12
基础工程												
框架安装												
外部装饰												
外壁粉刷												
内壁作业												
排管工程												
电线安装												
设备安装												
内壁油漆												
内部粉刷												
检验交货												

图 4-21　某施工项目的甘特图

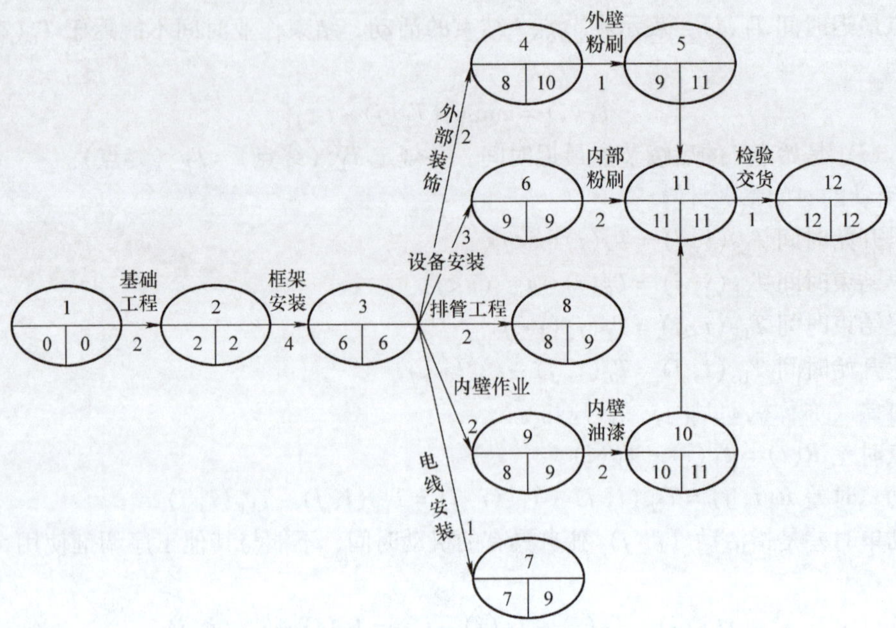

图 4-22　某施工项目的网络图

注：圈左下角的数据表示最早开始时间，右下角的数据表示最迟开始时间。

4.2.7　过程决策程序图

过程决策程序图的简称是PDPC，它是运筹学中为了完成某个任务或达到某个目标，在制订行动计划或进行方案设计时，预测可能出现的问题和结果，并相应地提出多种应变计划的一种方法。它要求在制订计划时，事先对可能发生的各种情况进行预测，分别提出相应的对策，以便在计划执行过程中根据当时的具体情况灵活选用，随时调整发展方向，保证最终达到目标。因此，它可以用来提高计划的预见性和对环境变化的适应性。

过程决策程序图与系统图都是为达到一定目的而将所设想的各种手段、方法、措施按系统展开的，但系统图是静态展开成目的、手段体系，而过程决策程序图是在动态下展开。由此可见，处理问题时，过程决策程序图具有预见性和随机应变性。

1. 过程决策程序图的主要特征和用途

过程决策程序图的主要特征表现在：

- 从整体上来把握系统的变化动向，而不是作为局部来处理问题。
- 能按时间序列掌握系统状态的变化情况。
- 以系统的发展动向为中心，掌握系统的输入和输出关系。
- 由于是以事务为中心，所以只要对系统有一个基本的理解就可以运用。
- 过程决策程序图没有特定的绘图规则和程序，需结合具体问题灵活应用。

过程决策程序图的主要用途表现在：

- 在方针目标管理中，用来制订动态的方针目标实施计划。
- 用来制订新产品开发执行计划。
- 制定预防不合格品发生的工艺控制对策。
- 制定预防措施，防止质量系统中发生重大事故。

- 解决质量纠纷，制定解决方案。

2. 过程决策程序图的应用思路

在应用过程决策程序图制定对策时，首先要对各种可能发生的不利情况加以估计，并提出多个解决方案，以保持计划的灵活性；在计划的执行过程中，当遇到不利情况时应立即转向采取预先拟定好的其他解决方案，随时修正方案，以便顺利达到最终目标；如果在计划执行中出现了没有预料到的情况，也可以随机应变，灵活采取对策，使质量问题得到圆满解决。在应用过程决策程序图解决质量问题时，通常分为以下两个阶段：

（1）初始计划阶段。根据过去的经验、语言文字资料和技术知识，充分提出各种可能出现的问题，找出问题发展的趋势，对每个可能出现的问题都制定相应的解决方案。

（2）应变计划阶段。无论在第一阶段考虑得如何周到，在实施过程中总有可能出现未曾预料到的新问题，使得原来制定的解决方案均行不通。这时，就可以根据所获得的新信息制定新的实施措施，并追加到原有系列措施中，以尽快达到理想状态。

过程决策程序图法在解决问题各阶段都在考虑有无新的可行方案，随时准备应对不测的发生，因此，过程决策程序图具有极大的动态特性。此外，过程决策程序图法用图表表示达到目标的过程，整个解决问题过程一目了然，故过程决策程序图具有能使管理者从大局出发，启发参与者多提设想的优点。

图 4-23 所示为一个降低不合格品率的过程决策程序图，其目的是从目前不合格品率很高的状态 A_0 转变到不合格品率的理想状态 Z。在这一过程中，可以考虑从 A_0 到 Z 的手段有 A_1，A_2，…，A_P 这样一个序列，并希望解决问题的过程能按此序列顺利进行。但现实的质量问题及其解决远不会如此简单和顺利。例如，在讨论问题时，有人认为在技术上或经济上实现 A_3 有困难，这时就要考虑在 A_3 行不通的情况下，从 A_2 经 B_1，B_2，…，B_Q 这样一条解决问题的途径；如果上述两条路径均无法达到目的时，则可考虑从 A_0 经 C_1，C_2，…，C_R 这样一个序列，或 C_1，C_2，C_3，D_1，…，D_S 这样一个序列。因此，在解决问题时，不能只考虑达到目的的一个手段序列，而要预先考虑能达到目的的许多手段序列，这样就能提高实现目标的可靠性。在实施过程中，可按各序列排列顺序依次执行，在时间紧迫时也可考虑几种序列并行进行。

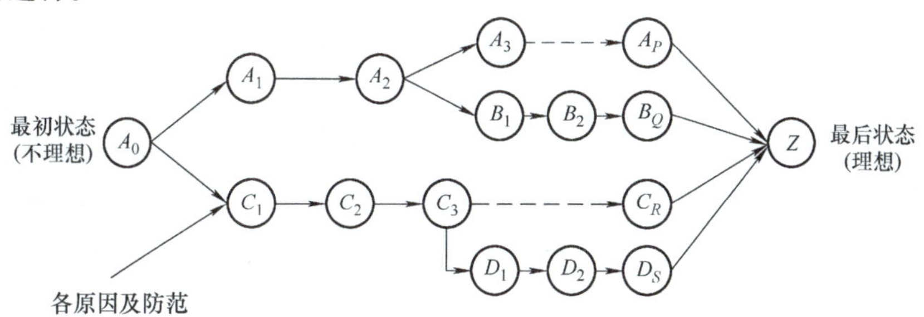

图 4-23　一个降低不合格品率的过程决策程序图

思考与练习

1. 根据表 4-11 中的数据绘制一个员工加班小时数与旷工天数的直方图，并分析。

表4-11 某企业员工加班小时数与旷工天数记录表

员工	加班小时数	旷工天数	员工	加班小时数	旷工天数
1	243	3	16	26	2
2	126	2	17	0	1
3	86	0	18	126	1
4	424	6	19	234	2
5	236	3	20	246	3
6	128	0	21	120	1
7	0	0	22	80	0
8	126	2	23	112	1
9	324	3	24	237	3
10	118	0	25	129	2
11	62	0	26	24	1
12	128	3	27	36	0
13	460	6	28	128	2
14	135	1	29	246	3
15	118	1	30	326	6

2. 举例说明因果图的画法及注意事项。

3. 根据表4-12中的数据绘制一个排列图，字母A、B、C、D、E和F表示过程中发现的缺陷类别。哪种缺陷最值得首先关注？

表4-12 某生产过程缺陷类别调查表

A	B	B	C
A	A	C	A
D	A	A	C
B	B	A	A
A	C	B	D
D	B	C	E
A	F	B	E
C	A	D	B
A	A	A	C
A	D	B	B
C	B	B	A
C	A	A	A
B	D	A	C
C	B	A	E

4. 根据表4-13中的数据绘制一个散布图，并分析员工因受伤所损失的时间与加班小时数是否有关。你的结论是什么？

表4-13　某企业员工因受伤所损失的时间与加班小时数记录表

工厂	损失天数	加班小时数
A	5	254
B	3	114
C	6	350
D	4	219
E	10	496
F	5	218
G	7	279

5. 质量管理“新七种工具”有何联系和区别?
6. 试讲述关联图的概念、用途及优缺点。
7. 试简述系统图的类型及形式。
8. 试简述矩阵图的主要作用。
9. 试简述矩阵数据分析法的应用程序。
10. 试简述过程决策程序图的主要特征及用途。

第 2 部分　质量分析与控制

第 5 章　数据处理与抽样检验
第 6 章　测量系统分析
第 7 章　过程能力分析
第 8 章　统计过程控制

第5章 数据处理与抽样检验

对数据进行整理和分析是实施质量管理的基础，是开展质量检验的基础工作。尽管产品检验的形式和类型有很多种，但抽样检验是普遍采用的检验方式。抽样方案设计决定了抽样行为和检验结果的判定，因此，理解抽样原理和设计抽样方案是质量管理人员必须掌握的重要技能。

本章的主要内容包括数据的收集与整理，质量检验概述，抽样检验的基本概念，抽样检验的一般原理和计数型抽样检验等。

5.1 数据的收集与整理

5.1.1 测量尺度与数据类型

1. 测量尺度

测量尺度是指测量者采用一定的测量方法或借助一定的测量工具，对观测对象的某个质量特性进行赋值的标准，即对测量对象进行量化的标准。由于客观事物及其现象的具体特征不同，进行数据搜集时采用的测量尺度就会不同，因此得到的数据的精确度也不同。按照由粗略到精细，由初级到高级来划分，可将数据的测量尺度分为定类测量尺度、定序测量尺度、定距测量尺度和定比测量尺度四个层次。

（1）定类测量尺度（nominal measurement scale）。定类测量尺度只能表明个体所属的类别，而不能体现数量大小、多少或先后顺序，一般用于对测量对象进行平行的分类或分组。例如，0 = 男，1 = 女，可以是两类，也可以是多类。以定类测量尺度收集的数据被称为属性数据。使用定类测量尺度，必须保证每个个体或单位都能够归属于某一类别，并且只能属于某一个类别，即“=”（属于）或“≠”（不属于）。

（2）定序测量尺度（ordinal measurement scale）。定序测量尺度是对事物之间等级或顺序的一种测度，如产品按其质量高低列为一等品、二等品、三等品等。它不仅可以测度类别差，还可以测度次序差，并可比较大小，但其序号不能进行加减乘除等数学运算。有时在质量管理中也把定序数据转化为定类数据，然后用二项分布或泊松分布进行分析。

（3）定距测量尺度（interval measurement scale）。定距测量尺度是以数值来表示个体的特征并且能测定个体之间数据差距的尺度。定距测量尺度不仅能区分事物的类别，进行排序，比较大小，而且还可以精确地计量大小的差异，即可以进行加减运算，但不能进行乘除运算。例如，温度200℃与100℃的差距与100℃与0℃的差距相等，但定距数据中“0”是没有意义的，所以没有倍数的概念，因此不能说200℃比100℃热一倍。

（4）定比测量尺度（ratio measurement scale）。定比测量尺度对事物之间的比值进行测定。例如，人的年龄、身高、体重，物体的长度、面积、体积等数量标志。它除了具有以上三种尺度的全部特性外，还具有一个特性，那就是可以计算出两个测度之间的比值，即能够进行乘除运算。这种数据中，“0”是有意义的，所以有倍数的概念，比如可以说 20cm 是 10cm 的两倍。

2. 数据类型

数据分类的方法有很多，可按照不同的方法或不同的数据特性分类。

（1）从计量尺度来说，分为定性数据与定量数据。定性数据是指只能用文字或数字代码来表现事物的本质特征或属性特征的数据，如人按性别分为男性与女性两种类别，或者用 1 与 0 分别表示男性与女性。定量数据是指用数值来表现事物数量特征的数据，如两位学生的考试成绩分别为 85 分与 80 分。

（2）从统计角度来说，可分为连续型数据与离散型数据（或称计数型数据、属性值数据）。用量具进行测量得出的可连续取值的数据是连续型数据，也称计量数据，如长度、重量、温度等。它可以比较敏感地反映过程变化，包含的信息丰富。离散型数据也称非连续型数据、计数型数据，它反映过程变化不如连续型数据敏感，如合格/不合格，成功/失败，是/否，接受/拒绝，好/坏等。离散型数据又分为计件值数据和计点值数据，计件值数据是指按件计数的数据，如不合格品数，电视机台数等；计点值数据是指按缺陷点计数的数据，如疵点数、砂眼数、气泡数等。

（3）从数据来源来说，可分为观测数据与实验数据。观测数据是指在没有对现象进行人为控制的条件下，通过统计调查或观察而得到的数据。实验数据是指在人为控制的条件下，通过实验方式获取的关于实验对象的数据。

（4）从加工程度来说，可分为原始数据与次级数据。原始数据是指研究者直接对研究对象进行调查、观测和实验所获得的反映个体特征的数据，也称为直接数据。次级数据也称为加工数据或二手数据，是指已经过加工整理、能反映总体数量特征的各种非原始数据。

5.1.2 数据收集的方法

数据搜集的方法有很多，包括观察法、实验法、报告法与询问法等，其中询问法又包括访问调查、电话调查、座谈会等。在这里我们主要介绍检查表。检查表是过程数据收集时最常用的工具。针对不同的测量过程和不同的测量对象，需要使用不同的检查表，因此要有针对性地设计检查表。通常在检查表上要注明被测变量，同时还应注明由谁来收集数据及采用的测量间隔。表 5-1 是一个检查表的示例，该检查表既记录了抽样数量和检测到的不合格品的数量，又记录了各种缺陷发生的频次。

表 5-1 某成品抽样检验及外观不合格品项目检查表

批次	产品型号	成品量（箱）	抽样数（支）	不合格品数（支）	批不合格率（%）	外观不合格项目								
						切口	贴口	空松	短烟	过紧	钢印	油点	软腰	表面
1	烤烟型	10	500	3	0.6	1					1			1
2	烤烟型	10	500	8	1.6	2	2	2	1					1
3	烤烟型	10	500	4	0.8		1					1		
4	烤烟型	10	500	3	0.6		2			1				

（续）

批次	产品型号	成品量（箱）	抽样数（支）	不合格品数（支）	批不合格率（%）	外观不合格项目								
						切口	贴口	空松	短烟	过紧	钢印	油点	软腰	表面
5	烤烟型	10	500	5	1.0	1	2	1						1
	……	……	……	……	……									
250	烤烟型	10	500	6	1.2	1	2	1		1				1
合计		2500	125000	990	0.8	80	297	458	35	28	10	15	12	55

5.1.3　抽样方法

抽样时需要考虑的重点是样本对总体的代表性和准确性。采用不同的抽样方法，样本的代表性和准确性不同，因此必须采用合适的抽样方法。常用的抽样方法有简单随机抽样、分层抽样等。

1. 简单随机抽样

简单随机抽样也叫纯随机抽样，是指直接从抽样总体中随机地抽取样本，并以该样本对总体相应的指标做出统计推断。简单随机抽样必须满足两个条件：①等可能性，即总体的每个个体都有同等机会被抽到；②独立性，即每次抽样都是相互独立的。常用的简单随机抽样方法有以下几种：

- 抽签法：将总体每个个体编号，手工或者用摇号机随机抽取号码，确定抽样单位。
- 随机数表法：随机数表上数字的出现及其排列是随机形成的。使用时先将总体编号，按随机数表的任意列任意行开始向各个方向寻找，凡属于范围内的编号都可作为样本。
- 计算机模拟法：利用计算机中的随机数字发生器进行抽取。
- 信手抽取法：从研究总体中随手抽取所需的调查单位。

简单随机抽样使用简单，但当总体中各标志值之间差异较大时，这种抽样形成的样本的代表性较差，这时采用分层抽样更好。

2. 分层抽样

分层抽样又称类型抽样或分类抽样，是统计分组与随机抽样的结合。它是将抽样总体按某一标志分层，然后从每层总体样本中随机抽取若干个样本组成抽样样本。常用的分层抽样方法包括以下几种：

- 比例分配法：样本数按各层总体数的比例进行分配。
- 适度分配法：比例分配法未考虑波动程度的差异，而适度分配法认为波动程度较大的层应多取样，波动程度小的层少取样，这样可以减少抽样误差。
- 经济分配法：经济分配法在适度分配法上考虑了抽样成本，即对于抽样费用较高的层相对少取样，而费用较低的层则可以多取样。

5.1.4　描述性统计方法

获得样本数据后，需找出能反映数据分布特征的各个代表值，如数据分布的集中趋势、数据分布的离散程度、数据分布的偏度和峰度等。

通常，用于描述数据集中趋势（一组数据所趋向的中心数值）的特征量有以下几种：

① 样本均值。$\bar{x} = \sum_{i=1}^{n} \frac{x_i}{n}$，其中 x_i 是观测值，n 是样本量。

② 中位数。在序列数据中，排在中间位置的数据。当 n 为奇数时，$\tilde{x} = x_{(1+n)/2}$，当 n 为偶数时，$\tilde{x} = [x_{n/2} + x_{(n/2+1)}]/2$。其中 $x_{(1)}, x_{(2)}, \cdots, x_{(i)}, \cdots, x_{(n)}$ 为序列数据。

③ 众数，即出现次数最多的数据。

通常，用于描述数据间的差异程度或离散程度的度量方法有以下几种：

① 极差。样本数据最大值与最小值的差。

② 样本方差。$s^2 = \sum_{i=1}^{n} (x_i - \bar{x})^2/(n-1)$。

③ 样本标准差，即样本方差的平方根。

反映数据分布形状的统计量主要是偏度和峰度。偏度（skewness）是对数据分布的偏移方向和程度所做的描述。若已知样本数据，其偏度的估计式为

$$\beta_3 = \frac{n\sum_{i=1}^{n} (x_i - \bar{x})^3}{(n-1)(n-2)s^3}$$

当样本量 n 较大时，可采用

$$\beta_3 = \frac{E(X-\mu)^3}{\sigma^3}$$

式中，μ 为分布的均值，σ 为分布的标准差，X 是样本随机变量，$E(X-\mu)$ 是随机变量 $(X-\mu)$ 的数学期望。

若 $\beta_3 = 0$，则数据分布呈现对称性；若 $\beta_3 > 0$，则数据分布呈现右偏态；若 $\beta_3 < 0$，则数据分布呈现左偏态。

峰度（kurtosis）是对数据分布的陡峭程度所做的描述。若已知样本数据，其峰度的估计式为

$$\beta_4 = \frac{n(n+1)\sum_{i=1}^{n} (x_i - \bar{x})^4}{(n-1)(n-2)(n-3)s^4} - \frac{3(n-1)^2}{(n-2)(n-3)}$$

当样本量 n 较大时，可采用

$$\beta_4 = \frac{E(X-\mu)^4}{\sigma^4} - 3$$

当比较两个分布的峰度时，一定要让它们具有相同的均值和方差，否则比较的不是峰度而是方差。

当数据呈正态分布时，$\beta_4 = 0$。数据分布越扁平，则峰度的估计值越低；数据分布越陡峭，峰度的估计值越高。

5.1.5 数据的图示方法

图示方法以简单、直观的方式展示数据的分布规律，如中心位置、离散程度、变化趋势等。常用的图示方法除了直方图外，还包括茎叶图、箱线图、链图、正态概率图等。下面对常用的图示方法予以简要介绍。

1. 茎叶图

茎叶图（stem - and - leaf - plots）由“茎”与“叶”两部分组成，反映原始数据分布，

其图形由数字组成的，高位数字为茎，低位数字为叶。茎叶图类似于横置的直方图，它既能给出数据的分布情况，又能给出每一个原始数据，即保留了原始数据。人们可以在茎叶图上看出数据的分布形状及数据的离散状况。下面通过一个例子来说明茎叶图的做法。

【例 5-1】 表 5-2 为某公司 4 个月每天的销售数据，利用 Minitab 软件绘制产品销售量的茎叶图。

运用 Minitab 进行运算，实现路径为：图形→茎叶图，选中“修整异常值”，在增量中填写“10”，得到的结果如图 5-1 所示。

表 5-2　某公司 4 个月每天的销售量

234	159	187	155	172	183	182	177	163	158
143	198	141	167	194	225	177	189	196	203
187	160	214	168	173	178	184	209	176	188
161	152	149	211	196	234	185	189	196	206
150	161	178	168	174	153	186	190	160	171
228	162	223	170	165	179	186	175	197	208
153	163	218	180	175	144	178	191	197	192
166	196	179	171	233	179	187	173	174	210
154	164	215	233	175	188	237	194	198	168
174	226	180	172	190	172	187	189	200	211
156	165	175	210	207	181	205	195	201	172
203	165	196	172	176	182	188	195	202	213

2. 箱线图

箱线图（box－plot）主要由数据中的五个统计量，即最小值、第一四分位数、中位数、第三四分位数和最大值绘制而成。根据它可以粗略地看出数据分布的对称性、离散程度等。箱线图包括中位数/四分位数/极差箱线图、均值/标准误差/标准差箱线图、均值/标准差/1.96 倍的标准差箱线图、均值/标准误差/1.96 倍标准误差箱线图。其中中位数/四分位数/极差箱线图是最常见的，这里只介绍这种箱线图。在该箱线图中，两个四分位数组成的矩形称为箱体，箱体与极值的连线称为须触线。图里用中位数来表述数据的集中趋势，箱体和须触线均用来描述数据的离散程度。

```
茎叶图显示：销量

茎叶图销售N=120
叶单位=1.0

4     14  1349
13    15  023345689
29    16  0011233455567888
56    17  011222223344455556677888999
(20)  18  00122345667777888999
44    19  0012445566667788
27    20  0123356789
17    21  00113458
9     22  3568
5     23  3344

HI杠杆率237
```

图 5-1　产品销量的茎叶图

注：（20）表示中位数位于其中

箱线图比较简单，中位数可以确定中心趋势或者位置；箱体的长度可以确定观测值的离散程度；如果中位数不在箱体的中心，说明分布是偏的。

例如从某班级随机抽取 11 人，对两门课的考试成绩进行调查，所得数据如表 5-3 所示，试做出两门课程的考试成绩比较的箱线图。

运用 Minitab 进行计算，实现路径为：图形→箱线图，得到的结果如图 5-2 所示。

表 5-3　某班 11 名学生两门课成绩数据（单位：分）

课程名称	学生编号										
	1	2	3	4	5	6	7	8	9	10	11
L1	76	90	97	71	70	93	86	83	78	85	81
L2	65	95	51	74	78	63	91	82	75	71	55

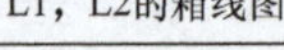

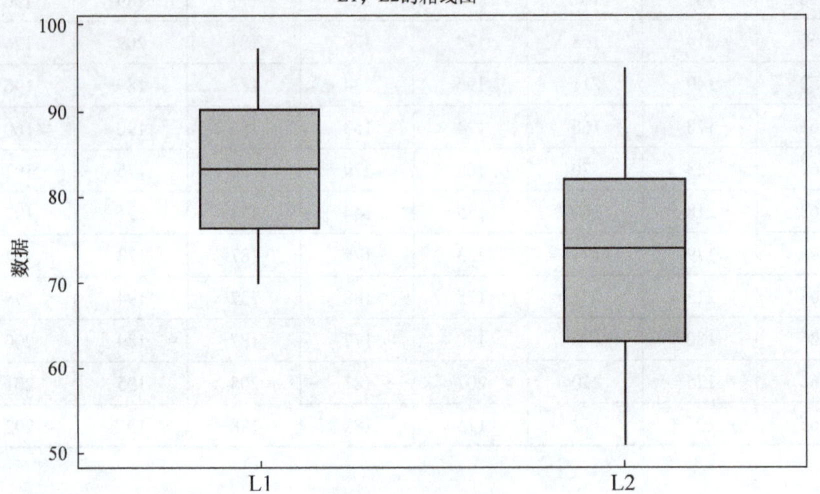

图 5-2　两门课程的考试成绩比较箱线图

3. 链图

链图也称为趋势图（run chart），它是显示测量数据随时间变化的图示方法，是控制图的基础。分析链图的目的，是为了确认所出现的波动是由普通因素引起的还是由特殊因素引起的。链图可用于任何按时间序列收集的数据。

链图的绘制方法有以下步骤：

第一步：按时间顺序画出数据的折线图。

第二步：找到数据的中位数，画一条水平线穿过该折线图，标示为“中位数”或“$\tilde{X}$”。图 5-3 所示是某企业 15 个月的月利润值的链图。

判断过程是否受到特殊因素影响可以从以下几方面考虑：

- 链的长度。链的长度是指位于中位数同一侧的连续点的数目。除非过程受到特殊因素影响，否则过程不太可能出现一长串连续点落在中位数同一侧的情况。如果只有一个点落在中位数线上，忽略该点；如果有多个点落在中位数上，按每侧各占 50% 把这些点分配到两侧。如果最长链的长度较长，则这个过程很有可能受到了特殊原因的影响。

- 链的数目。位于中位数同一侧连续点的序列构成一个链。一个受控过程中期望的链的数目可以用数学方法来确定。一个没有受特殊因素影响的过程，链不会太多也不会太少，

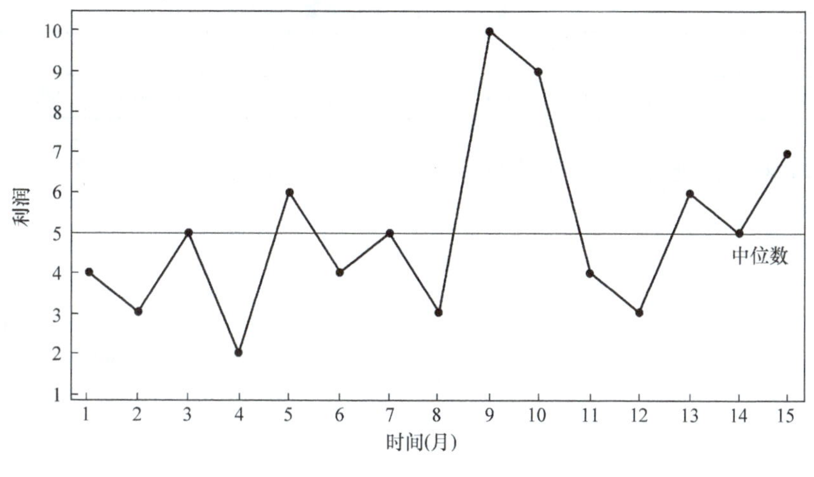

图 5-3　链图示例

应通过统计检验判断链的数目是否正常。

- 趋势。链图中不应该存在任何异常的连续上升和连续下降的序列。如果出现这种情况，则暗示存在某种异常趋势。如果连续增高或连续降低的点数较多，那么有可能存在特殊因素引起的过程偏移，须通过统计检验判断链图中的趋势是否异常。

4. 正态概率图

正态概率图是一种特殊的坐标图，横坐标是等间隔的，用来表示观察值的大小，其纵坐标是按标准正态分布累计概率分布 $\Phi(x) = P(X \leqslant x)$ 标示的。在正态概率图上：

- 任一正态分布函数呈上升直线状。
- 任一右偏分布函数呈上凸曲线状。
- 任一左偏分布函数呈下凸曲线状。
- 任意两个方差相等的正态分布函数呈平行直线状。

正态概率图用来检验一组数据 $x_1, x_2, \cdots, x_i, \cdots, x_n$ 是否为来自正态分布的样本。具体操作如下：

① 将样本排序：$x_{(1)} \leqslant x_{(2)} \leqslant \cdots \leqslant x_{(n)}$；

② 在点 $x_{(i)}$ 处的累积概率 $\Phi(x_{(i)}) = P(X \leqslant x_{(i)})$ 用修正频率 $\dfrac{i-3/8}{n+1/4}$（或 $\dfrac{i}{n+1}$）来估计；

③ 把 n 个点 $\left(x_{(1)}, \dfrac{i-0.375}{n+0.25}\right), \left(x_{(2)}, \dfrac{i-0.375}{n+0.25}\right), \cdots, \left(x_{(n)}, \dfrac{i-0.375}{n+0.25}\right)$，逐一标在坐标图上，得到正态概率图。现在，随着统计软件的普及，利用 Minitab 等软件可以很方便地绘制出正态概率图。

④ 用目测去判断：若 n 个点近似在一条直线附近，则认为该样本来自某正态总体。若 n 个点明显不在一条直线附近，则认为该样本来自非正态总体。

表 5-4 是某品牌防锈剂防锈能力的测量数据，试用正态概率图检验其是否服从正态分布。

表 5-4　防锈剂的防锈能力测量数据（单位：μm）

抽样编号	1	2	3	4	5	6	7	8	9	10
防锈能力	86.1	92.7	88.1	90.6	87.1	92.4	87.7	90.8	89.1	89.8

运用 Minitab 软件进行计算，实现路径为：统计→基本统计量→正态性检验，得到的结果如图 5-4 所示。

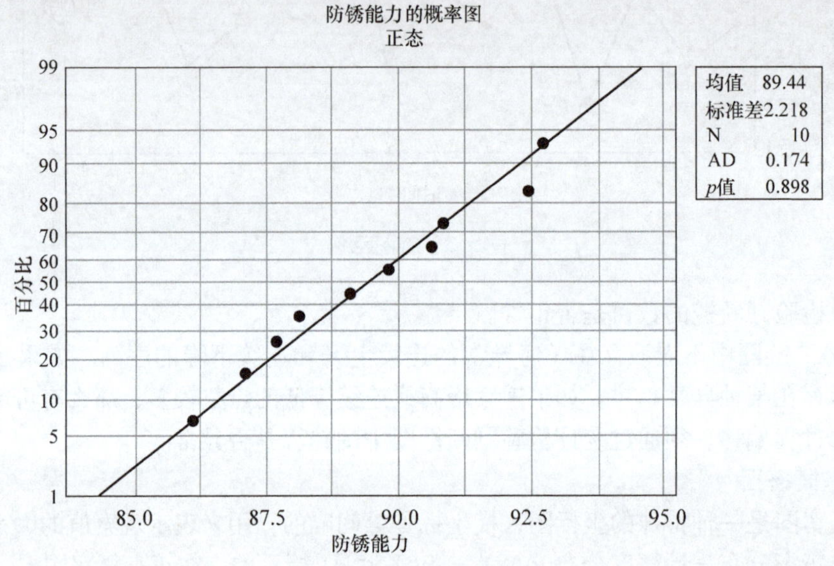

图 5-4　防锈能力的正态概率图

根据图 5-4 右侧的 p 值可判定样本防锈能力是否服从正态分布。其原假设是 H_0：数据服从正态分布；备择假设 H_1：数据不服从正态分布。根据假设检验的规则，如果 p 值小于 0.05 时，则认为分布非正态；如果 p 值大于 0.05 时，没有充分的理由拒绝原假设，因此，可以认为分布为正态。

5.2　质量检验概述

5.2.1　质量检验的发展过程

自出现商品生产以来，就产生了以商品的成品检验为主的质量管理方法。由于受小规模生产方式或手工业作坊式生产经营方式的影响，产品质量主要依赖操作者的实际经验。操作者既是产品的生产者又是质量的检验者和管理者，经验就是“标准”。这种质量管理模式中，质量标准的实施是靠“师傅带徒弟”的方式口传身教进行的，因此称为“操作者的质量管理”。

工业革命之后，机器工业生产取代了手工作坊式生产，劳动者集中到一个工厂内共同进行批量生产，于是产生了质量检验管理，即通过检验来控制和保证出厂或转入下道过程的产品质量。特别是随着以泰勒为代表的“科学管理运动”的兴起，强调工长在质量保证中的作用，质量管理的责任就由操作者转移到工长。随着组织规模的扩大，这一职能又由工长转移给专职的检验人员，大多数组织都设有专职的检验部门并直属厂长领导，负责各生产单位和产品的检验工作。

专职检验既是从产品中挑出废品，保证出厂产品质量，又是一道重要的生产过程，通过检验，反馈质量信息，防止出现类似问题。但这种检验存在缺点：它属于事后把关，当检验时，结果已经确定，无非是分类而已，无法像在设计、生产过程中那样起到预防、控制的作用；其次，缺乏系统优化的理念，出现质量问题时容易推诿、扯皮；再者，对产品进行百分之百的检验，有时在经济上是不合理的，在有些情况下，也是不可能的。随着生产规模的扩大，这种缺点尤为突出。

为了解决抽样检验问题，以道奇为首的统计学家系统研究了抽样技术和方法，并率先在美国军方应用。第二次世界大战之后，许多国家都开始积极开展统计质量管理活动，并取得成效。尽管 1987 年在美国《质量技术杂志》上声明以后不再刊登检验方面的文章，但质量检验必定是产品流向市场前质量保证的最后一关，在有些特殊情况下，实施检验，乃至百分之百检验也是必需的。

5.2.2　质量检验的分类

1. 按照产品质量形成的过程分为进货检验、过程检验和最终检验

（1）进货检验。进货检验是指对组织采购的原材料、辅料、外购件、外协件和配套件等进行的入库前接收检验。它是一种对供应商产品质量进行验证的活动。进货检验包括首批样品检验和成批进货检验两种方式：首批样品检验是指组织对已经选定或准备选定的供应商第一次提供的一件或一批样品进行的鉴定性检验，检验内容应严格按照规定的工作程序进行；成批进货检验是指在正常生产情况下，对供应商按购销合同约定的持续性供货进行的检验。进货检验的目的是防止不合格产品流入生产过程，影响产品质量。

（2）过程检验。过程检验也称阶段检验，是指对生产过程中的在制品、半成品、成品所做的符合性检验。过程检验的目的有两个，一是判断产品是否符合规定要求，防止不合格的在制品流入下一个过程；另一个目的是判断过程是否处于稳定状态，过程能力是否达到规定要求。因此，过程检验对于过程质量控制及质量改进具有重要的作用。过程检验的主要方式有：首件检验、巡回检验和末件检验。首件检验就是对首件产品进行的检验；巡回检验是指检验人员在生产现场巡回地进行现场检验；末件检验是指对主要依靠模具或专用工艺装备加工的产品，在批量生产完成后，对加工的最后一件（或几件）产品进行检查验证的活动。末件检查的主要目的是为下批生产做好技术准备，保证良好的生产技术状态。

（3）最终检验。最终检验包括完工检验和成品验收检验。完工检验是对全部加工活动结束后的半成品或完工的产品进行的检验；成品验收检验是指将经过完工检验的零部件组装成成品后，以验收为目的的产品检验。最终检验是产品质量控制的重点，也是产品放行出厂的重要依据。

2. 按照产品检验的数量分为全数检验和抽样检验

（1）全数检验。全数检验也称为百分之百检验，简称全检。它是指对全部产品逐个进行测定，从而判断每个产品是否合格的检验。全数检验能提供较多的质量信息，但工作量大，检验费用高。全数检验常用于下述场合：批量较小，检验简单且费用较低；产品必须合

格；产品中如有少量不合格，可能导致致命性影响；非破坏性检验等。

（2）抽样检验。抽样检验是指从一批产品或一个过程中抽取一部分单位产品组成样本，根据样本的检验结果来判断整批产品或过程是否合格的活动，是一种典型的统计推断工作。抽样检验主要适用于下列场合：破坏性检验；批量太大，无法进行全数检验；需要较长的检验时间和较高的检验费用；允许有一定程度的不合格品存在等。抽样检验是本章主要讨论的内容。

3. 其他分类

若按检验的性质，质量检验可分为破坏性检验和非破坏性检验。破坏性检验是指将受检样品破坏了以后才能进行的检验，或在检验过程中，受检样品必然会损坏或消耗的检验，如寿命试验、强度试验等。非破坏性检验是指对受检样品可重复进行检验的活动。伴随着检验技术的发展，非破坏性检验的使用范围会逐步扩大。

若按检验的手段，质量检验可分为理化检验和感官检验。理化检验是指用机械、电子或化学的方法，对产品的物理和化学性能进行的检验。感官检验是指凭借检验人员的感觉器官对产品进行的检验。感官检验要求检验人员具有较丰富的经验和判断能力。

若按判断的方式，质量检验可分为计数检验和计量检验。计数检验是指根据给定的技术标准，将单位产品简单地分成合格品或不合格品的检验。计量检验是指根据给定的技术标准，将单位产品的质量特性用连续尺度测量出具体量值并与标准进行对比的检验。例如，汽车轴直径尺寸不能超过公差范围。

5.2.3 质量检验机制

通过学习国外质量检验的经验，结合我国质量管理的实践，我国现已形成了一套行之有效的检验机制，如图5-5所示。

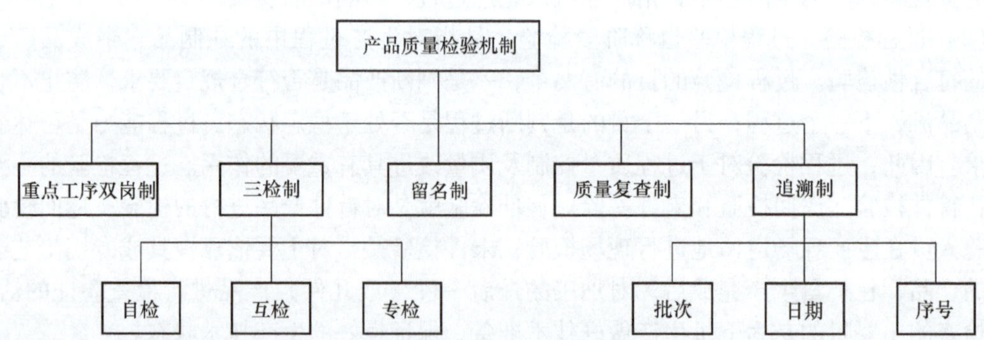

图5-5 产品质量检验机制

（1）重点过程双岗制。重点过程是产品重要质量特性或工艺特性形成的关键，至少包括加工产品关键零部件或关键部位的过程。对此过程安排双岗，即操作者在进行加工时，检验人员也要在现场开展检验工作，必要时技术负责人或顾客的验收代表也要在现场监督。在现场监督过程中，必须按规定的程序和要求运作。

（2）三检制。自检、互检和专检，称为三检制。自检是指操作者对自己所生产的产品进行自我检验，它体现了操作者必须对自己生产的产品质量负责的理念。互检是操作者相互之间进行的检验，互检主要有：下个过程对上个过程流转过来的产品进行的检验；同一设备、同一过程轮班交接时进行的相互检验；班组长对本小组成员加工的产品进行的检验等。专检是由专业人员进行的检验。三检制以专检为主导。

（3）质量复查制。这是指对生产重要产品的组织，为了确保产品质量符合要求，在产品检验入库后和出厂前，由产品的设计、生产、试验及技术部门的人员对产品形成过程进行复查。复查内容包括图样、技术文件、检验等。

（4）追溯制。在产品的生产过程中，对每个过程都要记录检验结果，包括操作者、检验者、工位等，并在适当的产品部位留下相应的质量状态标志。记录与带标志的产品同步流转。产品出厂时附有跟踪卡与产品一起流通，以便用户在使用时将存在的问题及时反馈给生产者，作为质量改进的重要依据。常用的追溯制有：批次管理法，日期管理法，连续序号管理法等。产品召回就是基于追溯制的。

5.3 抽样检验的基本概念

所谓抽样检验，就是按照规定的抽样方案和程序，从一批产品或一个过程中抽取一部分样本进行检验，根据检验结果来判断产品批次或过程是否合格的活动。在生产实践中，过程与过程、生产者与使用者之间进行产品交接时，要把产品划分为批。一批产品是由一定数量的单位产品构成的。

5.3.1 抽样检验常用术语

（1）单位产品——为进行抽样检验而划分的基本单位，如一台电视机。

（2）检验批——为进行抽样检验而汇集起来的一定数量的单位产品。构成检验批的所有产品应当是在同一生产条件下生产的。

（3）批量——检验批中所包含的单位产品的数量，常用 N 表示。

（4）样本——取自一个批而且提供有关该批信息的一个或一组产品。

（5）样本量——样本中产品的数量，常用 n 表示。

（6）不合格（nonconformity）——未满足要求。根据质量特性的重要性和不满足要求的严重程度，不合格分为三类：A 类不合格，B 类不合格和 C 类不合格。

（7）缺陷（defect）——与预期或规定用途有关的不合格。

（8）不合格品——有一个或一个以上不合格的单位产品。不合格品也分为三类，即 A 类不合格品，B 类不合格品和 C 类不合格品。

（9）抽样方案——规定了每批应检验的单位产品数（样本量）和有关接收准则（接收数 Ac、拒收数 Re、接收常数和判断准则等）的一个具体的方案。

（10）抽样计划——一组严格不同的抽样方案和转移规则的组合。

5.3.2 批质量的表示方法

批质量就是指检验批的质量。批质量的表示方法主要有以下几种：

（1）批不合格品率 p。批不合格品率是指检验批中不合格品所占的比例，即

$$p = \frac{D}{N}$$

式中，D 为检验批中的不合格品数，N 为批量。

（2）批每百单位产品不合格数。它等于不合格品率乘以100，即

$$100p = \frac{D}{N} \times 100$$

通常将批每百单位产品不合格数看作批不合格品率的百分数表示。

（3）过程平均。过程平均是指在规定的时段或生产量内质量的平均水平，即过程处于控制状态期间的质量水平（不合格品百分数或每百单位产品不合格数）的平均。假设从 k 批产品中顺序抽取大小分别为 $n_1, n_2, \cdots, n_k$ 的 k 个样本，其中出现的不合格品数分别为 $d_1, d_2, \cdots, d_k$，如果 $d_1/n_1, d_2/n_2, \cdots, d_k/n_k$ 之间没有显著差异，则过程平均可表示为

$$\bar{p} = \frac{d_1 + d_2 + \cdots + d_k}{n_1 + n_2 + \cdots + n_k} \times 100\%$$

式中，$\bar{p}$ 表示样本的平均不合格品率，它是过程平均不合格品率的一个估计值。

5.3.3 抽样方案的组成和分类

一个抽样方案由三个基本参数组成：批量 N，样本量 n，接收数 Ac，它的表示形式为（N，n，Ac）。有时抽样方案中只有后两个量数。

抽样方案有以下几种分类。

- 按质量特性分为计数型抽样方案和计量型抽样方案。计数型抽样方案是以不合格品数来衡量一批产品的好坏，并以质量特性的某一限值作为判别界限。
- 按抽取样本的个数分类，可分为一次抽样、二次抽样、多次抽样、序贯抽样。
- 按照调整与非调整可分为调整型抽样方案和标准型抽样方案。调整型抽样方案是指根据产品质量的变化，随时调整抽样方案。若原来采取正常抽样方案，当产品质量变坏时，改用加严抽样方案；当产品质量有所提高时，可采用放宽抽样方案。标准抽样方案是指对于某批产品可自由选取两种错误的概率 α 和 β 来确定抽样方案，如 Dodge – Roming 抽样方案。

5.4 抽样检验的一般原理

5.4.1 接收概率及其计算方法

根据确定的抽样方案（n，Ac），把交验批判断为合格而接收的概率称为接收概率，也称合格概率，记为 Pa。Pa 也称抽样方案（n，Ac）的抽样检验函数。计算 Pa 有以下三种方法。

（1）超几何分布计算法。设从不合格率为 p 的总体 N 中，随机抽取 n 个单位产品组成样本，则样本中出现 d 个不合格品的概率可按超几何分布计算。此时，接收概率的表达式为

$$Pa = \sum_{d=0}^{c} p_d = \sum_{d=0}^{c} \frac{C_{N-D}^{n-d} C_D^d}{C_N^n}$$

式中，$D = Np$ 表示交验批中的不合格品数。

（2）二项分布计算法。当有限总体 $n/N<0.1$ 时，可以用二项分布概率来近似计算接收概率：

$$Pa = \sum_{d=0}^{c}\binom{n}{d}p^d(1-p)^{n-d}$$

（3）泊松分布计算法。当有限总体 $n/N<0.1$ 且 $p\leqslant 0.1$ 时，可以用泊松分布概率近似计算接收概率：

$$Pa = \sum_{d=0}^{c}\frac{(np)^d}{d!}e^{-np}$$

【例5-2】 有一批轴承用的10万个钢球需要进行外观检验，如果采用（100，15）的抽样方案，当 $p=0.1$ 时，接收概率是多少？

解：因为 $n/N<0.1$ 且 $p\leqslant 0.1$，所以

$$Pa = \sum_{d=0}^{c}\frac{(np)^d}{d!}e^{-np} = \frac{10^0}{0!}e^{-10}+\frac{10^1}{1!}e^{-10}+\cdots+\frac{10^{15}}{15!}e^{-10}$$
$$= 0.951$$

5.4.2　OC曲线（操作特征曲线）

随着不合格率 p 的不同，接收概率 Pa 也不同。对给定的抽样方案，表示接收概率 Pa 与批的实际质量（不合格品率 p）关系的曲线称为操作特征曲线（operating characteristic curve），通称OC曲线有时也称为抽样特征曲线或抽样特性曲线。它描述了一个抽样方案对产品批质量的判别能力。

【例5-3】 已知 $N=1000$，用抽样方案（50，1）检验 p 取不同值的连续交验批时，计算得到如表5-5所示的接收概率结果。

表5-5　抽样方案（50，1），检验 $N=1000$，不同 p 值的接收概率

p	0.000	0.005	0.007	0.010	0.020	0.030	0.040	0.050
Pa	1.000	0.9739	0.9519	0.9106	0.7358	0.5533	0.4005	0.2793
p	0.060	0.070	0.076	0.080	0.100	0.200	…	1.000
Pa	0.1900	0.1265	0.0982	0.0827	0.0337	0.0002	…	0.000

根据方案（50，1），绘出的OC曲线如图5-6所示。接收概率随着不合格品的增加而降低，而且下降的速度不同。

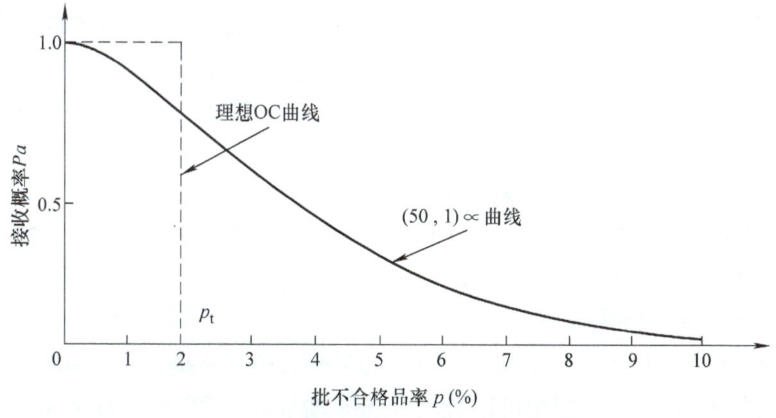

图5-6　抽样方案（50，1）的OC曲线

1. OC 曲线分析

（1）理想 OC 曲线。如果规定当检测的抽样不合格品率 p 不超过批不合格品率 p_t 时，这批产品合格，接收；反之拒收。这个方案应当满足：当 $p \leqslant p_t$ 时，$Pa=1$；当 $p > p_t$ 时，$Pa=0$。其 OC 曲线如图 5-6 中的虚线所示，这就是理想的 OC 曲线。在实际中，抽样不合格品的概率不可能服从这样一种理想分布，即使采用全数检验，也会有错检和漏检，因此，不存在没有风险的理想抽样方案。

（2）实际 OC 曲线。好的抽样方案应当是：当批产品质量较好，如 $p \leqslant p_0$ 时，以高概率判断它合格，接收；当批产品质量坏到某个规定界限，如 $p \geqslant p_1$ 时，则以高概率判断其不合格，拒收；当批产品质量开始变坏时，如 $p_0 \leqslant p \leqslant p_1$ 时，接收概率应迅速减小。其 OC 曲线如图 5-7 所示，其中也体现了 α 和 β 两种错误概率。

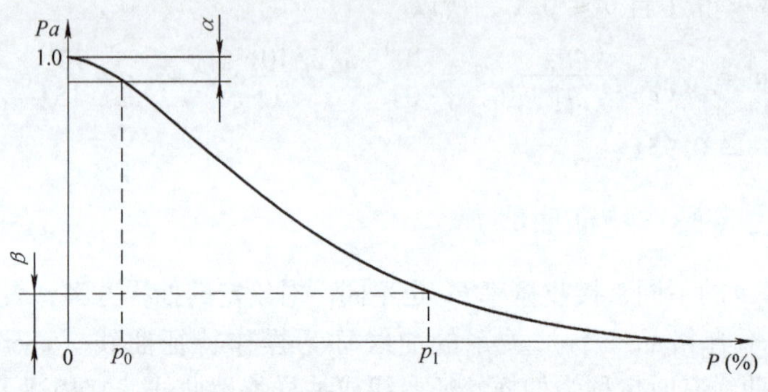

图 5-7　实际 OC 曲线

2. 抽样检验中的两类错误

（1）第一类错误：将合格批判断为不合格批。在图 5-7 中，如果确定 p_0 为合格质量水平，则其接收概率为 $Pa(p_0)$，这时有 $1-Pa(p_0)$ 的错判率，记为 α，称为“第一类错误概率 α”。它反映了把质量好的批错判为不合格批的可能性，对生产者不利，因此称为“生产方风险”。

（2）第二类错误：将不合格批判断为合格批。在图 5-7 中，如果设定不合格品率 p_1 为不合格批次的质量水平，则 $Pa(p_1) \neq 0$，记为 $\beta = Pa(p_1)$，称为“第二类错误概率 β”。如果错判发生，使用方将接收不合格的产品。这种情况对使用方不利，称为“使用方风险”。

在抽样检验中，α 和 β 都是不可避免的。但可以通过调整 p_0、p_1 或抽样方案中的 n 与 Ac 来改变。在现行的抽样检验中，都是以既定的 α 和 β 来选择方案。常用的 α 和 β 数值有 0.01、0.05、0.10 等。至于如何选择 α 和 β，则由生产方和使用方根据实际情况来商定。

3. 影响 OC 曲线的因素

批量大小 N、样本量 n 和不合格品数 Ac 对 OC 曲线的影响是不同的。

（1）抽样方案不变，批量大小 N 对 OC 曲线的影响。图 5-8 提供了 $n=20$，$\mathrm{Ac}=0$，$N=50$，100，500 时的 OC 曲线。从图中可以看出，N 的变化对 OC 曲线的影响不大。因此，一般简化用（n，Ac）表示抽样方案。

（2）N、Ac 不变，样本大小 n 对 OC 曲线的影响。图 5-9 提供了 $N=5000$，$\mathrm{Ac}=2$，$n=50$，100，200 的 OC 曲线。从图中可以看出，当 n 增加时，OC 曲线越来越陡峭，致使生产

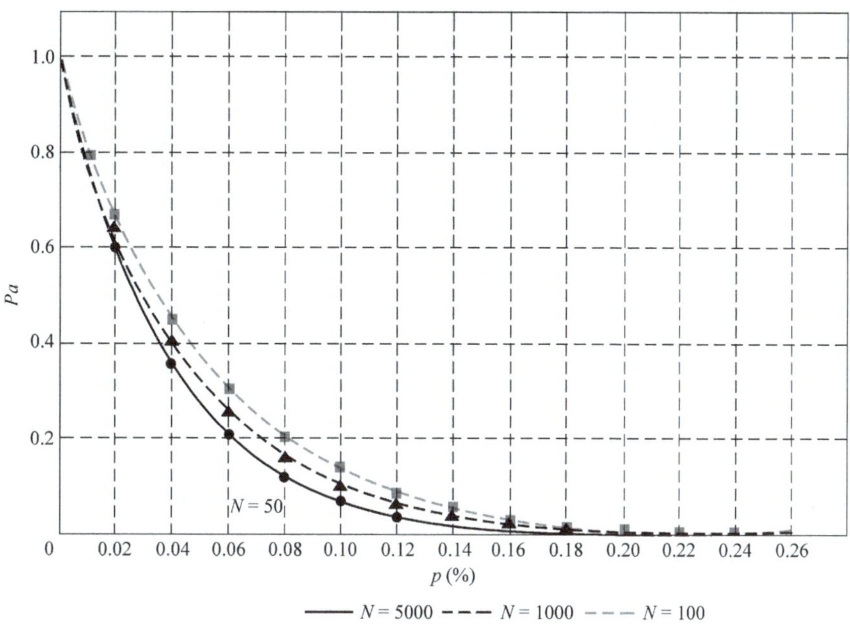

图 5-8 N 变化对 OC 曲线的影响

方风险 α 略有增加，而使用方风险 β 显著减少。可见，大样本抽样方案，区分优质批和劣质批的能力较强。

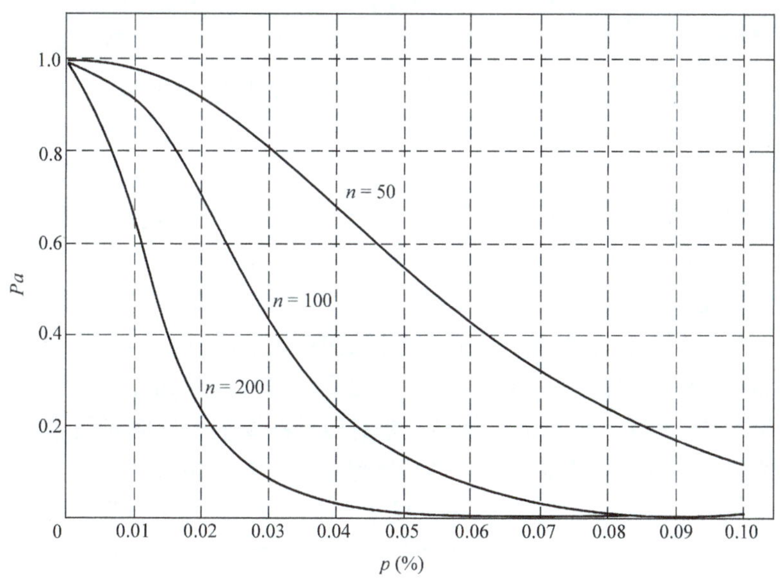

图 5-9 n 变化对 OC 曲线的影响

（3）N、n 不变，接收数 Ac 不同对 OC 曲线的影响。图 5-10 提供了 N = 1000，n = 100，Ac = 0，1，2，3，4 时的 OC 曲线。从图中可以看出，Ac 越大，OC 曲线越平缓。许多生产方和使用方对于样本中只有 1 个不合格品就拒收的抽样方案（Ac = 0）较为反感。通常认为：采用较大的样本量 n 和合适的 Ac 是比较合适的。

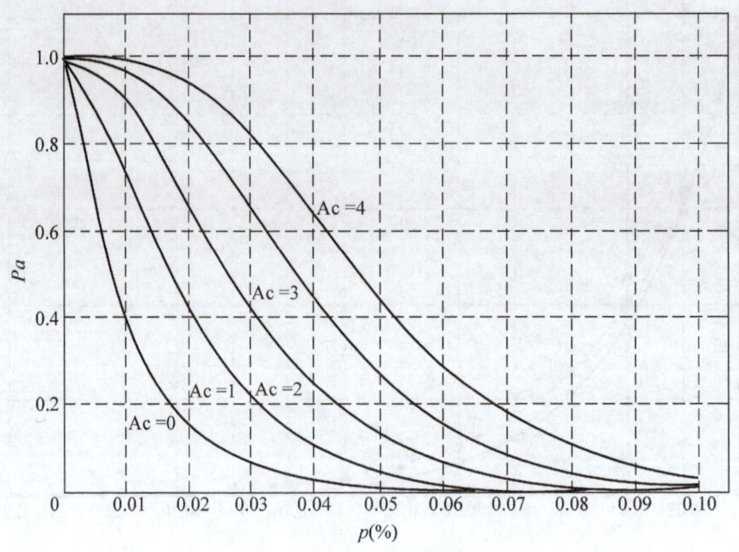

图 5-10 Ac 变化对 OC 曲线的影响

5.5 计数型抽样检验

5.5.1 计数标准型抽样检验

计数标准型抽样检验就是按供需双方制定的 OC 曲线所进行的抽样检验，它兼顾对生产方的质量要求和对使用方的质量保护。典型的标准型抽样方案是这样确定的：期望不合格品率为 p_0 的批尽量合格，设其拒收概率 $1 - Pa(p_0) = \alpha$，期望不合格品率为 p_1 的批尽量不合格，设其接收概率为 $Pa(p_1) = \beta$，如图 5-7 所示。通过选取适当的 α 和 β 值（通常 $\alpha = 0.05, \beta = 0.10$），既对使用方有质量保证，也对生产方有经济利益的保证。

在决定不合格品率 p_0 、p_1 时，应综合考虑生产能力、制造成本、质量要求、检验费用等。一般来说，A 类不合格品率的 p_0 值要选取的比 B 类的小，而 B 类不合格品率的 p_0 值要选取的比 C 类的小。p_1 通常按照 $p_1/p_0 = 4 \sim 10$ 选取。若 p_1/p_0 过小，将会增加抽样的样本量，使检验费用增加；若 p_1/p_0 过大，将会放松对质量的要求，从而对使用方不利。为简化计算，表 5-6 给出了基于不合格品率的计数标准型一次抽样方案表。

只要给出 p_0 、p_1 ，一般选取生产方风险概率 $\alpha = 0.05$，使用方风险概率 $\beta = 0.10$，就可从表 5-6 中查出样本量 n 和接收数 Ac，进而执行抽样方案。例如，假设选择 $p_0 = 2\%$ ，$p_1 = 5\%$ ，查表中 $\alpha = 0.05$、$\beta = 0.10$ 所在列，找到最接近 $p_1/p_0 = 2.5$ 的数 2.497，对应行 Ac = 10、$np_0 = 6.169$，由此得到 $n = 6.169/p_0 = 154$。就是说，从批产品中随机抽取样本 154，检查其中的不合格品数 r，若 $r \leqslant 10$，则认为这是合格批，接收；否则，认为是不合格品，拒收。

表 5-6 计数标准型一次抽样方案表

Ac	p_1/p_0			np_0	Ac	p_1/p_0			np_0
	$\alpha=0.05$ $\beta=0.10$	$\alpha=0.05$ $\beta=0.05$	$\alpha=0.05$ $\beta=0.01$	$\alpha=0.05$		$\alpha=0.05$ $\beta=0.10$	$\alpha=0.05$ $\beta=0.05$	$\alpha=0.05$ $\beta=0.01$	$\alpha=0.05$
0	44.890	58.404	89.781	0.052	0	229.105	298.073	458.210	0.010
1	10.946	13.349	16.681	0.355	1	20.134	31.933	44.686	0.149
2	6.509	7.699	10.280	0.818	2	12.206	4.439	19.278	0.436
3	4.490	5.675	7.352	1.366	3	8.115	9.418	12.202	0.823
4	4.057	4.646	5.890	1.970	4	6.249	7.156	9.072	1.279
5	3.549	4.023	5.017	2.613	5	5.195	5.889	7.343	1.785
6	3.208	3.604	4.435	3.286	6	4.650	5.082	6.253	2.330
7	2.957	3.303	4.019	3.981	7	4.520	4.524	5.506	2.906
8	2.768	3.074	3.707	4.695	8	3.705	4.115	4.962	3.507
9	2.618	2.895	3.462	5.426	9	3.440	3.803	4.548	4.130
10	2.497	2.750	3.265	6.169	10	3.229	3.555	4.222	4.771
11	2.397	2.630	3.104	6.924	11	3.058	3.354	3.959	5.428
12	2.312	2.528	2.968	7.690	12	2.915	3.188	3.742	6.099
13	2.240	2.442	2.852	8.464	13	2.795	3.047	3.559	6.782
14	2.177	2.367	2.752	9.246	14	2.692	2.927	3.403	7.477
15	2.122	2.302	2.665	10.035	15	2.603	2.823	3.269	8.181

5.5.2 计数调整型抽样方案

调整型抽样检验是指根据已检验过的批质量信息，随时按一套规则“调整”检验的严格程度的抽样检验过程。通常，在对供应商产品质量进行检验时，如果认为供方提供的批质量较好，则可采用放宽检验；反之，如果质量较差，则可以加严检验。调整型抽样检验适用于：连续批产品；进厂原材料、外购件、出厂成品、过程间在制品交接；库存品复检等。具有代表性的调整型抽样标准是美国的军用标准 MIL－STD－105D、国际标准化组织颁布的 ISO 2859－1，以及我国发布的 GB/T 2828 等。

1. 接收质量限（AQL）

接收质量限（acceptable quality limit，AQL）是指当一个连续系列批被提交抽样检验时，可容忍的最差平均质量水平。当过程不合格品率 $p=$ AQL 时，采用正常检验；当 $p<$ AQL 时，采用放宽检验；当 $p>$ AQL 时，采用加严检验。

确定 AQL 的方法主要有：①根据使用方的质量要求确定，多用于品种少、批量大且质量信息充分的场合；②根据不合格的类别确定，例如，美国海军依据致命缺陷（critical defects）、严重缺陷（major defects）和轻微小缺陷（minor defects）的类别，确定的 AQL 值分别为 0.1%、0.25%～1.0% 和 2.5%；③根据检验项目数确定，多用于多品种、小批量且质量信息不充分的场合；④与供方协商确定，多用于质量信息很少（如新产品）的场合。

2. 抽样方案类型

（1）一次抽样（single sampling）。对于交验批的批量 N、样本量 n、接收数 Ac 的抽样方案（N，n，Ac），从交验批 N 中随机抽取 n 件产品进行检验，若发现样本 n 中有 d 件不合格品，当 $d \leq Ac$ 时，则判定该批产品合格，予以接收；当 $d > Ac$ 时，则判定该批产品不合格，拒收。

（2）二次抽样（double sampling）。先从检验批中抽取一个大小为 n_1 的样本，若此样本中的不合格品数 d_1 不超过接收数 Ac_1，则判定此批产品合格而予以接收；如果 d_1 超过拒收数 Re_1（$Re_1 \geq Ac_1 + 1$），则判定此批产品不合格而拒收；如果 $Ac_1 < d_1 \leq Re_1$，则继续抽取一个样本 n_2，检测其中的不合格品数为 d_2。若 $d_1 + d_2 \leq Re_1$，则接收该批产品，若 $d_1 + d_2 > Re_1$，则判定此批不合格，拒收。二次抽样的方案通常表示为（n_1，n_2，Ac_1，Re_1）。需要说明的是：二次抽样最多可抽取两个样本，如果根据第一个样本能够做出合格与否的判断，就无需再抽取第二个样本。图5-11描述了二次抽样的操作步骤。

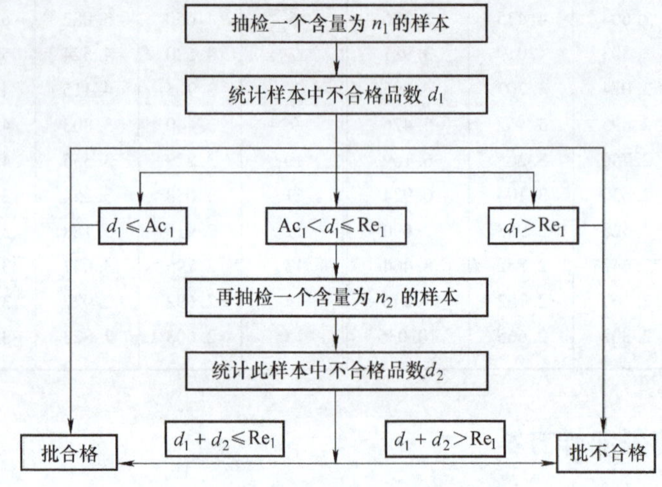

图5-11　二次抽样的操作步骤

（3）多次抽样（multiple sampling）。多次抽样是指从批量 N 中需要抽检一个、两个甚至多个样本后，才能对批质量做出合格与否的判断。多次抽样方案要规定最多抽样次数，操作程序同二次抽样类似。多次抽样的目的是为了节约平均样本量。

3. 检验水平

检验水平明确了批量 N 与样本 n 之间的关系。ISO 2859 标准规定了两类共七种检验水平。一类是一般检验水平，分别是Ⅰ、Ⅱ、Ⅲ，Ⅰ的水平最低，Ⅲ的水平最高；另一类是特殊检验水平，分别是S-1、S-2、S-3、S-4，S-1的水平最低，S-4的水平最高。当批量 N 一定时，样本量 n 增大，对批产品的鉴别能力增强。在无特殊要求的情况下，一般采用水平Ⅱ。若遇到破坏性或检验费用很高而必须采取小样本时，可采用特殊水平。在计数调整型抽样方案中，检验水平的设计原则是：如果批量增大，样本量一般也随之增大，但不是成比例地增大。在计数调整型抽样方案中，检验水平Ⅰ、Ⅱ、Ⅲ的样本量比约为0.4:1:1.6。

在选择检验水平时，通常应考虑：产品的复杂程度与价格、检验费用、是否为破坏性检验、使用方的利益、生产过程的稳定性、各批之间的质量差异程度等因素。

4. 检验的严格度与调整规则

ISO 2859 规定了三种不同严格度的检验：正常检验、加严检验和放宽检验。正常检验是指当过程质量优于AQL时，抽样方案应该以很高的接收概率接收检验批，保护生产方的利益；加严检验是为保护使用方的利益而设立的，一般情况下，加严检验的样本量与正常检验的样本量相同而降低接收数，具有一定的强制性；放宽检验是指当批质量一贯很好时，为了尽快得到批质量信息，减少样本量，放宽检验的样本量一般为正常检验样本量的40%。

在进行抽样检验时，除非负责部门有另外的规定，否则都采用正常检验。但在连续的抽样中，应根据产品质量变化的具体情况调整检验的严格度，具体的调整规则如下：

（1）从正常检验到加严检验。在进行正常检验时，若连续5批或不到5批中有2批经初检被拒收，则应从下一批开始执行加严检验。

（2）从加严检验到正常检验。在进行加严检验时，如果连续5批经初检被接受，则从下一批开始开始执行正常检验。

（3）从正常检验到放宽检验。在进行正常检验时，若下列条件均满足，则从下一批开始实施放宽检验：①连续10批初检均被接收；②条件一规定的批所抽取的样本中（若采用二次抽样方案，应包括所有被检查的样本）不合格品总数或缺陷总数应小于或等于所规定的界限数；③生产稳定；④负责部门同意采用放宽检验。

（4）从放宽检验到正常检验。在进行放宽检验时，如果出现下列任何一种情况，则从下一批开始执行正常检验：①有一批放宽检验拒收；②生产过程不稳定或有延迟现象；③认为应执行正常检验的其他情况。

（5）暂停检验。若连续的最初加严检验中，累计拒收达到5批，且不能由加严检验转移到正常检验时，应暂停检验。只有在采取了有效措施改进了提交批的质量后，并经负责部门同意，才能恢复检验，但必须从加严检验开始。

5. 计数调整型抽样方案的实施步骤

（1）确定质量标准和不合格分类，规定判断单位产品是否合格的质量标准；

（2）确定批量 N，接收质量限（AQL），以及检验水平；

（3）选择抽样方案类型（一次、二次、多次），组成检验批，并规定检验的严格度；

（4）检索抽样方案（n，Ac，Re）；

（5）根据抽样方案随机抽取样本，测量、记录样本，并判断批合格与否；

（6）处置不合格批。

检索抽样方案主要根据图5-12所示的程序进行。首先进行样本量字母的检索，见表5-7，从检验批的批量所在行和规定的检验水平所在列的相交处找出样本量字码；再根据检索出的样本量字码、AQL值、抽样类型及检验的宽严程度（附录B），检索出抽样方案（n，Ac，Re）。

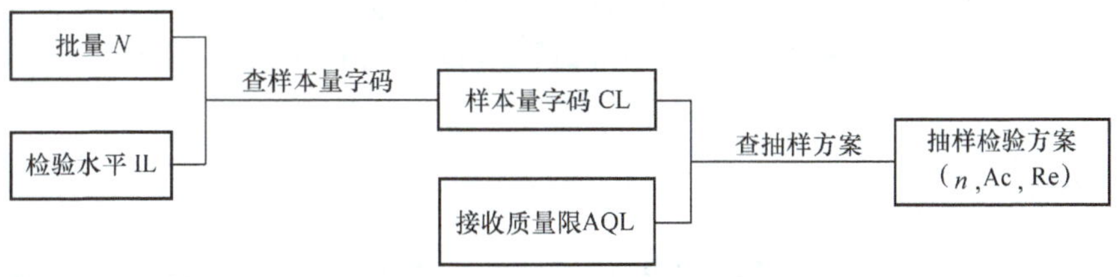

图5-12　计数调整型抽样程序

表 5-7　样本量字码表

批量大小 N	特殊检验水平				一般检验水平		
	S-1	S-2	S-3	S-4	Ⅰ	Ⅱ	Ⅲ
2~8	A	A	A	A	A	A	B
9~15	A	A	A	A	A	B	C
16~25	A	A	B	B	B	C	D
26~50	A	B	B	C	C	D	E
51~90	B	B	C	C	C	E	F
91~150	B	B	C	D	D	F	G
151~280	B	C	D	E	E	G	H
281~500	B	C	D	E	F	H	J
501~1200	C	C	E	F	G	J	K
1201~3200	C	D	E	G	H	K	L
3201~10000	C	D	F	G	J	L	M
10001~35000	C	D	F	H	K	M	N
35001~150000	D	E	G	J	L	N	P
150001~500000	D	E	G	J	M	P	Q
500001 及以上	D	E	H	K	N	Q	R

【例 5-4】　某产品采用计数调整型抽样方案，批量为 1000，AQL=4%，检验水平为Ⅱ，求正常检验、加严检验和放宽检验的一次抽样方案。

解：从批量样本量字码表 5-7 中，在 $N=1000$ 和检验水平Ⅱ的交汇处查到字码 J。再分别从正常、加严和放宽抽样方案表（附录 B）中 J 所在行向右，在样本大小栏中分别查到 $n=80$、80、32，并由 J 所在行与 AQL=4% 所在列交汇处，查到接收数和拒收数组合分别是（7，8）、（5，6）、（5，6）。

由此得到正常一次抽样方案为（80，7，8），加严一次抽样方案为（80，5，6），放宽一次抽样方案为（32，5，6）。显然，加严后同样抽取 80 件产品，但接受标准提高了；而放宽抽样方案抽检数由原来的 80 件变成了 32 件。

计数调整型抽样方案中规定了不合格批的再提交验收方法，即供方在对不合格批进行百分之百检验的基础上，将发现的不合格品剔除或复修后，允许再次提交检验。

思考与练习

1. 全数检验和抽样检验各有何特点？什么情况下应采用全数检验？什么情况下应采取抽样检验？

2. 什么是理想型 OC 曲线？为什么说理想型 OC 曲线是不存在的？试举例说明。

3. 假设一批产品的不合格品率为 10%，现从这批产品中随机抽取 40 个样本，试分别求出出现0个、1个、2个、3个不合格品的概率。

4. 在检验一种零件能否入库时，规定交验批不合格品率 $p_0 \leqslant 2\%$ 为合格批，而 $p_1 > 4\%$ 时为不合格批。设 $\alpha = 0.05$，$\beta = 0.10$，求标准型一次抽样方案。

5. 采用ISO 2859标准对某产品进行抽样验收，试求AQL = 1.5%、批量 $N = 1500$ 和检验水平为Ⅱ的一次正常、加严和放宽检验的抽样方案。

6. 当抽样方案为 $N = 1500$，$n = 100$，Ac = 1时，试画出此方案的OC曲线。

第6章 测量系统分析

没有测量，也就没有改进。

测量系统分析的目标是掌握和量化测量过程中的波动源，这种量化不仅提供了测量过程改进和控制的基础，而且也为整个制造过程的性能评价、控制、识别和分离缺陷等提供了条件。

本章的主要内容包括测量系统分析的基本概念，测量系统的模型及 R&R 估计，测量系统能力的评价及其应用等。

6.1 测量系统分析的基本概念

测量系统是指用来对测量对象进行定量测量或对被测特性进行定性评价的人员、量具、测量方法、测量环境等的集合体，即测量系统涵盖用来获取测量结果的整个过程。所谓测量系统分析（measurement system analysis，MSA），是指用统计方法来确定测量系统中的波动源，以及它们对测量结果的影响，最后对测量系统是否符合使用要求给出明确判断。

一个合格的测量系统必须具有较高的准确性（accuracy）和精确性（precision）。它们通常由偏倚（bias）和波动（variation）等统计指标来表示。

1. 偏倚和波动

偏倚是指多次测量结果的平均值与被测质量特性基准值（真值）之差，其中基准值是已知的参考值，或利用更高级的测量设备进行若干次测量取其平均值来确定。

波动是指在相同的测量条件下进行多次重复测量结果分布的离散程度，常用测量结果的标准差 σ_{ms} 或过程波动 PV 来表示。这里的测量过程波动是指 99% 的测量结果所占区间的长度。它们的概念如图 6-1 所示。

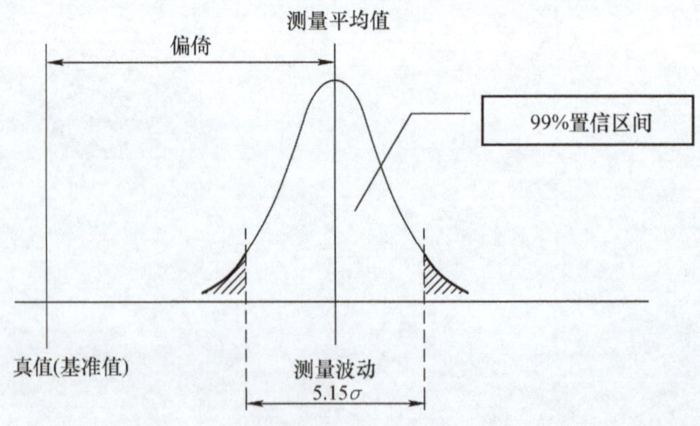

图 6-1　测量系统偏倚与波动的概念

测量结果通常服从正态分布 $N(\mu, \sigma^2)$，于是正态分布下有

$$P(|x-\mu|<2.575\sigma)=0.99$$

因此，99%的测量结果所占区间 $(\mu-2.575\sigma, \mu+2.575\sigma)$ 的长度为 5.15σ。

测量数据质量高，既要求偏倚小，又要求波动小。只要偏倚和波动中有一项大，就不能说测量数据质量高，如图6-2所示。

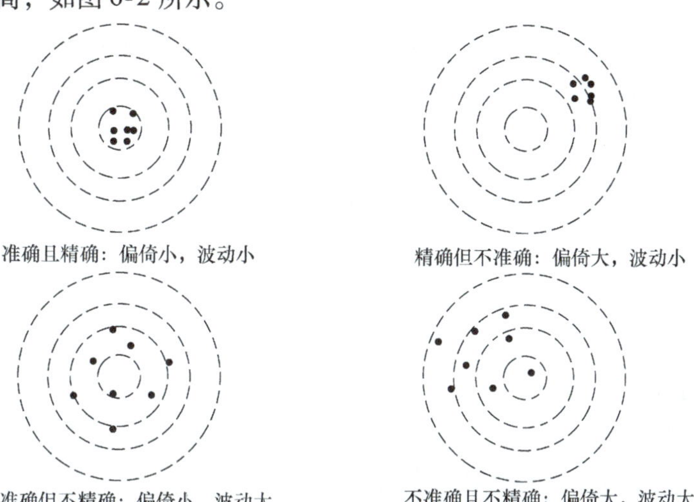

图6-2　偏倚与波动示意图

每个测量系统都有其量程，因此，好的测量系统应该要求在量程的任何一处都不存在偏倚。但由于偏倚可以通过校准加以修正，因此有时可以对测量系统的偏倚要求放宽些。但为了在任何一处都能对观测值加以修正，必须要求测量系统的偏倚具有线性。

测量系统的偏倚具有线性是指在其量程范围内，偏倚是基准值的线性函数。对于通常的测量方法，一般来说，当测量基准值较小（量程较低的地方）时，测量偏倚也会比较小；当测量基准值较大（量程较高的地方）时，测量偏倚也会比较大。线性就是要求这些偏倚量与其测量基准值呈线性关系。

测量系统还必须具有稳定性。所谓稳定性，是指系统的计量特性随时间保持恒定的能力。在研究测量系统稳定性时，假定测量系统在一定的时间内各项统计性能（包括偏倚、总波动及测量误差的分布等）均保持恒定。它主要是用测量结果的统计稳定性来衡量的。定期地对测量标准器（量具）或标准件进行重复测量，并绘制测量值的控制图，从控制图上可以判断测量系统是否统计稳定，然后可以针对引起不稳定的原因进行分析和纠正。

2. 测量系统的分辨力

测量系统的分辨力（discrimination）是指测量系统识别并反映被测量最微小变化的能力。测量系统的分辨力不够高，就无法正确识别过程的波动，因而影响对测量结果的定量描述。

由于经济上或物理上的限制，测量系统不可能无限制地识别或区分被测量的任意微小的变化。它们总是将被测特性区分或识别为若干数据组别。例如，某一被测特性真实值为2.3084，用千分表测量为2.308，用百分表测量则为2.31。因此，在使用千分表时，它的测量值将属于2.308这个数据组别；在使用百分表时，它的测量值将属于2.31这个数据组别。故称千分表的分辨力为0.001，百分表的分辨力为0.01。一般称测量结果的最小间距为其分

辨力。

如果测量系统分辨力不够，则测量数据在用于过程分析或控制时可能会导致不正确的结果。因此，测量系统首先必须要有足够的分辨力。一般来说，测量系统的分辨力应达到（即在数值上不大于）过程总波动（6倍的过程标准差）的1/10，或公差（USL－LSL）的1/10。

在测量系统分析中，对于连续型测量数据，常直接用测量结果的最小间距作为其分辨力。还有一种方法，即用经统计分析后由测量系统得到的两个标准差来确定可区分的类别数，进而评价测量系统是否有足够的分辨力。数据组数可由下式得到：

$$数据组数=\left[\frac{\sigma_p}{\sigma_{ms}}\right]\times 1.41$$

式中，[ ] 为取整符号；σ_p 为测量对象波动的标准差；σ_{ms} 为测量系统波动的标准差。

一般来说，如果数据组数小于2，那么这样的测量系统控制分辨率不高，测量得到的数据不能用于控制和分析过程；当数据组数为2～4个时，测量系统仅能提供粗糙的估计值，也不能用于估计过程的参数或计算过程能力指数；当数据组数大于等于5时，测量系统才有足够的分辨力，得到的数据才能较好地用于分析和控制过程。表6-1给出了由数据组数代表的测量系统分辨力对过程分析和控制的影响。

表6-1 测量系统分辨力对过程分析和控制的影响

数据组数与过程的分布	测量数据对分析和控制的影响
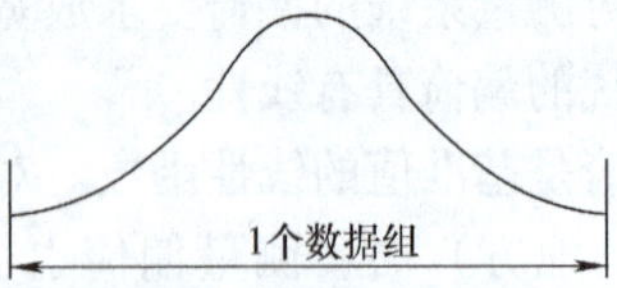 1个数据组	不能用于对过程的参数估计或计算过程能力指数，仅能表明过程的输出是否合格
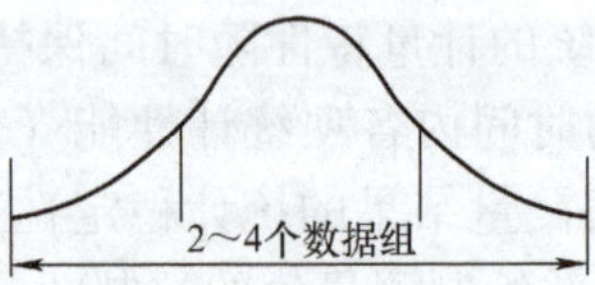 2～4个数据组	仅能提供粗糙的估计值，一般来说不能用于对过程的参数估计或计算过程能力指数
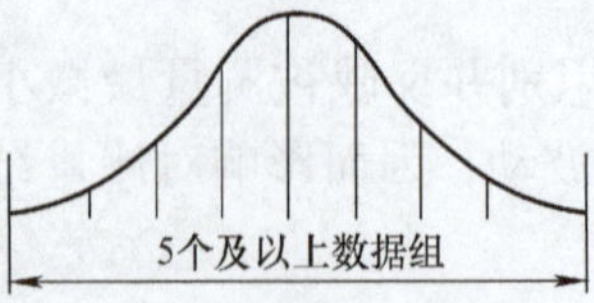 5个及以上数据组	能够用于过程参数估计，并且可以用于各种类型的控制图，表明测量系统具有足够的分辨力

如果测量系统的分辨力不足，那么就无法获得更多的过程波动的信息。当测量系统的分辨力不足时，一般应考虑更换量具或选用更好的测量技术。

测量过程观测数据的波动，一方面来自过程本身，即被测对象之间的差异；另一方面，来自测量系统，测量系统的波动主要是由量具和操作人员引起的。图6-3提供了过程波动的主要来源及测量系统分析的主要内容。

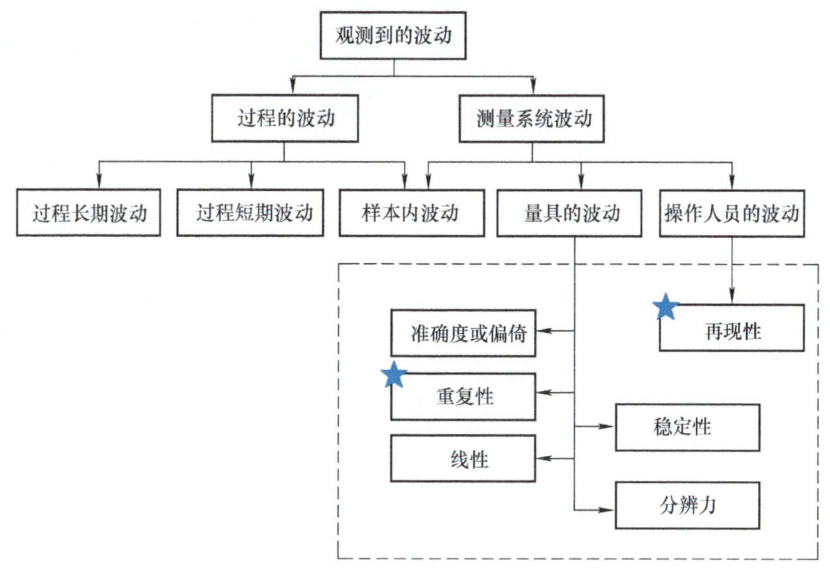

图6-3　过程波动的主要来源及测量系统分析的主要内容

注：虚线框内是评价测量系统时考虑的主要方面；★测量系统重复性与再现性（R&R）的组成。

下面将分别考虑量具、操作人员以及测量对象间的波动，以确认系统是否合格，并在不合格时识别波动源并提出改进的方向。

3. 重复性

测量系统的重复性（repeatability）是指在尽可能相同的测量条件下，对同一测量对象进行多次重复测量所产生的波动。重复性波动主要是反映量具本身的波动，记为EV（equipment variation）。这里在“尽可能相同的测量条件”下进行测量是指同一个操作人员，对同一个测量对象的同一部位，放在量具的同一位置，在较短的时间间隔内进行多次测量。换句话说，就是在尽可能恒定不变的条件下进行重复测量。此时重复性误差的产生只能由量具本身的固有波动引起。因此，重复性常作为考察量具固有波动大小的度量。

合格的测量系统应具有良好的重复性，也就是其重复测量的波动要小。计算量具重复性波动，可以采用下列公式

$$\text{EV}=6\sigma_e \text{ 或者 } \text{EV}=5.15\sigma_e$$

式中，σ_e为测量过程中由于重复测量而引起的标准差。

实际中，最好能安排专门的估计σ_e的测量过程，即让同一个操作人员，对同一个标准测量对象，用完全相同的操作规程，在较短的时间间隔内进行多次测量，由这些测量结果直接估计出σ_e。如果这样有困难，则可以直接使用评估测量系统的通用方法，由多个操作人员对多个测量对象同时测量，但同一个操作人员对同一个标准测量对象至少要重复测量两次以上。这时，可以使用下列简捷估计公式

$$\hat{\sigma}_e=\frac{\overline{R}}{d_2^*}$$

式中，$\overline{R}$为重复测量同一个零件的极差的均值；d_2^*的值依赖于两个量：m及g。

这里，m 是重复测量次数，g 是操作人员数 k 与测量对象个数 n 的乘积。可通过表 6-2 查得 d_2^*。

表 6-2　$d_2^* = d_2^*(m, g)$ 的数值表

g	m													
	2	3	4	5	6	7	8	9	10	11	12	13	14	15
1	1.41	1.91	2.24	2.48	2.57	2.83	2.95	3.08	3.18	3.27	3.35	3.42	3.49	3.55
2	1.28	1.81	2.15	2.40	2.50	2.77	2.91	3.02	3.13	3.22	3.30	3.38	3.45	3.51
3	1.23	1.77	2.12	2.38	2.58	2.75	2.89	3.01	3.11	3.21	3.29	3.37	3.43	3.50
4	1.21	1.75	2.11	2.37	2.57	2.74	2.88	3.00	3.10	3.20	3.28	3.35	3.43	3.49
5	1.19	1.74	2.10	2.35	2.55	2.73	2.87	2.99	3.10	3.19	3.28	3.35	3.42	3.49
6	1.18	1.73	2.09	2.35	2.55	2.73	2.87	2.99	3.10	3.19	3.27	3.35	3.42	3.49
7	1.17	1.73	2.09	2.35	2.55	2.72	2.87	2.99	3.09	3.19	3.27	3.35	3.42	3.48
8	1.17	1.72	2.08	2.35	2.55	2.72	2.87	2.98	3.09	3.19	3.27	3.35	3.42	3.48
9	1.15	1.72	2.08	2.34	2.55	2.72	2.85	2.98	3.09	3.18	3.27	3.35	3.42	3.48
10	1.15	1.72	2.08	2.34	2.55	2.72	2.85	2.98	3.09	3.18	3.27	3.34	3.42	3.48
11	1.15	1.71	2.08	2.34	2.55	2.72	2.85	2.98	3.09	3.18	3.27	3.34	3.41	3.48
12	1.15	1.71	2.07	2.34	2.55	2.72	2.85	2.98	3.09	3.18	3.27	3.34	3.41	3.48
13	1.15	1.71	2.07	2.34	2.55	2.71	2.85	2.98	3.09	3.18	3.27	3.34	3.41	3.48
14	1.15	1.71	2.07	2.34	2.54	2.71	2.85	2.98	3.08	3.18	3.27	3.34	3.41	3.48
15	1.15	1.71	2.07	2.34	2.54	2.71	2.85	2.98	3.08	3.18	3.25	3.34	3.41	3.48
>15	1.128	1.593	2.059	2.325	2.534	2.704	2.847	2.907	3.078	3.173	3.258	3.335	3.407	3.472

4. 再现性

测量系统的再现性（reproducibility）又称为复现性或重现性，是指不同的操作人员使用相同的量具，对同一测量对象进行多次测量而产生的波动。再现性主要是度量不同的操作人员在测量过程中所产生的波动，记为 AV（appraiser variation）。测量过程中，量具是相同的，测量对象也是相同的，可变的测量条件可以包括改变操作人员、操作方法，改变测量地点、使用条件和在不同时间进行测量等。其中，操作人员的差异对测量系统一致性的影响最为普遍，即由不同的操作人员，用相同的测量仪器，对同一测量对象进行测量时产生的波动。

合格的测量系统应具有良好的再现性，特别是由不同的操作人员使用同样的量具对同一测量对象测量时的波动要小。一般说来，估计测量系统的再现性采用下述方法：

步骤一：假设有 k 名操作人员，测量 n 个测量对象，要求每名操作人员对每个测量对象重复测量 m 次。第 i 名操作人员的测量数据如表 6-3 所示。

表 6-3　第 i 名操作人员的测量数据表

重复号 \ 零件号	1	2	…	n
1	x_{11}	x_{21}	…	x_{n1}
2	x_{12}	x_{22}	…	x_{n2}
⋮	⋮	⋮	⋮	⋮
m	x_{1m}	x_{2m}	…	x_{nm}
均值	$\bar{x}_1$	$\bar{x}_2$	$\bar{x}_n$	总平均 $\bar{\bar{x}}$

把第 i 名操作人员所得的 nm 个测量值的总平均记为 $\bar{\bar{x}}^{(i)}$，这样就得到 k 个总平均。

$$\bar{\bar{x}}^{1},\ \bar{\bar{x}}^{2},\ \cdots,\ \bar{\bar{x}}^{k}$$

步骤二：计算操作人员间的极差 R_o 与标准差 $\hat{\sigma}_o$：

$$R_o = \bar{\bar{x}}_{\max} - \bar{\bar{x}}_{\min}$$

$$\hat{\sigma}_o = R_o / d_2^*$$

式中，d_2^* 可查表6-2得：$d_2^* = d_2^*$（m，g）。因为只有一个极差 R_o 参与计算，故$g=1$，$m=k$。

步骤三：由于上述标准差 $\hat{\sigma}_o$ 还包含着每名操作人员重复测量引起的波动，故需要对标准差 $\hat{\sigma}_o$ 做出修正，此种修正要对相应的方差进行。这是因为，在独立场合方差具有可加性，而标准差不具有可加性。

若重复性中的方差为 $\hat{\sigma}_e$，如今每个操作人员各测量 nm 次，故方差要缩小 nm 倍，即实际重复性的方差为$\dfrac{\hat{\sigma}_e^2}{nm}$。从上述方差中扣除这个重复性方差，即得再现性的方差校正值。

$$\hat{\sigma}_o'^2 = \hat{\sigma}_o^2 - \frac{\hat{\sigma}_e^2}{nm}$$

$$\hat{\sigma}_o' = \left(\hat{\sigma}_o^2 - \frac{\hat{\sigma}_e^2}{nm}\right)^{1/2}$$

步骤四：计算其再现性为

$$\mathrm{AV} = 5.15\hat{\sigma}_o' = \left[(5.15\hat{\sigma}_o)^2 - \frac{(5.15\hat{\sigma}_e)^2}{nm}\right]^{1/2}$$

6.2　测量系统的模型及 R&R 估计

在测量过程中，观测值的波动等于各随机波动之和，既包括测量对象之间的波动，也包括测量系统的波动。为了在测量系统分析的研究中估计试验设计模型中的方差组成，许多学者应用二因素随机效应模型描述测量过程的重复性和再现性。其公式为

$$X_{ijk} = \mu + O_i + P_j + (OP)_{ij} + R_{k(ij)}$$

$$i=1,\ 2,\ \cdots,\ I;\ j=1,\ 2,\ \cdots,\ J;\ k=1,\ 2,\ \cdots,\ K$$

式中，X_{ijk}为第 i 个操作人员对第 j 个零件进行的第 k 次测量；μ 是未知常数（总均值）；O_i、P_j、$(OP)_{ij}$、$R_{k(ij)}$分别为操作人员、零件、操作人员与零件交互作用和重复测量效应的随机变量，且假设 $O_i \sim$（0，σ_0^2），$P_j \sim N$（0，σ_p^2），$(OP)_{ij} \sim N$（0，σ_{op}^2），$R_{k(ij)} \sim N$（0，σ_e^2），其中 O_i、P_j、$(OP)_{ij}$、$R_{k(ij)}$相互独立。

在二因素随机效应模型中，观测值 X_{ijk}的总波动等于各随机波动之和，即

$$\sigma_T^2 = \sigma_o^2 + \sigma_p^2 + \sigma_{op}^2 + \sigma_e^2$$

过程输出值的总波动中包括了过程的实际波动和测量系统的波动。测量数据的总方差 σ_T^2 由测量对象的方差 σ_p^2 与测量系统的方差 σ_{ms}^2组成，而测量系统的方差又由测量者的方差和量具的方差构成，即

$$\sigma_{ms}^2 = \sigma_o^2 + \sigma_{op}^2 + \sigma_e^2$$

式中，σ_{op}^2是操作人员与零件的交互作用方差，所以

$$\sigma_T^2 = \sigma_p^2 + \sigma_{ms}^2 = \sigma_p^2 + \sigma_o^2 + \sigma_{op}^2 + \sigma_e^2$$

将上式两端各乘上5.15^2，则

$$\mathrm{TV}^2 = \mathrm{PV}^2 + \mathrm{AV}^2 + \mathrm{EV}^2$$

式中，TV是总波动；PV是测量对象间的波动。$\mathrm{AV}^2 + \mathrm{EV}^2$是量具重复性和再现性波动的平方，即$\sigma_{ms}^2$，有时也直观地记为$(\mathrm{R\&R})^2$，因此

$$\mathrm{R\&R} = \sqrt{\mathrm{EV}^2 + \mathrm{AV}^2}$$

量具研究就是要估计这些方差成分，并同各种准则进行比较，以确定测量系统是否满足工程能力要求。

方差分析方法依赖于所有观测值平方和的正交分解。记

$$X_{\cdots} = \sum_{i=1}^{I}\sum_{j=1}^{J}\sum_{k=1}^{K} X_{ijk} \qquad \overline{X}_{\cdots} = \frac{1}{IJK}X_{\cdots}$$

$$X_{i\cdot\cdot} = \sum_{j=1}^{J}\sum_{k=1}^{K} X_{ijk} \qquad \overline{X}_{i\cdot\cdot} = \frac{X_{i\cdot\cdot}}{JK}(i = 1, 2, \cdots, I)$$

$$X_{\cdot j\cdot} = \sum_{i=1}^{I}\sum_{k=1}^{K} X_{ijk} \qquad \overline{X}_{\cdot j\cdot} = \frac{X_{\cdot j\cdot}}{IK}(j = 1, 2, \cdots, J)$$

$$X_{ij\cdot} = \sum_{k=1}^{K} X_{ijk} \qquad \overline{X}_{ij\cdot} = \frac{1}{K}X_{ij\cdot}(i = 1, 2, \cdots, I; j = 1, 2, \cdots, J)$$

$$MS_o = \frac{1}{I-1}JK\sum_{i=1}^{I}(\overline{X}_{i\cdot\cdot} - \overline{X}_{\cdots})^2$$

$$MS_p = \frac{1}{J-1}IK\sum_{j=1}^{J}(\overline{X}_{\cdot j\cdot} - \overline{X}_{\cdots})^2$$

$$MS_{op} = \frac{1}{(I-1)(J-1)}K\sum_{i=1}^{I}\sum_{j=1}^{J}(\overline{X}_{ij\cdot} - \overline{X}_{i\cdot\cdot} - \overline{X}_{\cdot j\cdot} - \overline{X}_{\cdots})^2$$

$$MS_R = \frac{1}{IJ(K-1)}\sum_{i=1}^{I}\sum_{j=1}^{J}\sum_{k=1}^{K}(X_{ijk} - \overline{X}_{ij\cdot})^2$$

$$MS_T = \frac{1}{IJK-1}\sum_{i=1}^{I}\sum_{j=1}^{J}\sum_{k=1}^{K}(X_{ijk} - \overline{X}_{\cdots})^2$$

式中，MS是标准差，不同下标表示不同的标准差，如MS_o表示操作人员的标准差。

基于标准差的计算结果，可以通过下列各式得到方差成分的估计值

$$\hat{\sigma}^2 = MS_R \qquad \hat{\sigma}_{op}^2 = \frac{MS_{op} - MS_R}{K}$$

$$\hat{\sigma}_o^2 = \frac{MS_o - MS_{op}}{JK} \qquad \hat{\sigma}_p^2 = \frac{MS_p - MS_{op}}{IK}$$

$$\hat{\sigma}_T^2 = \hat{\sigma}_o^2 + \hat{\sigma}_p^2 + \hat{\sigma}_{op}^2 + \hat{\sigma}^2$$

根据方差分析法，可以估计总波动中各方差成分的构成，如表6-4所示。方差成分σ^2

（或其平方根 σ）是量具重复性波动的指标，反映了测量过程中量具本身的波动。而方差成分的平方和 $\sigma_o^2+\sigma_{op}^2$（或者 $\sqrt{\sigma_o^2+\sigma_{op}^2}$）是量具再现性波动的指标，反映了测量过程中操作人员之间的波动，因此，测量系统的再现性定义为

$$\sigma_{\text{reproducibility}}=\sqrt{\sigma_o^2+\sigma_{op}^2}$$

表6-4　二因素随机效应模型中R&R研究的方差分析表

波动源	自由度	标准差	期望的标准差
操作人员（O）	$I-1$	MS_o	$E(MS_o)=\sigma^2+K\sigma_{op}^2+JK\sigma_o^2$
零件（P）	$J-1$	MS_p	$E(MS_p)=\sigma^2+K\sigma_{op}^2+JK\sigma_p^2$
操作人员×零件（$O\times P$）	$(I-1)(J-1)$	MS_{op}	$E(MS_{op})=\sigma^2+K\sigma_{op}^2$
重复性（R）	$IJ(K-1)$	MS_R	$E(MS_R)=\sigma^2$

在应用方差分析法估计测量系统的再现性波动时，通过获得 σ_o^2 和 σ_{op}^2 的矩估计，进而得到测量系统的再现性估计。这种方法的主要缺陷是可能导致方差成分出现负估计值，特别是当零件与操作人员之间的交互效应不显著时，这种利用矩估计的方法往往导致测量系统的再现性出现负值。

在测量过程的基本模型中，对于固定的 i 和 j，随机变量 $X_{ijk}-[O_i+P_j+(OP)_{ij}]$ 相互独立，且服从正态分布 $N(\mu,\sigma^2)$，同时随机变量 X_{ijk} 与 $X_{ijk}-[O_i+P_j+(OP)_{ij}]$ 具有相同的样本极差，因此，令

$$R_{ij}=\max_{1\leqslant k\leqslant K}X_{ijk}-\min_{1\leqslant k\leqslant K}X_{ijk}$$

则

$$E\left[\frac{R_{ij}}{d_2(K)}\right]=\sigma$$

又记

$$\overline{R}=\frac{1}{IJ}\sum_{i,j}R_{ij}$$

那么量具重复性的无偏估计为

$$\hat{\sigma}=\frac{\overline{R}}{d_2(K)}=\frac{1}{d_2(K)IJ}\sum_{i,j}R_{ij}$$

为了给出测量系统再现性波动的合理估计，记 $\overline{X}_{ij\cdot}=\frac{1}{K}\sum_{k=1}^{K}X_{ijk}$，将给定的零件 j，i 个操作人员测量均值的样本极差记为

$$\Delta_j=\max_{1\leqslant i\leqslant I}\overline{X}_{ij\cdot}-\min_{1\leqslant i\leqslant I}\overline{X}_{ij\cdot}$$

对于固定的零件 j，i 个随机变量 $\overline{X}_{ij}-P_j$ 相互独立，且服从正态分布 $N(\mu,\sigma_o^2+\sigma_{op}^2+\frac{1}{K}\sigma^2)$，同时随机变量 $\overline{X}_{ij}$ 与 $\overline{X}_{ij}-P_j$ 具有相同的样本极差，因此

$$E\left[\frac{\Delta_j}{d_2(I)}\right]=\sqrt{\sigma_o^2+\sigma_{op}^2+\frac{1}{K}\sigma^2}$$

又记 $\overline{\Delta}=\frac{1}{J}\sum_{j=1}^{J}\Delta_j$，则测量系统再现性方差的合理估计为

$$\hat{\sigma}^2_{\text{reproducibility}} = \max\left\{0,\ \left[\frac{\overline{\Delta}}{d_2(I)}\right]^2 - \frac{1}{K}\left[\frac{\overline{R}}{d_2(K)}\right]^2\right\}$$

上述估计量考虑了质量控制领域经常采用的样本极差，其最大优点在于计算简单，而且揭示了如何纠正基于样本极差的估计量的偏差。

【例 6-1】 表 6-5 是某航空公司测试部门为研究测量系统的重复性和再现性而获得的测量数据和计算结果，其中由 2 个操作人员测量了 20 个零件，每个零件各重复测量 4 次（表中 2 ~ 5 列，8 ~ 11 列），试给出该测量系统的 R&R 估计值。

表 6-5　测量数据和计算结果

零件	操作人员（1）						操作人员（2）						
	X_{1j1}	X_{1j2}	X_{1j3}	X_{1j4}	R_{1j}	$\overline{X}_{1j}$	X_{2j1}	X_{2j2}	X_{2j3}	X_{2j4}	R_{2j}	$\overline{X}_{2j}$	Δ_j
1	41	41	41	40	1	40.75	40	39	39	40	1	39.5	1.25
2	42	42	42	41	1	41.75	41	41	40	40	1	40.5	1.25
3	41	42	42	42	1	41.75	40	41	41	40	1	40.5	1.25
4	39	40	39	40	1	39.5	40	41	41	40	1	40.5	1
5	38	39	39	38	1	38.5	40	40	39	39	1	39.5	1
6	39	39	39	40	1	39.25	40	40	41	40	1	40.25	1
7	39	40	40	40	1	39.75	41	41	41	41	0	41	1.25
8	41	42	42	41	1	41.5	40	41	40	39	2	40	1.5
9	43	42	42	41	2	42	41	42	40	41	2	41	1
10	39	38	39	38	1	38.5	39	40	40	39	1	39.5	1
11	42	41	41	42	1	41.5	42	40	40	40	2	40.5	1
12	41	41	40	40	1	40.5	39	39	40	40	1	39.5	1
13	39	40	40	41	2	40	39	40	39	40	1	39.5	0.5
14	38	39	38	39	1	38.5	39	39	40	39	1	39.25	0.75
15	41	42	40	41	2	41	39	40	40	41	2	40	1
16	39	39	38	38	1	38.5	40	39	40	40	1	39.75	1.25
17	39	40	40	39	1	39.5	40	41	41	40	1	40.5	1
18	38	39	38	39	1	38.5	38	39	39	40	2	39	0.5
19	40	41	41	40	1	40.5	39	40	39	40	1	39.5	1
20	39	38	40	38	2	38.75	39	40	40	40	1	39.75	1

首先，计算每个操作人员 i（$i=1，2$）对零件 j 的样本极差 R_{ij}（$i=1，2$；$j=1，\cdots，20$），样本均值 $\overline{X}_{ij}$（$i=1，2$；$j=1，\cdots，20$），以及 Δ_j（$j=1，\cdots，20$），计算结果分别见表 6-5 中的第 6、7、12、13、14 列。

其次，可以得到

$$\overline{R} = \frac{1}{IJ}\sum_{i,j} R_{ij} = \frac{1}{2\times 20}(1+1+\cdots+1+1) = 1.2$$

$$\overline{\Delta} = \frac{1}{J}\sum_{j=1}^{20}\Delta_j = \frac{1}{20}(1.25 + 1.25 + \cdots + 1 + 1) = 1.025$$

该例中，2 名操作人员对20 个零件各测量4 次，则 $m=4$，$g=2\times20=40$。从表6-2中查得 d_2^*（K）$=d_2^*$（4，40）$=2.059$。计算再现性时，由于只有一个极差参与计算，故 $g=1$，$m=k=2$，$K=n\times m=20\times4=80$，从表6-2 中查得 d_2^*（I）$=d_2^*$（2，1）$=1.41$，最后可得到测量系统的 R&R 估计值

$$\hat{\sigma}_e = \frac{\overline{R}}{d_2^*} = \frac{1.2}{2.059} = 0.58$$

$$\mathrm{EV} = 5.15\hat{\sigma}_e = 5.15\times0.58 = 2.987$$

$$\hat{\sigma}_{\text{reproducibility}} = \sqrt{\max\left\{0,\ \left[\frac{\overline{\Delta}}{d_2(I)}\right]^2 - \frac{1}{K}\hat{\sigma}^2\right\}} = 0.72$$

$$\mathrm{AV} = 5.15\hat{\sigma}_{\text{reproducibility}} = 5.15\times0.72 = 3.708$$

6.3 测量系统能力的评价及其应用

测量也是一个过程，在工程实践中，如果测量过程的波动与生产过程的波动相比较小，则认为测量过程是有能力的，测量的数据是可靠的。在测量系统的总波动中，最主要的是测量系统的重复性和再现性，也就是通常所说的量具的 R&R。因此，在对测量系统的能力进行评价时，通常采用以下两种方法：

（1）用测量系统的波动 R&R 与总波动之比来度量，记为 P/TV。

$$P/TV = \frac{\mathrm{R\&R}}{TV}\times100\%$$

（2）用测量系统的波动 R&R 与测量对象质量特性的公差之比来度量，记为 P/T。

$$P/T = \frac{\mathrm{R\&R}}{\mathrm{USL}-\mathrm{LSL}}\times100\% = \frac{6\sigma_{ms}}{\mathrm{USL}-\mathrm{LSL}}\times100\%$$

若仅有单侧上规格限时

$$P/T = \frac{3\sigma_{ms}}{\mathrm{USL}-\mu}\times100\%$$

若仅有单侧下规格限时

$$P/T = \frac{3\sigma_{ms}}{\mu-\mathrm{LSL}}\times100\%$$

在评价测量系统的能力时，通常采用的准则如表 6-6 所示。

表 6-6 测量系统能力判别准则

测量系统能力	说 明
P/TV 或 $P/T\leqslant10\%$	测量系统的能力很好
$10\%\leqslant P/TV$ 或 $P/T\leqslant20\%$	测量系统的能力是令人满意的
$20\%\leqslant P/TV$ 或 $P/T\leqslant30\%$	测量系统的能力处于临界状态
P/TV 或 $P/T>30\%$	测量系统的能力不令人满意，必须进行改进

根据这一准则，当 P/TV 或 $P/T\leqslant10\%$ 时，表明测量系统是有能力的。当 $20\%\leqslant P/TV$ 或 $P/T\leqslant30\%$ 时，测量系统的能力处于临界状态。这时，当测量对象是重要变量时，此测量系统不能使用；当测量对象是非重要变量且立即更换测量系统暂时无法实现时，此测量系统可以勉强使用。当 P/TV 或 $P/T>30\%$ 时，说明测量系统本身的波动过大，由这样的测量系统得到的数据是不可靠的，测量系统必须改进。在这种情况下，必须研究测量系统的各种波动源，并采取措施（如试验设计）减小波动；如果采取措施后，仍不能满足要求，那就要更换量具，采用新的测量系统。

【例6-2】 某质量改进团队在进行测量系统分析时，选择了A、B、C三个操作人员，对10个零件各测量了两次，测量的数据如表6-7所示。

表6-7　某团队的测量数据　（单位：kg）

操作人员	零件1	零件2	零件3	零件4	零件5	零件6	零件7	零件8	零件9	零件10
A	0.65	1.00	0.85	0.85	0.55	1.00	0.95	0.85	1.00	0.60
A	0.60	1.00	0.80	0.95	0.45	1.00	0.95	0.80	1.00	0.70
B	0.55	1.05	0.80	0.80	0.40	1.00	0.95	0.75	1.00	0.55
B	0.55	0.95	0.75	0.75	0.40	1.05	0.90	0.70	0.95	0.50
C	0.50	1.05	0.80	0.80	0.45	1.00	0.95	0.80	1.05	0.85
C	0.55	1.00	0.80	0.80	0.50	1.05	0.95	0.80	1.05	0.80

运用Minitab软件进行计算，实现路径为：统计→质量工具→量具研究→量具R&R研究（交叉），分析方法选择XBar和R（X），得到的结果如图6-4所示。

根据结果可以看出，该测量系统可区分的类别数为5，表示测量系统的分辨率勉强合格；系统符合 $10\%<P/TV=25.16\%<30\%$，根据测量系统能力判别准则，测量系统能力处于临界状态，不能用于测量重要特性的产品。

在实际生产中，为了分析测量过程波动源的大小以及对过程质量的影响，需要根据实际问题构造统计分析模型，采用方差分析和方差分量法估计测量系统波动的大小。

运用Minitab软件进行计算，实现路径为：统计→质量工具→量具研究→量具R&R研究（交叉），分析方法选择方差分析，得到的结果如图6-5所示。

来源	方差分量	贡献率(%)
合计量具R&R	0.0020839	6.33
重复性	0.0011549	3.51
再现性	0.0009291	2.82
部件间	0.0308271	93.67
合计变异	0.0329111	100.00

来源	标准差(SD)	研究变异(6×SD)%	研究变异(%SV)
合计量具R&R	0.045650	0.27390	25.16
重复性	0.033983	0.20390	18.73
再现性	0.030481	0.18288	16.80
部件间	0.175577	1.05346	96.78
合计变异	0.181414	1.08848	100.00

可区分的类别数=5

图6-4　量具的R&R分析

来源	方差分量	贡献率(%)
合计量具R&R	0.0044375	10.67
重复性	0.0012917	3.10
再现性	0.0031458	7.56
操作者	0.0009120	2.19
操作者*零件	0.0022338	5.37
部件间	0.0371644	89.33
合计变异	0.0416019	100.00

来源	标准差(SD)	研究变异(6×SD)%	研究变异(%SV)
合计量具R&R	0.066615	0.39969	32.66
重复性	0.035940	0.21564	17.62
再现性	0.056088	0.33653	27.50
操作者	0.030200	0.18120	14.81
操作者*零件	0.047263	0.28358	23.17
部件间	0.192781	1.15668	94.52
合计变异	0.203965	1.22379	100.00

可区分的类别数=4

图6-5　量具的R&R分析

根据上述结果可以看出，该测量系统可区分的类别数为4，表示测量系统的分辨率较弱；系统符合 $P/TV=32.66\%>30\%$，根据测量系统能力判别准则，测量系统能力不能令人满意，必须切实改进测量系统进行再次评估，然后才能用于测量重要变量。

6.4 特殊情况下的测量系统分析

6.4.1 破坏性试验的测量系统分析

有些测量，如强度试验或湿度试验的测量，在测取数据的同时，样件会遭到破坏，这种试验称为破坏性试验，这种情况下对样件多次重复测试是不可能的。因此，需要采取其他补救办法进行测量系统分析。通常采用的方法是假定同批次内样件间的差异可以忽略不计，即用同一批次中的不同样件当作同一样件。例如，在测量系统分析中，假设选择10个样件，共有3个操作人员，每个操作人员重复测试2次，那么，总共进行了60次测量操作；在破坏性试验的情况下，可以选取10个批次（这些过程输出结果是在相同的条件下产生的），从每批选取6个样件，用这些样件来替代在非破坏性试验情况下的60次操作。

下面将结合实例来说明破坏性试验测量系统分析的方法。表6-8是某材料黏度试验的测试结果，由于黏度试验样本无法重复使用，所以从7个批次中，每个批次抽取两个样本，采用同样的方法（人员与量具）测量。

表6-8 黏度试验的测试数据和计算结果

批次	1	2	3	4	5	6	7	
样本1	20.48	19.37	20.35	19.87	20.36	19.32	20.58	
样本2	20.43	19.23	20.39	19.93	20.34	19.30	20.68	
极差（R）	0.05	0.14	0.04	0.06	0.02	0.02	0.10	$\overline{R}=0.0614$
样本均值（$\bar{x}$）	20.455	19.300	20.370	19.900	20.350	19.310	20.630	$\bar{\bar{x}}=20.045$
移动极差（MR）		1.155	1.07	0.47	0.45	1.04	1.32	$\overline{\text{MR}}=0.9175$

由于同一批次中的两个样本是用同样的方法（人员与量具）测量，因此，可以忽略测量系统的再现性波动，即认为这两个测量数据的波动主要是由测量误差造成的。将每一批次的样本构成一个子组，计算每个子组的极差，计算结果见表6-8第4行。

图6-6为黏度试验样本的极差控制图。从中可以看出样本极差均在控制限内，处于统计控制状态。

由于测量过程中忽略了测量系统的再现性，则测量系统的波动主要是由量具的重复性构成，即 $\hat{\sigma}_{ms}=\hat{\sigma}=\dfrac{\overline{R}}{d_2}$，其中 d_2 可查控制图系数表得到，它与样本容量 n 有关（在本例中，$n=2$，$d_2=1.128$）。因此，$\hat{\sigma}_{ms}=\hat{\sigma}=\dfrac{\overline{R}}{d_2}=\dfrac{0.0614}{1.128}=0.054$。

上述计算的波动仅反映各个批次内样本的差异，而计算批次与批次之间的波动，通常采用的方法是计算各批次样本均值的移动极差。表6-8的第5、第6行分别给出了每个批次的样本均值以及均值的移动极差。图6-7为黏度试验样本的单值－移动极差控制图，可以判定

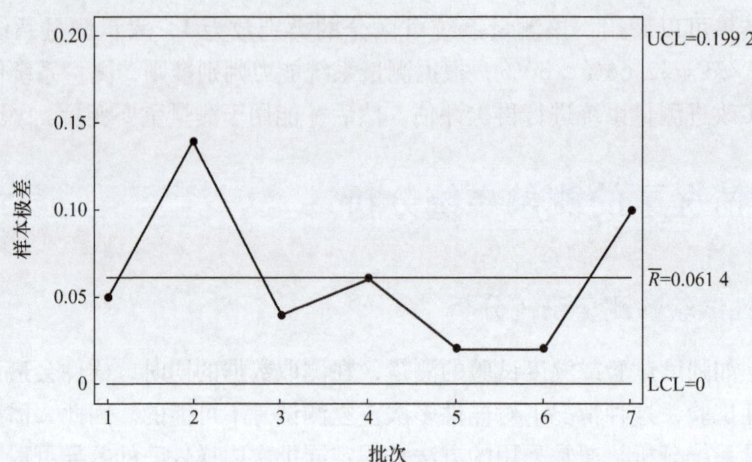

图 6-6 黏度试验样本的极差控制图

过程处于统计控制状态。

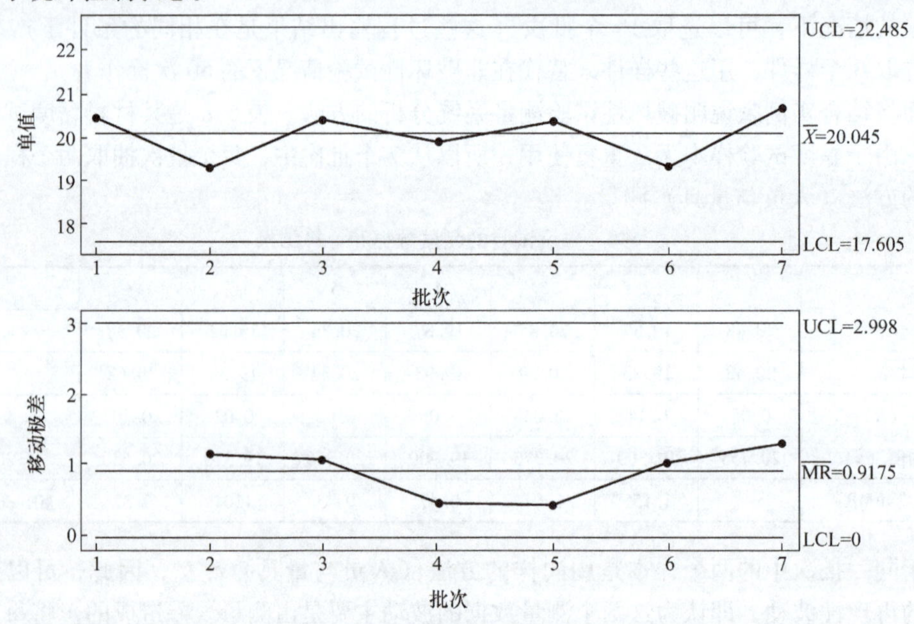

图 6-7 黏度试验样本的单值 - 移动极差控制图

从极差控制图上，可以考察测量过程的一致性，而单值 - 移动极差控制图揭示的是生产过程的一致性。由于单值 - 移动极差控制图处于统计状态，因此，批次间的波动可用 $\hat{\sigma}_p = \dfrac{\overline{R}}{d_2}$估计，其中 $\overline{R}$ 是移动极差的均值，d_2 可查控制图系数表得到，它与样本容量 n 有关（本例中 $n=2$，$d_2=1.128$）。即 $\hat{\sigma}_p = \dfrac{\overline{R}}{d_2} = \dfrac{0.9175}{1.128} = 0.813$。

一旦得到了测量系统的波动 $\hat{\sigma}_{ms}$ 和批次与批次之间的波动 $\hat{\sigma}_p$，就可估算出测量过程的总波动 $\hat{\sigma}_T$，进而对测量系统的能力进行评价，如计算 P/TV、P/T，以及考察测量系统是否有足够的分辨力等。

6.4.2　属性值数据一致性分析

测量结果并不都是连续型的计量型数据，有时也会是计数型数据或属性值数据。计数型测量系统最常见的结果是通过/不通过、合格/不合格等两种等级，当然也有一些计数型测量系统的结果形成两个以上的不同的分级。计数型数据不同于计量型数据，所以对计数型数据的分析不能采用计量型数据的分析方法。经过实践和理论研究，采用计数型数据一致性分析的方法可以解决这一问题。计数型数据一致性分析即对计数型数据进行相关性和一致性分析。

除了计数型数据一致性分析外，也有其他方法对计数型测量系统进行分析，如有效性、漏判率、误判率。有效性分为测量者的有效性和系统的有效性。测量者对测量对象的测量结果一致，且与标准一致，则称为有效，有效测量对象数与被测量对象数之比称为测量者的有效性。若所有测量者对同一被测零件的所有测量结果都一致，且与基准一致，则称之为系统有效。系统的有效性是指系统有效的零件数目与被测零件数目之比。漏判率是将标准为不合格的测量对象判断为合格的机会百分比。误判率是将标准为合格的测量对象判断为不合格的机会百分比。计数型测量系统的判断标准如表6-9所示。在实际操作中，还可以结合测量对象的重要程度进行分析，对于关键的测量对象应适当严格判断标准，对非关键的测量对象可以适当放宽判断标准。

表6-9　计数型测量系统的判断标准

判断	有效性	漏判率	误判率
可接受	≥90%	≤2%	≤5%
接受—需要改进	≥80%	2%～5%	5%～10%
不可接受	≤80%	≥5%	≥10%

在获取计数型数据一致性分析的测量数据时，一般选取20个或20个以上的样本，样本合格数与不合格数最好控制在各占50%，应在从事日常检验活动的人员中选择至少2人，每个测量者对每个零件重复测量至少2次，以决定该零件是否可以接受。用测量者判定结果的一致性来表示计数型测量系统的好坏。显然，重复性是指同一个测量者对同一零件在不同测量轮数时的一致程度；再现性则是指不同测量者对同一零件测量时的一致性。

下面将通过一个简单的例子来说明计数型数据一致性分析。假设选取20个零件，2个检验员，每人测量2次，得到如表6-10所示结果，其中P表示合格，NP表示不合格。

表6-10　计数型测量系统分析数据表

零件号	检验员A		检验员B		已知属性或标准
	第1次	第2次	第1次	第2次	
1	P	P	P	P	P
2	P	P	P	P	P
3	NP	P	P	P	P
4	NP	NP	NP	NP	NP
5	P	P	P	P	P
6	P	P	P	P	P
7	NP	NP	NP	NP	NP

（续）

零件号	检验员 A		检验员 B		已知属性或标准
	第 1 次	第 2 次	第 1 次	第 2 次	
8	NP	NP	P	P	NP
9	P	P	P	P	P
10	P	P	P	P	P
11	NP	NP	NP	NP	NP
12	P	P	P	P	P
13	P	NP	P	P	P
14	NP	NP	NP	NP	NP
15	P	P	P	P	P
16	P	P	P	P	P
17	P	P	P	P	P
18	P	P	P	P	NP
19	P	P	P	P	P
20	NP	NP	NP	NP	NP

从表 6-10 可知，检验员 A 测量 20 个零件各 2 次，其中有 2 次不一致，一致性比率为 90%（18/20）；而检验员 B 则全部一致，一致性比率为 100%。

运用 Minitab 软件进行计算，实现路径为：统计→质量工具→属性一致性分析，可得到计数型测量系统的分析图（见图 6-8）和一致性比率的分析结果（见图 6-9）。

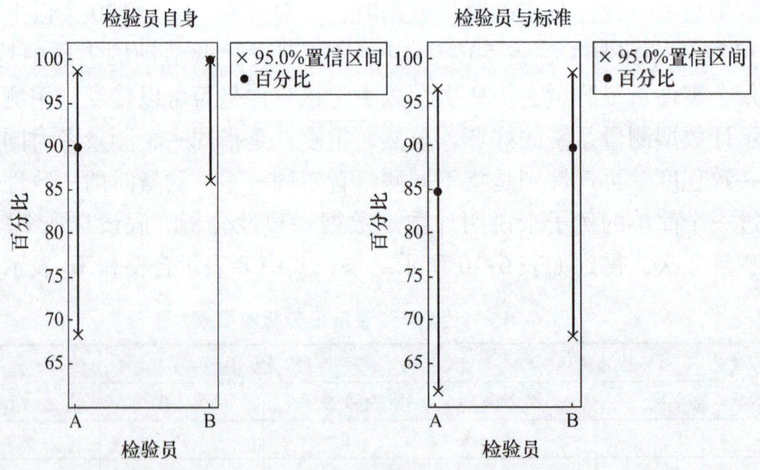

图 6-8 计数型测量系统的分析图

从图 6-8 可以看到，检验员 B 的评估水平最佳，检验员 A 居末。图 6-9 分别显示了每个检验员与标准、检验员之间，以及所有检验员与标准整体的一致性比率和 95% 的置信区间。整体而言，总体有效性的一致性比率为 80%，测量数据较准确。

评定值的属性一致性分析

检验员自身

评估一致性

检验员	# 检验数	# 相符数	百分比	95%置信区间
A	20	18	90.00	(68.30,98.77)
B	20	20	100.00	(86.09,100.00)

#相符数：检验员在多个试验之间，他/她自身标准一致。

每个检验员与标准

评估一致性

检验员	# 检验数	# 相符数	百分比	95%置信区间
A	20	17	85.00	(62.11,96.79)
B	20	18	90.00	(68.30,98.77)

#相符数：检验员在多次试验中的评估与已知标准一致。

检验员之间

评估一致性

# 检验数	# 相符数	百分比	95%置信区间
20	17	85.00	(62.11,96.79)

#相符数：所有检验员的评估一致。

所有检验员与标准

评估一致性

# 检验数	# 相符数	百分比	95%置信区间
20	16	80.00	(56.34,94.27)

#相符数：所有检验员的评估与已知的标准一致。

图6-9　一致性比率的分析结果

思考与练习

1. 简述测量系统的重复性与再现性，以及出现重复性与再现性差的潜在原因。
2. 分析测量系统的某一特性时，主要基于哪些考虑（为什么分析此特性而不是其他特性）？
3. 测量系统的五大特性通常是指什么？简述测量系统分析的意义所在。
4. 对于条件接受的测量系统，应怎样理解？是否所有的特性都可在分析时有条件地接受？
5. 一家公司的质检部门新购买了一台测量仪器，在正式使用之前，需要对新仪器进行评估。检验人员选取了4个标准部件，并随机地对每个部件测量了5次，数据如表6-11所示。假设过程总波动PV（即6σ）为12，试计算该测量系统的偏倚和线性，并使用Minitab软件实现。

表6-11　测量仪器的测量结果　（单位：kg）

部件	1	2	3	4
参考值	2.00	5.00	10.00	15.00
测量值1	2.03	4.93	10.11	14.80
测量值2	2.07	5.08	10.05	15.17
测量值3	1.93	4.89	9.90	15.15
测量值4	2.05	4.95	10.13	15.26
测量值5	1.95	5.12	10.13	15.32

6. 某机床加工一种零件，其公差要求为（45.5±0.5）cm。为进行测量系统分析，检验人员随机抽取了6个零件，并进行编号，然后挑选3位检验员用各自的测量仪器对每个零件进行测量，测量完毕，将零件顺序打乱，重新再测量一次，其测量结果如表6-12所示。试对测量系统进行精确度分析，并使用Minitab软件实现。

表6-12 某零件的测量结果 （单位：cm）

检验员	次数	零件					
		1	2	3	4	5	6
A	1	45.65	46.00	45.85	45.55	45.85	45.60
A	2	45.60	46.00	45.80	45.45	45.80	45.70
B	1	45.55	46.05	45.80	45.40	45.75	45.55
B	2	45.54	45.95	45.75	45.40	45.70	45.50
C	1	45.55	45.80	45.80	45.39	45.80	45.80
C	2	45.59	45.81	45.80	45.41	45.79	45.86

7. 某钢铁企业生产新型钢板，需要进行钢板应力试验。考虑到产品无法重复使用，因此从10批产品中各抽取2个样本，安排2名操作人员每人对5批钢板各测取2次承受应力的数据（见表6-13）。试分析该测量系统。

表6-13 某新型钢板应力试验的测量结果 （单位：MPa）

编号	钢板型号	操作人员	测量值	编号	钢板型号	操作人员	测量值
1	A1	甲	78	6	F1	乙	79
1	A2	甲	80	6	F2	乙	78
2	B1	乙	75	7	G1	甲	81
2	B2	乙	78	7	G2	甲	80
3	C1	甲	82	8	H1	乙	82
3	C2	甲	80	8	H2	乙	79
4	D1	乙	79	9	I1	甲	83
4	D2	乙	86	9	I2	甲	81
5	E1	甲	85	10	J1	乙	82
5	E2	甲	81	10	J2	乙	80

8. 某食品公司为检验新员工感官评估的培训效果，选取3种不同级别的食品请3位受训员工对其进行评分，测量结果如表6-14所示。试对此测量系统进行分析评价。

表6-14 3位新员工对3种食品的评分结果

检验员	食品1		食品2		食品3	
	标准	评定值	标准	评定值	标准	评定值
A	优	优	良	良	差	差
		优		良		差
B		优		良		差
		优		良		差
C		优		良		良
		优		优		差

第7章 过程能力分析

在过程质量分析与控制中，计算与分析过程能力指数是一项非常重要的工作。所谓过程能力指数（process capability index），就是判断过程是否满足规格要求的一种度量方法，即度量过程能力满足产品规格要求程度的数量值。通过过程能力分析，可以发现过程的质量瓶颈和过程中存在的问题，从而进一步明确质量改进的方向。

本章将主要介绍过程能力分析的基本概念、常用的过程能力指数、过程绩效指数、新的质量损失原理等。

7.1 过程能力分析的基本概念

7.1.1 产生质量问题的原因和两种波动

在产品设计和制造过程中，形成的产品往往存在着缺陷，即使是合格品也常常由于不同程度的缺陷而被划分为不同的等级。波音公司《先进质量系统》文件中表明：如果假设每架飞机需要200万个零件，根据当前制造工业数据资料的估算，在这200万个零件的制造中，有14万个零件存在着缺陷。这将导致资源的极大浪费和巨大的质量损失。人们自然迫切期望在产品的形成过程中，这些缺陷能够被及时地消除或者减少到最低程度，进而提高产品质量，降低成本，提高组织的经济效益。

要消除或减少缺陷，首先需要弄清楚引起产品缺陷的原因。为此，考虑一个大胆的设想：如果产品的设计是好的，产品每个零件的尺寸与设计目标值完全吻合，每个零件的材料也是均匀一致地符合要求，装配过程始终稳定于一个最优状态，那么，在这种理想的环境下形成的产品一定是完美无缺的。然而，在实际中这种理想的状态是难以达到的。即使在设计完好的情况下，每个零件的尺寸也常常围绕设计目标值产生不同程度的偏差，每个零件所使用的原材料也存在差异，各个装配环节的水平也存在差异，如此等等。因此，在产品的形成过程中，各个阶段均存在差异、波动，导致了最终产品的缺陷。要提高产品质量，减少产品的缺陷，就必须在产品形成的各个阶段最大限度地减小、抑制和控制波动。

在产品形成的过程中，各个阶段波动的叠加，导致了最终产品的缺陷。那么波动又是由什么引起的呢？事实上，波动无处不在，无时不有，它是客观存在的。主要有以下几种：

（1）操作人员（man）的差异。不同的操作人员具有不同的阅历、知识结构、天赋、心理特征，以及在专业技术训练中获得的不同技能，这些将导致不同的操作人员在工作过程中的差异。此外，即使是同一人，在不同的时间内，操作水平也会有差异。

(2) 机器设备 (machine) 的差异。即使是同一台机器，由于轴承的轻微磨损、钻头的磨钝、调整机器出现的偏差、机器运转速度和进给速度的变化等，也会具有微小的差异。

(3) 原材料 (material) 的差异。无论对购进的原材料有多么严格的要求，原材料在厚度、长度、密度、微观结构、颜色、硬度等方面也往往存在着微小差异。

(4) 方法 (method) 的差异。在生产过程中，不同的操作人员采用不同的加工方法，即使是同一个操作人员，在不同的时间内，所用的方法也会有所差异。

(5) 测量 (measurement) 的差异。在测量过程中，测量系统的波动也是始终存在的。

(6) 环境 (environment) 的差异。制造过程中湿度、温度、气压等变化是始终存在的。

上述种种无法穷尽的潜在的波动相互作用，注定了制造的产品与设计目标值之间存在着差异。日本质量工程专家田口玄一博士将导致产品功能波动的原因进一步划分为以下几种：①产品使用过程中，外部环境变化引起的外部噪声；②随着产品的储存或使用，逐渐不能达到其预先设计功能的老化的内部噪声；③由于制造过程中存在波动，存在产品间的噪声。

随着科学技术的进步，人们可以通过某些技术减小上述种种波动的幅度，从而达到减小、抑制和控制波动的目的，但试图完全消除波动，最终使之减小为零是永远办不到的。这是因为：首先，人们无法穷尽影响整个产品形成过程的波动源；其次，即使从宏观上能够消除这些差异，但微观结构上的差异也是难以消除和控制的。因此，必须承认波动是客观存在的。既然波动是客观存在的，那么就应该尊重这种客观事实，在认识这种规律的基础上，利用这种规律。

在任何过程中，那些不可识别或不可控制的因素称为过程的随机因素或偶然因素 (random cause)。随机因素干扰而导致过程输出的波动，称为随机波动。由于随机波动的幅度较小，在工程上是可以接受的。即使这种较小的随机波动，人们也不希望它存在，因为它毕竟会对最终产品的质量产生一定的影响。但由于不能从根本上消除它，就不得不承认它存在的合理性。也就是说，随机因素的存在是一种正常现象。从这种意义上讲，人们也称随机因素为固有因素或者通常因素 (common cause)。由此，人们称仅有随机因素影响的过程为正常的或者稳定的过程，此时过程所处的状态称为受控状态 (in control) 或统计控制状态 (in state of statistical control)，正常的过程正是在这种状态下运行的。一旦这种状态遭到破坏，则称过程处于失控状态 (out of control)，此时就需要检查、查找失控的原因，使之恢复到受控状态，并维持过程的正常运行。

一个不可回避的问题是如何判断过程是否处于受控状态。不难想到，过程的输出结果是过程是否处于受控状态的最有力的证据。由于过程受到随机因素的影响，其输出结果具有一定的偶然性，因此仅通过过程输出的个别观测结果似乎难以揭示过程当前的运行状态。值得庆幸的是，在随机因素影响过程的同时，还存在着另外一类相对稳定的因素作用于过程，制约着过程的输出结果。例如，尽管原材料的微观结构具有微小的差异，但所选用的原材料总具有一定的规格要求；操作人员的水平虽然具有差异，但客观上讲，操作人员都具有一定的技能；机器设备具有一定的差异，但所使用的机器设备也是具有一定精度要求的；如此等等。这些因素都是制造过程中相对稳定的因素，称为制约过程输出结果的系统因素 (system cause）或者控制因素（control factors）。正是系统因素的作用，才使得过程输出结果的偶然性呈现出一种必然的内在规律性。通过过程输出结果的规律性，可以探测当前过程是否处于统计控制状态，即系统因素是否发生变异。一旦系统因素发生变异，则过程输出结果原有的规律将遭到破坏，从而判定过程失控或过程异常。

7.1.2 过程能力

在实际制造过程中，如果过程处于受控状态，则过程输出的质量特性 X 通常服从正态分布，即 $X \sim N(\mu, \sigma^2)$。人们总希望制造过程输出的质量特性 X 能最大限度地落在设计目标值 T 的周围。当以 μ 为中心的区间越大时，落入该区间内的点数自然会越多。考察以标准差 σ 为单位构造的三个典型区间 $[\mu-\sigma, \mu+\sigma]$、$[\mu-2\sigma, \mu+2\sigma]$、$[\mu-3\sigma, \mu+3\sigma]$，如图 7-1 所示。

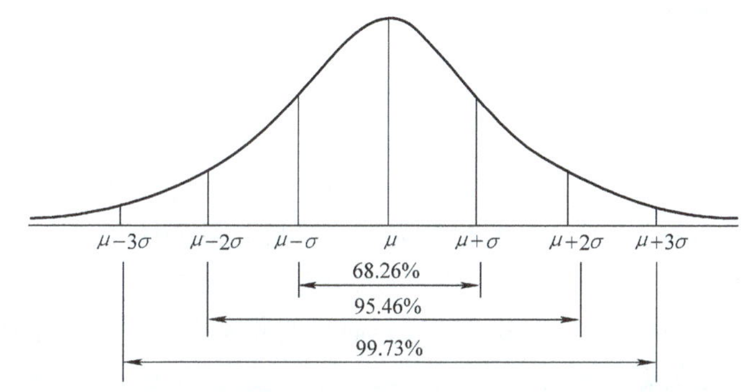

图 7-1 正态分布和落入 $[\mu-i\sigma, \mu+i\sigma]$（$i=1, 2, 3$）的概率

由于 X 服从正态分布，所以很容易计算出制造过程输出的质量特性 X 分别落入上述三个区间的频率（或概率）为

$$P(\mu-\sigma \leqslant X \leqslant \mu+\sigma)=68.26\%$$

$$P(\mu-2\sigma \leqslant X \leqslant \mu+2\sigma)=95.46\%$$

$$P(\mu-3\sigma \leqslant X \leqslant \mu+3\sigma)=99.73\%$$

也就是说，当随机抽查制造过程输出的 100 个结果时，在概率的意义下，有 68.26 个落入以 μ 为中心 σ 为半径的区间内；对于相同的中心 μ，若半径为 2σ，则落入该区间内的点数为 95.46 个；若半径长度增至 3σ 时，则落入区间 $[\mu-3\sigma, \mu+3\sigma]$ 内的点数为 99.73 个，仅有 0.27 个落在 $\pm 3\sigma$ 区间之外。若随机测量制造过程生产的 1000 个工件，只有 2.7 个工件的质量特性 X 值落在区间 $[\mu-3\sigma, \mu+3\sigma]$ 之外。在工程领域，习惯把该区间长度 6σ 定义为过程能力。

过程能力（Process Capability，PC）等于 6σ，它刻画了生产过程的自然输出能力，σ 值越小，过程能力越强；过程能力与设计目标值 T 无关。从上述讨论中可知，当 σ 值越小时，过程的输出特性值就会越稳定地分布在设计目标值附近，即当 σ 充分小时，区间 $[\mu-3\sigma, \mu+3\sigma]$ 也足够小，此时 99.73% 的样本点都聚集在设计目标值 T 附近，这正是人们所期望的。

7.1.3 过程能力分析的意义、目的和作用

自20世纪80年代以来，用于分析、评价过程能力的各种统计技术已广泛应用于制造过程。尽管过程能力分析（process capability analysis）并没有严格的定义，但已经形成这样的共识，即过程能力分析的目标就是确定过程输出是否满足工程和顾客需求的要求。此外，被广泛认可的观点是：当过程处于统计控制状态时，对其过程性能进行评价才有意义。换言之，过程输出具有稳定的、可预测的分布，是进行过程能力分析的前提条件。

通过过程能力分析，可达到以下目的：

• 预测过程质量特性值的波动对公差的符合程度。常用的过程能力指数是无量纲的，可以用其评价和选择合适的供应商，或者对组织内各个环节的质量水平进行评价、比较。

• 帮助产品开发和过程开发者选择和设计产品/过程。例如，当市场营销人员发现顾客所要求的规范较为宽松时，可以大幅度提高产品/服务的合格品率，这就使得市场营销人员考虑制定最优的销售策略。

• 可以预计产品/服务的合格品率，从而调整发料与交货期，以便用最经济的成本去满足客户的需求。

• 在批量生产之前，需要得到生产过程的过程能力指数，以检验生产过程的过程能力是否达到了要求，从而避免生产出大批的废品，给组织带来损失。

• 为工艺规划制定提供依据，并对新设备的采购提出要求。

• 通过过程能力分析，可以找出影响过程质量的瓶颈因素，减少制造过程的波动，从而进一步明确质量改进的方向。

7.2 常用的过程能力指数

7.2.1 第一代过程能力指数 C_p

过程的输出终归是要满足设计要求的，运行一个不满足设计要求的生产过程是没有实际意义的。为了把过程的自然输出能力与设计的公差范围进行比较，著名质量管理专家朱兰博士于1974年引入了能力比的概念，即第一代过程能力指数 C_p。

假设过程输出的质量特性 X 服从正态分布，$X \sim N(\mu, \sigma^2)$，其中参数 μ、σ 分别为 X 的均值和标准差。当过程处于统计控制状态时，定义过程能力指数 C_p 为

$$C_p = \frac{\text{公差}}{\text{过程能力}} = \frac{\text{USL} - \text{LSL}}{6\sigma} = \frac{2d}{6\sigma}$$

式中，USL、LSL 分别是质量特性 X 的公差上限（upper specification limit，USL）和公差下限（lower specification limit，LSL）；$2d = \text{USL} - \text{LSL}$ 表示公差范围的区间长度。

当设计目标值 T 位于公差上、下限之间，并且 $\mu = T$ 时，若 $C_p \leqslant 1$，则会出现超过0.27%的不合格产品，通常这样的过程是不能开工的，需要对过程进行调整或设计，使过程波动 σ 减小；若 $C_p = 1.00$，则此时开工生产恰有0.27%的不合格产品，是否能够开工生产需要根据具体情况而定；若 $C_p = 1.33$，此时开工生产，则不合格品率仅为0.0064%。在工业界，通常采用的标准是 $C_p \geqslant 1.00$，在这种情况下，制造产品的不合格

品数将会大大减少。

当$\mu = T$时，根据C_p值的大小，很容易计算出生产过程中出现的不合格品数。表7-1中显示了制造的百万个零件中不合格品数随着C_p的增大而迅速减少的情况。

表7-1 C_p与相应的不合格品数

C_p	百万个零件不合格品数（双边）
0.50	133614.0000
0.75	24400.0000
1.00	2700.0000
1.10	967.0000
1.20	318.0000
1.30	96.0000
1.40	26.0000
1.50	6.8000
1.60	1.6000
1.70	0.3400
1.80	0.0600
2.00	0.0018

表7-1所反映的趋势是很诱人的。当$C_p = 2.00$时，生产每百万个产品中仅有0.0018个不合格品，即接近零缺陷。这将大大降低质量损失，提高产品质量。

上述讨论的前提条件是基于过程输出的均值落在设计目标值上，即$\mu = T$。在实际生产中，二者之间往往存在某种程度的偏离，因此，C_p指数的最大缺陷就是该指数并没有反映过程输出均值μ与设计目标值T之间的偏差，这就使得尽管C_p值较大，但并不能保证合格品率。C_p指数只是反映了过程的潜在能力，因此，也有人称C_p指数为潜在的过程能力指数。

7.2.2 第二代过程能力指数C_{pk}和C_{pm}

在介绍过程能力指数C_{pk}之前，先介绍单侧过程能力指数。

有些产品特性，如轴类零件的圆度、平行度等公差只给出上限要求，而没有下限要求，自然希望质量特性值越小越好。在这种情况下，过程能力指数可定义为

$$C_{pu} = \frac{\text{USL} - \mu}{3\sigma}$$

式中，USL是公差上限；μ是过程输出均值；σ是过程输出标准差。

类似地，如机械产品的强度、寿命、可靠性等指标常常要求不低于某个下限，并且希望越大越好，这时，过程能力指数可定义为

$$C_{pl} = \frac{\mu - \text{LSL}}{3\sigma}$$

式中，LSL是公差下限；μ是过程输出均值；σ是过程输出标准差。

在实际生产中，过程输出中心μ往往与设计目标值T不重合，会有一定的偏差。在这种情况下，为了度量制造过程满足设计要求的能力，便产生了第二代过程能力指数C_{pk}和C_{pm}。

$$C_{pk} = \min\{C_{pu}, C_{pl}\} = \min\left\{\frac{\text{USL} - \mu}{3\sigma}, \frac{\mu - \text{LSL}}{3\sigma}\right\}$$

若记 $\varepsilon = |\mu - T|$，其中 $T = (\text{USL} + \text{LSL})/2$，则称 ε 为绝对偏移量，$k = \dfrac{2\varepsilon}{\text{USL} - \text{LSL}}$为相对偏移量。这时

$$C_{pk} = (1 - k)C_p = \frac{\text{USL} - \text{LSL} - 2\varepsilon}{6\sigma}$$

当 μ 与设计目标值 T 重合时，则 $C_p = C_{pk}$，因此 C_{pk} 指数可以看作是 C_p 指数的推广。在 μ 与 T 有偏离的情况下，C_p 指数已不能用来作为过程满足设计要求能力的度量，而 C_{pk} 指数却能做到这一点。当过程输出均值 μ 位于公差上、下限之间时，C_{pk} 值越大，不合格品率越低；当 C_p 指数值一定时，C_{pk} 指数值将随着过程输出中心 μ 与设计目标值 T 偏离的减小而增大。

表 7-2 给出了在各种 C_p 值，以及过程输出中心 μ 与目标值 T 不同偏离情况下，生产每百万个产品时，可能出现的不合格品数。表 7-2 还告诉人们，要降低制造过程的不合格品率，仅仅减小波动是不够的，还必须调整过程，使过程输出中心最大限度地接近设计目标值。

表 7-2　在各种 C_p 值及不同的 k 值下每百万个产品中可能出现的不合格品数

C_p	C_p 与 C_{pk} 的偏差 k 值				
	0.00	0.10	0.20	0.30	0.40
0.50	133614	151000	201935	282451	385556
0.80	16397	21331	37280	67291	115229
1.00	2700	3950	8356	17913	35944
1.10	967	1509	2274	8211	17868
1.20	318	532	842	3470	8198
1.30	96	172	487	1351	3467
1.40	26	51	160	474	1350
1.50	7	14	48	159	483
1.60	2	4	13	48	159
1.70	0	1	3	13	48
1.80	0	0	1	3	13
2.00	0	0	0	0	1

为了强调质量特性偏离设计目标值所造成的质量损失，有些学者提出了过程能力指数 C_{pm}。C_{pm} 指数也称为田口指数。

$$C_{pm} = \frac{\text{USL} - \text{LSL}}{6\sigma_1}$$

其中 $\sigma_1^2 = E(X - T)^2 = \sigma^2 + (\mu - T)^2$，$\mu$、$\sigma$ 分别为过程输出的均值和标准差，T 为设计目标值。

质量特性 X 偏离其设计目标值 T 而导致的质量损失，通常认为近似于对称的平方误差损失函数。在 C_{pm} 的表达式中，当 $\mu=T$ 时，$C_{pm}=C_p$。因此，C_{pm} 指数也可以看作是 C_p 指数的推广。需要指出的是，C_{pm} 指数尽管反映了过程输出均值 μ 与设计目标值 T 之间的偏离，但其统计特性较差，即使在正态分布的条件下，也不能反映不合格品率，所以它主要用于反映过程的期望损失。

7.2.3　第三代过程能力指数 C_{pmk} 和 $C_p(u, v)$

为了更加灵敏地反映过程输出均值 μ 与设计目标值 T 之间的偏离，在第二代过程能力指数 C_{pk} 和 C_{pm} 的基础上，又有学者提出了第三代过程能力指数 C_{pmk} 和 $C_p(u, v)$。其中 C_{pmk} 指数也称为混合能力指数。

$$C_{pmk}=\frac{C_{pk}}{\sqrt{1+\left(\frac{\mu-T}{\sigma}\right)^2}}$$

在所有的过程能力指数中，C_{pmk} 对于 μ 和 T 之间的偏离是最敏感的，它强调了向目标值靠近的重要性，弱化了对公差的要求。C_{pmk} 指数同前面介绍的 C_p 指数和 C_{pk} 指数一样，只有当测量结果服从正态分布时才有意义。

类似地，也有学者构造了 $C_p(u, v)$ 指数。

$$C_p(u,v)=\frac{d-u|\mu-M|}{3\sqrt{\sigma^2+v(\mu-T)^2}}$$

式中，$M=(\mathrm{USL}+\mathrm{LSL})/2$，称为规范中心；$\mu$ 和 v 是两个非负数。

在 $C_p(u, v)$ 指数的表达式中，当 $u=v=0$ 时，$C_p(u, v)=C_p$；当 $u=1$，$v=0$ 时，$C_p(u, v)=C_{pk}$；当 $u=0$，$v=1$ 时，$C_p(u, v)=C_{pm}$。

第三代过程能力指数的几何意义已经难以描述。换言之，在实际操作过程中，该指数不够直观。特别是当指数值较小时，为了提高过程能力指数，人们无法确定是应该调整过程均值趋近于目标值 T，还是减小过程波动 σ，因而不利于实施质量改进。

目前为止，据最保守的估计，已有20多种过程能力指数的表达式。这些指数都是在上述三代过程能力指数的基础上发展起来的，适用于不同的应用背景。为了更好地理解这三代过程能力指数及相互关系，下面将给出过程能力指数的一些性质。

7.2.4　过程能力指数的有关性质

为了叙述方便，记 $d=\frac{\mathrm{USL}-\mathrm{LSL}}{2}$，$M=\frac{\mathrm{USL}+\mathrm{LSL}}{2}$，$\mathrm{LSL}<\mu<\mathrm{USL}$。通常情况下，目标值 T 位于公差中心，即 $T=M$，如果 $T\neq M$，则称其公差为“非对称公差”。在上述记号下，有如下性质：

性质1：$C_p\geqslant C_{pk}\geqslant C_{pmk}$，$C_p\geqslant C_{pm}\geqslant C_{pmk}$，当且仅当 $\mu=T$ 时，等号成立。

性质2：$C_p=\frac{C_{pu}+C_{pl}}{2}$

性质3：$C_{pk}=C_p-\frac{1}{3}\left|\frac{\mu-M}{\sigma}\right|$

性质4：$C_{pm}=\dfrac{C_p}{\sqrt{1+\left(\dfrac{\mu-T}{\sigma}\right)^2}}$

性质5：$C_{pmk}=\dfrac{d-|\mu-M|}{3\sqrt{E(X-T)^2}}$

性质6：若$\beta=|\mu-T|/\sigma$，则$C_{pk}=-\dfrac{\beta}{3}+\sqrt{1+\beta^2}C_{pm}$。

性质7：当$T=M$时，$C_{pk}=C_p-\dfrac{1}{3}\sqrt{\left(\dfrac{C_p}{C_{pm}}\right)^2-1}$。

性质8：$C_{pmk}=\dfrac{C_{pm}C_{pk}}{C_p}$

性质9：当$T=M$时，$\dfrac{C_{pk}}{C_{pm}}=\left(1-\dfrac{1}{3C_p}\left|\dfrac{\mu-M}{\sigma}\right|\right)\sqrt{1+(\dfrac{\mu-M}{\sigma})^2}$。

性质10：当质量特性$X\sim N(\mu,\ \sigma^2)$时，C_{pk}指数提供了不合格品率P的上限，即$P\leqslant 2\Phi(-3C_{pk})$，其中$\Phi$为标准正态分布的概率分布函数。

7.2.5　过程能力指数与不合格品率之间的关系

过程能力分析为量化过程是否满足顾客要求提供了极好的机会，一旦过程处于统计控制状态，则不仅可以预测其输出结果的分布，而且可以计算满足规格要求的能力。在过程受控，且输出的质量特性服从正态分布时，一定的过程能力指数与一定的不合格品率相对应。下面将分析不合格品率与过程能力指数之间的关系。

假定过程输出的质量特性X服从正态分布，$X\sim N(\mu,\ \sigma^2)$，其中μ为过程输出均值，σ为过程输出的标准差，P_u和P_l分别为超出公差上、下限的不合格品率，则过程的不合格品率$P(d)$为

$$P(d)=P_l+P_u=P\{(X<\mathrm{LSL})\cup(X>\mathrm{USL})\}$$

在过程输出均值μ与目标值T重合，即无偏移的情况下，由于$P(d)=P_u+P_l=2P_u$，则

$$P_u=1-P\{X\leqslant\mathrm{USL}\}=1-\Phi\left(\frac{\mathrm{USL}-\mu}{\sigma}\right)=1-\Phi(3C_p)$$

因此，不合格品率P与过程能力指数之间的关系为

$$P(d)=2P_u=2[1-\Phi(3C_p)]$$

由此可以看出，C_p与不合格品率P是一一对应的，如图7-2所示。

在过程输出均值μ与目标值T不重合，即在有偏移的情况下

$$\begin{aligned}P(d)&=P_l+P_u=\Phi\left(\frac{\mathrm{LSL}-\mu}{\sigma}\right)+1-\Phi\left(\frac{\mathrm{USL}-\mu}{\sigma}\right)\\&=1-\Phi(3C_{pl})+1-\Phi(3C_{pu})\\&=2-\Phi(3C_{pl})-\Phi(3C_{pu})=2-\Phi(3C_{pk})-\Phi(6C_p-3C_{pk})\end{aligned}$$

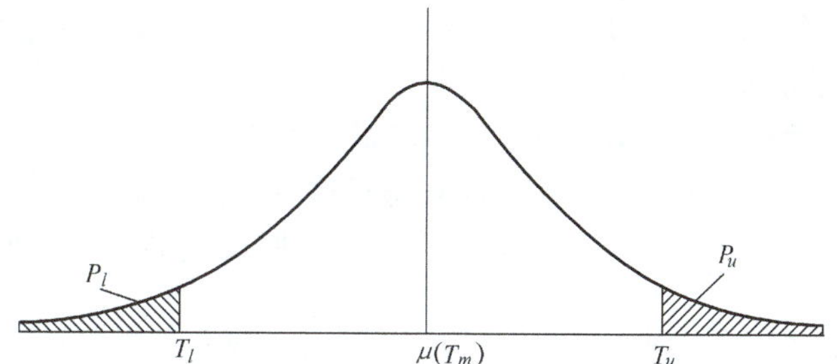

图 7-2 无偏移情况下不合格品率 P 与过程能力指数之间的关系

因此，在有偏移的情况下，只要知道过程能力指数 C_p 和 C_{pk}，就可以计算出过程输出的不合格品率 $P(d)$，如图 7-3 所示。

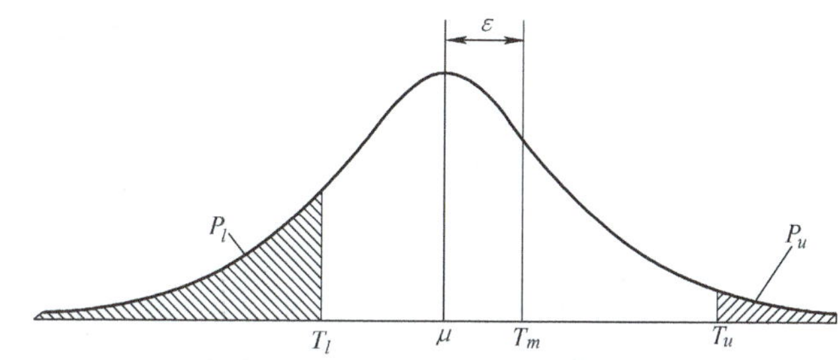

图 7-3 过程有偏移的情形（向上偏移情形）

注：ϵ 为均值与目标值的偏差。

通过上述分析，可以得出下列结论：

- 当过程无偏移时，C_p 可以唯一确定不合格品率 $P(d)$，即 $P(d)=2[1-\Phi(3C_p)]$；当过程存在偏移时，C_p 与不合格品率之间不存在对应关系，此时，$P(d)\geqslant 2[1-\Phi(3C_p)]$。
- 当过程存在偏移时，仅有 C_{pk} 虽然不能确定产品的不合格品率 $P(d)$，但能够确定不合格品率 $P(d)$ 的上界。即

$$P(d)\leqslant 2-\Phi(3C_{pk})$$

- 在评价过程的性能时，不合格品率也是一个重要的指标，这是因为它最直观，易于被人们理解和接受。

7.2.6 过程能力分析的实施程序与应用实例

对制造过程的过程能力进行分析，可使人们随时掌握制造过程中各过程质量的保证能力，为保证和提高产品质量提供必要的信息和依据。在进行过程能力分析时，通常采取下列步骤：

（1）确定分析的质量特征值。

（2）收集观测值数据，抽取样本数目，通常 $n\geqslant 50$。

（3）判断过程质量是否处于稳定（控制）状态，只有在受控状态下，才可计算过程能力指数。

（4）判断观测值是否来自正态总体；当观测数据来自非正态总体时，通常需要适当的变换，变换为正态总体或近似正态总体。

（5）计算正态总体的样本均值 $\bar{x}$ 和标准差 s。需要指出的是，正态总体分布的均值 μ 和

标准差σ是理论值，在实际生产过程中是无法求出的，一般用样本总体均值$\bar{x}$和样本总体标准差s，但要求样本量足够大（如$n \geqslant 50$）。

（6）计算相应的过程能力指数，判断其是否满足要求。

（7）当C_p（或C_{pk}）指数值小于1时，应求出总体不合格品率。

（8）分析C_p（或C_{pk}）指数值小于1的原因，应采取相应的措施，加以改进，提高过程能力指数。

【例7-1】 在钢珠生产过程中，钢珠直径的公差范围为[10.90,11.00]，目标值$T=10.95$mm，其测量数据如表7-3所示，试对其进行过程能力分析。

表7-3 25个批次的钢珠直径样本数据 （单位：mm）

批次	直径1	直径2	直径3	直径4	直径5
1	10.95	10.90	10.95	10.96	10.98
2	10.91	10.97	10.95	10.98	10.94
3	10.97	10.91	10.94	10.95	10.93
4	10.92	10.94	10.95	10.95	10.93
5	11.02	10.96	10.92	10.98	10.99
6	10.92	10.94	10.93	10.98	10.95
7	10.98	10.91	10.96	10.90	10.93
8	10.96	10.93	10.94	10.93	10.96
9	10.94	10.93	10.97	10.96	10.95
10	10.91	10.95	10.93	10.96	10.92
11	10.94	10.94	10.98	10.94	10.97
12	10.97	10.95	10.93	10.92	10.98
13	10.99	10.95	10.95	10.95	10.96
14	10.93	10.97	10.94	10.92	10.93
15	11.02	10.98	10.97	10.96	10.91
16	10.95	10.95	10.93	10.94	10.93
17	10.96	10.95	10.97	10.99	10.95
18	10.97	10.97	10.93	10.95	11.012
19	11.00	10.93	10.95	10.96	10.96
20	10.95	10.92	10.92	10.98	10.93
21	10.95	10.94	10.95	10.96	10.97
22	10.92	10.97	11.00	10.94	10.94
23	10.95	10.94	10.93	10.96	10.95
24	11.00	10.99	10.90	10.94	10.98
25	10.94	10.92	10.96	10.93	10.96

根据过程能力分析的步骤，首先判断过程是否处于统计控制状态。这需要通过控制图等统计工具进行判断（关于如何应用控制图分析判断过程的受控状态，可参见第8章的内容）。

通过绘制直方图，并进行假设检验，判断样本数据服从正态分布。

估计的样本均值$\overline{x}=10.950$，样本标准差$S=0.025$，由于过程输出均值与设计目标值重合，且公差对称，因此，估计的过程能力指数为

$$C_p=C_{pk}=C_{pl}=C_{pu}=C_{pm}=0.67$$

过程能力指数小于1，说明过程能力不足，努力的方向就是尽可能地减小过程波动，提高过程能力指数。

事实上，运用Minitab软件很容易完成上述计算。实现路径为：统计→质量工具→能力分析→正态，在“单列”中指定为“直径”，在“子组大小”中指定“批次”，在“规格下限”中输入“10.9”，在“规格上限”中输入“11”，打开“选项”，在目标中输入“10.95”，运行命令后，得到的结果如图7-4所示。

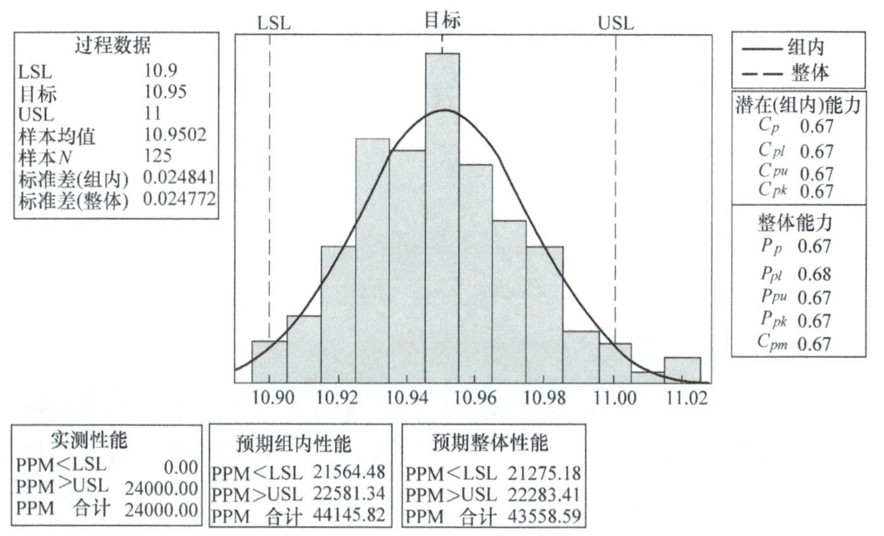

图7-4　钢珠直径的过程能力指数

从图7-4可以看出，当$\mu=M$时，$C_{pk}=C_p$；当$\mu=M$且与公差中心重合时，$C_{pm}=C_p$。此外，图中也给出了实际观测到的数据超出公差的百万分之缺陷数值（PPM），以及在正态分布下基于组内和整体波动估计出的PPM值。

【例7-2】 已知某零件的加工标准为148^{+2}_{-1}mm，对100个样品计算出样本均值$\overline{x}=148$mm，标准差$S=0.48$mm，求C_p值和C_{pk}值，并判定过程能力以及求出总体不合格品率。

由加工标准知USL=150，LSL=147，则

$$2d=\text{USL}-\text{LSL}=150-147=3$$

$$M=\frac{\text{USL}+\text{LSL}}{2}=148.5$$

总体分布中心μ和标准差σ近似为

$$\mu\approx\overline{x}=148,\ \sigma\approx S=0.48$$

$$\varepsilon=|M-\mu|=|148.5-148|=0.5$$

$$k = \frac{\varepsilon}{d} = 0.33$$

由此，$C_p = \dfrac{d}{3\sigma} \approx \dfrac{3}{6 \times 0.48} = \dfrac{3}{2.88} = 1.04$

$$C_{pk} = \frac{d - \varepsilon}{3\sigma} \approx \frac{3 - 2 \times 0.5}{2.88} = 0.69$$

由于过程的潜在过程能力指数 $C_p = 1.04$，能力尚可，而实际的过程能力指数 $C_{pk} = 0.69$，说明过程能力不足，已出现废品，这时的努力方向应是尽可能地调整过程输出中心 μ 向公差中心 M 靠近，同时也要考虑减小过程的波动。

【例7-3】 某拖拉机厂生产的手扶拖拉机，其清洁度要求不大于80mg，经随机抽取50台检测，得 $\bar{x} = 45\text{mg}, S = 11\text{mg}$，试求该厂清洁度的过程能力指数。

这是仅有公差规格上限的情形，因此，对于单侧公差进行过程能力分析。

$$C_{pu} = \frac{\text{USL} - \mu}{3\sigma} \approx \frac{\text{USL} - \bar{x}}{3S} = \frac{80 - 45}{3 \times 11} = 1.06$$

由于 C_{pu} 为1.06，说明过程能力满足要求。

7.3　过程绩效指数

7.3.1　长期能力与短期能力

短期过程能力（short-term process capability）也称为固有过程能力（inherent process capability），简称短期能力，是指过程仅受随机因素影响时，过程输出质量特性波动的大小，它是过程的固有能力，反映的是过程短期内的波动（short-term variation）；而长期过程能力（long-term process capability），简称长期能力，是指过程在较长的时间里表现出的过程输出波动的大小，过程不仅受到随机因素的影响，而且还受到其他因素的影响，它反映的是过程长期内的波动（long-term variation）。

由于短期过程能力仅受正常因素（随机因素）的影响，所以短期过程能力的标准差较小；而长期过程能力不仅受随机因素的影响，而且还受异常因素的影响，所以长期过程能力的标准差较大。从数据分析的角度而言，短期过程能力反映的是组内的波动（variation within group），而长期过程能力反映的是组内和组间的波动（variation between group）。因此，短期标准差用 σ_{within} 表示，长期标准差用 σ_{overall} 表示。

在许多情况下，通过对过程的长期能力与短期能力进行具体分析和预测，可以获得更为准确和有效的信息。

7.3.2　过程绩效指数 P_p 和 P_{pk}

过程绩效指数是由美国三大汽车公司（福特、通用、克莱斯勒）在联合制定的QS 9000标准中提出的，有时也将其称为长期过程能力指数。过程绩效指数是从过程总波动的角度，考察过程输出满足顾客（或者公差）要求的能力。过程输出的总波动既包含了过程的固有波动，也包含了过程受其他因素影响所产生的波动，因此，在考察过程绩效指数时，不要求过程处于受控状态，也不要求过程输出的质量特性 X 一定服从某个正态分布。这是因为过程在较长时期内观测到的数据很难保证具有正态性。很多波动源在短期观测中可能不会出现，或者很少出现，而在长期观测中可能会出现各种各样的波动源或者系统波动，如机器性能的漂移或老化、不同操作人员之间的技术差异、设备的调整、仪表的校准、更换材料批次或供应商的变动、环境因素的变化等。

在计算过程绩效指数 P_p 和 P_{pk} 时，其方法与计算过程能力指数 C_p 和 C_{pk} 的方法相似。所不同的是，过程绩效指数是公差与过程总波动的比值。这里，过程总波动通常用标准差 σ_{overall} 来表示，其估计值为

$$\hat{\sigma}_{\text{overall}} = S = \sqrt{\sum_{i=1}^{n}(x_i - \bar{x})^2/(n-1)}$$

式中，x_i 是每一个测量值；$\bar{x}$ 是所有测量值的均值；n 是所有测量值的总个数。

对照过程能力指数 C_p 和 C_{pk}，它们是通过样本组内波动来估计标准差的，即 $\hat{\sigma}_{\text{within}} = \bar{R}/d_2$，其中 $\bar{R}$ 是样本极差的均值，d_2 是控制图常数。

过程绩效指数与过程能力指数相对应，差别仅表现在标准差的估计上，因此，常用的过程绩效指数有以下几种：

- 潜在过程绩效指数 P_p，其表达式为

$$P_p = \frac{\text{USL} - \text{LSL}}{6\sigma_{\text{overall}}} \approx \frac{\text{USL} - \text{LSL}}{6S}$$

式中，USL 和 LSL 分别是公差的上、下限；S 是 σ_{overall} 的估计值。

- 单侧上限过程绩效指数 P_{pu}，其表达式为

$$P_{pu} = \frac{\text{USL} - \bar{x}}{3S}$$

- 单侧下限过程绩效指数 P_{pl}，其表达式为

$$P_{pl} = \frac{\bar{x} - \text{LSL}}{3S}$$

- 实际过程绩效指数 P_{pk}，其表达式为

$$P_{pk} = \min\{P_{pu}, P_{pl}\}$$

为了对过程能力指数和过程绩效指数有一个全面、直观的理解和掌握，表 7-4 提供了常用过程能力指数与过程绩效指数的对比表。

表 7-4 过程能力指数与过程绩效指数对比表

序号	符号	含义	应用条件
1	C_p	潜在过程能力指数	① 过程处于受控状态 ② 过程输出服从正态分布 ③ 用样本组内波动估计标准差
2	C_{pu}	单侧上限过程能力指数	
3	C_{pl}	单侧下限过程能力指数	
4	C_{pk}	实际过程能力指数	
5	P_p	潜在过程绩效指数	① 不要求过程处于受控状态 ② 不要求过程输出服从正态分布 ③ 用样本组内和组间波动估计标准差
6	P_{pu}	单侧上限过程绩效指数	
7	P_{pl}	单侧下限过程绩效指数	
8	P_{pk}	实际过程绩效指数	

【例7-4】 某产品的关键加工尺寸要求为 $\phi 6.00^{+0.02}_{-0.02}$ mm。为了分析该加工过程的过程能力，项目团队跟踪收集了一些数据（见表7-5），试估算该过程的过程能力指数 C_p 和 C_{pk} 及过程绩效指数 P_p 和 P_{pk}。

表7-5 测量数据表

样本序号	测量值			样本均值	样本极差
	X_1	X_2	X_3	$\bar{x}$	R
1	6.028	6.003	6.020	6.01700	0.025
2	6.014	5.994	6.008	6.00533	0.020
3	6.002	5.983	6.014	5.99967	0.031
4	6.012	5.982	6.036	6.01000	0.054
5	6.024	6.002	6.008	6.01133	0.022
6	6.022	5.998	6.008	6.00933	0.024
7	6.014	5.991	6.000	6.00167	0.023
8	5.978	5.980	5.994	5.98400	0.016
9	6.012	5.998	5.982	5.99733	0.030
10	6.008	6.002	5.984	5.99800	0.024
11	5.968	5.986	5.988	5.98067	0.020
12	6.014	6.000	6.008	6.00733	0.014
13	6.034	6.006	6.028	6.02267	0.028
14	6.002	5.988	6.008	5.99933	0.020
15	6.012	5.982	6.036	6.01000	0.054
16	5.990	5.978	5.980	5.98267	0.012
17	6.016	5.992	6.004	6.00400	0.024
18	6.014	5.992	5.998	6.00133	0.022
19	6.032	6.008	6.018	6.01933	0.024
20	6.014	5.994	6.008	6.00533	0.020
21	5.988	5.988	5.994	5.99000	0.006
22	6.000	6.002	6.008	6.00333	0.008
23	6.036	6.008	6.024	6.02267	0.028
24	6.010	5.998	6.000	6.00267	0.012
				$\bar{\bar{x}}=6.0035$	$\bar{R}=0.023375$

在过程能力指数的计算中，首先判断过程是否处于受控状态。根据绘制的均值-极差控制图，显示该过程处于统计控制状态（参见第8章）。因此，过程固有波动 σ 可由下式估计得到

$$\hat{\sigma}=\bar{R}/d_2=\frac{0.023375}{1.693}=0.0138$$

式中，d_2 是控制图系数，它与样本容量 n 有关。本例中，$n=3$，$d_2=1.693$，由此

$$C_p=\frac{\text{USL}-\text{LSL}}{6\sigma}=\frac{0.04}{6\times 0.0138}=0.48$$

而过程输出的均值 $\bar{\bar{x}}=6.0035$，与目标值 $T=6.00$ 有偏移，可得

$$\begin{aligned}C_{pk}&=\min\{C_{pu},C_{pl}\}=\min\left\{\frac{\text{USL}-\mu}{3\sigma},\frac{\mu-\text{LSL}}{3\sigma}\right\}\\&=\min\left\{\frac{6.02-6.0035}{3\times 0.0138},\frac{6.0035-5.98}{3\times 0.0138}\right\}\\&=0.40\end{aligned}$$

在过程绩效指数的计算中，可以得到所有数据标准差的估计值，即

$$S = \sqrt{\sum (x_i - \bar{\bar{x}})^2/(n-1)} = 0.015622\text{mm}$$

因此，

$$P_p = \frac{\text{USL} - \text{LSL}}{6S} = \frac{0.04}{6 \times 0.015622} = 0.43$$

$$P_{pk} = \min\{P_{pu}, P_{pl}\} = \min\left\{\frac{\text{USL} - \bar{\bar{x}}}{3S}, \frac{\bar{\bar{x}} - \text{LSL}}{3S}\right\}$$

$$= \min\left\{\frac{6.02 - 6.0035}{3 \times 0.015622}, \frac{6.0035 - 5.98}{3 \times 0.015622}\right\}$$

$$= 0.35$$

一般来说，过程绩效指数值要比过程能力指数值小。

运用 Minitab 软件，在用控制图验证了过程统计受控和数据服从正态分布后，可以计算各项过程能力指数。实现路径为：统计→质量工具→能力分析→正态。填入变量名称，指明 3 个数据为一组，填写 USL 和 LSL 后，运行即可得到如图 7-5 所示的结果。

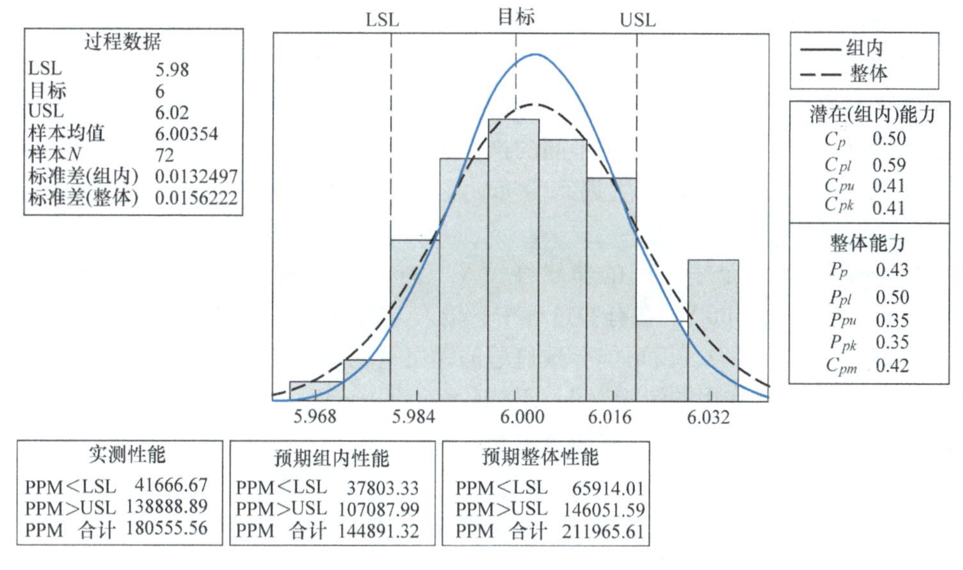

图 7-5 过程能力分析

7.4 需要说明的几个问题

7.4.1 非正态分布下的过程能力分析

尽管大多数分布服从正态分布，但正态分布并不能描述所有情况，如大量的几何质量特性并不满足正态性要求。在这种情况下，应用过程能力指数进行质量评价时，应当慎重行事。首先需要分析出现偏态分布的原因。

对许多过程来说，总体分布呈现出不对称形态，这种不对称性无论表现为左偏，还是表现为右偏，都是常见的，如图 7-6 所示。

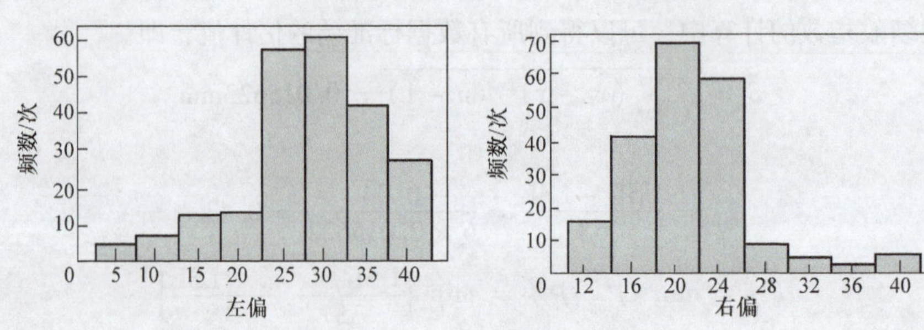

图 7-6　偏态分布

出现偏态分布的原因主要有：

- 自然界限（natural limits）。很多过程中存在着自然限制（上界或下界）使得测量不能确实的进行。例如，当测量垂直度时，常记为与90°的偏差，这样无论是91°还是89°，都记为1°。
- 人为界限（artificial limits）。任何时候，产品的质量特性都要与公差限进行比较，然后对不满足公差要求的产品进行返工、调整或报废，这都会使数据转向偏态。这里的公差限扮演着人为界限的角色。

- 分布的混合（mixtures of distributions）。由不同操作人员生产同一种零件，当把不同操作人员生产的零件放在一起时，零件尺寸的分布可能呈不对称性。这相当于把不同分布按一定比例混合而产生偏态分布。除了不同的操作人员会产生偏态分布外，不同的机器、不同的转速、不同的原料批次也会产生偏态分布；不同的输入源也常使过程的输出呈现偏态分布。
- 输出与一个或多个输入间的非线性关系（nonlinear relationships between the process output and one or more inputs）。在有些过程中，输入与输出变量之间的非线性关系是完全正常的。当非线性关系出现时，就可能导致过程的输出呈现偏态分布。
- 输入变量间交互作用的影响（the effects of interactions between inputs）。当输入变量间的交互作用出现时，输出就可能呈现偏态分布。
- 时间效应（the effects of time relationships）。当过程在某一时刻突发变化，使过程发生漂移或趋向某一方向时都会产生偏态分布。例如，刀具的逐渐磨损、化学反应过程中某种催化剂的耗尽，都可能产生偏态分布。

偏态分布的出现并非坏事，偏态分布往往比正态分布含有更多的信息，准确地诊断其原因才是解决问题的关键。

对数据作变换会改变直方图的形状意味着：通过适当的变换可使偏态分布转化为正态分布。在确认样本来自偏态分布后，对数据作变换。若分布近似于钟形曲线，则可以认为变换后的数据来自于某一正态总体。

常用的变换有

$$y=\ln x,\ y=x^{-1},\ y=x^2,\ y=\sqrt{x}$$

变换后的数据服从正态分布，可利用前述公式估计其过程能力指数和不合格品率。

【例 7-5】　从一个总体中抽取了 50 个样本，如表 7-6 所示。给定公差上限为 100，估计过程能力指数 C_{pk}。

通过绘制直方图（见图 7-7a），发现该分布是高度右偏的。一般情况下，平方根变换能够把右偏的分布转化为正态。然而，变换后仍表现为右偏。因此，采用$y=x^{\frac{1}{r}}(r>2)$变换。为了方便和准确，采用变换$y=x^{\frac{1}{4}}$。图7-7b为数据变换后的直方图。变换后的直方图接近于单峰，呈现钟形曲线，意味着是一个近似的正态分布。

表7-6　抽取的50个样本及变换后的数值

序号	观测值	$x^{1/4}$	序号	观测值	$x^{1/4}$
1	18	2.0598	26	13	1.8988
2	1	1	27	4	1.4142
3	19	2.0878	28	54	2.7108
4	32	2.3784	29	11	1.8211
5	28	2.3003	30	12	1.8612
6	8	1.6818	31	2	1.1892
7	4	1.4142	32	21	2.1407
8	27	2.2795	33	34	2.4147
9	72	2.9130	34	15	1.9680
10	8	1.6818	35	19	2.0878
11	41	2.5304	36	10	1.7783
12	75	2.9428	37	5	1.4953
13	29	2.3206	38	7	1.6266
14	4	1.4142	39	107	3.2162
15	11	1.8212	40	29	2.3206
16	30	2.3403	41	4	1.4142
17	32	2.3784	42	35	2.4323
18	15	1.9680	43	1	1
19	29	2.3206	44	20	2.1147
20	10	1.7783	45	23	2.1899
21	25	2.2361	46	28	2.3003
22	4	1.4142	47	24	2.2134
23	10	1.7783	48	55	2.7233
24	20	2.1147	49	7	1.6266
25	19	2.0878	50	3	1.3161

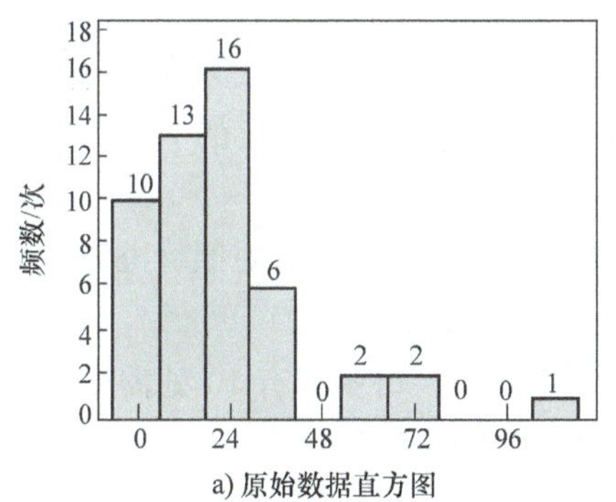

a) 原始数据直方图

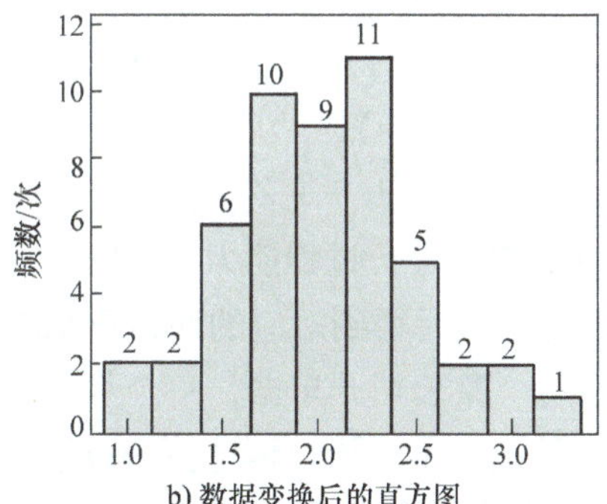

b) 数据变换后的直方图

图7-7　数据变换前后的直方图

对于变换后的数据，计算过程能力指数时，对原来的公差限也应进行同样的变换。在本例中，原USL=100，变换后，新公差上限为$USL^*=3.162$，代入公式即可得到最后结果。用Minitab软件可得如图7-8所示的结果。

其实，在Minitab软件计算中，只要确定了变换的方幂为0.25，不用手工计算新公差限，计算机就可以直接得到最后结果。

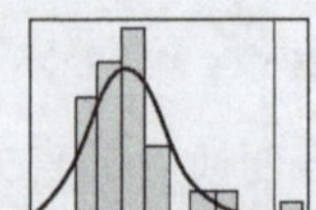

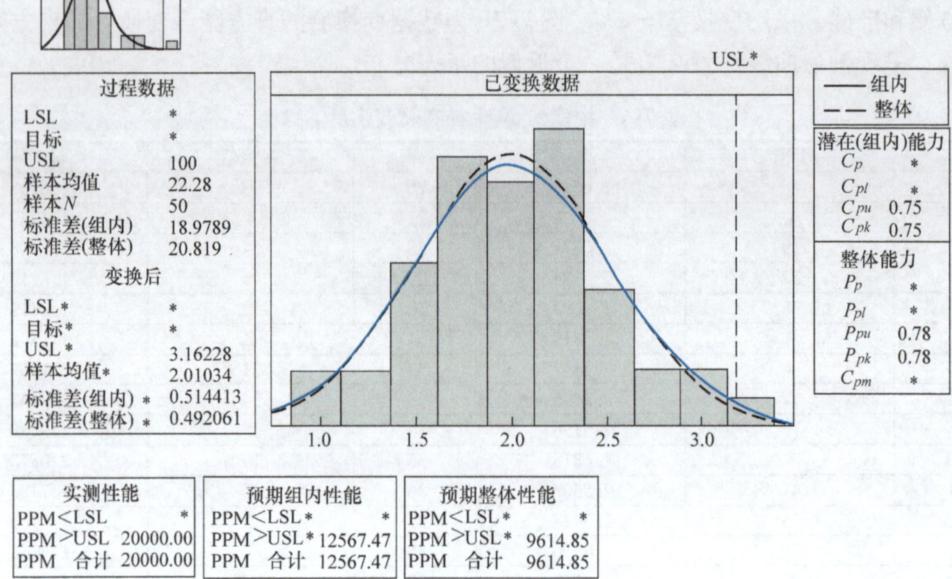

图 7-8　过程能力分析

7.4.2　计数型数据过程能力分析

过程能力指数仅适用于过程输出质量特性为连续型数据的情况。对于那些输出质量特性为非连续型数据的过程，也需要进行过程能力分析，测算其西格玛水平，评价它们的长期过程能力和短期过程能力。计数型数据包括计点值数据和计件值数据。计点值的测量数据在随机情况下，一般服从泊松分布，如铸件的砂眼数、布匹上的疵点数等；计件值的测量结果只有两种，如产品合格和不合格。

对计点值数据进行过程能力分析时，先计算出过程的百万机会缺陷数 DPMO（defects per million opportunities），然后利用标准正态分布表将其换算成相应的 Z_{bench}，进而得到对应的西格玛水平 $Z = 1.5 + Z_{bench}$。

对计件值数据进行过程能力分析时，先计算其合格品率，然后对照标准正态分布表找到相应的 Z_{bench}，然后得到对应的西格玛水平 $Z = 1.5 + Z_{bench}$。

【例 7-6】　某公司开单据，一个月中共开出 2500 张，每张各有 10 处需要填写的栏，其中，共有 8 处出现了错误。请计算该过程的 DPMO 和西格玛水平 Z。

- 计算该过程的 DPMO。记 D = 缺陷数，O = 单位缺陷机会，U = 单位数，则

$$\text{DPMO} = \frac{D}{U \times O} \times 10^6 = \frac{8}{2500 \times 10} \times 10^6 = 320$$

- 计算该过程的西格玛水平 Z。由 DPMO 查标准正态分布表中的（$1 - \text{DPMO} \times 10^{-6}$）值，可得到 $Z_{bench} = 3.41$（该计算利用 Minitab 软件的实现路径为：计算→概率分布→正态，选择逆累积概率，同样得到 $Z_{bench} = 3.41$），因此，得到西格玛水平为

$$Z = 1.5 + Z_{bench} = 1.5 + 3.41 = 4.91$$

7.4.3 过程能力分析与组织文化相关

不同的过程能力指数来源于不同的背景和条件。如果把不合格品率看作是过程最主要的质量指标，则建议采用过程能力指数 C_p 和 C_{pk} ，这是因为 C_p 和 C_{pk} 指数与不合格品率密切相关；若把减小围绕设计目标值的波动看作是最主要的质量指标，则建议采用过程能力指数 C_{pm} 。例如，假设过程输出的质量特性要求为 12 ± 6mm，过程输出如图 7-9 中 A 所示，服从正态分布，且均值 $\mu=12$mm，标准差 $\sigma=2$mm，此时有

$$C_p = C_{pk} = \min\left\{\frac{12-6}{3\times 2}, \frac{18-12}{3\times 2}\right\} = 1.00$$

$$C_{pm} = \frac{18-6}{6\sqrt{2^2+(12-12)^2}} = 1.00$$

若将过程输出的结果 A，调整为图 7-9 中的 B，即过程输出均值 $\mu=15$mm，标准差 $\sigma=0.67$mm。通过这种调整后，提高了合格品率，但位于目标值附近的比率下降了，这种调整提高了过程性能吗？从过程能力指数 C_{pk} 看，$C_{pk}=1.50$；从过程能力指数 C_{pm} 看，$C_{pm}=0.65$。这种改变对于过程质量水平是有益还是有害，完全取决于组织的质量文化和组织追求的目标。对于主要关心合格品率的企业，无疑过程输出 B 的结果较好；而对于注重提高产品等级的企业，则会认为过程输出 A 的结果较好。

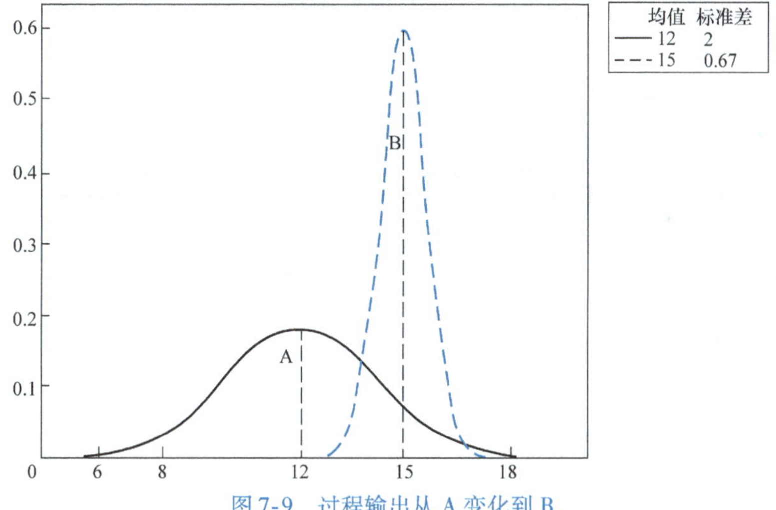

图 7-9 过程输出从 A 变化到 B

事实上，评价过程性能的每一种方法都有其局限性，在难以做出选择时，不合格品率是度量过程能力最直接、最自然的方法。但它也有自身的局限性。例如，假设在一个生产过程中，若不合格品率 $P=8\%$，那么如何降低不合格品率呢？若低于公差下限（LSL）和高于公差上限（USL）的各有 4%，那么需要减小过程的标准差 σ；若 8% 的不合格品率均低于公差下限，则需要向上调整过程输出均值 μ；若 8% 的不合格品率均高于公差上限，则需要向下调整过程输出均值 μ；若 6% 的不合格品率低于公差下限，2% 的不合格品率高于公差上限，则需要稍微向上调整过程输出均值 μ，同时减小标准差 σ。为了改进过程性能，究竟采用何种措施，如果仅仅考虑不合格品率 P，则会给人们提供不同的答案。此外，假设产品低于公差下限必须报废，其成本是 10 元，而高于公差上限可以返修，其成本是 1 元，那么了解低于公差下限和高于公差上限的百分比就显得特别重要。在过程缺乏能力的情况下，人们

会向上调整过程输出的均值，以减少报废的比例，降低制造成本。

过程能力指数为满足顾客需求、改进过程性能提供了有用的信息，若不进行过程能力分析，可能会导致资源的浪费和错误的决策。因此，在进行过程能力分析时，一定要注意每个过程能力指数的应用条件，尽可能从多方位进行较为系统、全面的评价和分析。

思考与练习

1. 为什么在加工过程中会发生质量波动？影响质量波动的因素主要有哪些？
2. 什么是过程能力和过程能力指数？
3. 简述过程能力分析的流程。
4. 为什么要用6σ来衡量过程能力？
5. 工程人员为什么要进行过程能力分析？如何评价过程能力？
6. 提高过程能力的途径有哪些？
7. 过程能力分析与组织文化有何关系？

8. 某工序加工零件的公差要求为$\phi 6^{+0.2}_{-0.08}$mm，经随机抽样，测得样本均值为$\bar{x}=5.985$mm，标准差$S=0.015$mm，试计算该工序的过程能力指数，并估计不合格品率。
9. 如何计算C_p、C_{pk}和C_{pmk}？它们之间有何关系？
10. 简述过程能力指数C_p和C_{pk}与过程绩效指数P_p和P_{pk}之间的区别与联系。
11. 某过程的目标值、公差、均值和标准差的数据如表7-7所示。根据表7-7中的数据计算C_p、C_{pk}和C_{pmk}。

表7-7　某过程的目标值、公差、均值和标准差的数据

序号	过程				C_p	C_{pk}	C_{pmk}
	目标值	公差	均值	标准差			
1	15	±0.02	14.97	0.004			
2	11	±0.03	10.98	0.01			
3	9	±0.04	9.01	0.03			

12. 某过程加工一个零件，其公差上限为1.50cm，下限为1.10cm，目标值为1.30cm。现抽取9个样本，每个样本含量为3，其具体的数据如表7-8所示。试估算该过程的C_p、C_{pk}、C_{pmk}，以及P_p和P_{pk}。

表7-8　某零件的测量结果　（单位：cm）

样本	x_1	x_2	x_3
1	1.20	1.26	1.24
2	1.21	1.39	1.26
3	1.32	1.41	1.28
4	1.25	1.40	1.39
5	1.26	1.38	1.40
6	1.29	1.36	1.43
7	1.40	1.28	1.36
8	1.36	1.32	1.25
9	1.25	1.21	1.34

第8章 统计过程控制

自1924年美国学者休哈特博士首创控制图，提出统计过程控制（statistical process control，SPC）的理论和方法以来，统计过程控制无论是理论研究还是实际应用，均在不断的发展和完善，日本就是成功应用统计质量控制技术的国家之一。特别是20世纪80年代，以美国为代表的西方工业化国家发起的第二次质量革命，使人们重新认识和研究统计技术，并在工业界得到了广泛的应用，使之发展到今天已成为一个比较庞大的质量控制领域。

应用统计过程控制的目的就是监控生产过程的运行，以探测可能发生的异常因素。正确应用统计过程控制技术，通过发现并消除异常因素，可以达到改进过程、改进操作程序、保证产品质量之目的。尽管统计过程控制起源于制造过程，但其研究成果适用于其他过程，如设计过程、管理过程、服务过程等。

本章的主要内容包括统计过程控制概述、常规计量控制图、计数值控制图、小批量控制图、小波动控制图等。

8.1 统计过程控制概述

8.1.1 过程输出结果的统计规律性

任何组织都是由一系列相互关联的过程组成的。在质量领域，过程的概念是明确的，它是指使用资源将输入转化为输出的活动。任何过程都受到两类因素的制约，一类是无法或者难以控制的随机因素，另一类是可以确定或者可识别的系统因素或可控因素。若过程输出的波动仅由随机因素引起，则称过程处于统计控制状态或受控状态。若过程输出的波动是由系统因素的变异引起的，则称过程处于失控状态。此时，系统因素也称异常因素（special cause）。而由于原因是可以查找出来的，故也称为可查明因素（assignable cause）。一旦发生这种情况，就应该尽快查找问题的原因，采取措施加以消除，并纳入标准，保证其不再出现。将影响质量波动的因素区分为随机因素和异常因素，并分别采取不同的处理措施，这是休哈特的重要贡献，奠定了统计过程控制的基础。

任何过程或产品质量特性的数据值，不管是否对其进行测量，由于受到随机因素的作用，波动始终是存在的。当对其进行测量时，通常利用概率分布对质量特性的测量值进行统计分析。从理论上讲，质量特性的分布可以具有很多类型，但根据中心极限定理，在大多数情况下，质量特性的分布服从正态分布。为方便起见，不妨假设过程输出质量特性为X，则$X \sim N(\mu, \sigma^2)$。对于正态分布，有两个重要参数，即过程输出均值μ和过程输出标准差σ。

（1）过程输出结果的中心。正态分布的均值μ反映了过程输出结果的中心，它描述了过程的自然输出，与质量特性的设计目标值无关。设x_1，x_2，…，x_n为X的一组样本，则

均值 μ 通常是用样本均值 $\overline{X}$ 来估计，即

$$\overline{X}=\frac{1}{n}\sum_{i=1}^{n}x_i$$

因此，也常称样本均值 $\overline{X}$ 为过程平均。

（2）过程输出结果的波动。过程输出结果的标准差 σ，反映了过程输出结果波动的大小。由于随机因素的作用，过程的输出结果不可能总是落在它的输出均值上，通常为围绕 μ（或 $\overline{X}$），具有偏差。实际上，通常用样本标准差 S 作为 σ 的估计值，即

$$S=\sqrt{\frac{1}{n-1}\sum_{i=1}^{n}(x_i-\overline{X})^2}$$

S 刻画了过程输出结果值 x_i 与过程平均 $\overline{X}$ 波动的大小。在实际应用中，还可以引入易于计算的样本极差 R 作为 σ 的近似估计值，刻画过程输出结果波动的大小。

$$R=\max_{1\leqslant i\leqslant n}x_i-\min_{1\leqslant i\leqslant n}x_i$$

从过程分布的统计规律中可以清楚地看到：过程输出均值 μ 反映了过程输出的中心，而标准差 σ 反映了过程波动的大小。

8.1.2 统计过程控制的基本原理

过程控制（process control）有多种含义，如在自动化领域也常常使用“process control”，在质量控制领域就是指对过程的监测调整以达到维持过程正常运行之目的。由于这种控制的基础是概率统计，因而又叫作统计过程控制。

统计过程控制发展到现在已经成为一个比较庞大的质量控制领域，各种各样的控制图已达百种之多，但这些控制图都是基于一个相同的基本原理，即统计学中的小概率事件原理：“在一次观测中，小概率事件是不可能发生的，一旦发生就认为系统出现了问题”。把这一原理转化为工程技术语言可描述为“预先假定过程处于某一状态，一旦显示出过程偏离这一状态的极大可能性，就可认为过程失控，于是需要及时调整过程”。

统计过程控制的工作原理如图 8-1 所示。观测值 1 落入小概率事件以外的范围，因而认为过程在正常运行；而观测值 2 位于小概率事件域 α 内，因而可判断为过程失控。如此多次观测和判断就是连续地进行统计假设检验，于是就形成了其工作图，即监测用控制图。这种控制图具有多种形式，但工作原理和方法都是相同的，用这一类控制图对过程进行的监测控制就是统计过程控制的一个重要应用。

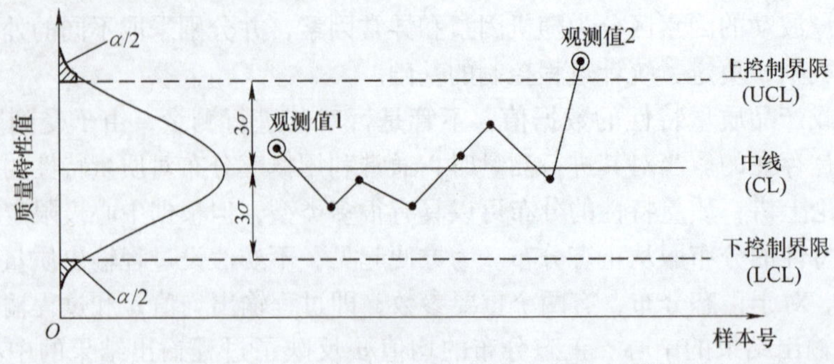

图 8-1 统计过程控制的工作原理

特别地，当过程的输出质量特性 $X \sim N(\mu, \sigma^2)$ 时，则"$|X-\overline{X}| \geqslant 3\sigma$"就是一个小概率事件，其概率为 $\alpha = 0.27\%$，因而可构造出生产过程的统计控制图，实施对过程的监测控制。由于小概率事件域是以均值为中心的 $\pm 3\sigma$ 为边界，因此，也称其为"3σ 原理"，如图 8-2 所示。休哈特就是根据正态分布的这一性质构造了休哈特控制图，也称为常规控制图。

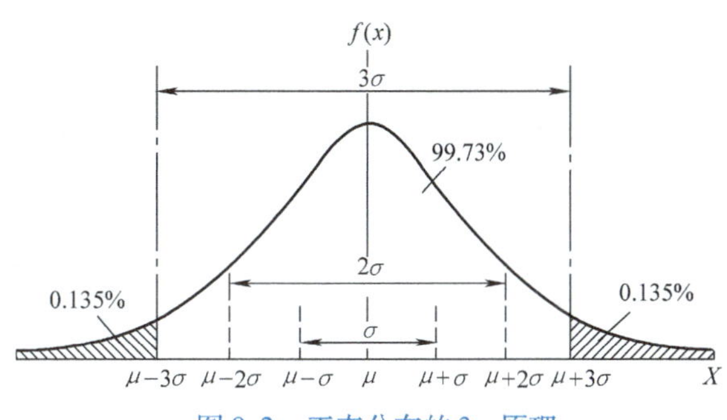

图 8-2　正态分布的 3σ 原理

将图 8-2 按顺时针转 90°，再将其左右翻转 180°，并记上控制限（Upper Control Limit）为 $UCL = \mu + 3\sigma$，中心线（Centre Line）为 $CL = \mu$，下控制限（Lower Control Limit）为 $LCL = \mu - 3\sigma$，就构造成了控制图，如图 8-3 所示，其中横坐标为时间刻度，表示样本的抽样顺序。这样控制图就可以反映过程随时间变化的趋势及其动态特征。

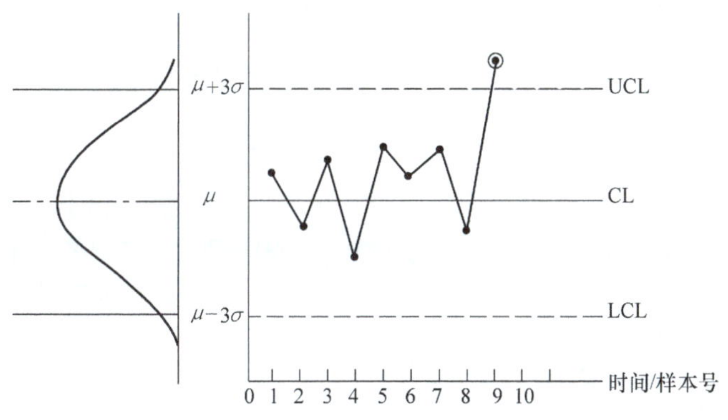

图 8-3　控制图的构成

8.1.3　控制图失控的判定准则

休哈特设计控制图的基本思想就是先确定小概率事件的概率 α。若取 $\alpha = 0.27\%$，这就意味着当过程处于统计控制状态时，1000 个点中大约有 3 个点会超出控制限，也就是在过程正常的情况下，根据点出界而判定为异常，犯了虚发警报的错误，即第一类错误。发生第一类错误的概率就是 α。若过程已处于失控状态，但产品的质量特性值仍在非小概率的事件域中，即上、下控制限之间，这时由于点未出界而判定过程正常，就犯了漏发警报的错误，即第二类错误。发生第二类错误的概率通常记为 β。

在构造控制图时，通常设定第一类错误的概率为 α。当 α 已给定时，自然希望 β 越小越好。为了减小第二类错误的概率 β，对于控制图中的界内点增加了第二类判定准则，即"控制限内点的排列非随机"。于是，控制图失控的判定准则就分为两大类：打点值出界判定为过程异常以及界内打点值排列非随机判定为过程异常。

为了便于操作，GB/T 4091—2001《常规控制图》明确给定了八种失控模式，它将控制域划分为带宽为 σ 的六个条形区域（见图 8-4），只要下列任何一种情况出现，就可判定为

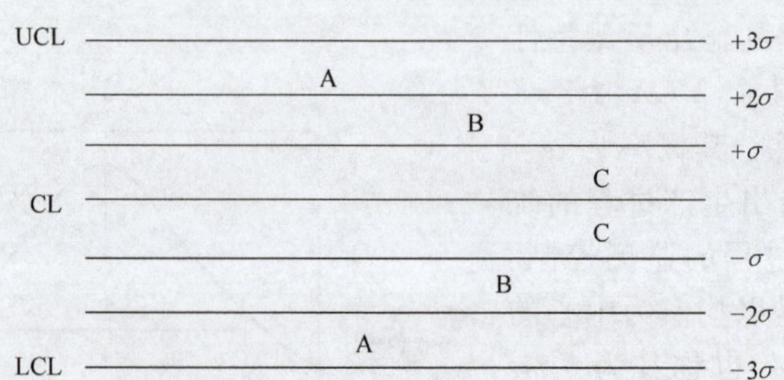

图 8-4 控制图的分区

过程失控：

（1）1 个点落在控制限之外。

（2）连续 9 个点落在中心线同一侧。

（3）连续 6 个点递增或递减。

（4）连续 14 个点中相邻点交替升降。

（5）连续 3 个点中有 2 个点落在中心线同一侧的 B 区之外。

（6）连续 5 个点中有 4 个点落在中心线同一侧的 C 区之外。

（7）连续 15 个点落在 C 区之内。

（8）连续 8 个点落在中心线两侧，但无一在 C 区内。

经过简单的计算可知，当过程处于统计控制状态时，上述八种模式，对于犯第一类错误的概率 α 都是一个小概率事件。图 8-5 为 GB/T 4091—2001 控制图失控的判定准则的示意图。

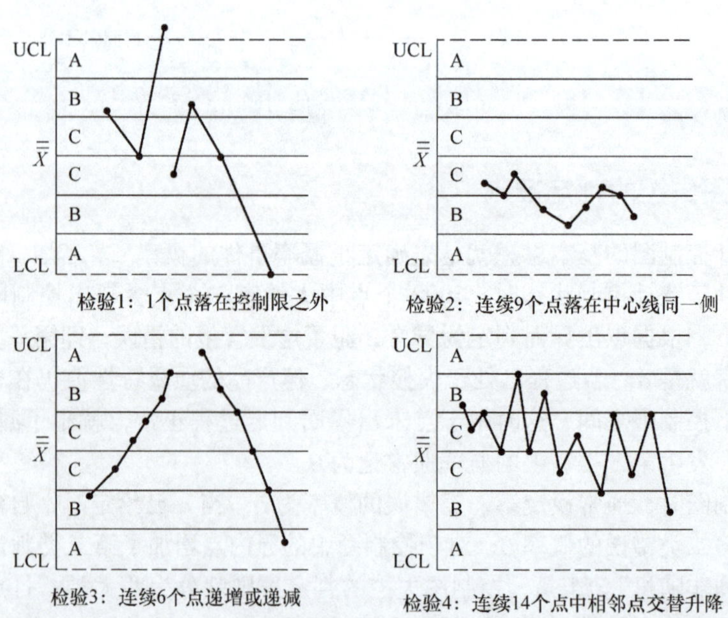

图 8-5 GB/T 4091—2001 控制图失控的判定准则

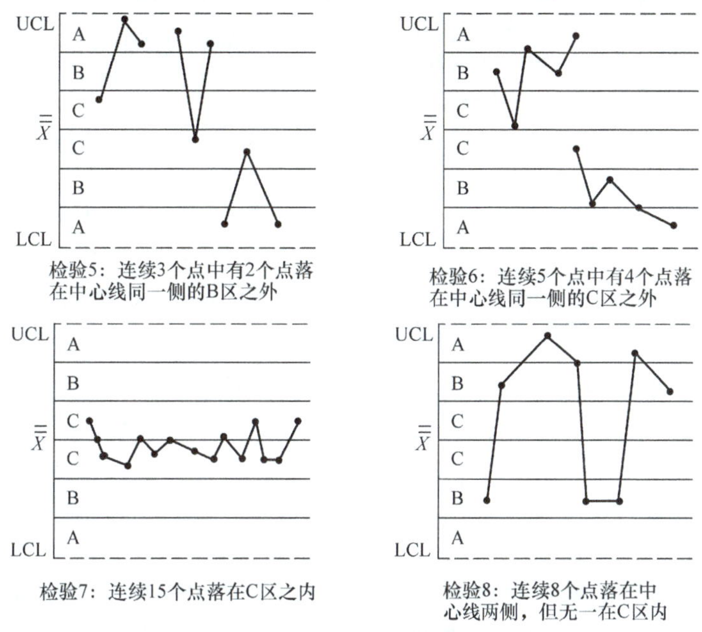

图 8-5　GB/T 4091—2001 控制图失控的判定准则（续）

由于两类错误概率的存在，每增加一条准则，就减小了第二类错误的概率，同时也加大了第一类错误的概率。目前，对于控制图失控的判定准则，较受认可的是西方电气准则（western electronic company rules），该准则把控制区域分为六个条形区域，如图 8-4 所示。下列任何一种情况发生，则认为过程失控：

（1）1 个点落在 A 区之外。

（2）连续 3 个点中有 2 个点落在 A 区或 A 区之外（注：这里的 A 区不包含 B、C 区）。

（3）连续 5 个点中有 4 个点落在 B 区或 B 区之外。

（4）连续 8 个点位于中心线的同一侧。

8.1.4　控制图的分类

（1）根据数据类型，常规控制图可以分为计量值控制图和计数值控制图（见表 8-1）。计量值控制图通常用于控制对象为计量值的场合，这类控制图有均值 - 极差控制图（$\overline{X}-R$ 图）、均值 - 标准差控制图（$\overline{X}-S$ 图）、中位数 - 极差控制图（$\widetilde{X}-R$ 图）、单值 - 移动极差控制图（$I-MR$ 图）等。计数值控制图是以计数值数据的质量特性值作为控制对象的，它包括计件值控制图和计点值控制图。计件值控制图又可分为不合格品率控制图（p 图）和不合格品数控制图（np 图）；计点值控制图又可分为单位缺陷数控制图（u 图）和缺陷数控制图（c 图）。

表 8-1 常规控制图的分类

数据类型	数据	分布类型	控制图种类	记号	说明
计量型	计量值	正态分布	均值-极差控制图	$\overline{X}-R$ 图	子组为计量数据。标出子组的均值或中位数，以及子组极差或者子组标准差
			均值-标准差控制图	$\overline{X}-S$ 图	
			中位数-极差控制图	$\widetilde{X}-R$ 图	
			单值-移动极差控制图	$I-MR$ 图	单个计量数据，标出观测值移动极差
计数型	计件值	二项分布	不合格品率控制图	p 图	计件数据，如不合格品数、销售中的流失数等
			不合格品数控制图	np 图	
	计点值	泊松分布	单位缺陷数控制图	u 图	计点数据，如缺陷数、瑕疵数等
			缺陷数控制图	c 图	

（2）根据应用目的和应用场合，控制图分为分析用控制图和控制用控制图。分析用控制图在生产过程之初使用，目的是使得过程处于受控状态，同时满足过程能力指数的要求。在这一阶段，通过收集数据，绘制控制图，发现并消除异常因素，使过程处于统计控制状态，并使过程能力指数 $C_p \geqslant 1.00$ 以上，确保能够正常开工生产。控制用控制图则是在过程处于受控状态且满足能力要求时，将分析用控制图的控制限作为控制标准，延长控制限作为控制用控制图的控制限，对过程进行日常控制，并通过及时预警，保持过程的正常运行。表 8-2给出了分析用控制图和控制用控制图的主要区别。下面各节所讲的内容，主要是针对控制用控制图。

表 8-2 分析用控制图和控制用控制图的主要区别

区别点	分析用控制图	控制用控制图
过程以前的状态	未知	已知
绘图所需要的最小子组数	20～25 组	1 组
控制图的控制限	需要计算	可以延长分析用时的控制限
使用目的	了解过程，使过程受控	保持过程运行
使用人员	工艺部门、质量管理部门	现场操作和管理人员

（3）根据制造过程产品批量的大小，控制图又可分为常规控制图和小批量控制图；根据监控波动的灵敏性，控制图又可分为常规控制图、累积和图（CUSUM）和指数加权移动平均控制图（EWMA）等。

8.1.5 常规控制图的应用程序

应用常规控制图对过程进行控制通常包括下列步骤：

- 确定受控对象的质量特性。确定受控对象的质量特性就是选出符合应用目的的、可控、重要的质量特性。
- 确定波动来源和抽样方案。若存在多波动源，则需要用多变异分析确定最大的波动源。确定抽样方案时，要确定样本容量、如何抽取数据和抽样的时间间隔。
- 收集数据。初始建立分析用控制图的控制限，至少要抽取 20 组样本，尽量使用反映当前信息的数据，并记录数据收集的日志，包括人员、时间、地点、事件和方案等；同时，要保证抽样的随机性。

- 计算控制限。要根据选择的控制图类型，计算出上控制限（UCL）和下控制限（LCL）。
- 绘制控制图。
- 应用控制图。根据控制图的判定准则，确定过程的状态，必要时重新计算控制限。如果过程能继续处于统计控制状态，则要定期评价控制限；当操作人员、原材料、机器设备、操作方法等发生变化时，要重新计算控制限，实施对过程的控制。

常规控制图的选择流程如图 8-6 所示。

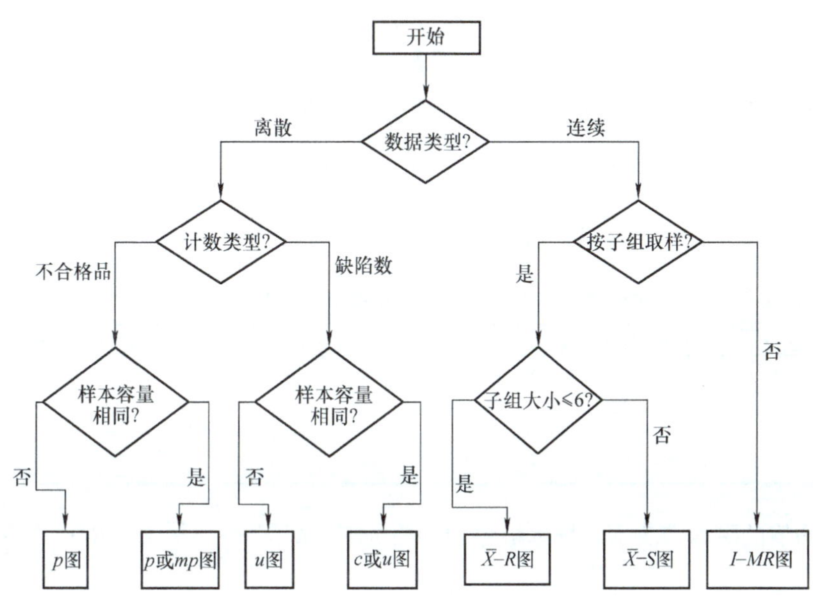

图 8-6　常规控制图的选择流程

8.2　常规控制图

常规控制图的基本假设是质量特性的观测值 X 服从正态分布 $N(\mu,\sigma^2)$，其中 μ、σ 分别为正态分布的均值和标准差。因此，要控制质量特性 X 需要两张控制图，一张用于控制均值 μ，另一张用于控制标准差 σ。根据样本大小 n 和用于估计 μ 和 σ 的统计量的不同，常用的计量值控制图有均值-极差控制图（$\bar{X}-R$ 图）、均值-标准差控制图（$\bar{X}-S$ 图）、中位数-极差控制图（$\tilde{X}-R$ 图）、单值-移动极差控制图（$I-MR$ 图）等。下面将分别说明这四种控制图的原理、构造方法及其应用。

8.2.1　均值-极差控制图

假设质量特性 $X \sim N(\mu, \sigma^2)$，从中抽取大小为 n 的样本（X_1, X_2, …, X_n），则样本均值统计量 $\bar{X} = \frac{1}{n}\sum_{i=1}^{n} X_i$ 服从正态分布 $N(\mu,\frac{\sigma^2}{n})$，于是 $\bar{X}$ 图的中心线和控制限分别为

$$\mathrm{UCL}=\mu+\frac{3}{\sqrt{n}}\sigma$$
$$\mathrm{CL}=\mu$$
$$\mathrm{LCL}=\mu-\frac{3}{\sqrt{n}}\sigma$$

样本极差的统计量 $R=\max\limits_{1\leqslant i\leqslant n}X_i-\min\limits_{1\leqslant i\leqslant n}X_i$，可以证明 $R\sim N(d_2\sigma,\ d_3^2\sigma^2)$，其中 d_2、d_3 是与样本大小 n 有关的常数。这样，统计量 R 图的中心线和控制限分别为

$$\mathrm{UCL}=(d_2+3d_3)\sigma$$
$$\mathrm{CL}=d_2\sigma$$
$$\mathrm{LCL}=(d_2-3d_3)\sigma$$

由于均值 μ 和标准差 σ 都是未知的，需要从抽取的样本中估计。不妨设共抽取了 k 个样本，每个样本大小为 n。k 个样本的数据如表 8-3 所示，其中 $\overline{X}_i=\frac{1}{n}\sum\limits_{j=1}^{n}X_{ij}(i=1,2,\cdots,k)$，$R_i=\max\limits_{1\leqslant j\leqslant n}X_{ij}-\min\limits_{1\leqslant j\leqslant n}X_{ij}(i=1,2,\cdots,k)$。

表 8-3 共有 k 个样本，样本大小为 n 的数据表和样本均值、极差统计量

样本序号	样　本	样本均值 $\overline{X}_i$	样本极差 R_i
1	X_{11}，X_{12}，…，X_{1n}	$\overline{X}_1$	R_1
2	X_{21}，X_{22}，…，X_{2n}	$\overline{X}_2$	R_2
⋮	⋮	⋮	⋮
k	X_{k1}，X_{k2}，…，X_{kn}	$\overline{X}_k$	R_k

记样本均值的平均值为 $\overline{\overline{X}}$，样本极差的均值为 $\overline{R}$，即 $\overline{\overline{X}}=\frac{1}{k}\sum\limits_{i=1}^{k}\overline{X}_i$，$\overline{R}=\frac{1}{k}\sum\limits_{i=1}^{k}R_i$，则 $\overline{\overline{X}}$ 和 $\overline{R}$ 的期望值为

$$E(\overline{\overline{X}})=\mu$$
$$E(\overline{R})=d_2\sigma$$

这样，均值 μ 和标准差 σ 的无偏估计分别为

$$\hat{\mu}=\overline{\overline{X}}$$
$$\hat{\sigma}=\frac{\overline{R}}{d_2}$$

又记 $A_2=\frac{3}{d_2\sqrt{n}}$，$D_3=1-\frac{3d_3}{d_2}$，$D_4=1+\frac{3d_3}{d_2}$，则 $\overline{X}$ 图可表示为

$$\mathrm{UCL}=\overline{\overline{X}}+A_2\overline{R}$$
$$\mathrm{CL}=\overline{\overline{X}}$$
$$\mathrm{LCL}=\overline{\overline{X}}-A_2\overline{R}$$

R 图可表示为

$$\mathrm{UCL}=D_4\overline{R}$$
$$\mathrm{CL}=\overline{R}$$
$$\mathrm{LCL}=D_3\overline{R}$$

$\overline{X}$ 图和 R 图中，A_2、D_3、D_4 是与样本大小 n 有关的控制图常数，可参见附录 B 计量值

控制图系数表。控制图上打点值的散布状况是生产过程运行状况的缩影，各种波动（正常波动或异常波动）都通过打点值的散布状况展现出来。若判断过程存在异常波动，则应查找原因，及时纠正。$\overline{X}$ 图显示的是子组间的波动，并表明过程是否稳定；R 图显示的是子组内的波动，也反映所监控过程的波动程度。由于 $\overline{X}$ 图的控制限依赖于平均极差 R，因此应先构造 R 图，只有当 R 图处于统计控制状态时，才能构造 $\overline{X}$ 图。在实际应用中，由于 $\overline{X}$ 图和 R 图往往联合使用，所以称为 $\overline{X}-R$ 图。

$\overline{X}-R$ 图是应用最广泛的一对控制图，该图应用于大批量生产过程中被控质量特性（如长度、硬度、张力等）的变化情况。使用 $\overline{X}-R$ 图的基本要求是：样本大小 n 小于10，一般取3~5为宜；样本个数 k 以20~25为宜；对样本间隔没有要求，视情况而定。

【例8-1】 某汽车发动机制造厂项目改进团队，需要对活塞环直径进行控制，测量的数据如表8-4所示，试构建 $\overline{X}-R$ 图。

（1）计算统计量。过程如下：

- 计算每个子组的均值。如第1子组，$\overline{X}_1=\frac{1}{5}(74.030+\cdots+74.008)=74.010$
- 计算每个子组的极差。如第1子组，$R_1=74.030-73.992=0.038$
- 计算25个子组的总均值。$\overline{\overline{X}}=\frac{1}{25}\sum_{i=1}^{25}\overline{X}_i=74.00131$
- 计算25个子组极差的均值。$\overline{R}=\frac{1}{25}\sum_{i=1}^{25}R_i=0.02244$

（2）计算 $\overline{X}$ 图和 R 图的控制限。由于样本大小 $n=5$，查附录B计量值控制图系数表得，$A_2=0.577$，D_3 不考虑（$n=5$ 时，D_3 为负值），$D_4=2.114$，因此，对 $\overline{X}$ 图来说

$$UCL=\overline{\overline{X}}+A_2\overline{R}=74.00131+0.577\times0.02244=74.01426$$
$$CL=\overline{\overline{X}}=74.00131$$
$$LCL=\overline{\overline{X}}-A_2\overline{R}=74.00131-0.577\times0.02244=73.98837$$

对 R 图来说

$$UCL=D_4\overline{R}=0.04745$$
$$CL=\overline{R}=0.02244$$

表8-4　活塞环直径的数据表

样本序号	测量值					子组均值 $\overline{X}_i$	子组极差 R_i
1	74.030	74.002	74.019	73.992	74.008	74.010	0.038
2	73.995	73.992	74.001	74.001	74.011	74.000	0.019
3	73.988	74.024	74.021	74.005	74.002	74.008	0.036
4	74.002	73.996	73.993	74.015	74.009	74.003	0.022
5	73.992	74.007	74.015	73.989	74.014	74.003	0.026
6	74.009	73.994	73.997	73.985	73.993	73.996	0.024
7	73.995	74.006	73.994	74.000	74.005	74.000	0.012
8	73.985	74.003	73.993	74.015	73.998	73.999	0.030

（续）

样本序号	测量值					子组均值 $\overline{X}_i$	子组极差 R_i
9	74.008	73.995	74.009	74.005	74.004	74.004	0.014
10	73.998	74.000	73.990	74.007	73.995	73.998	0.017
11	73.994	73.998	73.994	73.995	73.990	73.994	0.008
12	74.004	74.000	74.007	74.000	73.996	74.001	0.011
13	73.983	74.002	73.998	73.997	74.012	73.998	0.029
14	74.006	73.967	73.994	74.000	73.984	73.990	0.039
15	74.012	74.014	73.998	73.999	74.007	74.006	0.016
16	74.000	73.984	74.005	73.998	73.996	73.997	0.021
17	73.994	74.012	73.986	74.005	74.007	74.001	0.026
18	74.006	74.010	74.018	74.003	74.000	74.007	0.018
19	73.984	74.002	74.003	74.005	73.997	73.998	0.021
20	74.000	74.010	74.013	74.020	74.003	74.009	0.020
21	73.998	74.001	74.009	74.005	73.966	74.002	0.013
22	74.004	73.999	73.990	74.006	74.009	74.002	0.019
23	74.010	73.989	73.990	74.009	74.014	74.002	0.025
24	74.015	74.008	73.993	74.000	74.010	74.005	0.022
25	73.982	73.984	73.995	74.017	74.013	73.998	0.035

（3）作分析用控制图。根据所计算的 $\overline{X}$ 图和 R 图控制限，分别建立两张图的坐标系，并对各子组数据的统计量、样本号相对应的数据，在控制图上打点、连线，即得到分析用控制图，如图 8-7 所示。

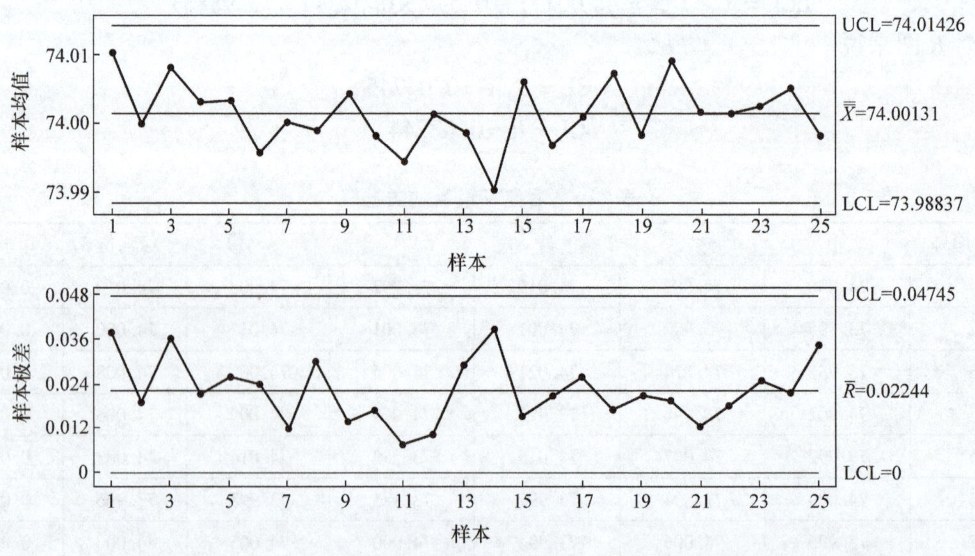

图 8-7 活塞环直径的 $\overline{X}-R$ 图

由于 $\overline{X}$ 图和 R 图均处于统计控制状态，且该活塞环直径生产过程的过程能力指数达到要求，因此，可以将图 8-7 的控制限加以延长，作为控制用控制图。事实上，应用 Minitab 软件很容易绘制 $\overline{X}-R$ 图，实现路径为：从统计→控制图→子组的变量控制图→Xbar - R 进入；指定选项“子组的观测值位于多列的同一行中”；在“Xbar - R 选项→估计→子组大小 >1”中选择“Rbar”；点击“确认”，运行命令，可得到图 8-7。

8.2.2 均值-标准差控制图

假设质量特性 $X \sim N(\mu,\sigma^2)$，从中抽取大小为 n 的样本 $(X_1,X_2,\cdots,X_n)$，则 $S=\sqrt{\frac{1}{n-1}\sum_{i=1}^{n}(X_i-\overline{X})^2}$ 可以作为 σ 的估计。可以证明，S 近似服从正态分布 $N(c_2\sigma,\ c_3^2\sigma^2)$，其中 c_2、c_3 是与样本大小 n 有关的常数。于是，标准差 S 图的控制限和中心线分别为

$$\mathrm{UCL}=(c_2+3c_3)\sigma$$

$$\mathrm{CL}=c_2\sigma$$

$$\mathrm{LCL}=(c_2-3c_3)\sigma$$

由于标准差 σ 是未知的，需要从抽取的样本中估计。不妨设共抽取了 k 个样本，每个样本大小为 n。k 个样本的数据如表 8-5 所示，其中

$$\overline{X}_i=\frac{1}{n}\sum_{j=1}^{n}X_{ij}(i=1,2,\cdots,k)$$

$$S_i=\sqrt{\frac{1}{n-1}\sum_{j=1}^{n}(X_{ij}-\overline{X}_i)^2}(i=1,2,\cdots,k)$$

表 8-5 共有 k 个样本，样本大小为 n 的数据表和样本均值、标准差统计量

样本序号	样　本	样本均值 $\widetilde{X}_i$	样本标准差 S_i
1	$X_{11}, X_{12}, \cdots, X_{1n}$	$\widetilde{X}_1$	S_1
2	$X_{21}, X_{22}, \cdots, X_{2n}$	$\widetilde{X}_2$	S_2
⋮	⋮	⋮	⋮
k	$X_{k1}, X_{k2}, \cdots, X_{kn}$	$\widetilde{X}_k$	S_k

记样本均值的平均值为 $\overline{\overline{X}}$，样本标准差的均值为 $\overline{S}$，即 $\overline{\overline{X}}=\frac{1}{k}\sum_{i=1}^{k}\overline{X}_i$，$\overline{S}=\frac{1}{k}\sum_{i=1}^{k}S_i$，则 $\overline{\overline{X}}$ 和 $\overline{S}$ 的数学期望为

$$E(\overline{\overline{X}})=\mu$$

$$E(\overline{S})=c_2\sigma$$

这样，均值 μ 和标准差 σ 的无偏估计分别为

$$\hat{\mu}=\overline{\overline{X}}$$

$$\hat{\sigma}=\frac{\overline{S}}{c_2}$$

又记 $A_3=\frac{3}{c_2\sqrt{n}}$，$B_3=1-\frac{3c_3}{c_2}$，$B_4=1+\frac{3c_3}{c_2}$，则 $\overline{X}$ 图可表示为

$$UCL = \overline{\overline{X}} + A_3\overline{S}$$
$$CL = \overline{\overline{X}}$$
$$LCL = \overline{\overline{X}} - A_3\overline{S}$$

S图可表示为

$$UCL = B_4\overline{S}$$
$$CL = \overline{S}$$
$$LCL = B_3\overline{S}$$

$\overline{X}$图和S图中，A_3、B_3、B_4是与样本大小n有关的控制图常数，可参见附录B计量值控制图系数表。$\overline{X}$图显示的是子组间的波动，并表明过程是否稳定；S图显示的是子组内的波动，也反映所监控过程的波动程度。由于$\overline{X}$图的控制限依赖于标准差S，因此，应先构造S图，只有当S图处于统计控制状态时，才能构造$\overline{X}$图。在实际应用中，由于$\overline{X}$图和S图通常联合使用，所以称为$\overline{X}-S$图。

$\overline{X}-S$图是最有效、最可靠的一对控制图。但由于该图样本标准差的计算较为麻烦，在以往的实际应用中受到了一定的限制。随着统计软件的开发和计算机的广泛应用，计算困难的问题已经得到解决。使用$\overline{X}-S$图的基本要求是：样本大小n大于10；样本个数k以20～25为宜；对样本间隔没有要求，视情况而定。

对本节汽车发动机活塞环直径数据，应用Minitab软件绘制$\overline{X}-S$图，如图8-8所示。实现路径为：从“统计→控制图→子组的变量控制图→Xbar－S”进入；指定选项“子组的观测值位于多列的同一行中”；在“Xbar－S选项→估计→子组大小 > 1”中选择“Sbar”；点击确定，运行命令，得到图8-8。S图和$\overline{X}$图都无异常点出现，过程受控，可以判定活塞环的生产过程处于统计控制状态。这里，$\overline{X}-S$图与$\overline{X}-R$图的区别在于：$\overline{X}-S$图的控制精度要高些。

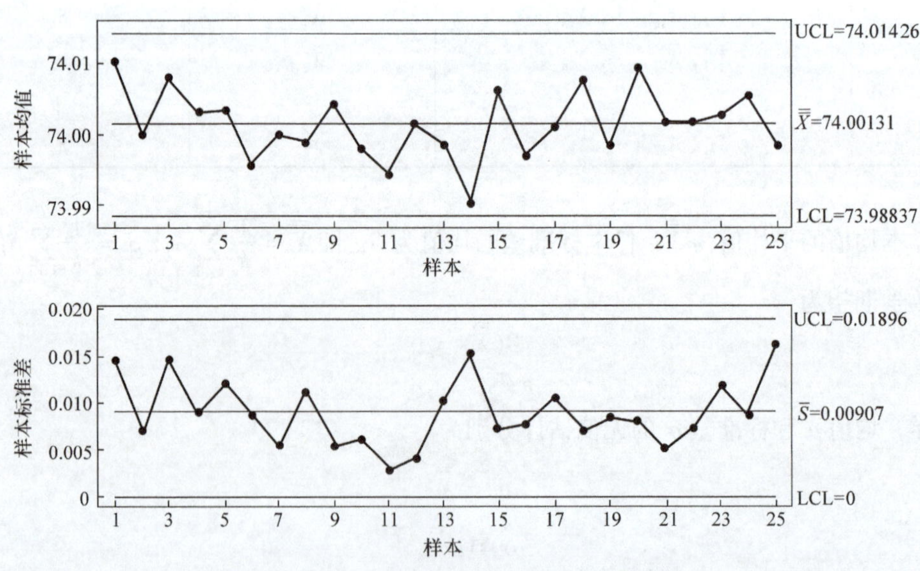

图8-8　活塞环直径的$\overline{X}-S$控制图

8.2.3 中位数-极差控制图

中位数-极差控制图（$\widetilde{X}-R$ 图）与 $\overline{X}-R$ 图类似，区别在于前者用中位数 $\widetilde{X}$ 作为均值 μ 的估计值，其优点表现在计算简单，深受现场操作人员的欢迎，是常用的一种控制图。由于 R 图在 $\overline{X}-R$ 图中已做了讨论，下面仅就 $\widetilde{X}$ 图的原理进行说明。

假设质量特性 $X \sim N(\mu,\sigma^2)$，从中抽取大小为 n 的样本（X_1，X_2，…，X_n），将样本按照由小到大的顺序重新排列为次序统计量

$$X_1^* \leqslant X_2^* \leqslant \cdots \leqslant X_n^*$$

则称统计量

$$\widetilde{X} = \begin{cases} X^*_{\frac{n+1}{2}} & (n\text{ 为奇数}) \\ \dfrac{1}{2}\left(X^*_{\frac{n}{2}} + X^*_{\frac{n}{2}+1}\right) & (n\text{ 为偶数}) \end{cases}$$

为中位数。可以证明中位数 $\widetilde{X}$ 服从正态分布 $N(\mu,\dfrac{m_3^2\sigma^2}{n})$，于是，中位数 $\widetilde{X}$ 图的控制限和中心线为

$$\mathrm{UCL} = \mu + \frac{3m_3}{\sqrt{n}}\sigma$$

$$\mathrm{CL} = \mu$$

$$\mathrm{LCL} = \mu - \frac{3m_3}{\sqrt{n}}\sigma$$

为了给出均值 μ 和标准差 σ 的估计。不妨设共抽取了 k 个样本，每个样本大小为 n。k 个样本的数据如表 8-6 所示。

表 8-6 共有 k 个样本，样本大小为 n 的数据表和样本中位数、极差统计量

样本序号	样　本	样本中位数 $\widetilde{X}_i$	样本极差 R_i
1	X_{11}，X_{12}，…，X_{1n}	$\widetilde{X}_1$	R_1
2	X_{21}，X_{22}，…，X_{2n}	$\widetilde{X}_2$	R_2
⋮	⋮	⋮	⋮
k	X_{k1}，X_{k2}，…，X_{kn}	$\widetilde{X}_k$	R_k

记样本中位数的均值为 $\overline{\widetilde{X}}$，样本极差的均值为 $\overline{R}$，即 $\overline{\widetilde{X}} = \dfrac{1}{k}\sum_{i=1}^{k}\widetilde{X}_i$，$\overline{R} = \dfrac{1}{k}\sum_{i=1}^{k}R_i$，则 $\overline{\widetilde{X}}$ 和 $\overline{R}$ 的期望值为

$$E(\overline{\widetilde{X}}) = \mu$$

$$E(\overline{R}) = d_2\sigma$$

这样，均值 μ 和标准差 σ 的无偏估计分别为

$$\hat{\mu} = \overline{\widetilde{X}}$$

$$\hat{\sigma} = \frac{\overline{R}}{d_2}$$

又记 $A_4 = \frac{3m_3}{d_2\sqrt{n}}$，则 $\widetilde{X}$ 图可表示为

$$\text{UCL} = \overline{\widetilde{X}} + A_4\overline{R}$$
$$\text{CL} = \overline{\widetilde{X}}$$
$$\text{LCL} = \overline{\widetilde{X}} - A_4\overline{R}$$

$\widetilde{X}$ 图中 A_4 是与样本大小 n 有关的控制图常数，可参见附录B计量值控制图系数表。

在实际应用中，应先构造 R 图，只有当 R 图处于统计控制状态时，才能构造 $\widetilde{X}$ 图。由于 $\widetilde{X}$ 图和 R 图通常联合使用，所以称为 $\widetilde{X}-R$ 图。

8.2.4　单值-移动极差控制图

前面所讨论的三种计量值控制图适用于样本数据可以分组的情形，如果每次抽样的间隔周期内只能得到一个观测值，也就是在样本数据不能分组的情况下，就需要使用单值-移动极差控制图（$I-MR$ 图）对过程进行控制。I 图主要用于监控过程的均值是否处于统计控制状态，而 MR 图主要用于监控过程的标准差是否处于统计控制状态。在实际应用中，I 图和 MR 图通常联合使用，因此称为 $I-MR$ 图。

假设质量特性 $X \sim N(\mu,\sigma^2)$，每次只能从总体中抽取一个样本（$n=1$），共抽取了 k 次样本。样本数据及移动极差如表8-7所示，其中移动极差 $MR_i = |X_{i+1} - X_i|$（$i=1,2,\cdots,k-1$）。由于 X_i 服从正态分布 $N(\mu,\sigma^2)$，因此，I 图的控制限和中心线分别为

$$\text{UCL} = \mu + 3\sigma$$
$$\text{CL} = \mu$$
$$\text{LCL} = \mu - 3\sigma$$

表8-7　k 个样本的数据和移动极差

样本序号	测量值 X_i	移动极差 MR_i
1	X_1	—
2	X_2	MR_1
⋮	⋮	⋮
k	X_k	MR_{k-1}

对于 MR 图来说，MR_i 可以看成是样本量大小为2的样本极差，因此，MR_i 可以认为近似服从正态分布 $N(1.128\sigma, 0.853^2\sigma^2)$。这样，$MR$ 图的控制限和中心线可表示为

$$\text{UCL} = 3.687\sigma$$
$$\text{CL} = 1.128\sigma$$
$$\text{LCL} = 0$$

为了给出 μ、σ 的估计值，不妨记 $\overline{X} = \frac{1}{k}\sum_{i=1}^{k} X_i$，$\overline{MR} = \frac{1}{k-1}\sum_{i=1}^{k-1} MR_i$，可以证明它们的

数学期望为

$$E(\overline{X}) = \mu$$

$$E(\overline{MR}) = 1.128\sigma$$

由此得到 μ 和 σ 的无偏估计为

$$\hat{\mu} = \overline{X}$$

$$\hat{\sigma} = \frac{\overline{MR}}{1.128}$$

进而，得到 I 图的控制限和中心线分别为

$$\mathrm{UCL} = \overline{X} + 2.66\,\overline{MR}$$

$$\mathrm{CL} = \overline{X}$$

$$\mathrm{LCL} = \overline{X} - 2.66\,\overline{MR}$$

MR 图的控制限和中心线为

$$\mathrm{UCL} = 3.27\,\overline{MR}$$

$$\mathrm{CL} = \overline{MR}$$

$$\mathrm{LCL} = 0$$

【例 8-2】 某化工企业，为控制其产品主要成分而收集的数据如表 8-8 所示，试分析生产过程是否处于统计控制状态。

（1）计算统计量。过程如下：

- 计算移动极差 MR_i，计算结果如表 8-8 所示。

表 8-8　化工产品主要成分含量数据表

序号	测量值 X_i	移动极差 MR_i	序号	测量值 X_i	移动极差 MR_i
1	12.1	—	14	13.0	0.4
2	12.1	0	15	12.5	0.5
3	12.4	0.3	16	12.2	0.3
4	13.2	0.8	17	13.0	0.8
5	13.3	0.1	18	12.8	0.2
6	12.4	0.9	19	12.5	0.3
7	13.0	0.6	20	12.6	0.1
8	13.5	0.5	21	12.4	0.2
9	12.5	1.0	22	12.8	0.4
10	12.8	0.3	23	12.7	0.1
11	13.1	0.3	24	12.6	0.1
12	12.8	0.3	25	13.0	0.4
13	13.4	0.6			

- 计算测量值的均值，$\overline{X} = \frac{1}{25}(12.1 + 12.1 + \cdots + 13.0) = 12.748$。
- 计算移动极差的均值，$\overline{MR} = \frac{1}{24}(0 + 0.3 + \cdots + 0.4) = 0.396$。

（2）计算 I 图和 MR 图的控制限。

对于 I 图

$$\text{UCL} = \overline{X} + 2.66\,\overline{MR} = 13.801$$

$$\text{CL} = \overline{X} = 12.748$$

$$\text{LCL} = \overline{X} - 2.66\,\overline{MR} = 11.695$$

对于 *MR* 图

$$\text{UCL} = 3.27\,\overline{MR} = 1.293$$

$$\text{CL} = \overline{MR} = 0.396$$

$$\text{LCL} = 0$$

（3）作分析用控制图。根据计算的 *I* 图和 *MR* 图的控制限，分别建立相应的坐标系，并在坐标系上打点、连线，即得到分析用控制图，如图 8-9 所示。

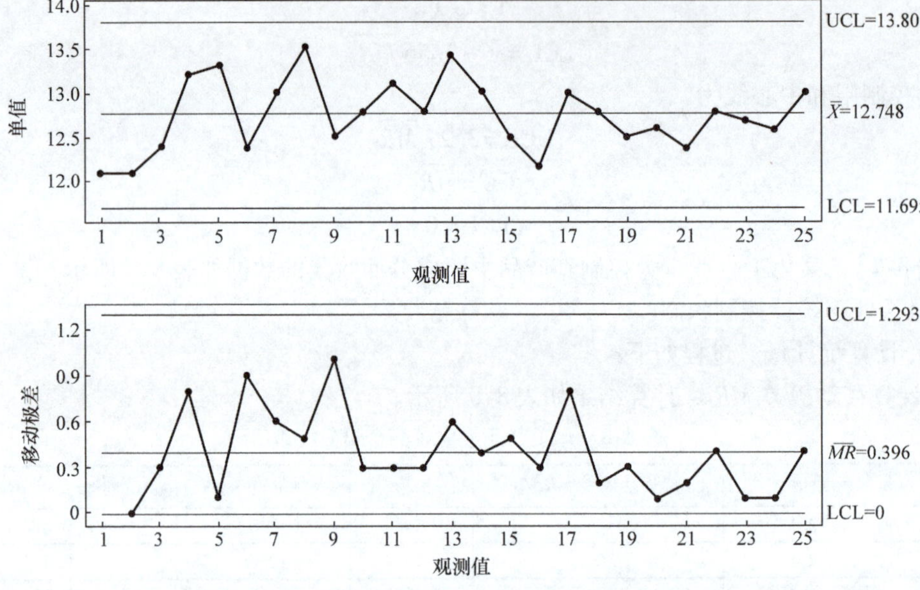

图 8-9　某化工过程主要成分的 *I* - *MR* 图

从图 8-9 可知，该过程处于统计控制状态。同样，可以应用 Minitab 软件绘制 *I* - *MR* 图，对过程进行分析和控制。

8.3　计数值控制图

一般地，对离散型随机变量所作的控制图，称为计数值控制图。计数值控制图属于常规控制图。计数值控制图可以分为计件值控制图和计点值控制图。计件值控制图包括不合格品率控制图（*p* 图）和不合格品数控制图（*np* 图）。计点值控制图包括单位缺陷数控制图（*u* 图）和缺陷数控制图（*c* 图）。本节将讨论计数值控制图的基本原理及其应用。

8.3.1　计件值控制图

计件值控制图适用于检验结果只有两类的情形：合格与不合格。假设从大量产品中随机抽取一定量的样品数，不合格品数为 X，则 X 为随机变量。对于一个稳定的生产过程，X 服从二点分布 $B(1,p)$，从总体中抽取 k 个样本，结果如表 8-9 所示，其中

$$p_i = \frac{1}{n_i}\sum_{j=1}^{n_i} X_{ij} (i = 1,2,\cdots,k)$$

表 8-9　k 个样本的数据表和不合格品数、不合格品率

样本序号	样　本	不合格品数 n_ip_i	不合格品率 p_i
1	$X_{11}, X_{12}, \cdots, X_{1n_1}$	$\sum_{j=1}^{n_1} X_{1j}$	$p_1 = \overline{X}_1$
2	$X_{21}, X_{22}, \cdots, X_{2n_2}$	$\sum_{j=1}^{n_2} X_{2j}$	$p_2 = \overline{X}_2$
⋮	⋮	⋮	⋮
k	$X_{k1}, X_{k2}, \cdots, X_{kn_k}$	$\sum_{j=1}^{n_k} X_{kj}$	$p_k = \overline{X}_k$

可以证明：当 $n_ip_i \geqslant 5$ 时，p_i 近似服从正态分布 $N(p, \frac{p(1-p)}{n_i})$，这样，p 图的控制限和中心线分别为

$$\text{UCL} = p + 3\sqrt{\frac{p(1-p)}{n_i}}$$

$$\text{CL} = p$$

$$\text{LCL} = p - 3\sqrt{\frac{p(1-p)}{n_i}}$$

若参数 p 未知，可取 $\hat{p} = \frac{1}{\sum_{i=1}^{k} n_i}\sum_{i=1}^{k} n_ip_i$ 作为 p 的估计值。

当 k 个样本的样本大小均为 n 时，第 i 个样本的不合格品数 np_i 近似服从正态分布 $N(np, np(1-p))$，于是 np 图的控制限和中心线分别为

$$\text{UCL} = np + 3\sqrt{np(1-p)}$$

$$\text{CL} = np$$

$$\text{LCL} = np - 3\sqrt{np(1-p)}$$

根据上述分析，将计件值控制图的参数 p 已知、未知及相应的中心线、控制限加以总结，具体结果如表 8-10 所示。

表 8-10　计件值控制图的中心线和上、下控制限

控制图的名称与符号		CL	UCL/LCL	数据分布	备　注
不合格品率控制图（p 图）	参数未知	$\hat{p}$	$\hat{p} \pm 3\sqrt{\frac{\hat{p}(1-\hat{p})}{n}}$	二项分布	样本大小相等与不相等时均可使用
	参数已知	p_0	$p_0 \pm 3\sqrt{\frac{p_0(1-p_0)}{n}}$		
不合格品数控制图（np 图）	参数未知	$n\hat{p}$	$n\hat{p} \pm 3\sqrt{n\hat{p}(1-\hat{p})}$	二项分布	仅限于样本大小相等时使用
	参数已知	np_0	$np_0 \pm 3\sqrt{np_0(1-p_0)}$		

在应用计件值控制图时，由于控制的对象是不合格品率（p 图）或者是不合格品数（np 图），通常利用最初若干次观测值所估计的不合格品率 $\hat{p}$ 作为过程不合格品率的估计值，因此，要求每个样本中至少包含一个不合格品。

样本大小 n 与过程的质量水平有关，质量水平越高，样本量应越大，否则，若 p 很小而 n 又不大，则 p 图的控制限将使得样本中只要出现1个不合格品就会使打点值出界，从而显示过程失控。

若通过计算得出 LCL≤0，则实际下控制限取为 LCL=0。

再者，当所有子组样本量 $n_i(i=1,2,\cdots,k)$ 大小相等时，p 图的控制限是直线。当子组的样本量 $n_i(i=1,2,\cdots,k)$ 大小不等时，p 图的控制限将变成折线。

计件值控制图的制作程序与计量值控制图类似。下面将通过一个实例说明计件值控制图的实现方法及 Minitab 软件的实现路径。

【例 8-3】 红星物流公司配送服务车队，配送车辆数在 900～1200 之间变动。在任意一天中，每辆车要么正常运行，要么因故障维修。管理人员收集了6、7两个月份内因故障修理的车辆数，记录数据如表 8-11 所示。试判断运输过程是否处于统计控制状态。

表 8-11 红星物流公司6、7月因故障修理的车辆数数据（服务车数量是变动的）

日期	车辆总数（辆）	故障数（个）	日期	车辆总数（辆）	故障数（个）	日期	车辆总数（辆）	故障数（个）	日期	车辆总数（辆）	故障数（个）
6-01	1106	79	6-16	1113	82	7-01	983	77	7-16	1040	81
6-02	911	68	6-17	1168	92	7-02	936	90	7-17	1031	72
6-03	1119	87	6-18	1118	100	7-03	1023	91	7-18	1118	91
6-04	1034	87	6-19	1198	89	7-04	972	77	7-19	1133	88
6-05	993	75	6-20	921	82	7-05	914	70	7-20	1125	101
6-06	1145	74	6-21	1126	100	7-06	1084	86	7-21	1162	83
6-07	945	74	6-22	1112	86	7-07	966	71	7-22	1118	82
6-08	1009	76	6-23	1163	80	7-08	1018	88	7-23	1007	81
6-09	972	75	6-24	1140	93	7-09	1174	100	7-24	1164	82
6-10	1089	86	6-25	1126	78	7-10	968	85	7-25	1026	80
6-11	1109	92	6-26	1007	85	7-11	1142	83	7-26	1035	76
6-12	1111	98	6-27	932	90	7-12	1050	84	7-27	980	87
6-13	1000	87	6-28	1132	88	7-13	1161	93	7-28	1101	93
6-14	974	85	6-29	901	66	7-14	933	80	7-29	1028	83
6-15	1169	76	6-30	1148	93	7-15	933	74	7-30	1096	90

由于每天服务车辆的数量不等，因而只能采用不合格品率控制图（p 图）进行对运输过程的监控。

绘制 p 图的 Minitab 软件实现路径如下：

- 从“统计→控制图→属性控制图→P”进入。
- 指定“变量”为“故障数”，“子组大小”为“车辆总数”。

- 点击“确定”，运行命令，得到 p 图，如图 8-10 所示。

由图 8-10 可知，因为每天服务的车辆数不等，p 图的控制限变成了“城墙”形，图中所有打点值都未违背任何一条控制图失控判定准则，因此，可以判定整个运输过程处于统计控制状态。

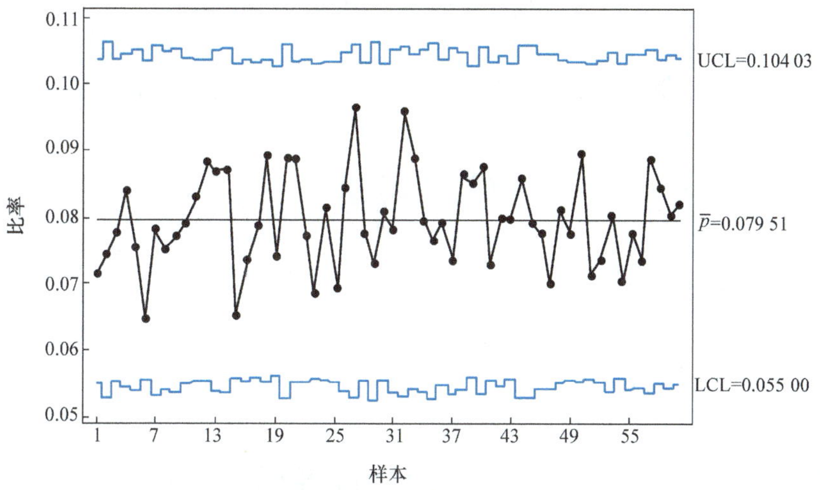

图 8-10　运输过程车辆故障率的 p 图

注：使用不相等样本量进行的检验。

8.3.2　计点值控制图

有些产品不是以“件”为单位统计不合格产品的数量，而是用产品上缺陷、瑕疵（不合格点）的数量来表示。如铸件上的砂眼数，1m^2 玻璃上的气泡数等。引入缺陷的计点数据后，对于不合格品的认识就更精确、深入。计点值控制图包括缺陷数控制图（c 图）和单位缺陷数控制图（u 图），二者来自于泊松分布的理论。

假设随机变量 X 为单位产品的缺陷数，对于一个稳定的生产过程 X 服从泊松分布 $P(\lambda)$，从总体中抽取 k 个样本，结果如表 8-12 所示。其中

$$c_i = \sum_{j=1}^{n_i} X_{ij}$$

$$u_i = \frac{c_i}{n_i}(i = 1,2,\cdots,k)$$

表 8-12　k 个样本的数据表和缺陷数、单位缺陷数

样本序号	样　　本	样本中的缺陷数 c_i	单位缺陷数 u_i
1	$X_{11}, X_{12}, \cdots, X_{1n_2}$	c_1	u_1
2	$X_{21}, X_{22}, \cdots, X_{2n_2}$	c_2	u_2
⋮	⋮	⋮	⋮
k	$X_{k1}, X_{k2}, \cdots, X_{kn_k}$	c_k	u_k

可以证明 c_i 服从泊松分布 $p(n_i\lambda)$。由泊松分布的性质，c_i 的数学期望和方差为

$$E(c_i)=\mathrm{Var}(c_i)=n_i\lambda \quad (i=1,2,\cdots,k)$$

由此，u_i 的数学期望和方差为

$$E(u_i)=\lambda$$

$$\mathrm{Var}(u_i)=\frac{\lambda}{n_i} \quad (i=1,2,\cdots,k)$$

且可以认为 u_i 近似服从正态分布 $N(\lambda,\frac{\lambda}{n_i})$，这样，$u$ 图的控制限和中心线分别为

$$\mathrm{UCL}=\lambda+3\sqrt{\frac{\lambda}{n_i}}$$

$$\mathrm{CL}=\lambda$$

$$\mathrm{LCL}=\lambda-3\sqrt{\frac{\lambda}{n_i}}$$

若参数 λ 未知，可取 $\hat{\lambda}=\frac{1}{\sum_{i=1}^{k}n_i}\sum_{i=1}^{k}c_i$ 作为 λ 的估计值。

当 k 个样本的样本大小均为 n 时，第 i 个样本的缺陷数 c_i 服从泊松分布 $P(n\lambda)$，也可认为 c_i 近似服从正态分布 $N(n\lambda,n\lambda)$，于是 c 图的控制限和中心线分别为

$$\mathrm{UCL}=n\lambda+3\sqrt{n\lambda}$$

$$\mathrm{CL}=n\lambda$$

$$\mathrm{LCL}=n\lambda-3\sqrt{n\lambda}$$

同样，可将计点值控制图的参数 λ 已知、未知及相应的中心线、控制限加以总结归纳，具体结果如表 8-13 所示。

表 8-13 计点值控制图的中心线和上、下控制限

控制图的名称与符号		CL	UCL/LCL	数据分布	备注
单位缺陷数控制图（u 图）	参数未知	$\hat{u}$	$\hat{u}\pm3\sqrt{\hat{u}/n}$	泊松分布	样本大小相等与不相等时均可使用
	参数已知	u_0	$u_0\pm3\sqrt{u_0/n}$		
缺陷数控制图（c 图）	参数未知	$\hat{c}$	$\hat{c}\pm3\sqrt{\hat{c}}$	泊松分布	仅限于样本大小相等时使用
	参数已知	c_0	$c_0\pm3\sqrt{c_0}$		

对计点值控制图，其背景源于泊松分布，只含一个未知参数 λ，因此，在绘制控制图时，只需要一张控制图。对于样本大小 n，若单位缺陷数较小，则需要选择 n 充分大，才能使得样本中至少包含 1 个缺陷数的概率较大。否则，若 u 很小 n 又不大，将造成 u 图的控制限使得只要样本中出现 1 个缺陷，打点值就会出界，从而判定过程失控。另外，当子组样本量 $n_i(i=1,2,\cdots,k)$ 大小不等时，u 图的控制限可能变成折线。

【例 8-4】 在给汽车外壳进行喷漆的过程中，如果外壳上存在气泡，就认为是缺陷。项目改进团队在一个月内，每天抽取 12 辆汽车的外壳进行检验，收集的数据记录如表 8-14 所示。试设计一个控制图来分析汽车外壳上的气泡数是否稳定。

表 8-14　汽车外壳的抽样结果

样本序号	样本数量（个）	气泡数（个）	样本序号	样本数量（个）	气泡数（个）
1	12	26	16	12	28
2	12	23	17	12	24
3	12	28	18	12	26
4	12	18	19	12	23
5	12	35	20	12	25
6	12	32	21	12	28
7	12	35	22	12	27
8	12	24	23	12	24
9	12	18	24	12	24
10	12	28	25	12	25
11	12	16	26	12	27
12	12	15	27	12	23
13	12	22	28	12	24
14	12	34	29	12	25
15	12	30	30	12	26

由于每次抽检的样本数量都是固定的常数“12”，因此，可以采用 c 图对汽车的喷漆过程进行监控。这里，仅给出利用 Minitab 软件绘制 c 图的实现路径：

- 从“统计→控制图→属性控制图→C”进入。
- 指定“变量”为“气泡数”。
- 点击“确定”，运行命令，得到 c 图（见图 8-11）。

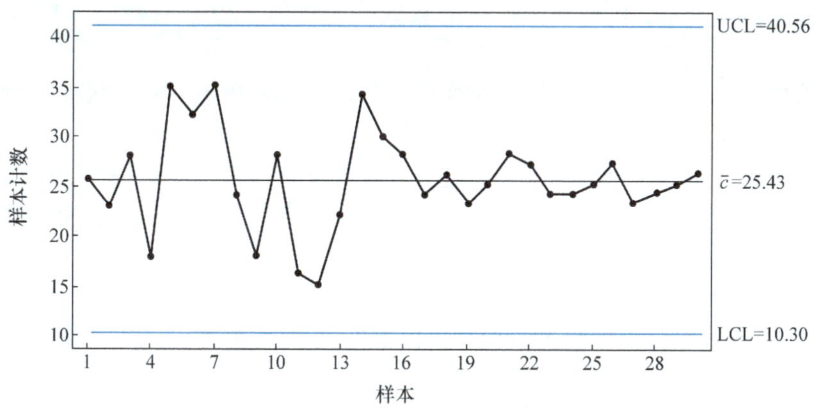

图 8-11　汽车外壳气泡数的 c 图

由图 8-11 可知，c 图的所有打点值都没有违背任何一条控制图失控的判定准则，整个过程稳定，因此可以判定汽车的喷漆过程处于统计控制状态。

8.4　小批量控制图

前面讨论的控制图都是常规控制图，也就是说，在大批量生产中，可以得到足够多的数据构造控制图从而实现对过程的统计控制。然而，随着市场竞争的日趋激烈，顾客需求多样化和个性化的发展，大批量生产模式逐步向多品种、小批量生产方式转变。在实际生产中常常出现这样的情况：每批产品生产的数目较少；尽管每批产品生产的数目较大，但生产周期短；一类产品的数目较大，但用户仅要求提供所购买的很少几件产品。这些问题统称为小批量问题。对于小批量问题，实施统计过程控制的关键在于：没有足够多的数据来构造控制图。本节将采用不同的手段组合数据，构造目标控制图、比例控制图和标准变换控制图。

8.4.1 目标控制图

一些制造过程可以生产若干种不同型号的部件，但由于每种部件的生产批量较小，不宜对每种型号的部件构造控制图。若每种型号的部件具有相同的量纲，而且由相同或相似的过程加工而成，也就是说，加工过程具有相同或相似的随机波动，在这种情况下，则可构造目标控制图（target chart）。

假设制造过程加工 m 种不同型号的零件，第 j 种型号零件的目标值为 $T_j(j=1, 2, \cdots, m)$，从第 j 种型号零件中抽取 k_j 个样本，记为 X_{j1}，X_{j2}，…，X_{jk_j}，可以认为 $X_{ji}(i=1, 2, \cdots, k_j)$ 近似服从正态分布 $N(T_j, \sigma^2)$，其中 T_j 为第 j 种型号零件的目标值，σ 为过程波动的标准差。

将第 j 种型号零件的观测值 $X_{ji}(i=1, 2, \cdots, k_j)$ 减去其目标值 T_j，记

$$Y_j = X_{ji} - T_j$$

则 Y_j 近似服从正态分布 $N(0,\sigma^2)$。这样，可将变换后的数据组合在一起作为过程输出的统一的测量值。于是，小批量数据就转化为大批量数据。利用变换后的数据，可以构造相应的计量值控制图。

若观测数据可以分组，则可对变换后的数据构造均值 - 极差控制图（$\overline{X}-R$ 图），也就是目标 $\overline{X}-R$ 图。

若原始数据较少且不宜分组，则可对变换后的数据构造单值 - 移动极差控制图（$I-MR$ 图），即为目标 $I-MR$ 图。

若观测数据来自于同一过程，则判断过程失控的准则与常规休哈特控制图相同；如果数据来自于不同过程，则应对来自于不同过程的控制图打点值进行标注，以便当过程失控时查找相应过程的故障源。

【例 8-5】 某飞机制造公司，由同一过程加工四种不同型号的零件，四种型号的样本数据分别为 6、5、4、8 个，具体测量数据和目标值如表 8-15 所示。试构造该加工过程的控制图，并判断其是否处于统计控制状态。

我们知道，统计过程控制是对过程的控制，而不是对具体某件产品的控制。这四种型号的产品的样本数据较少，无法对每种型号的产品构造控制图，但是由于它们是由同一加工过程制造的，可以认为过程的波动相同或相似。因此，可以将四种型号零件的观测值减去各自的目标值，并将变换后的数据组合在一起作为过程输出的测量值，构造目标控制图。由于每个样本只有一个观测值，可以构造单值 - 移动极差目标控制图，即目标 $I-MR$ 图。

应用 Minitab 软件的具体实现过程：

- 将每个样本的测量值减去相应的目标值，见表 8-15 中的 Y 值。
- 从“统计→控制图→单值的变量控制图→$I-MR$ 图”进入。
- 在“变量”中选择 Y。
- 点击“确定”，运行命令，得到图 8-12。

表 8-15　某加工过程四种型号零件的测量值、目标值

样本		目标值 T_i	测量值 X_i	变换值 Y_i	样本		目标值 T_i	测量值 X_i	变换值 Y_i
型号	序号				型号	序号			
A	1	8.00	7.96	-0.04	C	1	15.00	15.01	0.01
	2	8.00	7.99	-0.01		2	15.00	15.02	0.02
	3	8.00	8.01	0.01		3	15.00	14.99	-0.01
	4	8.00	8.00	0.00		4	15.00	14.98	-0.02
	5	8.00	8.02	0.02	D	1	21.00	20.99	-0.01
	6	8.00	8.01	0.01		2	21.00	21.01	0.01
B	1	3.00	3.01	0.01		3	21.00	21.02	0.02
	2	3.00	2.99	-0.01		4	21.00	21.00	0.00
	3	3.00	2.98	-0.02		5	21.00	21.01	0.01
	4	3.00	3.03	0.03		6	21.00	20.97	-0.03
	5	3.00	2.97	-0.03		7	21.00	20.99	-0.01
						8	21.00	20.98	-0.02

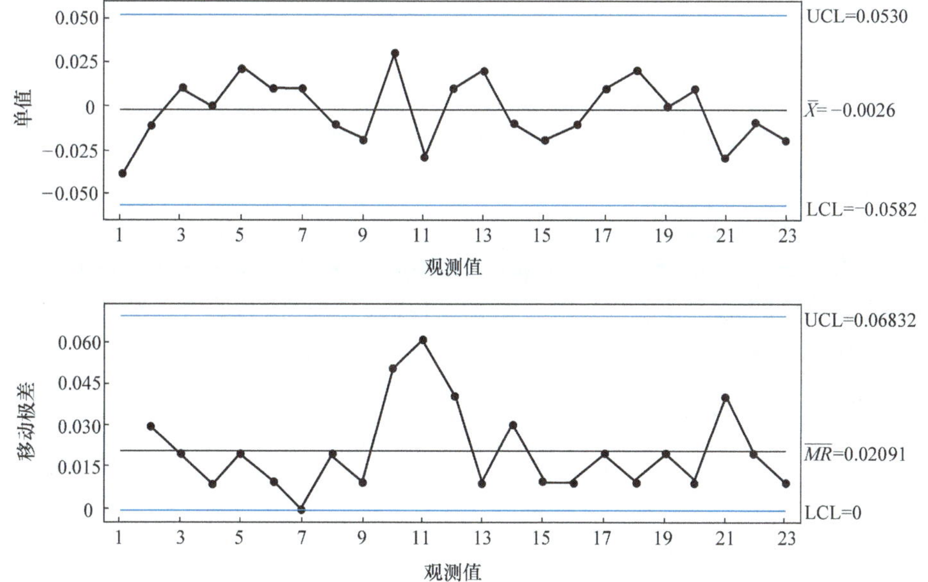

图 8-12　某加工过程的目标 $I-MR$ 图

根据图 8-12，MR 图和 I 图均无异常点出现，因此，可以判断该过程处于统计控制状态。

8.4.2　比例控制图

在小批量生产中，如果不同型号零件的波动具有较大的差异，并且这种差异与相应型号零件的设计目标值成比例，则可使用比例控制图（proportional chart）。

假设某制造过程加工 m 种不同型号的零件，第 j 种型号零件的目标值为 $T_j(j=1, 2, \cdots, m)$，从第 j 种型号零件中抽取 k_j 个样本，记为 X_{j1}，X_{j2}，…，X_{jk_j}，则可认为 X_{ji} $(i=1, 2, \cdots, k_j)$ 近似服从正态分布 $N(T_j, \sigma_j^2)$。其中 T_j 为第 j 种型号零件的目标值，σ_j 为加工第 j 种型号零件过程波动的标准差。该制造过程满足或近似满足

$$\frac{T_1}{\sigma_1}=\frac{T_2}{\sigma_2}=\cdots=\frac{T_m}{\sigma_m}=c$$

将第 j 种型号零件的观测值 $X_{ji}(i=1, 2, \cdots, k_j)$ 除以其目标值 T_j，记

$$Y_j=X_{ji}/T_j$$

则可以证明

$$E(Y_j)=1$$

$$\mathrm{Var}(Y_j)=\frac{\sigma_j^2}{T_j^2}=\frac{1}{c^2}\text{（常数）}$$

因此，变换后的 Y_j 近似服从正态分布 $N(1, 1/c^2)$，这样，可将变换后的数据组合在一起作为过程输出的统一测量值。于是，小批量数据就转化为大批量数据，利用变换后的数据可构造相应的计量值控制图。

若观测数据可以分组，则可对变换后的数据构造均值－极差控制图（$\overline{X}-R$ 图），也就是比例 $\overline{X}-R$ 图。

若原始数据较少且不宜分组，则可对变换后的数据构造单值－移动极差控制图（$I-MR$ 图），即比例 $I-MR$ 图。

若观测数据来自于同一过程，则判断过程失控的准则与常规控制图相同；如果数据来自于不同过程，则应对来自于不同过程的控制图打点值进行标注，以便当过程失控时查找相应过程的故障源。

【例 8-6】 某飞机制造公司喷漆车间向四种不同型号的工件喷漆，这四种工件喷漆厚度的目标值分别为 7.50μm、0.55μm、3.25μm、1.10μm，测量数据如表 8-16 所示（表中测量数据和目标值分别扩大了 10 倍），由于每种工件的样本分别为 5 个、8 个、7 个、5 个，没有足够的数据来构造各自的常规控制图，因而属于小批量问题。

表 8-16 喷漆过程的测量数据

工件类型	测量值			目标值	变换后的测量值			均值 $\overline{X}$	极差 R
	(1)	(2)	(3)		(1)	(2)	(3)		
A	65.00	80.00	66.00	75.00	0.87	1.07	0.88	0.94	0.20
A	70.00	78.00	84.00	75.00	0.93	1.04	1.12	1.03	0.19
A	77.00	78.00	83.00	75.00	1.03	1.04	1.11	1.06	0.08
A	73.00	77.00	84.00	75.00	0.97	1.03	1.12	1.04	0.15
A	79.00	80.00	83.00	75.00	1.05	1.07	1.11	1.08	0.06
B	5.20	5.10	5.30	5.50	0.95	0.93	0.96	0.95	0.03
B	5.00	5.20	5.20	5.50	0.91	0.95	0.95	0.93	0.04
B	5.10	5.30	5.40	5.50	0.93	0.96	0.98	0.96	0.05
B	5.20	5.20	5.60	5.50	0.95	0.95	1.02	0.97	0.07
B	5.30	5.50	5.60	5.50	0.96	1.00	1.02	0.99	0.06
B	5.40	5.50	5.60	5.50	0.98	1.00	1.02	1.00	0.04
B	5.50	5.60	5.50	5.50	1.00	1.02	1.00	1.01	0.02
B	5.20	5.40	5.60	5.50	0.95	0.98	1.02	0.98	0.07
C	32.00	34.00	33.00	32.50	0.98	1.05	1.02	1.02	0.07
C	33.00	32.00	32.00	32.50	1.02	0.98	0.98	0.99	0.04
C	35.00	34.00	33.00	32.50	1.08	1.05	1.02	1.05	0.06
C	32.00	35.00	33.00	32.50	0.98	1.08	1.02	1.03	0.10
C	34.00	33.00	34.00	32.50	1.05	1.02	1.05	1.04	0.03

（续）

工件类型	测量值			目标值	变换后的测量值			均值 $\bar{X}$	极差 R
	(1)	(2)	(3)		(1)	(2)	(3)		
C	33.00	34.00	35.00	32.50	1.02	1.05	1.08	1.05	0.06
C	33.00	34.00	33.00	32.50	1.02	1.05	1.02	1.03	0.03
D	11.00	12.00	13.00	11.00	1.00	1.09	1.18	1.09	0.18
D	13.00	12.00	11.00	11.00	1.18	1.09	1.00	1.09	0.18
D	12.00	12.00	12.00	11.00	1.09	1.09	1.09	1.09	0.00
D	11.00	12.00	11.00	11.00	1.00	1.09	1.00	1.03	0.09
D	11.00	11.00	10.00	11.00	1.00	1.00	0.91	0.97	0.09

通过构造分层（Tier）图，如图8-13所示，可以发现这四种型号工件的测量数据集中在各自的目标值附近，且每种型号工件的波动具有较大的差异，但这种波动均与其目标值近似成比例，因此，可以采用小批量生产中的比例控制图来监控过程的变化。

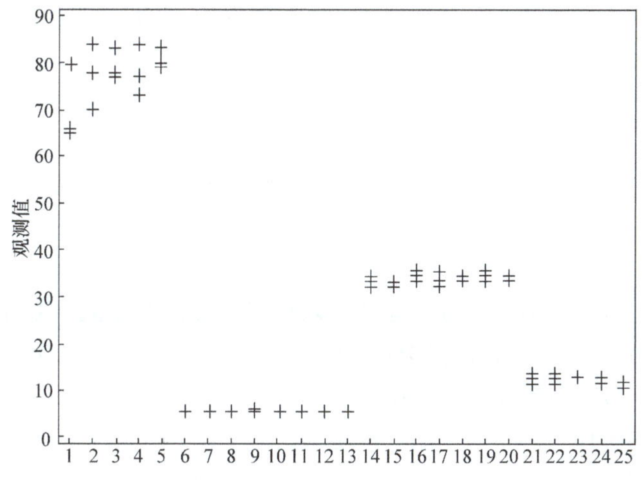

图8-13　喷漆过程的分层图

- 将每个测量值除以各自的目标值。在本例中，样本大小 $n=3$，第一个样本值分别为65.00、80.00、66.00，将其除以目标值75.00，则得到0.87、1.07、0.88。
- 计算 $\bar{X}$ 图的打点值。$\bar{X}$ 图的打点值为变换后每个样本的均值。本例中，第一个样本的均值为0.94$\left(\frac{0.87+1.07+0.88}{3}\right)$。
- 计算 R 图的打点值。R 图的打点值为变换后每个样本的极差。本例中，第一个样本的极差为0.2(1.07−0.87)。
- 对变换后的数据构造 $\bar{X}-R$ 图。

对于 $\bar{X}$ 图来说

$$\mathrm{UCL}=\bar{X}+A_2\bar{R}=1.0168+1.023\times0.0796=1.0982$$

$$\mathrm{CL}=\bar{X}=1.0168$$

$$\mathrm{LCL}=\bar{X}-A_2\bar{R}=1.0168-1.023\times0.0796=0.9354$$

对于 R 图来说

$$\mathrm{UCL}=D_4\bar{R}=2.574\times0.0796=0.2049$$

$$\mathrm{CL}=\bar{R}=0.0796$$

$$\mathrm{LCL} = D_3\overline{R} = 0$$

由此构造出的比例控制图如图 8-14 所示。R 图、$\overline{X}$ 图均非处于统计控制状态，可以判定喷漆过程处于失控状态。

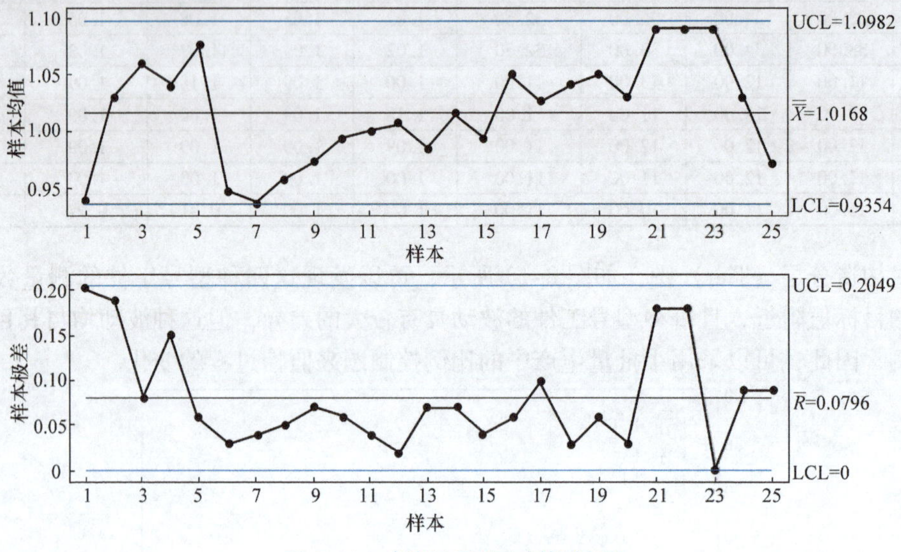

图 8-14　喷漆过程的比例控制图

8.4.3　标准变换控制图

在小批量生产过程中，不同型号的零件可以在同一过程下加工，也可以在不同过程下加工，当不满足目标控制图（标准差相同或相似）和比例控制图（目标值与方差对应成比例）的应用条件，但根据历史数据或现有数据可以估计过程输出的均值和方差时，为了评价过程能力，实施对过程的统计控制，可采用标准变换控制图。

假设某制造过程加工 m 种不同型号的零件，从第 j 种型号（$j=1, 2, \cdots, m$）零件中抽取 k_j 个样本，记为 $X_{j1}, X_{j2}, \cdots, X_{jk_j}$，则可认为 $X_{ji}(i=1, 2, \cdots, k_j)$ 近似服从正态分布 $N(\mu_j, \sigma_j^2)$，其中 μ_j 为第 j 种型号零件的均值，σ_j 为加工第 j 种型号零件过程波动的标准差。由于根据历史或现有数据，可以估计出过程输出的均值 $\hat{\mu}_j$ 和标准差 $\hat{\sigma}_j$，因此，第 j 种型号零件的观测值 $X_{ji}(i=1, 2, \cdots, k_j)$ 减去均值，再除以标准差，记

$$Y_j = \frac{X_{ji} - \hat{\mu}_j}{\hat{\sigma}_j}$$

将其称为标准变换。可以证明：$E(Y_j) = 0$，$\mathrm{Var}(Y_j) = 1$。

因此，变换后的 Y_j 近似服从正态分布 $N(0, 1)$，这样可将变换后的数据组合在一起作为过程输出的统一的测量值。于是，小批量数据就转化为大批量数据，利用变换后的数据，构造相应的计量值控制图。

若观测数据可以分组，则可对变换后的数据构造均值 - 极差控制图（$\overline{X}-R$ 图），也就是标准变换 $\overline{X}-R$ 图。若原始数据较少且不宜分组，则可对变换后的数据构造单值 - 移动极差控制图（$I-MR$ 图），即为标准变换 $I-MR$ 图。

若观测数据来自于同一过程，则判断过程失控的准则与常规控制图相同；如果数据来自

于不同过程，则应对来自于不同过程的控制图的打点值进行标注，以便当过程失控时查找相应过程的故障源。

【例 8-7】 某飞机制造公司为美国波音公司加工波音 747 大型客机舱门，由于每年仅加工 4 架飞机的舱门，因而属于小批量问题。每架飞机有两个舱门，分别称为 1 号舱门和 2 号舱门，每个舱门有 12 个待加工的间隙。在加工同号舱门的间隙时，过程的操作条件基本相同，因此，可以认为同号舱门上的 12 个间隙的测量数据来自于同一正态总体。现对每个舱门的同一个间隙测量 4 次，即样本大小 $n=4$，这样，每个舱门共测得 48 个测量值。

对来自于 1 号舱门的 48 个测量值，估计其样本均值 $\hat{\mu}_1=0.069$cm，样本标准差 $\hat{\sigma}_1=0.22$cm；对来自于 2 号舱门的 48 个测量值，其样本均值 $\hat{\mu}_2=0.069$cm，样本标准差 $\hat{\sigma}_2=0.14$cm。分别对来自于 1 号舱门、2 号舱门的原始数据实施标准变换（为保护知识产权，表 8-17 仅给出了变换后数据的样本均值和样本极差）。这样，变换后的数据来自于同一总体。

根据表 8-17 所给出的样本均值与样本极差的数据，利用 Minitab 软件分别绘制出样本均值 $\overline{X}$ 与样本极差 R 的单值控制图，如图 8-15 和图 8-16 所示。从控制图上可以看出：R 图处于统计控制状态。在 $\overline{X}$ 图中，加工 2 号舱门的第 1 个间隙时，间隙过大，需要进行调整。

表 8-17　1 号和 2 号舱门变换后样本均值和极差

间隙序号	样本均值 $\overline{X}$		样本极差 R	
	1 号舱门	2 号舱门	1 号舱门	2 号舱门
1	−0.367	1.739	1.789	1.885
2	−0.575	−0.279	1.973	2.842
3	0.123	0.133	1.876	2.331
4	0.551	0.141	1.647	3.374
5	−0.711	−0.133	0.550	1.455
6	0.069	0.089	1.697	1.338
7	0.505	−0.069	4.125	1.929
8	−0.046	−0.459	1.193	1.892
9	0.379	−0.007	2.618	1.274
10	0.723	−0.208	2.753	1.381
11	−0.157	−0.153	3.381	1.079
12	−0.872	0.321	1.192	1.237

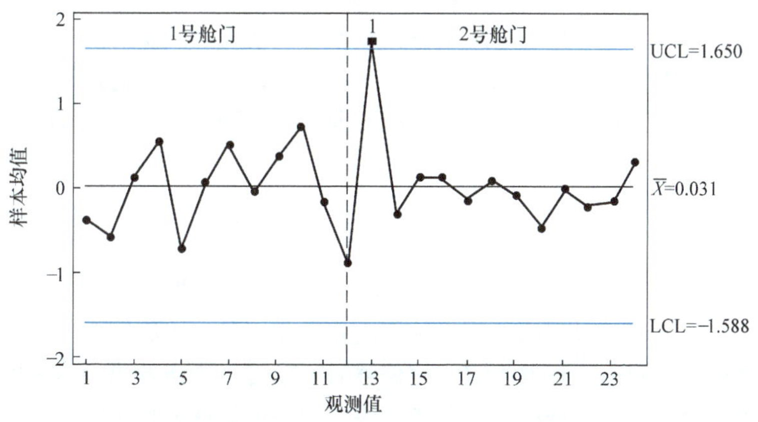

图 8-15　样本均值 $\overline{X}$ 的单值控制图

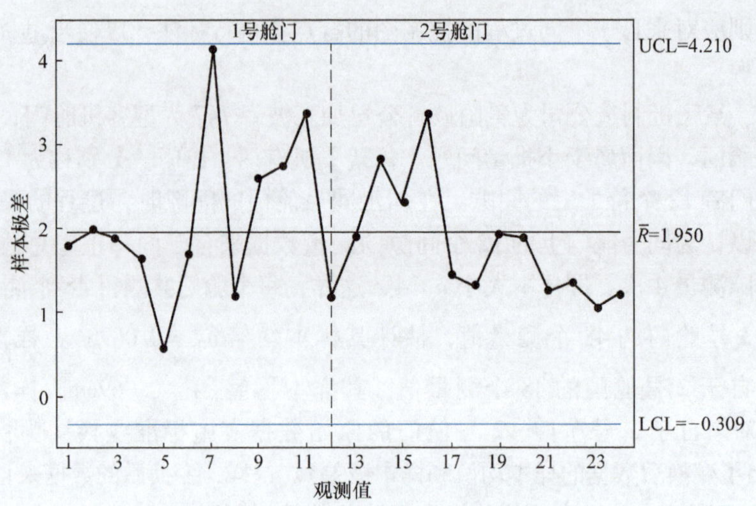

图 8-16 样本极差 R 的单值控制图

在小批量质量控制中，其基本思想是通过数据变换，将小批量数据组合成大批量数据，以满足常规控制图的基本要求。无论采用目标控制图、比例控制图，还是采用标准变换控制图，都应注意每种控制图的应用条件和过程的先验信息。对于标准变换，不仅适用于各类数据服从正态分布的情形，而且适用于各类数据分布类型相同，参数可由期望值或方差唯一表示的场合，如二项分布、泊松分布、指数分布等。

同分布变换的思想，不仅适用于小批量场合，而且为组织实现过程控制计算机网络系统奠定了切实可行的理论基础。

8.5 小波动控制图

传统的休哈特控制图能够有效地监控过程系统因素的变异，特别是当系统因素发生较大的变化时，具有显著的检出能力。然而，当系统因素发生较小的变化（small shift）时，休哈特控制图却不能灵敏地反映出来。为了增加控制图报警的灵敏性，西方电气公司提出了判断控制图失控的准则，即西方电气准则，以灵敏地检测过程发生的变异。但这种增加的准则增大了虚发警报的概率。为了在不增加虚发警报概率的情况下能及时、准确地监控过程发生的微小变异，人们提出了小波动控制图。本节将主要讨论用于灵敏监控过程微小变异的累积和（cumulative sum，CUSUM）图和指数加权移动平均（exponential weighted moving average，EWMA）图。

8.5.1 累积和图

累积和（CUSUM）图于 1954 年由佩基（Page）提出。累积和图的设计思想是对数据的信息加以累积，也就是通过对观测值与目标值之差的累积和在控制图中描点，利用整个观测序列的信息。因而，当制造过程发生很小的偏移时，就可以检出效果。常规的休哈特控制图判断生产过程是否异常，是依据的一次观测结果，它对大偏移的检出能力高，而对小偏移的检出能力却很低；而累积和图判断生产过程是否异常，是以历次观测结果的总和（累计信息）为依据。因此，累积和图对信息的利用更充分，在同样的抽样数量下，对过程变化的反应更灵敏，适宜于监控过程微小的变化和对过程进行精密控制。

假设所要控制的质量特性 $X \sim N(\mu_0, \sigma^2)$，$\overline{X_j}(j=1, 2, \cdots)$ 为抽取的第 j 样本的均值，样本大小为 n，记 S_i 为起始值到第 i 个样本为止的累积和，则累积和图的统计量为

$$S_i = \sum_{j=1}^{i} (\overline{X}_j - \mu_0) = S_{i-1} + (\overline{X}_i - \mu_0)$$

当过程处于统计控制状态时，累积和图的统计量是一个以 0 为均值的随机变量；若过程出现偏移，偏移后的过程均值上升为 $\mu_1 > \mu_0$，则这个向上的、正的偏移就会不断地累积到累积和图的统计量 S_i 中；反之，如果偏移后的过程均值下降为 $\mu_1 < \mu_0$，那么这个向下的、负的偏移就会在累计和图的统计量 S_i 中不断累积。因此，以累积和图的统计量 S_i 打点形成向上的或向下的趋势，作为过程均值是否发生偏移的依据。

当 S_i 有向上偏移的趋势时，记为 $S_h(i)$，当 S_i 有向下偏移的趋势时，记为 $S_l(i)$，则累积和图的统计量可以表示为

$$S_h(i) = \max\{0, S_h(i-1) + Z_i - k\}$$
$$S_l(i) = \min\{0, S_l(i-1) + Z_i + k\}$$

其中，$S_h(0) = S_l(0) = 0$，$Z_i = \dfrac{X_i - \mu_0}{\sigma}$ $(i=1, 2, \cdots)$，k 为参考值。

如果 $S_h(i) \geqslant h$，或者 $S_l(i) \leqslant -h$，这里 $h(h>0)$ 称之为控制限（或者决策区间），则认为过程失控。累积和图的性能直接受到参数 k 和 h 的影响，成对参数 (h, k) 的确定与所设计的累积和图的平均链长（Average Run Length，ARL）有关，可参考 GB/T 4887—1985。

【例 8-8】 某塑料制造商要评估其新产品的生产过程是否受控制，监控的质量特性是塑料的强度，测量数据如表 8-18 所示。试判断过程是否处于统计控制状态。

表 8-18　塑料强度的测量数据　　（单位：MPa）

样本组号	样本值	样本组号	样本值	样本组号	样本值
1	10.575913	11	9.0554196	21	9.4106213
2	10.278616	12	9.8245419	22	10.084178
3	11.301409	13	9.99606	23	9.9789057
4	10.05637	14	10.435533	24	11.345605
5	9.2193314	15	9.3337819	25	9.609333
6	9.481033	16	11.173547	26	11.833308
7	9.305792	17	9.2222024	27	11.037904
8	10.26081	18	9.9687704	28	11.580857
9	11.094854	19	11.714891	29	10.169734
10	8.7883851	20	12.193764	30	11.633219

根据表 8-18 中的数据，构造的单值 - 移动极差图（$I-MR$ 图），如图 8-17 所示。该图表明过程处于统计控制状态；而构造的累积和图（CUSUM 图），如图 8-18 所示，表明过程自第 19 点起，过程向上渐进漂移，过程失控。通过比较可知，累积和图较常规控制图更能灵敏地反映过程发生的微小漂移。

8.5.2　EWMA 图

继 1954 年佩基提出累积和图之后，1959 年罗伯特（Robert）又提出了指数加权移动平

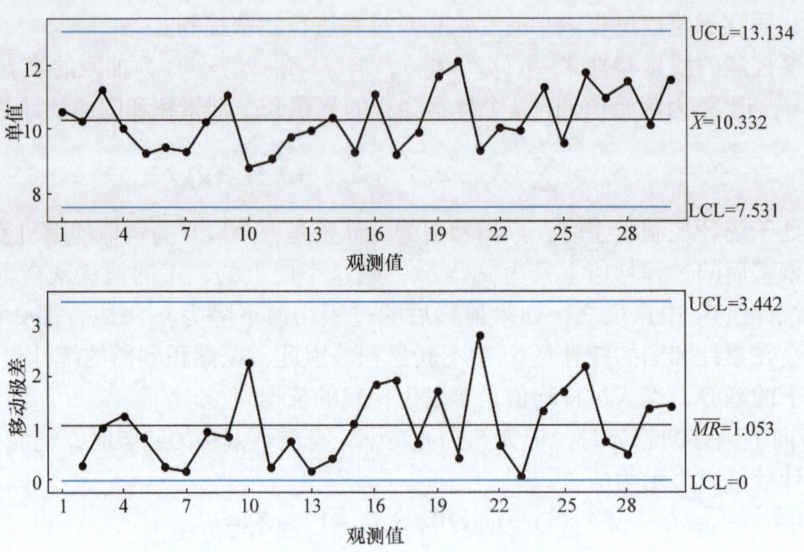

图 8-17　塑料加工过程的 $I-MR$ 图

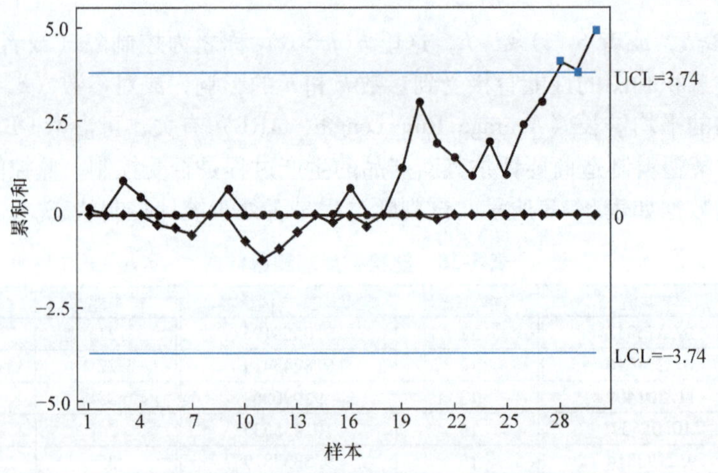

图 8-18　塑料加工过程的累计和图

均（exponential weighted moving average，EWMA）图。EWMA 图的基本思想是在充分利用所有历史数据的基础上，更加强调当前样本的重要性，而逐步淡化先前样本所提供的信息。因此，EWMA 图不仅能够有效地监控过程的小波动，而且对当前过程的突发性变异也具有一定的检出效果。下面将以单个观测值为例，讨论 EWMA 图。

假设 X_1，X_2，…是来自于正态总体 $N(\mu,\ \sigma^2)$ 的样本，则 EWMA 图统计量为：

$$Z_i = \lambda X_i + (1-\lambda) Z_{i-1}$$

式中，Z_i 是当前时刻的 EWMA 图统计量；Z_{i-1} 是上一时刻的 EWMA 图统计量；$Z_0=\mu$ 是 EWMA 图统计量的初始值；$\lambda(0<\lambda\leqslant 1)$ 是权重因子，蒙哥马利（Montgomery，1991）建议 $0.05\leqslant\lambda\leqslant 0.25$，通常，$\lambda$ 取 0.08、0.10、0.15 或 0.20。

由于

$$
\begin{aligned}
Z_i &= \lambda X_i + (1-\lambda) Z_{i-1} \\
&= \lambda X_i + \lambda(1-\lambda) X_{i-1} + \cdots + \lambda (1-\lambda)^{i-1} X_1 + (1-\lambda)^i Z_0
\end{aligned}
$$

可以证明

$$E(Z_i) = E(X_i) = \mu$$

$$\mathrm{Var}(Z_i) = \frac{\lambda[1-(1-\lambda)]^{2i}}{2-\lambda}\sigma^2$$

因此，对于单个观测值，所构造的 EWMA 图统计量 Z_i 图的中心线、控制限为

$$UCL = \mu + 3\sigma\sqrt{\frac{\lambda[1-(1-\lambda)]^{2i}}{2-\lambda}}$$

$$CL = \mu$$

$$LCL = \mu - 3\sigma\sqrt{\frac{\lambda[1-(1-\lambda)]^{2i}}{2-\lambda}}$$

特别地，若 $\lambda=1$，则 EWMA 图完全退化为单值 I 图。若 $\lambda \to 0$，则 EWMA 图统计量中，X_{i-j}的权重基本一致，则 EWMA 图统计量接近于累计和图统计量，因此，当 $0<\lambda<1$ 时，EWMA 图对历史数据的利用介于单值 I 图与累积和图之间。

随着样本数目 i 的增大，统计量 Z_i 的方差 $\mathrm{Var}(Z_i) = \frac{\lambda[1-(1-\lambda)]^{2i}}{2-\lambda}\sigma^2$ 趋近于$\frac{\lambda}{2-\lambda}\sigma^2$，因此，对单个观测值来说，EWMA 图可近似表示成

$$UCL = \mu + 3\sigma\sqrt{\frac{\lambda}{2-\lambda}}$$

$$CL = \mu$$

$$LCL = \mu - 3\sigma\sqrt{\frac{\lambda}{2-\lambda}}$$

参数μ、σ 可由观测序列 $X_i(i=1, 2, \cdots)$ 的样本均值、样本标准差估计而来。

同样，当样本大小 $n>1$ 时，记第 i 个样本的均值为 $\overline{X}_i$，样本极差为 R_i，样本总均值为 $\overline{\overline{X}}$，极差均值为 $\overline{R}$，则 EWMA 图统计量可表示为

$$Z_i = \lambda \overline{X}_i + (1-\lambda) Z_{i-1}$$

$$Z_0 = \overline{\overline{X}}$$

由此，构造的 EWMA 图的中心线、控制限为

$$UCL = \overline{\overline{X}} + \sqrt{\frac{\lambda[1-(1-\lambda)]^{2i}}{2-\lambda}} A_2 \overline{R}$$

$$CL = \overline{\overline{X}}$$

$$LCL = \overline{\overline{X}} - \sqrt{\frac{\lambda[1-(1-\lambda)]^{2i}}{2-\lambda}} A_2 \overline{R}$$

式中，A_2 是控制图常数。

【例 8-9】 某项目改进团队收集了自动车床加工的 25 根车轴的直径数据，测量数据见表 8-19，试分析加工过程是否正常。

表8-19 车轴加工过程的测量数据 （单位：mm）

样本序号	测量值	样本序号	测量值	样本序号	测量值	样本序号	测量值
1	18.5	8	19.8	15	19.4	22	20.7
2	20.9	9	20.2	16	20.2	23	21.7
3	20.8	10	20.2	17	21.3	24	22.2
4	19.5	11	19.7	18	20.3	25	22.9
5	20.7	12	21.2	19	22.1		
6	21.1	13	20.4	20	21.5		
7	19.1	14	21.0	21	20.0		

根据表8-19的测量数据，构造的单值-移动极差控制图（$I-MR$图），如图8-19所示。尽管控制图中最后几个打点值有上升的趋势，但根据控制图失控的判定准则，只能判定加工过程正常。用EWMA图，取$\lambda=0.2$，对上述数据构造的控制图，如图8-20所示。从该图可以看到：在第22个打点值以前，过程处于正常状态，但从第22个打点值起，打点值明显上升，并超出了控制限，因此可判定为过程异常。

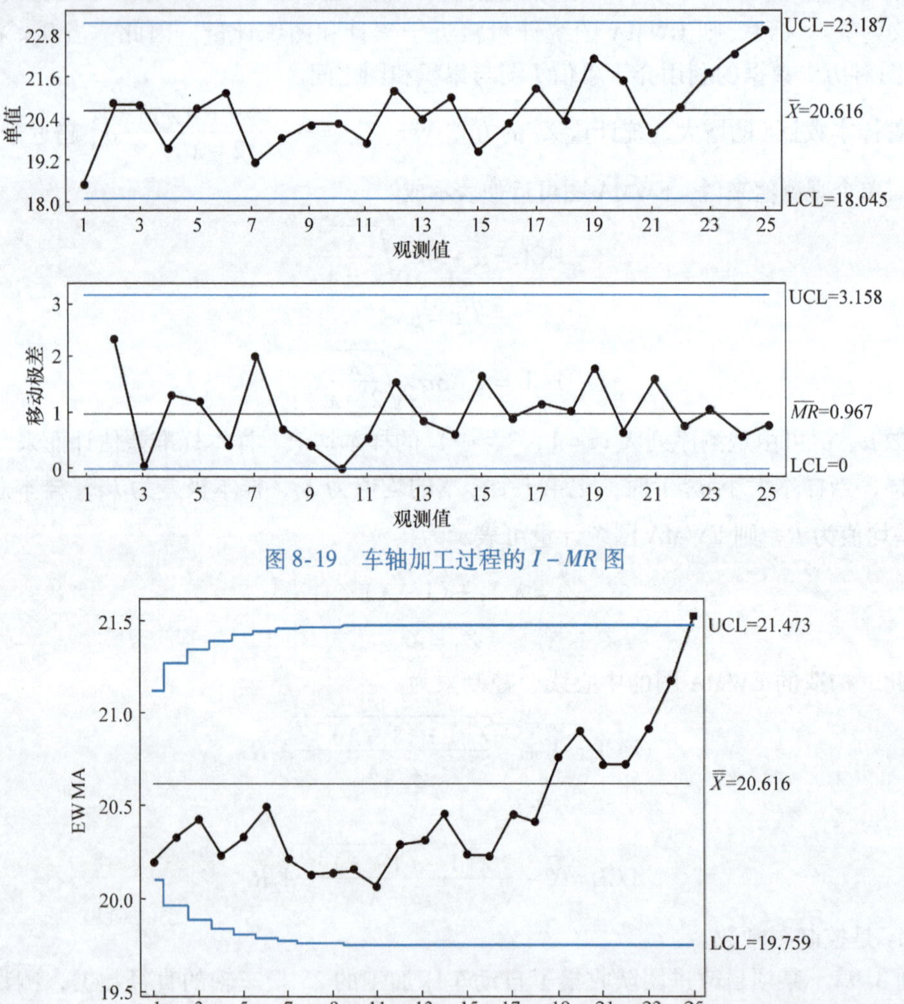

图8-19 车轴加工过程的$I-MR$图

图8-20 车轴加工过程的EWMA图

思考与练习

1. 简述控制图的基本原理。
2. 试说明常规控制图为何选择 3σ 为控制限。
3. 控制图失控的判定准则是依据什么原理所提出的？
4. 如何判断控制图的受控与失控状态？
5. np 图和 c 图为什么不适用于样本大小 n 变化的场合？
6. 讨论分析用控制图与控制用控制图二者之间的联系与区别。
7. 查阅文献归纳一下控制图的种类，并讨论它们的使用条件和基本的用途。
8. 试用简洁的语言叙述应用常规控制图对过程进行控制的基本步骤。
9. 讨论如何根据控制对象的数据类型选择合适的控制图。
10. 查阅相关的文献，了解特殊控制图（如小批量控制图、小波动控制图等）的研究现状。
11. 某厂要求对汽车发动机活塞环制造过程建立 $\overline{X}-R$ 图进行控制，现每小时从过程中抽取5个样品，已抽得25组样本的均值 $\overline{X}$ 和极差 R，算得 $\sum_{i=1}^{25}\overline{x}_i=74.001\text{mm}$ 与 $\sum_{i=1}^{25}R_i=0.581\text{mm}$。试计算 $\overline{X}-R$ 图的控制限（已知 $D_3=0$，$D_4=2.114$，$A_2=0.577$）。

12. 某零件的尺寸为 $\phi30\pm0.8\text{mm}$，随机抽取25个数据如表8-20所示，试运用 Minitab 软件绘制 $I-MR$ 图分析该过程是否稳定。

表8-20　某零件尺寸的数据表　（单位：mm）

样本号	1	2	3	4	5	6	7	8	9	10	11	12	13
观测值	30.1	29.9	30.0	29.7	30.0	30.1	29.8	30.1	29.9	30.1	30.2	29.4	30.3
样本号	14	15	16	17	18	19	20	21	22	23	24	25	—
观测值	29.9	29.8	30.0	30.0	29.9	30.5	29.8	30.1	30.6	29.9	30.2	29.8	—

13. 某厂生产一种零件，规定每天抽100件作为一个样本。现通过抽样检验方法共收集25组数据，查得各组的不合格品数分别为：3，4，0，4，3，3，2，2，2，5，4，1，1，2，0，3，0，6，0，4，4，1，0，6，4。试运用 Minitab 软件绘制 np 图对其质量进行控制。

14. 某食品包装线共有A、B、C三种产品，现已收集到某段时间内所有产品的重量数据如表8-21所示，试用控制图分析该过程是否稳定。

表8-21　某食品的重量数据表

产品序号	1	2	3	4	5	6	7	8
产品类型	B	B	B	B	A	A	A	A
重量/g	507	509	506	508	496	495	500	497
产品序号	9	10	11	12	13	14	15	16
产品类型	B	B	B	B	C	C	C	C
重量/g	499	508	504	502	490	485	489	484

15. 在某芯片生产过程中，每个班次结束前均需抽取一定数量的产品进行检验。某个月

份30个工作日每天生产出存在缺陷的芯片情况的记录如表8-22所示。试运用Minitab软件绘制一个控制图来分析产品的缺陷率是否稳定。

表8-22　某月份30个工作日芯片生产情况表

日　期	1	2	3	4	5	6	7	8	9	10	11	12	13	14	15
样品数量（个）	8	10	12	10	11	15	10	9	6	13	12	9	14	9	10
缺陷数（个）	26	28	23	18	32	40	35	24	18	28	16	14	24	35	30
日　期	16	17	18	19	20	21	22	23	24	25	26	27	28	29	30
样品数量（个）	7	12	13	8	11	15	10	8	12	11	13	8	15	12	9
缺陷数（个）	18	20	28	21	28	35	35	20	16	28	26	18	38	20	15

16. 某电子厂的质量管理小组欲利用统计过程控制对某芯片研磨厚度进行控制。该小组收集的20个芯片厚度数据如表8-23所示。试分别运用 $I-MR$ 图和EWMA图分析过程是否稳定。

表8-23　芯片厚度数据表　　（单位：mm）

序　号	1	2	3	4	5	6	7	8	9	10
厚　度	2.99	3.05	3.02	2.98	3.05	3.03	3.06	3.01	2.98	3.07
序　号	11	12	13	14	15	16	17	18	19	20
厚　度	2.98	2.99	3.05	3.02	3.01	3.04	3.08	3.12	3.11	3.13

第 3 部分　质量管理专题

第9章 质量功能展开

满足顾客需求是企业生存和发展的基础。为了满足顾客需求，就需要有一种科学、规范的方法来进行需求分析，首先将顾客的需求转化为质量特性的设计要求，其次进一步转化为生产工艺要求，最后转化为可实现的产品和服务。质量功能展开（quality function deployment，QFD）提供了将顾客需求转化为相应的质量特性要求的具体方法，保证顾客需求落实到产品设计和制造过程中。质量功能展开的方法可以使顾客需求尽可能得到满足，它也是成功开发产品和服务的前提。

本章将阐述质量功能展开的基本概念、质量功能展开的模式、质量功能展开的实施过程和应用案例等。

9.1 质量功能展开的基本概念

9.1.1 质量功能展开的起源

质量功能展开（QFD）是日本质量管理专家赤尾洋二教授和水野滋教授于20世纪60年代提出的，目的是在产品设计、生产制造及服务过程中充分满足顾客的需求。其理念是：在产品或服务的开发过程中，企业要充分聆听“顾客的声音”。

在产品开发过程中，怎样的质量保证才能使顾客满意呢？针对这一问题，赤尾洋二从“工序保证项目一览表”连接真正的质量与工序要因之间的关系中得到启发，在“工序保证项目一览表”中增加了设计着眼点栏目，并构想怎样把一览表的想法应用于新产品开发的质量保证中。当时赤尾洋二把这种做法命名为目标质量展开，并在几家企业试行，结果表明这种做法十分有效。在总结相关研究成果的基础上，他于1972年发表了《新产品开发与质量保证——质量展开系统》一文，首次使用了“质量展开”（quality deployment）这一概念。由于在制造过程中用因果分析图的形式表示保证项目，这种方法存在重复、繁杂、表格膨大等问题。

为解决这一问题，在三菱重工神户造船厂的水野滋教授提出用矩阵表代替因果图，即常说的质量屋或质量表。质量表技术和赤尾洋二的做法相结合，就形成了质量展开，后来又引入了价值工程（value engineering，VE），用以描述一个产品的设计与其作业流程的价值。总之，质量展开和价值工程的结合，就形成了质量功能展开，它是日本式质量管理的重要特点。

1975年，日本质量管理学会成立了以赤尾洋二为首的质量功能展开研究会，研究质量功能展开的方法，推进质量功能展开的应用。1987年，在对400多家日本企业的调查中，30%的企业在产品开发过程中运用了质量功能展开。这些企业一致认为，质量屋是最常用的技术，实施质量功能展开需要一个由设计、规划、工程、质量、售后等部门组成的跨职能团队。

随着美国第二次“质量革命”的兴起，1983年，赤尾洋二等人在美国《质量进展》（Quality Progress）杂志上发表了关于质量功能展开的文章，这成为质量功能展开在美国传播和发展的开端。这种产品设计方法，由于缩短了产品开发周期、减少了生产后期的设计变更，引起了美国学术界和工业界的极大关注，并在福特汽车、惠普、通用汽车、IBM、宝洁等企业的产品开发过程得到应用。很多企业将其实施质量功能展开的过程写成了应用案例。

我国在20世纪90年代以后引入质量功能展开，一条路径是日本留学的学者将日本质量功能展开的理论和方法介绍到国内，并邀请日本学者来中国讲学；另一条路径是留美学者将美国人理解的、相对简化的质量功能展开理论引入中国。尽管来源有所不同，但实质上并没有本质差异，都是通过质量屋（house of quality，HOQ）实现的。经过20多年的发展，人们对质量功能展开的认识也在不断加深，无论在理论研究还是实际应用中，都取得了丰硕的成果。

伴随着市场竞争的日趋加剧、顾客意识的不断增强、科学管理在企业家心目中的不断觉醒，质量功能展开方法必将引起国内人士更加广泛的重视，呈现美好的前景。

9.1.2 质量功能展开的定义

质量功能展开，有广义和狭义之分。从狭义的角度讲，赤尾洋二认为：质量功能展开是将顾客的需求转换成代用质量特性，进而确定产品的设计质量（标准），再将这些设计质量系统地展开到各个功能部件的质量、零件的质量或者服务项目的质量上，以及制造过程各要素或者服务过程各要素的相互关系上，使产品或服务满足质量保证要求、符合顾客需求。它是一种系统化的决策技术和决策方法。

水野滋认为质量功能展开是将形成质量保证的功能或业务，按照目的、手段系统地进行详细展开，通过组织管理职能的展开实施质量保证活动，确保顾客的需求得到满足。它是一种体系化的管理方法。

事实上，质量功能展开是一种质量保证体系。如在设计阶段，它可保证将顾客的需求转换成质量特性（功能，实现功能的机构，零件的形状、尺寸、公差等）。在生产准备阶段，它可保证将质量特性转换为工艺特征。在生产加工阶段，它可保证将工艺特征转换成生产控制方法，以保证在整个产品生命周期中，顾客的要求不会被曲解，产品的工程修改降至最少，使用过程中的维修和运行消耗最低等。正是由于这些特点，质量功能展开可以使制造者以最短的时间、最低的成本生产出功能上满足顾客要求的高质量产品和服务。

从广义的角度讲，质量功能展开是指组织为使产品、服务或过程满足顾客需求或规定的要求而实施的全部活动的总称。在整个质量管理活动中，组织各部门应该发挥什么作用、承担什么责任、开展哪些质量活动，如何实现质量战略分解等，都属于广义质量功能展开的内容。

9.1.3 质量功能展开的作用和局限性

1. 质量功能展开的作用

综观国内外质量功能展开的应用实践，质量功能展开的作用可以归纳为：

● 质量功能展开是一种顾客驱动的产品开发方法，有利于企业正确把握顾客需求。质量功能展开首先寻求顾客的需求，将顾客的需求（明确表述的或没有言传的）逐步展开，分层转换为质量特性、零件特征、工艺特征和生产控制方法，关注产品开发的各个环节，获得顾客真正需要的产品，是一种系统的新产品开发的质量保证方法。

● 质量功能展开是一种强有力的竞争决策手段。采用质量功能展开可以使组织的战略优势清晰可见，主要问题一目了然，便于尽早明确目标，优化资源配置，打破部门间障碍、加强部门间协作，激发员工工作热情、提高研发人员水平，使产品更具有竞争优势。

● 质量功能展开是组织提高质量、降低成本的有效方法。实施质量功能展开可以大大减少产品研制时间、减少后期设计变更次数、提高设计可靠性，降低设计和制造成本。

● 质量功能展开是组织有效的技术创新方法。通过开发产品和生产过程中各种技术、技能的积累，形成数据库，以便应用于同一系列或相似产品的研发中，增强技术创新能力。

● 质量功能展开是现代质量工程的重要组成部分。

2. 质量功能展开的局限性

尽管质量功能展开在了解顾客需求、开发新产品和服务的过程中展示了巨大的优越性，但在具体实施过程中，也应注意其局限性。这主要表现在：

● 顾客需求和顾客感知往往是通过市场调研获得的，一旦市场调研的取样存在问题或不准确、不全面，由此得到的分析结果便会使组织的决策产生偏差。

● 随着技术的发展和进步，顾客的需求瞬息万变，作为一项综合、系统、结构化的质量管理方法，应顺应快速的市场变化。而质量功能展开的实施过程，相对而言比较复杂。

● 作为由日本人提出的管理方法，质量功能展开有其组织环境和文化背景，应注意应用环境问题。

9.2　质量功能展开的模式

质量功能展开作为一种产品开发和质量保证的方法，它要求人们在产品开发中直接面向顾客需求，在产品设计阶段就要考虑工艺和制造问题。质量功能展开的核心内容是需求转换，采用的基本工具是质量屋。本节将介绍质量屋的构成和质量功能展开模型。

9.2.1　质量屋的构成

质量屋也称质量表，它是建立质量功能展开方法的基本工具。图 9-1 是质量屋的示意图。质量屋通常由以下几部分组成：

左墙：需求矩阵（WHATS）。它表示顾客需求是什么，包含顾客需求及其重要度（权重），是质量屋的“什么”。顾客需求是指由顾客确定的产品或服务的特性。重要度值是顾客对其各项需求进行的定量评价，以表示各项需求对顾客的重要程度。顾客的需求是各种各样的，建立该矩阵应尽量充分、准确、合理，否则后续的所有需求展开工作都可能会偏离顾客的真实需求。

天花板：实现矩阵（HOWS）。它表示针对需求如何去做，是技术需求（产品特征或工程措施），是质量屋的“如何”。技术需求是指由顾客需求转换得到的可执行、可度量的技术要求和方法。也就是说，有什么样的顾客需求，就应有什么样的设计、生产要素要求来对

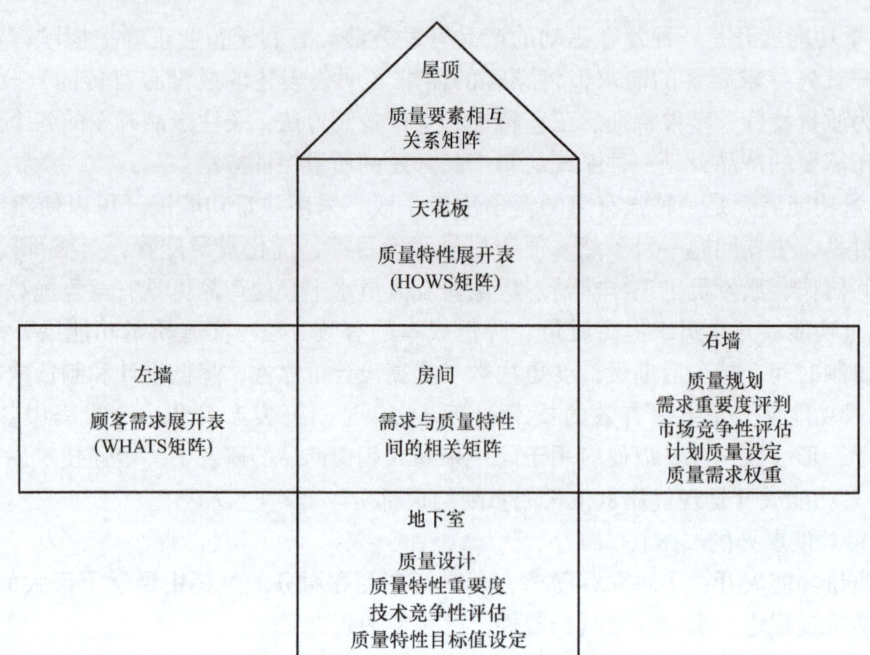

图 9-1 质量屋的构成

应保证。技术需求是顾客需求的映射变换结果。

房间：相关关系矩阵。它表示顾客需求和技术需求（设计质量特性）之间的关系。这里所说的关系矩阵是指描述顾客需求（WHATS）与实现这一需求的技术需求（HOWS）之间的关系程度，将顾客需求转化为技术需求，并表明它们之间的关系。

屋顶：自相关关系矩阵。它表示实现矩阵内各项目的关联关系，这里的自相关矩阵是指各项技术措施间的相互关系。由于各技术措施之间难免会出现冲突，增大其中一个指标的同时可能会影响到其他指标的实现，因此，通常用“正相关”“不相关”和“负相关”来定性描述技术措施之间的关系。

右墙：评价矩阵。它是指从顾客角度描述竞争性评价，以评价产品在市场上的竞争力，其中包括对企业产品评价、竞争对手产品评价、改进后产品评价等。顾客需求有主次、轻重之分，因此，对顾客的各项需求赋予不同的权重，以便进行排序；此外，通过专业人员的判断，确定竞争对手在实现每个顾客需求上的竞争力，并与自身产品相比较，寻找改进的着眼点。

地下室：输出矩阵。它表示实现矩阵（HOWS）中每一项技术的成本评价等情况，包括技术需求重要度、目标值的确定和技术竞争性评价等，以确定应优先配置的项目。通过定性和定量分析得到实现矩阵的输出项，即完成从“需求什么”到“如何做”的转换。

综上所述，构成质量屋的基本框架，输入信息，通过分析评价得到输出信息，从而实现顾客需求的转换。

9.2.2 质量功能展开模型

随着定制化产品需求的发展，越来越多的顾客期望能够按照其需求和偏好生产产品。对企业来说，为了保证产品能被顾客所接受，必须认真研究和分析顾客需求，并将这些需求转换成最终可实现的产品。

质量功能展开的模型是以质量屋为基础，通常采用四阶段展开方法。即它从顾客需求开始，通过产品规划、零件配置、工艺设计和生产控制四个阶段，将顾客的需求分层转换为质量特性、零件特征、工艺特征和生产（质量）控制方法，如图9-2所示。在质量功能展开四阶段展开模式中，前一个质量屋的“目标”是下一个质量屋的“需求”，这样，需求逐级向下分解，直至可以量化度量。采取这种方式的目的是保证需求的正确性和自上而下的可追踪性。

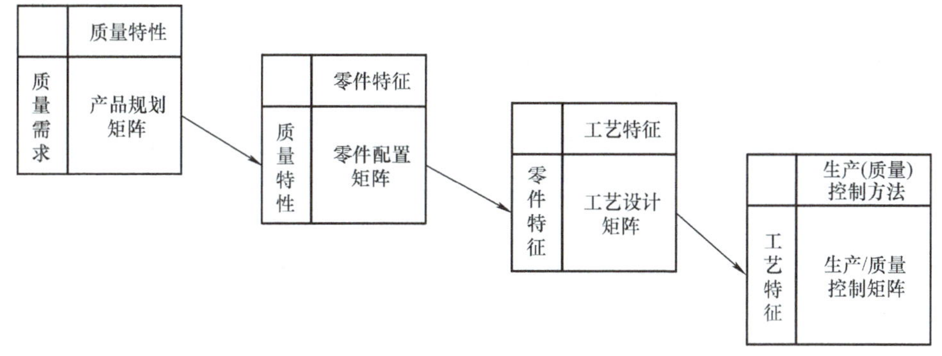

图9-2　质量功能展开的四阶段模型

在产品规划阶段，企业通过产品规划质量屋，将顾客需求转换为设计质量特性（产品特征或工程措施），并根据顾客竞争性评价和技术竞争性评价结果，确定各个质量特性的目标值。

在零件配置阶段，利用产品规划阶段定义的设计质量特性（产品特征或工程措施），从多个设计方案中选择一个最佳的方案，并通过零件配置质量屋将其转化为关键的零件特征。

在工艺设计阶段，通过工艺设计质量屋，确定为实现关键的质量特性和零件特征必须保证的关键工艺特征。

在生产控制阶段，通过生产（质量）控制质量屋，将关键的零件特征和工艺特征转换为具体的生产（质量）控制方法和标准。

9.3　质量功能展开的实施过程和应注意的问题

质量功能展开是通过质量屋来实现的。下面将介绍质量屋的构造和实施质量功能展开时应注意的事项。

9.3.1　质量屋的构建

根据图9-1质量屋的构成，构建质量屋通常包括以下九个步骤。

（1）确定顾客需求。确定顾客需求，应首先了解顾客需求，获取顾客需求的原始信息，将顾客的意见、投诉、评价、希望等要求，加以分析，并予以细化、归纳、提炼、综合归纳，把原始的顾客需求转换为产品的质量要求。其次，应对顾客需求重要度进行排序。一般来说，在把原始信息转换为质量要求的过程中，每项要求出现的次数越多，表明其重要度越高。此外，也可以采用顾客调查或其他方法，确定顾客需求的重要度。

（2）确定产品设计质量特性。顾客需求并不全是产品质量特性的要求。例如，顾客希望产品“不容易坏”，转换为产品质量特性要求，就是使用寿命长、可靠性高等，因此，需要根据顾客的需求确定产品相应的质量特性。

在顾客需求与产品质量特性转换的过程中，顾客对产品的某项要求，可以通过一项或多项质量特性的要求来达到。例如，在通信中，顾客对电话有一项要求为“接通率高”，这就是对产品可用性的要求，它需要通过系统配置、可靠性、测试性、保障性等一组技术要求来实现。反之，有时顾客对产品的多项要求有可能仅与一项技术特性要求有关。

图9-3是根据顾客需求确定产品特性要求后所形成的产品规划矩阵。在图9-3中，顾客需求的重要度评价结果位于顾客需求的右侧，矩阵水平行反映的是顾客需求，竖直列反映的是产品质量特性，这些特性必须是可量化、可测量的。

（3）确定相关关系矩阵。在产品规划矩阵的基础上，通过顾客需求和产品设计特性分析，可以建立顾客需求与产品设计特性之间的关系矩阵，并选用特定的符号表示各项顾客需求与产品设计特性之间关系的强弱程度，这种关系构成了质量屋的中心。

在顾客需求的第 i 项所在行与产品设计特性第 j 项所在列的交汇格中，填上表示两者关系强弱的符号，这就形成了质量屋的关系矩阵，如图9-4所示。在使用关系符号时，通常用“◎”表示强相关、“○”表示一般相关、“△”表示弱相关、“空白”表示不相关。为了便于量化分析，有时也采用“0－1－3－5”或者“0－1－3－9”来表示其不相关、弱相关、一般相关、强相关的关系。

			产品设计特性					
		需求重要度评分	反应时间短	可靠性好	寿命长	耗电量低	成本低	维修性好
顾客需求	气体过浓时报警	5						
	不容易坏	5						
	坏了能及时发现	4						
	坏了容易修	4						
	至少能用三年	5						
	价格合理	4						
	省电	3						

图9-3 产品规划矩阵示例图

			产品设计特性					
		需求重要度评分	反应时间短	可靠性好	寿命长	耗电量低	成本低	维修性好
顾客需求	气体过浓时报警		◎	○	△			○
	不容易坏			◎	△			
	坏了能及时发现							
	坏了容易修							◎
	至少能用三年			△	◎			
	价格合理		△	△	△	△	◎	△
	省电					◎		

图9-4 相关关系矩阵示例图

（4）确定自相关关系矩阵。产品设计特性之间往往存在某种相关关系，即某个设计特性的变化，会影响到其他设计特性的变化。如何表示设计特性之间的这种相关关系，可用质量屋的屋顶表示，也就是设计特性之间的自相关关系矩阵，如图9-5所示。

在自相关关系矩阵中，通常用符号“◎”表示强正相关、“○”表示一般正相关、“■”表示强负相关、“▲”表示一般负相关、“空白”表示不相关。

（5）产品的市场分析和评价。在确定产品设计特性的目标值之前，企业应将自身产品的现状同竞争对手相同或类似产品进行比较分析。如若可能，最好对顾客进行调查，由顾客对本企业产品和竞争对手的产品在产品特性方面进行比较评价，以了解本企业产品在质量方面满足顾客需求的程度。另一方面，企业也可以组织有经验的设计、工程、管理、营销、售后服务人员及外部专家对产品进行客观评价，或者由独立的第三方进行评价。一般来说，顾客的评价是最直接、客观的。

为了进行比较分析，应在产品规划矩阵的右侧（质量屋的右墙）建立“市场评价”栏目，对本企业产品和竞争对手的产品，依照顾客需求的每一项要求进行竞争性评价。竞争性评价的分值范围通常为 1 ~5 分，图 9-6 提供了市场评价的示例。

竞争能力的比较和评价数据代表了顾客对有关企业产品的看法和满意程度，以及在满足某一特定的顾客需求中，本企业产品在竞争中所处的位置。它表示了产品在市场中的优势和不足，从而提供了质量改进的着眼点。

反应时间短	可靠性好	寿命长	耗电量低	成本低	维修性好

图 9-5　产品设计特性自相关关系矩阵示例

		需求重要度评分	产品设计特性						市场评价			
			反应时间短	可靠性好	寿命长	耗电量低	成本低	维修性好	本公司产品	对手1产品	对手2产品	对手3产品
顾客需求	气体过浓时报警								3	2	5	4
	不容易坏								3	4	5	4
	坏了能及时发现								5	5	5	5
	坏了容易修								4	3	4	5
	至少能用三年								5	3	3	4
	价格合理								3	2	4	5
	省电								3	2	4	5

图 9-6　产品市场评价示例

（6）技术分析与评价。由于评价的对象都是已有的产品，因此，可以列出进行竞争力评价中各项产品设计特性的量值。这些设计特性的量值应当以客观的、可度量的参数表示，并将这些量值列在产品规划矩阵的底部（质量屋的地下室），如图 9-7 所示。

（7）确定竞争策略。在对现有产品（包括本企业产品和竞争对手相同或类似产品）进行市场评价和技术评价后，就应该选择和确定在新产品研制中的竞争性策略和采取的方针。

在选择竞争性策略时，企业应考虑以下几方面的因素：①顾客需求的重要程度；②在这些领域，本企业过去的基础和现在的状况；③与产品特性相关的成本和进度；④竞争对手的潜在能力；⑤市场的发展趋势，等等。

		需求重要度评分	产品设计特性					
			反应时间短	可靠性好	寿命长	耗电量低	成本低	维修性好
顾客需求	气体过浓时报警							
	不容易坏							
	坏了能及时发现							
	坏了容易修							
	至少能用三年							
	价格合理							
	省电							
技术评价	现有水平		80	2000	6000	15	40	25
	对手1产品		90	1700	4000	20	45	30
	对手2产品		80	3000	4000	10	35	25
	对手3产品		70	2500	5000	5	30	20

图 9-7　技术分析与评价示例

最后，将选定的竞争策略所能生产出的“目标产品”的评价，记录在市场评价右侧（质量屋右墙），如图9-8所示。

		需求重要度评分	产品设计特性						市场评价				目标产品
			反应时间短	可靠性好	寿命长	耗电量低	成本低	维修性好	本公司产品	对手1产品	对手2产品	对手3产品	
顾客需求	气体过浓时报警												5
	不容易坏												5
	坏了能及时发现												5
	坏了容易修												4
	至少能用三年												5
	价格合理												4
	省电												4

图9-8　目标产品评价示例

（8）确定技术要求目标、技术要求重要度和技术难度。在确定竞争策略后，就可以对每一项技术要求确定具体的目标值。这些指标的确定主要取决于竞争策略、顾客需求重要度、本企业现有产品的优势和不足等因素。

技术要求指标必须是可测量的量化值，要能够在产品研制的各个阶段测定和验证，并最后通过验收。将技术要求指标填入技术评价的下方（质量屋的地下室），见图9-9。

		需求重要度评分	产品设计特性					
			反应时间短	可靠性好	寿命长	耗电量低	成本低	维修性好
顾客需求	气体过浓时报警							
	不容易坏							
	坏了能及时发现							
	坏了容易修							
	至少能用三年							
	价格合理							
	省电							
技术评价	现有水平							
	对手1产品							
	对手2产品							
	对手3产品							
技术要求目标值			80s	MTBF=3000h	6000h	10W	35元	MTTR=25min
技术要求重要度			49	69	59	31	36	35
技术难度			4	4	2	3	4	2
是否展开			是	是		是	是	

图9-9　技术要求目标值、技术要求重要度和技术难度示例

在确定技术目标值后，就可以计算每个技术指标的重要度。技术要求重要度是顾客需求重要度与对应关系矩阵权重系数的乘积，记Z_j为第$j(j=1,2,\cdots,n)$个技术要求的重要度，则

$$Z_j = \sum_{i=1}^{m} W_i r_{ij} \ (j = 1,2,\cdots,n)$$

式中，W_i为第$i(i=1,2,\cdots,m)$项顾客需求的重要度分值；r_{ij}为关系矩阵中第i项顾客需求与第j项产品设计特性之间的关系所对应的加权系数；n为产品设计特性的项数；m为顾客需求的项数。

将计算所得的技术要求重要度Z_j填入“技术要求目标值”的下方，见图9-9中技术要求重要度一栏。

技术难度是指达到各项技术要求的困难程度。技术难度一般分为1～5级，数值越大表示难度越高。各项技术要求的技术难度通常由确定要求的产品研制团队商定，也可用其他评价方法确定，并填入“技术要求重要度”的下方，见图9-9中“技术难度”栏。

（9）选定需要进一步展开的技术。在各项技术要求中，通常选择若干重要的技术要求，使其从产品规划阶段直到生产的全过程，继续展开并得以控制，以保证顾客需求在产品及其工艺设计中，自始

至终都能够正确地予以反映，并一直继续到产品交付于顾客。一般来说，应当选择重要度高、技术难度大的技术要求予以控制，并进一步展开。选定是否需要进一步展开的技术，可填入“技术难度”的下方，见图9-9中“是否展开”栏。

通过以上九个步骤，可完成产品规划阶段的工作，形成完整的产品规划矩阵，如图9-10所示。

		需求重要度评分	产品设计特性：反应时间短	可靠性好	寿命长	耗电量低	成本低	维修性好	市场评价：本公司产品	对手1产品	对手2产品	对手3产品	目标产品
顾客需求	气体过浓时报警	5	◎	○	△			○	3	2	5	4	5
	不容易坏	5		◎	△				3	4	5	4	5
	坏了能及时发现	4							5	5	5	5	5
	坏了容易修	4						◎	4	3	4	5	4
	至少能用三年	5		△	◎				5	3	3	4	5
	价格合理	4	△	△	△	△	◎	△	3	2	4	5	4
	省电	3				◎			3	2	4	5	4
技术评价	现有水平		80	2000	6000	15	40	25					
	对手1产品		90	1700	4000	20	45	30					
	对手2产品		80	3000	4000	10	35	25					
	对手3产品		70	2500	5000	5	30	20					
技术要求目标价值			80s	MTBF=3000h	6000h	10W	35元	MTTR=25min					
技术要求重要度			49	69	59	31	36	35					
技术难度			4	4	2	3	4	2					
是否展开			是	是		是	是						

图9-10　完整的规划矩阵示例

9.3.2　应用质量功能展开时应注意的问题

质量功能展开作为强有力的质量工具和方法，已广泛应用于制造业和服务业，在提高产品质量、降低成本、缩短上市周期方面取得了丰硕成果，并越来越受到工业界和学术界的重视，展现出良好的发展势态。为了更好地利用质量功能展开，在实际应用中应该注意下面几个问题：

（1）质量功能展开的四阶段模型，可以剪裁或扩充使用。在质量功能展开的四阶段模型中，通过四个阶段的质量屋，把顾客需求转换为最终可实现的产品。但在实际应用中，可根据具体产品（服务）状况进行适当的剪裁和扩充。

例如，在产品规划阶段，若质量屋中关键质量特性（产品特征或工程措施）不够具体和详细，如果需要，就可以在零件配置展开前增加一层质量屋；反之，在产品规划阶段，若关键质量特性对于零件配置阶段已足够详细、清楚，则可省略零件配置阶段质量屋。

（2）构建质量屋时，可以剪裁和扩充。尽管在构建质量屋的过程中，通过给出的九个步骤，构成质量的需求矩阵、实现矩阵、相关关系矩阵、自相关关系矩阵、评价矩阵和输出矩阵等。但在实际应用中，往往根据问题的需要，进行适当的剪裁和扩充。

（3）在实施质量功能展开、构建各阶段质量屋的过程中，要贯彻并行工程的思想。即在产品方案论证阶段同步完成、同步规划产品在整个开发过程中需要进行的所有工作，确保产品开发一次成功。

（4）适当控制质量屋的规模。随着科学技术的进步和顾客需求的提升，产品趋于多功能、复杂化。这就造成在产品开发过程中，构造的质量屋规模越来越大，不利于实施。因此，为了便于操作，应适当控制质量屋的规模，不宜过大。

9.4 应用实例

本节将着重介绍两个应用实例。第一个实例以某通信基站天线的研制过程为例，说明构建质量屋的具体过程；第二个实例介绍在服务过程中，如何应用质量功能展开提高服务质量和水平。

9.4.1 某通信基站天线研制过程的产品规划质量屋

根据构建质量屋的九个步骤，构建产品规划阶段的具体过程如下：

1. 确定顾客需求

通信基站天线的顾客主要是各个通信运营商。通过了解顾客对基站天线的需求现状、其他厂家同类产品的性能、基站天线维护和故障信息、顾客建议，以及国内外该领域的研究发展动态，经过分析、归纳，整理出顾客对基站天线的需求，如表 9-1 所示。

经调查，确定出各个用户需求的重要度，用数字 1 ~ 9 表示，填入质量屋的左墙，如图 9-11 所示。

2. 确定产品设计质量特性

针对上述顾客需求，从技术角度，组织专家对顾客需求进行系统分析研究，提出基站天线的设计质量特性。这些设计质量特性包括：外形尺寸、气动特性、静载荷、通信距离、通信频段、电磁兼容性、价格、维修性、可靠性和使用寿命等。把这些设计质量特性填入质量屋的天花板上，如图 9-11 所示。

3. 确定相关关系矩阵

在确定顾客需求和产品设计质量特性的相关关系时，通常采用理论分析和实际经验相结合的方式。在由基站天线设计、制造、营销和维修等组成的团队成员共同努力下，讨论、确定了顾客需求与产品设计特性之间的相关关系矩阵。该相关关系矩阵填在质量屋的房间中，如图 9-11 所示。例如，顾客需求中有“抗电磁干扰能力强”，天线的“通信距离”其有很强的相关性，从原理上，通信距离越近，抗电磁干扰能力越弱，因此，“抗电磁干扰能力强”与“通信距离”为强相关关系。类似地，确定其他相关关系。

表 9-1 顾客对基站天线的需求

<table>
<tr><td rowspan="6">功能要求</td><td rowspan="3">物理性能</td><td>外形尺寸小</td></tr>
<tr><td>良好的气动外形</td></tr>
<tr><td>结构坚固</td></tr>
<tr><td rowspan="3">电性能</td><td>通信距离远</td></tr>
<tr><td>通信频带宽</td></tr>
<tr><td>抗电磁干扰能力强</td></tr>
<tr><td>经济性</td><td>价格</td><td>价格适中</td></tr>
<tr><td>维修性</td><td>维修性</td><td>维修简便</td></tr>
<tr><td>可靠性</td><td>可靠性</td><td>可靠性高</td></tr>
<tr><td>寿命</td><td>寿命</td><td>使用寿命长</td></tr>
</table>

4. 确定自相关关系矩阵

在所确定的设计质量特性之间的关系时，有些是正相关的，有些是负相关的。如，经验表明：减小天线尺寸对其承受的静载荷产生有益的结果，因此，二者之间的关系为正相关；而减小天线尺寸对改善通信频带和通信距离产生负作用，因此，它们之间的关系为负相关。为方便起见，这里仅讨论设计质量特性之间相关关系的正负，而不进一步讨论相关关系的强弱。如图9-11所示的屋顶，符号“○”表示一般正相关，“▲”表示一般负相关，“空白”表示不相关。

5. 产品的市场分析与评价

在顾客需求方面，通过与竞争对手进行比较和评价，可以反映本企业产品的优势、劣势，寻求质量改进的着眼点。针对顾客提出的10项需求，比较企业自身产品与竞争对手产品在满足这些需求方面的满意度情况，用数字1～5表示顾客对各项需求的满意程度，数值越大，满意程度越高。经过调查把本企业的产品与竞争对手生产的同类产品进行对比性分析、评价，比较结果填在质量屋右墙，如图9-11所示。例如，顾客对本企业产品通信基站天线的“外形尺寸”感到不满意，就把顾客满意度定为2；对气动外形较为满意，就将顾客满意度定为4，其他赋值类似。

6. 技术分析与评价

通过调查、试验和分析之后，形成了本企业与竞争对手基站天线技术指标的比较结果。将这些评价结果填入图9-11的下部。

7. 确定竞争策略

根据对比竞争对手产品、国内外现状和企业自身定位，确定本企业的竞争策略，主要着力于以下几方面的改进：增大天线气动外形，增大产品可承受的静载荷，增大通信距离，保持价格不变。由顾客对目标产品的满意度进行评价，结果见图9-11右侧。

8. 确定技术要求目标值、技术要求重要度和技术要求难度

根据目标产品，确定技术要求的目标值。在确定技术要求的目标值时，综合考虑企业竞争策略，以往研制经验等，由相关专家确定。确定的技术目标值要可量化、可测量，如图9-11底部所示。

为了给出所设计质量特性的重要程度，首先应对顾客需求与质量特性之间的关系矩阵予以赋值，通常强相关“◎”、一般相关“○”、弱相关“△”、不相关“空白”按照“9－3－1－0”赋值，具体赋值关系矩阵如下：

$$[r_{ij}]=\begin{pmatrix}9&3&1&9&3&1&1&0&0&0\\3&9&0&0&0&0&0&0&3&0\\3&3&9&0&0&0&0&0&3&1\\9&0&0&9&3&3&3&0&0&0\\3&0&0&0&9&0&0&0&0&0\\1&0&0&9&3&9&0&0&3&0\\0&0&0&1&3&1&9&0&3&3\\0&0&0&0&0&0&0&9&0&0\\0&3&0&3&0&0&1&0&9&3\\0&1&3&0&0&0&0&0&3&9\end{pmatrix}$$

				重要性评分	外形尺寸	气动特性	静载荷	通信距离	通信频段	电磁兼容性	价格	维修性	可靠性	使用寿命	市场分析 本企业	市场分析 竞争者	目标产品
顾客需求	功能需求	物理性能	外形尺寸小	9	◎	○	△	◎	○	△	△				2	4	3
			良好的气动外形	5	○	◎							○		4	5	4
			结构坚固	7	○	○	◎						○	△	3	3	4
		电性能	通信距离远	9	◎			◎	○	○	○				2	1	4
			通信频带宽	9	○				◎						2	4	3
			抗电磁干扰能力强	9	△			◎	○	◎			○		3	4	4
	经济性	价格	价格适中	8				△	○	△	◎		○	○	3	2	3
	维修性	维修性	维修简便	7								◎			3	2	3
	可靠性	可靠性	可靠性高	8		○		○			△		◎	○	2	3	2
	寿命	寿命	使用寿命长	7		△	○						○	◎	3	2	3
技术评价			对手产品		300mm×190mm	对称流线型	3000N	空地≥140km	30~88、108~174、225~400MHz	按国家规范	昂贵	可快拆	99.9%	5000h			
			现有水平		335mm×218mm	对称流线型	3000N	空地≥150km	30~88MHz、100~174MHz、225~400MHz	MIL-6271C 隔离度≥45dB	适中	固定螺钉可快拆	99.9%	5500h			
技术要求目标值					330mm×190mm	对称流线型	3300N	空地≥150km	30~88MHz、100~174MHz、225~400MHz	MIL-6271C 隔离度≥45dB	适中	固定螺钉可快拆	99.9%	5000h			
技术要求重要度					234	124	93	275	186	125	116	63	180	118			
技术难度					4	2	3	3	3	2	3	2	2	2			
是否展开					是		是	是		是							

图 9-11 基站天线设计阶段的质量屋

根据关系矩阵及顾客要求重要性评价，可以得到技术要求的重要度，如

$$Z_1 = W_1 r_{11} + W_2 r_{21} + W_3 r_{31} + W_4 r_{41} + W_5 r_{51} + W_6 r_{61} + W_7 r_{71} + W_8 r_{81} + W_9 r_{91} + W_{10} r_{10,1} = 234$$

其他类似。将计算结果填入图 9-11 底部。

根据质量特性技术要求的重要度，确定技术难度。一般来说，技术要求重要度的数值越大，技术难度越高。需要说明的是：关键的、重要的质量特性不一定就是技术上不易实现的关键、重要技术，即所谓瓶颈技术。在本例中，经过综合权衡，天线的气动外形技术难度最大，定义为 4 级。其他如图 9-11 底部所示。

9. 选定需要进一步展开的技术

通常选择重要性程度高、技术难度大、顾客评价不满意的质量特性予以控制，并进一步展开。本例中，需要进一步展开的质量特性包括：外形尺寸、静载荷和通信距离，见图 9-11底部。

9.4.2 某餐馆利用质量功能展开提高服务质量

某餐馆位于某高校附近，面积约150m^2，环境整洁，现有厨师3名，服务员4名，菜肴口味独特，以淮扬菜为主，价格适中，有较为稳定的学生客流。

1. 顾客需求的获得分析

首先，通过分析意见簿和对顾客的访谈，获得“座位舒适”“有特色菜”等30项顾客的需求，其中，涉及模糊的需求及意见的转化，例如，“有一定的个人隐私空间”可以转化为“有包厢”的顾客需求。然后，根据这些顾客要求设计成问卷，并请顾客按1～5分打分，分别得到期望值、满意度和重要性的分值。问卷调查表见表9-2。

在此基础上，利用相关价值公式$\text{Ⅳ}=(e-s)\times e$计算出需求的重要度（其中e表示顾客的期望值，s表示满意程度，Ⅳ表示需求的重要性）。经过上述过程，保留了Ⅳ>0的需求共17项。

2. 顾客需求的确定

在上一过程中，经过对顾客调查的整理，共提取出顾客需求17项。为确定重要的质量特性，采用四象限法，以“小于3分”和“不小于3分”为界，分别从满意度和重要性两个方面进行划分，把上述17项顾客需求进行归类，如图9-12所示。其中，“高满意度和高重要性”的需求是需要重点维护的，“低满意度和高重要性”的需求则是迫切需要改进的。至于其他两类，通常可以不予考虑。

表9-2 顾客需求调查表

指标	重要性					满意度					期望值
	很重要	重要	一般重要	不重要	很不重要	很满意	满意	一般满意	不满意	很不满意	
	5分	4分	3分	2分	1分	5分	4分	3分	2分	1分	
环境舒适											
价格合理											
…											

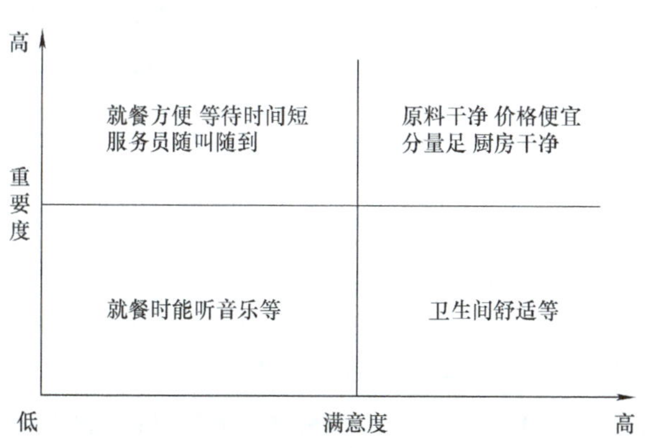

图9-12 满意度与重要性分类图

经过进一步的分类，最终得到“就餐方便”“等待时间短”“原料新鲜”“价格便宜”“服务员随叫随到”“分量足”“厨房干净”这七项重要的顾客需求。

3. 服务评价标准的确定

根据服务评价模型，从可感知性、可靠性、反应性、保证性、移情性五个方面展开，确定服务评价标准。例如，可感知性可以进一步拓展为环境整洁、服装整齐等；保证性可以进一步拓展为服务员拥有专业知识、厨师水平高等。

4. 三个质量屋（矩阵）的建立

根据质量屋的构成，分别构造了顾客需求与服务标准、服务标准与服务措施、顾客需求与服务措施之间的质量屋，如表9-3、表9-4、表9-5所示。表中“◎”表示强相关，“○”表示一般相关，“△”表示弱相关，“空白”表示不相关。

表9-3 顾客需求与服务标准质量屋

	重要度	找到位置时间不超过1分钟	反应时间不超过20秒	上菜时间不超过8分钟	原料和厨房让顾客看到	比80%类似餐馆便宜
就餐方便	15	○	○	○		
等待时间短	8		◎	○		
服务员随叫随到	12	◎	○			
价格便宜	5					○
原料新鲜	5				○	◎
分量足	5					△
厨房干净	4				△	

表9-4 服务标准与服务措施质量屋

	增加两名服务员	厨房开设一个玻璃窗口	改用小器皿	增加一名厨师
找到位置时间不超过1分钟	○			
反应时间不超过20秒	○			
上菜时间不超过8分钟	○			○
原料和厨房让顾客看见		◎	○	
比80%的类似餐馆便宜		△		

表9-5 顾客需求与服务措施质量屋

	增加两名服务员	厨房开设一个玻璃窗口	改用小器皿	增加一名厨师	建议措施
就餐方便	○				
等待时间短	○			◎	
服务员随叫随到	○				
价格便宜					
原料新鲜		◎			
分量足					
厨房干净		○			

5. 质量改进建议

通过比较质量屋（表9-3与表9-5）可以发现：顾客与商家之间存在着理解上的偏差。例如：商家认为“改用小器皿”可以让顾客觉得分量更足，顾客则认为该措施不能起任何作用。而顾客还提出了“改进上菜程序”“给常来顾客以九折优惠”等建议。

最后，通过比较、分析质量屋（表9-4与表9-5）的异同，并对服务质量标准和服务措施的质量屋（表9-4）进行修正，同时，兼顾商家与顾客的建议和意见，得到如表9-6所示的质量屋，从而找到了质量改进的重点及其最有效的措施：增加两名服务员、改进上菜程序、给常来顾客以九折优惠等。

该实例说明，来源于工业实践中的质量功能展开，同样可以应用在服务业。需要注意的是，在具体应用过程中，必须结合服务业的特点对质量功能展开进行适当的改进。

表9-6　改进的服务标准与服务措施质量表

	重要度	增加两名服务员	厨房开设一个玻璃窗口	给常来顾客九折	改进上菜程序	增加一名厨师
找座位时不超过1分钟	7	○				
反应时间不超过20秒	6	○				
上菜时间不超过8分钟	5	○			○	◎
原料和厨房让顾客看到	4		○			
比80%的类似餐馆便宜	4			○		

思考与练习

1. 什么是质量功能展开（QFD）？

2. 简述质量屋主要由哪几部分组成。

3. 简述质量功能展开的步骤。

4. 顾客对自动咖啡机售卖的咖啡的要求是：热的、色正、味香、口感好、价格适中、量足。经分析，质量特性有咖啡温度、香料成分、香味浓度、咖啡成分、咖啡因含量、售价、体积。试根据自身的知识和理解，做出质量屋。

5. 结合工程实践，选择一款产品，设计一个QFD的示例。

第10章 六西格玛管理

自摩托罗拉公司首创六西格玛以来，六西格玛的观念一直在发展、变化，六西格玛管理已经成为最重要的质量管理方法之一。

本章将主要介绍六西格玛管理的概念和特点、六西格玛管理的组织和推进、六西格玛管理的方法论等内容，目的是使读者对六西格玛管理有所了解。

10.1 六西格玛管理的概念和特点

10.1.1 六西格玛的起源与发展

20 世纪 70 年代中后期，由于日本经济的崛起，美国面临巨大的压力，特别是在汽车、电子等行业，受到了日本强有力的挑战，逐步丧失其市场主导地位。为此，在 20 世纪 80 年代初，美国掀起了“第二次质量革命”，以重振经济、恢复美国人的自信心。期间，很多公司开始了提高质量、降低成本，实施连续质量改进之路。摩托罗拉公司在首席执行官鲍勃·高尔文（Bob Galvin）的领导下，设立了一个特别工作组，制订了公司的创新和业务发展计划。该计划包括四项内容并于 1980 年起实施，目的是确保摩托罗拉公司在全球的领导地位；其四项内容包括：

• 全球竞争力。通过与竞争对手进行水平比较，设计面向全球市场的产品，确保优势地位。

• 参与式管理。吸取全面质量管理的精髓，将质量管理小组的原则和方法引入到摩托罗拉的企业文化；在全公司范围内推进全面顾客满意（total customer satisfaction，TCS）活动。

• 质量改进。将改进目标定为 5 年内改进 10 倍，将改进目标与所有管理人员的奖励计划挂钩——这种创意播下了六西格玛理念的火种。

• 摩托罗拉培训与教育中心。该中心形成了摩托罗拉大学的雏形，主要任务是通过培训使员工的能力满足质量流程与管理方式变更的需求。

经过几年的实践，1986 年摩托罗拉公司宣布开始实施六西格玛管理。六西格玛管理产生的强大动力使得摩托罗拉公司制定了以前看上去几乎不可能实现的目标：20 世纪 80 年代早期的目标是每 5 年改进 10 倍，后来改为每 2 年改进 10 倍，到 1992 年产品和服务质量达到六西格玛质量水平。由于实施六西格玛管理，公司于 1988 年首次获得美国波多里奇国家质量奖，1987—1997 的 10 年间，销售额增长了 5 倍，利润每年增加 20%，通过实施六西格玛管理所带来的收益累计达 140 亿美元，股票价格平均每年上涨 21.3%，效果十分显著。

由于摩托罗拉公司的成功并首次获得美国波多里奇国家质量奖，1989 年，以迈克尔·

哈瑞（Mikel Harry）为首的一批学者和管理专家成立了六西格玛学会（Six Sigma Academy），推进和倡导六西格玛管理。其后，ABB（阿西布朗勃法瑞）公司、柯达（Kodak）公司、IBM公司、DEC（美国数字设备）公司等企业纷纷尝试应用六西格玛管理。

1991年，拉里·博西迪（Larry Bossidy）出任刚刚由若干公司合并而成的联合信号（Allied Signal）公司的首席执行官。博西迪发现，联合信号公司的核心业务和管理流程形同虚设，没有实际效果或效率很低，人们很少提到“提高生产力、扩大市场份额、提高产品质量”等具体问题。尽管在联合信号公司有很多聪明和勤奋的员工，但在计划和行动之间存在很大的差距。更糟糕的是，组织的员工、战略、运营都采取各自为政的方式，每个部门都强调自己的文化。博西迪面临的最重要的问题是如何将联合信号公司真正整合在一起，并快速地改变公司的“执行”能力和“执行”文化。1992年，博西迪将六西格玛管理引入联合信号公司，公司员工学习六西格玛方法，然后回到自己的岗位，将所学工具和方法用于解决实际问题。事实上，对联合信号公司来说，不仅需要改进质量，更需要变革人们做事的方式，不论人们来自于哪个公司，具有什么样的企业文化，在联合信号公司都要形成统一的语言和文化。在博西迪的带领下，许多被称为“软工具”的内容补充到六西格玛方法论中，如关于组织变革、领导力提升、变革企业文化等。六西格玛管理改变了联合信号公司的经营与运作方式，公司绩效出现了快速增长，销售额和利润持续实现每年两位数的增长，公司的收益从1991年的3.42亿美元增长到1997年的11.7亿美元，在短短的6年内几乎翻了两番；连续31个季度保持每股利润13%以上的增长速度，公司的股票价格增长了8倍。正是因为联合信号公司，华尔街第一次听说了六西格玛。此后，德州仪器公司等一批公司相继引入了六西格玛管理，同样取得了成功。

1995年，美国通用电气公司在公司总裁杰克·韦尔奇（Jack Welch）的领导下，开始了六西格玛之旅。韦尔奇认为六西格玛的含义远远超出了质量和统计学的内涵，并将六西格玛作为打造通用电气公司核心竞争力的四大战略（全球化、产品和服务、六西格玛、电子商务）之一。他认为六西格玛提供了解决问题的方法论，驱使领导层把工作做得更好，其核心是促使公司变革。1995年年底，随着公司200个六西格玛项目的实施，这种管理方法在通用电气公司大规模地开展起来；1997年，六西格玛项目已超过6000个。根据通用电气公司2000年度的报告，1999年通用电气公司的利润为107亿美元，比1998年增长了15%，其中，实施六西格玛管理获得的收益就达到了15亿美元。到21世纪初，这个数字达到了50亿美元。

在通用电气公司，六西格玛方法演变成为一种管理体系，公司建立了从“倡导者”（champion）、“资深黑带”（master black belt，MBB）、“黑带”（black belt，BB）到“绿带”（green belt，GB）的六西格玛组织结构。六西格玛管理的实施结果与管理人员的晋升和奖金紧密结合。到2000年，在通用电气公司获得绿带认证的员工已达到90%以上，公司中层以上的经理中有过六西格玛黑带经历的人员已达15%。

在通用电气公司实施六西格玛管理获得巨大成功之后，六西格玛管理为全世界企业，特别是许多《财富》杂志世界500强企业所关注、认识并接受。许多企业发现六西格玛管理同样可以对自己产生深远而重大的影响，它们也开始大力推行六西格玛管理，其中包括福特汽车、卡特彼勒、陶氏化学、杜邦、3M（美国明尼苏达矿务及制造业公司）、东芝、惠而浦、三星、LG、西门子、爱立信、洛克希德马丁、庞巴迪、花旗银行、美国运通、英特尔、微软等跨国公司。今天，六西格玛管理已走向全世界，从西方走向了东方，从世界500强企业走向了普通企业乃至中小企业，从电子、机械、化工、冶金等制造业走向了银行、保险、航空、电子商务等服务业。

2000年以后，摩托罗拉公司提出了“新六西格玛”方法——一种由沟通、培训、领导艺术、团队合作、度量和以顾客为中心等价值观驱动的变革方法，旨在提高企业竞争力和变革企业文化。传统的六西格玛方法被广泛应用于改进产品的质量，尤其适用于生产制造业，是以降低缺陷和减小波动为核心的。而新六西格玛方法是一个领导力管理程序，是关于总体业务改进的方法，它解决了管理人员所面临的两难问题：一方面，要通过快速的业务改进项目来达到短期的财务目标；另一方面，要在关键人才和核心流程方面为未来的发展积蓄能力。

六西格玛管理经过20多年的发展，其理论和方法体系也在不断完善、改进。六西格玛已经由原来的质量目标发展成为一种管理模式；六西格玛的应用也由原来主要解决质量问题扩展为组织整体业务流程的优化设计和系统改进；六西格玛方法也由重视统计技术发展为与精益生产、平衡计分卡、平行工程等方法的整合。

10.1.2 六西格玛的概念

20世纪80年代中期，摩托罗拉公司的工程师比尔·史密斯（Bill Smith）提出了六西格玛的概念。他指出产品质量特性通常服从正态分布 $N(\mu,\sigma^2)$，其中 μ 为均值，σ（读作“西格玛”）为标准差，其波动范围在以均值为中心的 $\pm3\sigma$ 之间。如果公差范围在以均值为中心的 $\pm6\sigma$ 之间，即使考虑过程均值在生产过程出现漂移，并假定出现 1.5σ 的漂移，根据正态分布的规律，此时出现缺陷的机会也不会超过百万分之3.4。因此，他建议，摩托罗拉公司将质量目标设置为六西格玛，即达到只有百万分之3.4的机会缺陷率的质量目标。所以，人们所说的六西格玛是指六西格玛的质量水平，代表百万分之3.4的机会缺陷率，即3.4DPMO（defects per million opportunities）。其中，西格玛（σ）是任意一组数据或过程输出结果的离散程度的指标，是一种评估产品和生产过程特性波动大小的统计量。

事实上，若公差范围在以均值为中心的 $\pm6\sigma$ 之间，如图10-1所示，从过程能力指数 C_p 看，则

$$C_p=\frac{\text{USL}-\text{LSL}}{6\sigma}=2$$

此时，不合格品率只有百万分之0.0018。表10-1给出了在均值与目标值重合，即 $\mu=T$ 的条件下，西格玛水平与缺陷率之间的关系。

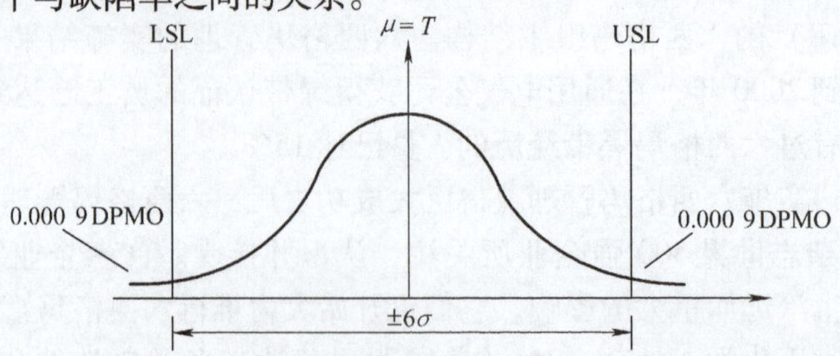

图10-1 均值与目标值重合，$C_p=2$ 时的不合格品率

表 10-1　均值与目标值重合时，σ 水平与合格品率、DPMO 间的关系

σ 水平	合格品率（%）	DPMO
1.0	68.27	317300
2.0	95.45	45500
3.0	99.73	2700
4.0	99.9937	63
5.0	99.999943	0.57
6.0	99.99999983	0.0018

若过程输出均值与目标值不重合，而是有 $\pm 1.5\sigma$ 的偏移，则过程输出的质量特性分布如图 10-2 所示。此时，过程能力指数 C_{pk} 为

$$C_{pk} = \min\{C_{pu}, C_{pl}\} = 1.5$$

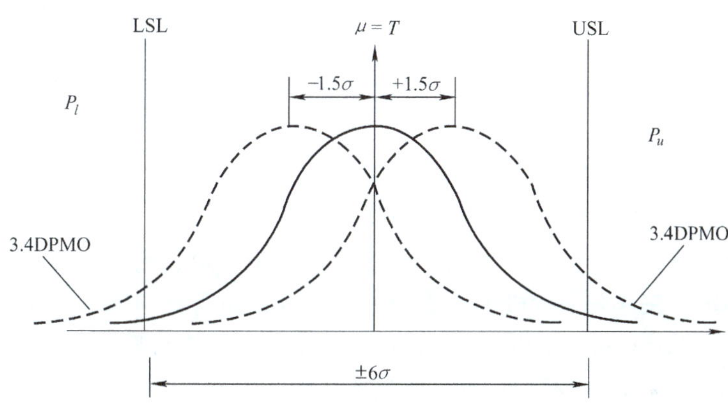

图 10-2　过程输出均值与目标值有 1.5σ 偏移时的分布图

表 10-2 给出了在过程输出均值与目标值有 1.5σ 的偏移时，σ 水平与缺陷率（DPMO）之间的关系。

表 10-2　均值与目标值有 1.5σ 偏移时，σ 水平与合格品率、DPMO 间的关系

σ 水平	合格品率（%）	DPMO
1.0	30.23	697700
2.0	69.13	308700
3.0	93.23	66810
4.0	99.3790	6210
5.0	99.97670	233
6.0	99.999660	3.4

因此，从过程能力指数来讲，六西格玛的统计含义等价于过程能力指数 $C_p = 2$ 和 $C_{pk} = 1.5$。

今天，六西格玛的概念已经远远超出其统计含义，成为一种顾客驱动的持续改进的管理模式、解决问题的方法论和一种组织文化。许多学者曾定义过六西格玛主要有以下几种：

(1) 迈克尔·哈瑞认为：六西格玛是一个突破性的管理战略，它可以依靠设计或监控每天的经营活动，使得公司彻底改变其基线，从而在提高顾客满意度的同时使浪费最少和资源消耗最低。

(2) 英国学者班纽拉斯（Banuelas）和安东尼（Antony）认为：六西格玛是提高利润、消除浪费、降低质量成本、改进所有操作过程效果与效率，以满足甚至超越顾客需求和期望的一种经营改进策略。

(3) 卢卡斯（Lucas）认为：六西格玛是一种训练有素、自律性高、能够很好改善结果的质量改进方法。它也是一套适用于具有统计知识背景的企业系统。

六西格玛在不断变化和发展，应该从以下三个层面来理解六西格玛：①对组织的最高管理层来讲，六西格玛是一种管理哲学，是一种组织文化；②对组织的中层管理者来讲，六西格玛是一种连续改进的方法论，即六西格玛改进的 DMAIC 方法——界定（define）、测量（measure）、分析（analyze）、改进（improve）、控制（control）和六西格玛设计的 DMADV 方法——界定（define）、测量（measure）、分析（analyze）、设计（design）、验证（Verify）；③对组织的操作层来讲，六西格玛就是一个具体的质量目标，即缺陷率不超过 3.4DPMO。

10.1.3 六西格玛管理的特点

六西格玛管理与其他的质量管理方法相比，具有以下特点：

- 一个高度严格的实施框架。六西格玛改进中涉及界定、测量、分析、改进和控制五个阶段，即 DMAIC。在这五个阶段中，质量工程技术，如质量功能展开、失效模式与效果分析、试验设计（design of experiments，DOE）和统计过程控制等集成一个逻辑流。与其他质量管理方法相比，以前学习和应用的这些技术是以一种互不关联的方式出现的。
- 一个自上而下而非自下而上的方法。实施六西格玛管理，通常需要组织最高管理者热心而又坚强的直接领导，尤其是持续支持，负责保证六西格玛管理的成功实施，而不是像质量管理小组那样，从组织的基层开展工作。
- 通过项目，实施改进。六西格玛管理特别强调通过项目实施改进，这与过去有效但模糊的“质量是免费的”概念和“整个公司范围内的质量改进”形成了较大的反差。每一个项目都有具体的目标、起始和终结，它提供了计划、评审和学习的机会。项目管理是正式六西格玛培训计划中的主要特点，这在以往质量管理的培训活动中也是很少见的。
- 六西格玛项目的结果通常需要用资金的方式表示。这是易于理解的一种直接方式，与结果必须是黑与白（成功与失败）的“零缺陷”和“首次成功”相比，这种基于货币的度量不仅提供了改进效果的较好度量，而且有利于清楚地调整进一步的发展。六西格玛管理特别关注质量成本和获得的效益，这也是区别于全面质量管理的一个显著特征。
- 六西格玛教育和培训有一套完整的方案。它是精心设计培训和培育资深黑带、黑带、绿带的一个认证过程。组织的高层领导、倡导者、资深黑带、黑带、绿带等各层次人员在培训内容、方式、方法及时间安排上都有完整的计划。这与过去的教育培训相比，更便于认识到在质量改进活动中个人的能力和成就。
- 以顾客的需求为驱动力。这是在确定关键质量特性中反复强调的，只有与某些关键质量特性直接相关的改进才是有意义的。与 ISO 9001 质量体系认证相比，六西格玛管理更能够灵敏地反映顾客的需求。

10.2　六西格玛管理的组织与推进

10.2.1　六西格玛管理的组织结构

组织实施六西格玛管理的首要任务是创建一个致力于流程改进的团队，并确定团队内的各种角色及其责任，形成六西格玛的组织体系。这是实施六西格玛管理的基础条件和必备的资源。以黑带团队为基础的六西格玛组织是实施六西格玛改进的成功保障。图 10-3 是六西格玛管理组织结构示意图。六西格玛组织由高层领导、倡导者、资深黑带、黑带、绿带等角色组成，不同角色具有不同的职责与权限。

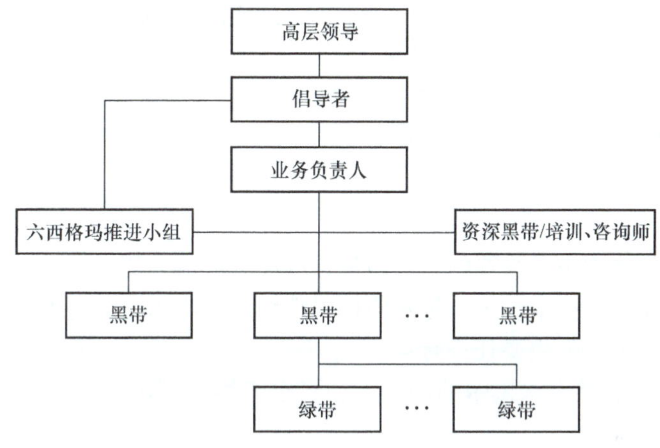

图 10-3　六西格玛管理组织结构示意图

1. 高层领导

高层领导是推行六西格玛管理获得成功的关键因素。成功推行六西格玛管理并取得丰硕成果的组织都拥有来自高层领导的高度认同、持续支持和卓越领导等。现有文献中，70% 都把高层领导的积极推动和参与作为六西格玛管理的第一成功关键要素。

2. 倡导者

倡导者发起和支持黑带项目，是六西格玛管理的关键角色。倡导者通常是组织推行六西格玛领导小组的一员，或是中层以上的管理者，其工作通常是从战略角度对六西格玛管理进行全面的战略部署、项目及目标确定、资源分配与过程监控，最终对整体六西格玛活动负责。其核心任务包括：

- 充分认识组织变革，为六西格玛确定前进方向。
- 确认和支持六西格玛管理的推行，制定战略性的目标规划。
- 决定“应该做什么”，确定任务实施的优先顺序。
- 合理分配资源，提供必要的支持。
- 消除障碍。
- 检查进度，确保按时、保质完成既定目标。
- 了解六西格玛管理工具和技术的应用。

- 管理及领导资深黑带和黑带。

倡导者在六西格玛组织中起着承上启下的作用，黑带应积极争取倡导者的支持。

3. 资深黑带

资深黑带在不同的组织具有不同的职责。例如，在通用电气公司，更多地强调其管理和监督作用；在霍尼韦尔（Honeywell）公司，资深黑带主要起协调作用，负责日程调整、项目领导和指导工具的使用。在通常情况下，资深黑带更多的是担当组织变革的代言人，其工作更加具有管理性质，经常负责整个组织或特定领域、部门开展六西格玛管理的工作。他们是六西格玛管理的专家，运用六西格玛工具的高手。六西格玛资深黑带的主要职责为：

- 担任公司高层领导和倡导者六西格玛管理的高参，具体协调、推进六西格玛管理在全公司或特定领域、部门的开展，持续改进公司的运作绩效。
- 担任培训师，给黑带学员培训六西格玛管理及统计方面的知识。
- 帮助倡导者、管理者选择合适的人员，协助筛选最能获得潜在利润的项目。
- 为参加项目的黑带提供指导和咨询。
- 具体指导和协助黑带及其团队在六西格玛改进过程中完成每个步骤的关键任务。
- 为团队在收集数据、进行统计分析、试验设计及与关键管理人员沟通等方面提供意见和帮助。

4. 黑带

黑带是六西格玛管理中最重要的一个角色，他们专职或兼职从事六西格玛改进项目，是成功完成六西格玛项目的技术骨干，是六西格玛组织的核心力量，他们的努力程度决定着六西格玛管理的成败。黑带的主要任务有：

- 领导。在倡导者及资深黑带的领导下，界定六西格玛项目，带领团队运用六西格玛方法完成项目。
- 策划。决定项目每一个步骤需要完成的任务，包括组织跨职能的工作。
- 培训。为项目团队成员提供解决问题工具及技术应用的专门培训。
- 辅导。为团队成员提供一对一的支持，带领绿带快速、有效地达到改进目标。
- 传递。在各种形式的培训、案例研究、工作座谈会和交流活动中，将六西格玛理念、工具方法传递给团队的其他成员。
- 发现。从内部或外部（如供应商和顾客等）发现新的改进机会，与资深黑带一起确定有价值的项目。
- 影响。拥有良好的人际关系和组织技巧，令团队始终保持高昂的士气与稳定的情绪。
- 沟通。包括与项目团队成员的沟通和项目完成后向最高管理层提供项目报告。

在六西格玛项目中，黑带组织、管理、激励、指导一支特定的六西格玛黑带项目团队开展工作，负责团队运作的启动、管理团队的进展，并最终使项目获得成功。在推行六西格玛管理的组织中，黑带除了具备六西格玛的专业知识外，还必须拥有多项软技能，主要有：

- 管理和领导能力。黑带必须能够运用权力和职责来指导项目的执行，要能够综合运用自己的管理能力和领导才能，具有系统观，从整体上处理各种复杂关系，而且能够运用项目管理的方法和技巧。
- 决策能力。在六西格玛项目中，黑带可能要做出多次决策。为制定可靠、及时的决策，黑带必须随时掌握和了解项目的进展，平衡成本、时间和效果之间的关系。

- 沟通和人际交往能力。作为项目领导，黑带必须具备一定的人格魅力，诚实、可信赖，具有包容心；与项目倡导者和组织的关键利益相关方建立良好的关系；具有将不同背景的人员组成一个统一的团队的能力；具有将项目活动内容和结果及时地与相关人员沟通以达成共识的能力。
- 项目管理能力。六西格玛项目与其他项目管理的活动相同，它包括目标建立、项目细化、绘制工作流程、任务调度、成本预算、团队协调等活动，黑带必须具有项目管理的能力，这是六西格玛项目成功的关键要素之一。
- 团队建设和谈判能力。黑带必须能够与不同的人建立持久的联系，如管理层、顾客、团队成员、项目倡导者、供应商等。一个优秀的黑带必须能够经常与上级领导沟通和谈判，获得领导对六西格玛项目的支持，同时营造一种团结、向上、进取的氛围，带领团队，实现项目的目标任务。

5. 绿带

绿带是黑带项目团队的成员或较小项目的团队负责人，他们接受的六西格玛技术培训与黑带类似，但内容所涉及的层次略低。一些实施六西格玛管理的企业，很大比例的员工都接受过绿带培训，他们的作用是把六西格玛的概念和工具带到组织的日常活动中。在六西格玛管理中，绿带是人数最多也是最基本的力量，其主要职责有：

- 提供相关过程的专业知识。
- 建立绿带项目团队，并与相关人员沟通。
- 促进团队观念转变。
- 把时间集中在项目上。
- 执行改进计划，以降低成本。
- 与黑带讨论项目的执行情况以及今后的项目。
- 保持高昂的士气。

当绿带作为项目团队负责人完成绿带项目时，也应具有黑带在项目团队负责人方面的职责、权限和技能。

6. 业务负责人

成功实施六西格玛项目，不仅需要选择、培养好项目负责人，还需要相关业务部门负责人（过程管理者）的支持和配合。业务负责人不需要独立完成项目，他们在六西格玛管理中的职责有：

- 达成对六西格玛的共识。
- 协助选择黑带、绿带。
- 为黑带、绿带提供资源支持。
- 关注黑带、绿带项目的实施过程。
- 协调所管辖范围内的黑带、绿带项目，保持与业务方向的一致性。
- 确保过程改进能够落实，保持改进成果。

10.2.2　六西格玛管理的推进

组织推行六西格玛管理一般分为四个阶段，即导入期、加速期、成长期和成熟期，如图10-4所示。可以用4~5年甚至更长的时间完成从导入期到成熟期的全过程。

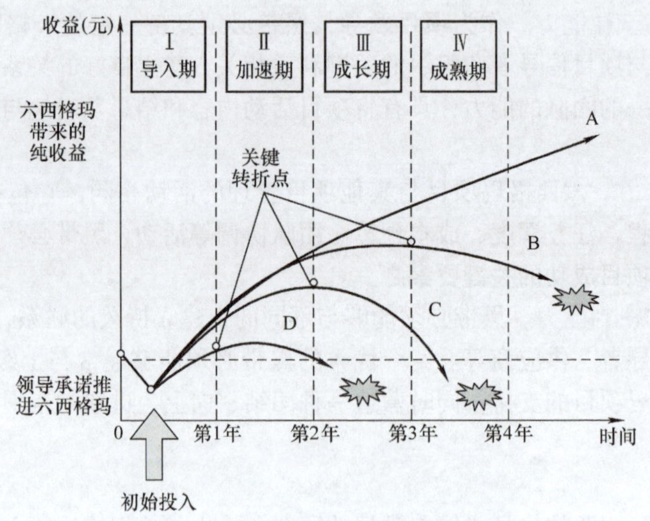

图 10-4 六西格玛管理的推进轨迹

在六西格玛管理推进的过程中，每个阶段都会遇到三类阻力，即技术阻力（对方法的恐惧、技术力量的不足等）、管理阻力（部门之间的壁垒、激励机制和资源缺乏等）和文化阻力（观念上不认同、靠经验和感觉做决策、变革动力缺失等），当推进的动力难以抵御这三类阻力的合力时，就会出现图 10-4 中所示的“关键转折点”。如果不能有效地增加动力、降低阻力，六西格玛管理就会在某一阶段“夭折”。而如果成功地越过这些转折点，六西格玛管理就能在组织内部深入、持久地开展下去，为组织创造越来越多的效益和越来越强劲的成功能力。

1. 导入期

导入期又可分为起步、培训与改进实践、坚持不懈与获得成功等阶段。

• 起步阶段。当组织决定要实施六西格玛管理时，会打破组织看似平静的现状。这时需要组织高层领导（首席执行官、总裁）支持六西格玛管理，是六西格玛管理的信仰者；组织高层中的成员作为六西格玛管理倡导者，制定了实施六西格玛管理的规划和战略目标；组织配备了必要的资源；拟定首批项目和黑带或绿带学员，有了初期投入的财务预算。

• 培训与改进实践阶段。六西格玛管理的培训与项目实践是嵌套式、融为一体的。有些企业是先培训一批黑带学员，再由他们负责培训绿带学员等；有些企业先从培养绿带学员和选择绿带项目开始导入六西格玛。相关培训的内容和目的如表 10-3 所示，仅供参考。

表 10-3 六西格玛管理培训的内容和目的

类别	内 容	目 的
高层领导	六西格玛理念	了解六西格玛的理念和作用，统一高层的思想
倡导者	六西格玛领导与推进、团队合作、项目选择	熟悉如何选择和确定六西格玛项目、如何推进六西格玛
黑带	系统的六西格玛课程	掌握实施六西格玛项目的方法、工具、技术
绿带	简版六西格玛课程，包括各阶段常用工具和技术	熟悉实施六西格玛项目的常用方法、工具、技术

（续）

类别	内　　容	目　　的
黄带	六西格玛基础知识和简单工具	了解六西格玛基础知识和简单工具
全体员工	六西格玛普及知识	了解六西格玛理念和基础知识

- 坚持不懈与获得成功阶段。六西格玛培训和实施项目是交叉并行、边培训边实践的，在首批黑带培训或绿带培训完成后，也许有的项目已经完成，有的项目正在进行中。在这段时间内，贵在持之以恒。只要坚持下去，就能获得成功的结果。只要初期投入不是太大，一般都能在一年内收回所有投资并获得一定的回报。

当高层领导一时还未对六西格玛管理做出承诺，企业不可能采用上述全面导入的方式时，通常采用局部推进的方式，即在一些部门、区域或产品上小范围推行，为将来的全面展开积累经验并作出示范，用成果说服其他人。这种方式的特点是容易起步，仅需要有限的管理层关注，所需投入的资源较少，因此风险也小，但由于缺乏高层领导的支持，很难持久地进行下去。这种方式只是作为六西格玛管理引入企业的一种切入方式，只有及时在全公司范围内充分展开，才能取得长期的成功。

2. 加速期

第一年导入期的成功之日，也正是新的转折之时。虽然经过第一轮项目的开展，组织获得了初步的成果，也有了热情和积极的参与者，一些冷眼旁观甚至反对者也开始转变原有观念，但这也是一个关键的转折点。如果没有下一步的正确部署，六西格玛管理就会是一个短期的时尚而走向失败，而且一旦热情冷却，就犹如一锅“夹生饭”，今后要再次“蒸熟”的难度就会很大。在这一转折点上应当引入“加速实施过程”，使六西格玛管理从“实验性”实施向组织的一项长期管理活动过渡。要实现这一转折，组织应当：

- 制定六西格玛财务预算、核算和审计方法，使财务人员介入六西格玛活动。
- 建立项目成果发表、分享、认可和奖励制度，激励六西格玛团队。
- 加大培训力度，形成六西格玛倡导者、资深黑带、黑带、绿带这一关键群体，以传递六西格玛领导力，促进六西格玛管理在组织的广泛实施。
- 建立六西格玛管理程序和制度，包括六西格玛组织结构、项目选择、立项、跟踪和总结的全过程管理程序。

3. 成长期

对一个导入了六西格玛管理并成功地实施了约两年的组织，仍然会出现六西格玛管理“断流”的趋势。多数实施六西格玛管理的组织都会遇到这样的局面，其中最重要的一个原因是经营环境在不断变化，总有新技术、新方法和新政策等出现。为了获得可持续发展，需要不断地将六西格玛工作拓展到组织的各个方面，包括用六西格玛管理促进新技术的应用、促进创新和新市场的开发。要成功地在这一点上实现转变，组织必须完善其支持基础。

- 完善六西格玛管理的组织结构，将其对六西格玛的管理职能充分展开，强化最高管理层对六西格玛的系统管理、定期评审，并使已完成（关闭）的项目持续产生效益。
- 拓展六西格玛管理的实施领域，如加大六西格玛管理方法在非制造领域的应用，用六西格玛设计促进创新和研发，将六西格玛管理沿供应链向供应商以及顾客方向延伸等。

• 完善六西格玛培训体系，扩大培训范围，加大黑带、绿带占员工总数的比例。

• 促使六西格玛管理与组织战略策划、部署和经营过程结合，强化六西格玛管理与顾客要求和市场发展趋势的结合。

4. 成熟期

这是最后一个转折，也是最困难的转折。将六西格玛管理的理念融入组织，成为组织员工的一种工作和思维方式，这确实是很难预计其实现时间的。实际上，前面几个阶段的努力，都是在为这一阶段打基础。这个转折的关键是将六西格玛管理与组织其他管理活动有效地整合、集成，进一步强化经营管理过程，建立完善的绩效改进体系，强化人们理念与行为方式的改变。要实现这一转折，公司应当：

• 使六西格玛价值观与公司的使命、愿景和核心价值观高度融合，强化人们观念和行为方式的改变。

• 将六西格玛管理与组织其他管理战略、管理体系和改进方法整合，建立高度整合的全面质量管理或卓越绩效管理体系，高度整合的连续改进、创新和知识分享体系。

• 使六西格玛管理成为日常工作的一部分。

10.3 六西格玛管理的方法论

六西格玛管理作为解决问题的方法体系，自身也在不断地发展变化。根据问题对象的不同，六西格玛管理方法可以分为六西格玛改进方法和六西格玛设计方法。六西格玛改进主要是对现有产品或过程实施的改进，采用DMAIC方法；六西格玛设计主要是应用于产品和过程的设计，或对现有产品和过程的再设计，采用DMADV等方法。需要指出的是，六西格玛工具箱是开放式的，只要适用于六西格玛改进或设计的任何阶段的任何工具，都可以融入六西格玛方法体系。

10.3.1 六西格玛改进的DMAIC方法

DMAIC代表了六西格玛改进活动的五个阶段，即界定（define）、测量（measure）、分析（analyze）、改进（improve）、控制（control）。DMAIC是一个过程循环，是由项目管理技术、统计分析技术、现代管理方法等综合而成的系统方法，其本质与PDCA循环相一致，但它提供了实现持续改进的技术路线和支撑工具。DMAIC强调以顾客为关注焦点，并将持续改进与顾客满意及组织的经营目标紧密地联系起来，强调以数据的语言来描述产品或过程绩效，依据数据进行管理，充分运用定量分析和统计思想，通过减小过程的波动或缺陷，实现连续改进。下面就DMAIC五个阶段的工作内容做简要介绍。

1. 界定阶段

界定阶段是DMAIC流程的第一个阶段。界定阶段的主要内容包括：确定具体改进项目、项目目标及其范围；组成项目团队、制定团队宪章；确定关键质量特性（CTQ）/关键过程特性（CTP），并估算达成项目后所带来的预算收益，最终形成项目特许任务书。

六西格玛项目的选择与实施是六西格玛管理的一个关键环节。选择六西格玛项目应遵从两个原则，即有意义（meaning）和可管理（manageable）。所谓有意义，就是要根据顾客的需求，确定关键质量特性，使项目的目标能够满足或超越顾客的关键需求；同时支持组织战略目标的实现，并为组织带来较大的经济效益。所谓可管理，是指项目的规模和范围较为适宜，能够利用有限的资源并在特定的时间内成功完成该项目。

在界定项目范围时，通常采用宏观流程图（SIPOC 图），它是供应商（supplier）、输入（input）、过程（process）、输出（output）和顾客（customer）第一个英文字母的缩写，如图 10-5 所示。在 SIPOC 图中还可以加上过程输入和过程输出的基本要求，用来表示一个业务流程或产品实现过程中的主要活动或子过程，帮助项目团队界定过程的范围和过程的关键因素，确定关键输入变量（key process input variables，KPIV）和关键过程输出变量（key process output variables，KPOV）。

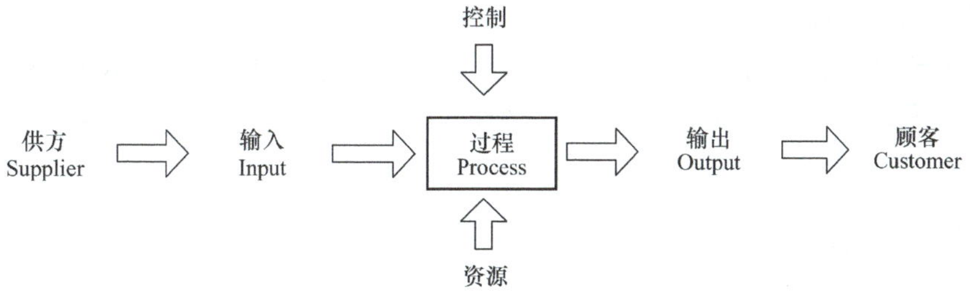

图 10-5　SIPOC 图

界定阶段的最终成果是项目特许任务书，它包括项目推行的背景和目标、团队成员、项目范围、日程安排等，如表 10-4 所示。项目特许任务书由倡导者起草，经过与项目团队讨论，达成共识后，以书面的形式保留下来，其目的是明确项目的实施是倡导者和项目团队的共同任务。随着项目的开展，在积累了更多与项目相关的知识后，为了更好地反映实际情况，可对项目特许任务书进行修改。

表 10-4　项目特许任务书

项 目 名 称	项 目 领 导
推行背景	目标陈述
陈述项目的重要性 （要充分说明此项目是有意义的）	为满足 SMART 的要求，应有明确的要求
问题/机会的陈述	团队构成
具体陈述要解决的问题及改进的机会 （陈述时要充分说明此项目的意义）	团队领导 团队成员
项目范围	项目计划
项目的范围及制约条件 （陈述时应充分说明其可管理性）	阶段　　目标日期　　实际日期 界定（define） 测量（measure） 分析（analyze） 改进（improve） 控制（control）

在对目标陈述时，应遵循“SMART”原则：具体（specific），对某一业务问题要具体；可测量（measurable），问题可测量，能够建立基准并制定改进目标；可实现（attainable），

项目是可以实现的；相关（relevant），与其他业务目标相关；时间限制（time-bound），明确在何时达到何种程度。

制定项目特许任务书后，就进入了为掌握现阶段的水平和实际情况而进行的测量阶段。

2. 测量阶段

测量阶段是界定阶段的后续工作，从测量阶段开始就要进行数据的收集和分析。测量和分析的数据可分为两大类：一类是显示关键质量特性满足程度的结果变量 Y，另一类是显示对结果产生影响的原因变量 X，二者之间的关系可用函数 $Y=f(X_1, X_2, \cdots, X_n)$ 来表示。在测量阶段，为掌握目前对顾客关键质量特性的满足程度，应把重点放在对结果变量 Y 的测量上，这时的测量值称为基线或基准。

为了获取符合测量目的的数据，必须对测量对象、测量方法、数据的操作性定义、测量的精确度等问题进行细致的检查，对测量系统进行系统、全面的分析，以确保获得的数据可靠、准确。

在确定过程质量水平时，对于离散型数据，可以通过分析原始数据，统计未达到顾客需求的缺陷数量，将其转化为 DPMO，进而算出西格玛质量水平；对于连续型数据，可采用过程能力指数 C_p、C_{pk} 确定西格玛质量水平。

测量阶段的主要工作是通过对现有过程的测量和评估，根据顾客的关键需求、组织的战略目标或关键绩效度量指标，确定影响过程输出 Y 的输入 X，并验证测量系统的有效性，分析过程的当前绩效水平，确定过程基准。

3. 分析阶段

在分析阶段，应先确认影响关键质量特性的结果变量 Y 的潜在原因变量 X，从中筛选出影响程度较大的核心因素，即关键少数的 X。这一阶段是 DMAIC 各阶段中最难以“预见”的阶段。项目团队所使用的方法在很大程度上取决于所涉及的问题与数据的特点，为了找出产生问题的根本原因，需要确定波动源和导致顾客不满的潜在失效模式。为了确认问题的根本原因以及是否正确找到关键少数的 X，经常要使用假设检验、相关性分析或回归分析等统计方法。

经过严密的分析，找到应该实施重点管理的关键少数的 X，以此为基础，开始寻找下一个阶段的改进方案。

4. 改进阶段

改进阶段是消除产生问题的根本原因，找出关键因素的最佳实施条件，进而改进流程的阶段。为寻找改进方案，应采用试验设计、各种观点构思法、发明问题解决理论（TRIZ）、水平比较等多种方法不断地摸索解决方案。在寻找的改进方案中，要针对分析阶段所掌握的原因，选择效果最佳、效率最高的改进方案。

确定改进方案后，要在限定的范围内示范性地加以应用并验证其效果，继续寻找应补充改进的地方，逐渐扩大改进方案的适用范围。该阶段结束后，就进入了维持改进状态的控制阶段。

总之，改进阶段的主要工作就是寻找最优改进方案，优化过程输出 Y，并消除或减小关键 X 对 Y 带来的波动，使过程的缺陷降至最低。

5. 控制阶段

控制阶段是项目团队维持改进成果的重要步骤，一旦改进完成，还要持续地监控过程的实施情况。控制阶段的主要工作包括：①制订控制计划。为使改进成果固化，需要修订文件，制定工作程序和标准。②实施过程控制系统。对结果变量 Y 和关键的原因变量 X 进行持续监控，通过有效的监控，保持过程改进的成果并寻求进一步改进效果的方法。③过程整合。为了将解决方案融入现有的质量管理体系，如 ISO 9000 系列标准的要求中，需要有针对性地考虑和规划在范围更大的业务运营和过程中实施解决方案所必需的工作。

图 10-6 给出了实施 DMAIC 的路径图。DMAIC 路径图中的每一个阶段，不一定只能向前进展。如果发现前一阶段有疏忽的事项，完全可以返回前一阶段补充不完善的部分，然后再继续进行。但是为了项目的顺利开展，需要准确无误地完成路径图的每一个阶段，并尽量减少返工状况的发生。

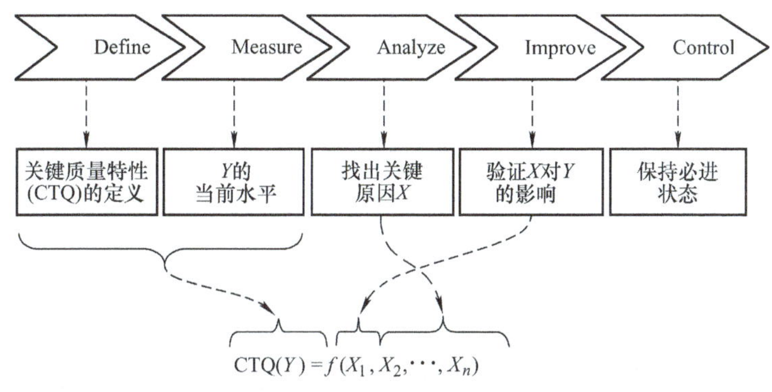

图 10-6　DMAIC 路径图

表 10-5 给出了 DMAIC 各阶段所经常使用的工具和技术。由于六西格玛工具箱是开放性的，因此，表 10-5 所提供的工具和技术仅供参考。

表 10-5　DMAIC 各阶段的活动要点及其工具和技术

阶　段	活 动 要 点	常用工具和技术	
D（界定阶段）	明确问题 确定 Y（CTQ/CTP）	头脑风暴法 亲和图 树图 流程图 SIPOC 图 平衡计分卡	力场图 因果图 顾客需求分析 质量功能展开 不良质量成本 项目管理
M（测量阶段）	确定基准 测量 Y、X	关系矩阵 树图 排列图 因果图 散布图 流程图 测量系统分析 失效模式与效果分析（FMEA）	不良质量成本 水平比较（Benchmarking） 直方图 趋势图 检查表 抽样计划 价值流图 过程能力分析

（续）

阶 段	活 动 要 点	常用工具和技术	
A（分析阶段）	确定要因 确定 $Y=f(X)$	头脑风暴法 因果图 FMEA 水平比较 方差分析 试验设计	抽样计划 假设检验 多变异分析 回归分析 过程分析 其他工业工程分析技术
I（改进阶段）	消除要因 优化 $Y=f(X)$	试验设计 响应曲面法 调优运算（EVOP）	FMEA 测量系统分析 精益改进技术
C（控制阶段）	保持成果 更新 $Y=f(X)$	控制图 统计过程控制 防差错措施	过程能力分析 标准操作程序（SOP） 过程文件控制

10.3.2 六西格玛设计

六西格玛改进对现有的大多数过程改进是有效的，但也有一定的局限性。有学者认为：当采用 DMAIC 方法将过程的西格玛水平改进到“4.8σ 水平”时，就应该对过程进行重新设计。

六西格玛设计（design for Six Sigma，DFSS）是一种实现无缺陷的产品和过程的设计方法。它基于并行工程和面向产品生命周期各/某环节的设计（design for X，DFX）的思想，面向组织系统或产品全生命周期，采用系统观，把关键顾客需求融入产品、过程设计中，从而确保产品的开发速度和质量，降低产品生命周期成本，为组织解决产品和过程设计问题提供有效的解决方法。

众所周知，以实物产品为例，产品的质量、成本和周期是由设计决定的。实践表明，至少 80% 的产品质量是在设计阶段决定的，因此，有人指出：产品质量首先是设计出来的，其次才是制造出来的。

与六西格玛改进的 DMAIC 流程一样，六西格玛设计也有自身的流程，如 DMADV 流程，即界定（define）、测量（measure）、分析（analyze）、设计（design）、验证（verify）；DMADOV 流程，即在 DMADV 流程的基础上，增加了一个优化（optimize）阶段；IDDOV 流程，即识别（identify）、界定（define）、开发（develop）、优化（optimize）、验证（verify）等。尽管六西格玛设计目前还没有统一的模式，表述有所差异，但内容大同小异，没有本质的区别。

下面将以 DMADV 流程为例，简要介绍六西格玛设计的实施过程。表 10-6 给出了 DMADV 各阶段的活动要点和常用的与六西格玛设计相关的工具和技术。

表10-6　DMADV各阶段的活动要点及其工具和技术

阶段	活动要点	常用工具和技术（不含与设计相关的专业技术）	
D（界定阶段）	界定设计的产品或过程	顾客需求分析 市场调研 问题/目标陈述 亲和图 KANO分析 质量功能展开	系统FMEA 设计FMEA 水平比较 项目管理 可行性分析
M（测量阶段）	识别和确定与产品/过程设计相关的基准和测量项	关系矩阵 树图 排列图 因果图 散布图 流程图 测量系统分析 FMEA	不良质量成本 水平对比 直方图 趋势图 检查表 抽样计划 价值流图 过程能力分析
A（分析阶段）	确定影响产品/过程关键特性的因素和影响关系	头脑风暴法 因果图 FMEA 水平对比 方差分析 试验设计	抽样计划 假设检验 多变异分析 回归分析 过程分析 其他工业工程分析技术
D（设计阶段）	设计新的产品/过程，优化设计参数	TRIZ 公理化设计 反向工程 试验设计 响应曲面法 其他优化技术	仿真技术 创造性思维工具 其他设计技术 田口方法 稳健设计技术
V（验证阶段）	验证产品/过程设计方案的有效性	仿真技术 假设检验	过程能力分析 试验验证

1. 界定阶段

界定阶段是六西格玛设计实施的核心阶段。这一阶段的任务包括：收集和确定待开发产品/过程的顾客需求，倾听顾客的声音（voice of customer，VOC），利用一些工具对顾客需求进行识别和优先级排序，识别关键质量特性以保证设计出的产品满足顾客需求；产生和选择项目、开发团队宪章等。该阶段的成果一般包括顾客的需求分析报告、项目的成本分析与可行性报告、产品的功能要求、产品的设计方案和工艺要求说明书等。

2. 测量阶段

测量阶段主要是收集关键质量特性的数据，确保数据的真实、可靠。这一阶段的主要工作包括开发对关键质量特性的测量计划、收集关键质量特性的测量数据、进行风险评估等，其中也包括对测量系统的分析。

3. 分析阶段

分析阶段主要是将关键质量特性转化为设计参数，即重点分析设计参数 X 是如何影响关键质量特性 Y 的。这一阶段的主要工作包括识别关键质量特性的设计参数、确定关键的设计参数、确定关键质量特性的主要波动源等。

4. 设计阶段

设计阶段的主要任务是对新产品/过程进行详细的设计。这一阶段的主要工作包括：对新产品/过程在前期工作给定的解决方案、关键质量特性、关键设计参数的框架下进行详细的设计。可以把设计过程看作满足一定功能约束与设计约束的优化过程；设计应包括稳健设计和容差设计。本阶段结束后应完成样品的设计，有详细的产品生产流程图，对生产的各个环节有相应的生产要求标准等。

5. 验证阶段

验证阶段的主要任务是对设计产品/过程是否满足顾客要求、是否达到预期的质量水平进行确认。通过试生产等手段，企业营造一个仿真的生产环境，测试设计的能力、稳健性和可靠性，估计节约的成本，监控关键质量特性的性能等，最后提交设计的验证报告和六西格玛设计的总报告。

以上对六西格玛设计的实施过程进行了简要介绍。尽管六西格玛设计有固定的流程可以遵循，但在实施的过程中可以根据产品和流程的特点，灵活、有选择地应用六西格玛设计的方法、工具。此外，在产品设计的过程中还必须考虑运用并行工程的思想，每个阶段的工作都要充分考虑其后续阶段，在相邻的阶段之间需要有一定的交叉。

10.4 六西格玛管理的关键要素和进一步研究的问题

在实施六西格玛管理的过程中，已有不少专家学者、六西格玛专家分析探讨了组织实施六西格玛管理的成功关键要素。由于不同组织在管理模式、文化背景等方面存在差异，分析总结出来的关键成功要素各不相同，概括起来主要包括如下几个方面：

- 高层管理者的承诺、参与和持续支持。六西格玛管理不仅是一种改进方法，还是一种文化和战略。组织在实施六西格玛管理的过程中，领导扮演着关键的角色。实施六西格玛管理的组织及六西格玛管理专家经过多年的实践，在总结六西格玛管理成功实施的关键要素时，不约而同地把领导的承诺、参与和持续支持作为成功的第一个关键要素。
- 六西格玛管理的组织保障。组织在实施六西格玛管理中，先要形成六西格玛管理的组织体系，组织的基础和资源是开展六西格玛活动的基本保障。它包括对六西格玛管理的教育和培训，创建团队，确定团队成员的角色和责任。
- 项目管理的技能。六西格玛管理是通过有组织、有计划的项目来实现的，合理地选择和管理项目，构建合适的团队，选择合适的项目领导，是六西格玛管理成功的一个关键因素。
- 测量、评价和奖励机制。一套科学、合理的评价体系和奖励机制，可以激发团队成员的积极性和创造性，有利于员工的职业发展和人力资源的开发。

- 六西格玛管理与组织经营战略相结合。由于六西格玛管理是自上而下推行的，因此，它不仅需要高层管理者持续的支持，提供所需的资源，而且需要从战略角度考虑，将六西格玛管理与组织的经营战略相结合，使之成为组织战略的一部分。
- 六西格玛管理与顾客和供应商相结合。顾客和市场是组织赖以生存的基础，了解顾客的关键需求、收集顾客信息是组织推行六西格玛管理的关键步骤；与供应商相结合，开发供应商计划也是六西格玛管理成功的关键要素。
- 掌握六西格玛管理的方法、技术和工具。六西格玛管理是基于数据的，这就需要由“正确的”人员，采用“正确的”方法和工具。有学者指出：采用六西格玛改进的一体化方法论或六西格玛设计方法是六西格玛管理的关键要素。
- 教育、培训与人力资源开发。实施六西格玛管理，人力资源是最重要的资源。通过系统的教育、培训，员工才能利用所学习的方法、工具解决实际问题，不断发挥其主观能动性和创造性。因此，人才的培养、引进和管理，也是一个重要因素。
- 组织文化的变革。组织文化是一个组织长期以来形成并沉淀下来为大家所认可并遵循的“做事模式”。例如，六西格玛管理强调运用科学的方法和工具，对数据和事实进行分析，为决策提供依据，而不是“拍脑袋”。因此，组织引入六西格玛管理，就是一场组织文化的变革，六西格玛管理应该在一种开放、交流、安全的环境中得到发展。这也是实施六西格玛管理成功的一个重要因素。

尽管六西格玛管理本身具有巨大的优势，有人将其称为21世纪最有效的三种质量管理方法之一，但也不是医治所有质量疾病的灵丹妙药。世界著名的德勤（Deloitte）咨询公司的一项调查统计表明：只有20%的公司达到了他们所期望的平衡点，这说明实施六西格玛管理是一个艰难和复杂的过程。随着六西格玛管理从制造业向服务业、管理机构拓展，有些问题还有待进一步研究，这包括：

- 如何使六西格玛管理适合于不同的组织？
- 什么是六西格玛管理最有效的组织结构？
- 如何把领导作用开发和人力资源管理实践与六西格玛管理的效果联系起来？
- 在六西格玛管理中信息技术的作用是什么？
- 六西格玛管理是阻碍还是有利于新产品和新过程的创新？
- 如何把六西格玛管理拓展到供应链？
- 如何保持六西格玛管理与其他管理方法的整合？

如此等等。

随着六西格玛管理应用的不断深入以及六西格玛方法进一步延伸到教育中，它将成为管理实践中的一部分。不管六西格玛管理将来向何处发展，其核心要素和基本原理将是永存的，如关注顾客需求，持续改进产品、过程和服务，基于过程的统计思考等。

思考与练习

1. 六西格玛管理与其他管理方法相比有哪些特点？

2. 试简述六西格玛管理团队成员的组成及各自的主要任务。
3. 举例说明六西格玛推进过程中遇到的阻力。
4. 试简要说明 DMAIC 的流程及各个阶段常用的工具和技术。
5. 试简要分析六西格玛设计与六西格玛改进之间的异同。
6. 调查分析实施六西格玛管理的成功因素。
7. 查阅文献，了解六西格玛管理的发展趋势及存在的问题。

第11章 卓越绩效模式

在激烈的市场竞争环境下，任何组织都需要适应变化，不断改进、完善自己的管理体系，努力提升竞争力。近年来，许多国家和地区通过设立质量奖的方式鼓励和引导各类组织提高质量和经济效益。一方面，通过国家质量奖计划，本国各类组织可以提升管理水准和产业竞争力；另一方面，各种组织对照国家质量奖评价准则来对自身的绩效进行自我评估、自我诊断，以实现持续改进和卓越绩效。由这些评价准则所体现的管理方式便是“卓越绩效模式”。目前，全世界已有近80个国家和地区实施了质量奖计划，其中最著名的三大质量奖是美国波多里奇国家质量奖、欧洲质量奖和日本的戴明质量奖。

本章将主要介绍卓越绩效模式产生的背景、几种主要的卓越绩效模式、中国卓越绩效模式评价准则和实施指南、ISO 9000系列标准与卓越绩效模式的比较等。

11.1 卓越绩效模式简介

11.1.1 卓越绩效模式产生的背景

质量奖和卓越绩效模式的产生，可以追溯到20世纪50年代日本质量管理的成功。第二次世界大战后，为了扭转日本产品的劣质状况，日本科学技术联盟（JUSE）于1950年先后邀请美国质量专家朱兰、戴明等赴日本讲学，讲授质量管理的理念和质量管理的方法。日本人在吸收戴明、朱兰等质量管理思想的基础上，通过不断实践探索，逐步形成了日本式的全面质量管理，即全公司范围内的质量控制。1951年，日本为了纪念戴明在质量管理方面的贡献，奖励那些为实施全面质量做出突出贡献并取得杰出成就的组织和个人，在全世界首次设立了质量奖，即日本戴明质量奖。

经过20多年的连续质量改进，到20世纪80年代初期，日本企业在许多领域超越了美国企业。特别是在汽车、电子等行业，日本产品占领了世界市场，成为高质量的代名词，日本经济和企业的竞争力达到了巅峰。戴明奖的设立对日本经济发展、产品质量水平提升和企业竞争力做出了重要贡献。

相较而言，在美国，不良质量成本高达销售收入的20%，美国人的自信心受到严重打击。于是在1980年，美国国家广播公司开展了题为“日本人能做到的，为什么我们不能”的大讨论，并组织由政府、企业、商业界和学术界构成的代表团去日本学习、取经。美国各界普遍认识到日本在质量管理方面的成功，源于美国人的质量启蒙教育，由此开始了一场遍布全美国的“第二次质量革命”。他们向日本学习，并提出了全面质量管理（TQM）的概念。在美国向日本学习的过程中，美国政界和商业界普遍意识到：在日益激烈的市场竞争环境中，强调质量不再是企业可选择的事情，而是必需的条件。许多组织和个人建议政府设立一个类似于日本戴明奖的国家质量奖，以促进美国企业开展全面质量管理活动。1987 年 8 月 20 日，时任美国总统的里根签署了《波多里奇国家质量提高法》，提出设立美国国家质量奖计划。马尔科姆·波多里奇当时任美国商务部部长，在任期间极力倡导质量管理，对推动“质量提高法”的立法不遗余力。马尔科姆·波多里奇 1987 年 7 月因意外事故去世，为了纪念他的贡献，美国国家质量奖被命名为“马尔科姆·波多里奇奖”（简称波多里奇国家质量奖）。从此，许多国家和地区参照波多里奇奖标准和运作模式设立质量奖。其中，最具代表性的是欧洲质量管理基金会（European Foundation for Quality Management，EFQM）于 1991 年设立的欧洲质量奖。

卓越绩效模式之所以得到普遍认可，成为全面质量管理的实施框架，关键在于“卓越绩效”是一种综合的组织绩效管理方式。它能够为顾客提供不断改进的价值，从而取得市场上的成功、提高组织的整体有效性和能力、促进组织和个人的学习。卓越绩效评价准则为了解组织的优势和改进机会，以及指导组织的策划工作提供了一种框架和评价工具。

11.1.2 卓越绩效模式的特征

卓越绩效模式是建立在广义质量概念的基础之上的，它体现以结果为导向的思想，关注组织经营管理体系，为五大利益相关方创造了平衡的价值，致力于获得全面和卓越的经营绩效。卓越绩效模式的评价准则对于组织进行系统的自我评价、发挥优势、弥补不足、提升竞争力具有重要的现实意义。卓越绩效模式的主要特征表现在下面几个方面：

（1）注重经营结果，强调为利益相关方创造价值。卓越绩效模式所追求的结果，不仅包括财务结果，而且包括产品和服务结果、顾客与市场结果、资源结果、过程有效性结果、组织的治理和社会责任结果，是组织全面且综合的结果，以确保股东、顾客、员工、供应商和合作伙伴、社会五大利益相关方的平衡和组织、长短期利益的平衡，保证组织协调、可持续发展，实现合作共赢。

（2）非规定性和灵活适用性。卓越绩效的评价准则是由结果导向的，这些要求不是规定好了的，组织可以根据自身的实际，采用合适的管理方法，鼓励创新性、适宜性、灵活性以及多元化。

（3）系统的视野，以保持组织目标的一致性。卓越绩效评价准则以关键绩效指标为纽带，将组织的使命、愿景、价值观与战略、过程和结果贯穿在一起，形成完整、协调一致的运作系统；同时，采用 PDCA 循环的模式，持续进行过程和结果的因果反馈，确保组织目标的实现。

（4）诊断式的成熟度评价。卓越绩效评价准则通过定性与定量相结合的评价方法，旨在发现组织最需要的改进，定量地描述组织管理的成熟水平，从而为改进指明方向、提供动力。而管理体系审核是对一般过程的合格评定，重在发现与规定要求之间的偏差。因此，卓越绩效模式对测评组织经营管理的成熟度，起到了测量诊断仪的作用。

（5）管理体系的全面整合。卓越绩效模式中，目标管理、内部审核、管理评审一体化，其实施框架是全面质量管理的标准化、条理化、具体化。因此，有人说卓越绩效模式是一本全面质量管理手册、一套程序和指导书。

11.1.3 卓越绩效模式的核心价值

卓越绩效模式所体现的核心价值反映了现代经营管理的先进理念和方法，是世界级成功企业的经验总结。最具影响力的美国波多里奇国家质量奖提出了11项核心价值，即：

- 远见卓识的领导（visionary leadership）。领导是组织成败的关键和追求卓越的驱动力。组织要追求卓越，就应确立组织的发展方向，树立以顾客为中心的价值观，明确组织的使命和愿景，平衡所有利益相关方的需求；制定组织的发展战略、方针、目标、体系和方法，指导组织的各项活动，并引导组织的长远发展；调动、激励全体员工的积极性，为实现组织目标，鼓励员工为组织做出贡献，做到全员参与、改进、学习和创新；强化组织道德规范，诚信自律，保护股东和其他利益相关方的权益；领导以自己的道德行为和个人魅力做表率，形成领导的权威和员工对组织的忠诚，带领全体员工克服困难，实现组织的目标。
- 顾客驱动的卓越（customer driven excellence）。组织的产品和服务质量是由顾客和市场来评价的，因此，必须为顾客解决问题和创造价值，既要了解顾客今天的需求，也要预测顾客未来的需求；尽可能做到零缺陷，对偶尔出现的失误要迅速、热情地处理好；不断提高顾客满意度，最终实现顾客忠诚，提高组织绩效。“顾客驱动”意味着在以顾客为关注焦点的基础上，对顾客信息进行分析，为顾客提供个性化和有特色的产品和服务，并驱动产品的改进和创新；保持对顾客需求变化和满意度的敏感性，增强市场应变能力，进而驱动组织的卓越。
- 组织和个人的学习（organizational and personal learning）。培育学习型组织和个人是组织追求卓越的基础。“组织的学习”意味着要不断学习新思想、新方法，以持续改进、适应新的发展变化；“个人的学习”意味着通过教育、培训实现职业生涯的发展目标。通过学习，员工的能力和素质得到提升，为员工的发展带来新机会，是组织是对员工成长的一种投资，而且是高回报的投资。组织和个人学习都必须根植于组织的运行中：①成为日常工作的常规部分；②包括个人、部门及整个组织的层次；③促进从源头解决问题；④在整个组织中构筑和分享知识；⑤为变革所驱动。学习内容不仅限于技能和岗位培训，还应包括意识教育、研究开发、顾客需求研究、最佳工作方法和标杆学习等。组织和个人的学习应该成为组织文化的一部分。
- 尊重员工和合作伙伴（valuing employees and partners）。员工是组织之本。尊重员工意味着人性化的管理，在组织内部提高员工的满意度，它包括：①对员工的承诺和保障、与工会的合作；②创造公平的竞争环境；③对优秀员工的认可；④为员工提供发展机会；⑤在组织内部做到知识共享，帮助员工实现目标；⑥营造一个鼓励员工迎接挑战的环境等；在尊重内部员工的同时，还要与顾客、供应商、银行、社会团体等建立战略联盟和长期合作伙伴关系，着眼于共同的长远目标，从制度和渠道上实现互利和优势互补，增强双方的实力和获利能力，形成组织与合作伙伴各自的核心竞争力和优势。
- 敏捷性（agility）。在当今多变、全球竞争的环境下，成功需要敏捷，即快速变化和柔性的能力。电子商务的出现缩短了贸易距离和时间，时间已成为非常重要的指标。时间方面的改进会推动组织质量、成本和效率方面的改进；为了实现快速反应，要缩短产品更新周期和产品、服务的生产周期，精简机构和简化工作程序，实施同步工程（concurrent engineering）。为了满足全球市场上顾客多样化要求，不能满足于简单的“按规定办事”“按标准生产”，还要有更多的灵活性。时间绩效成为一个关键的测量指标，重要的是培养掌握多种能力的员工，以便胜任工作岗位和任务变化的需要。

• 关注未来（focus on the future）。关注未来就要理解影响组织和市场的那些长期和短期的因素；要追求可持续的增长和市场领先地位，就必须有坚定的未来导向，以及对关键利益相关者做出长期承诺的意愿；要制定组织的发展战略，分析和预测影响组织发展的各种因素，如顾客的期望、新的机会、员工的需要、市场占有率、技术发展、电子商务、新的顾客和市场细分、法规要求、社区和社会的期望、竞争对手的战略等。战略目标和资源分配必须与这些影响因素相匹配。根据组织确定的战略目标，制订中长期、短期计划，并配置所需的资源，保证战略目标的实现。

• 促进创新的管理（managing for innovation）。创新意味着实施有意义的变革，以改进组织的产品、服务和过程，并为组织的利益相关者创造新的价值。创新会使组织的绩效进入一个新的境界。创新已不再只是研发部门的领地，它对于企业的所有方面和过程都是非常重要的。组织的领导和管理应使创新成为组织文化的一个组成部分，使创新融入日常工作之中，融入组织管理过程的所有方面。创新应建立在组织及其员工所积累的知识之上，对于促进创新的管理而言，有效地吸收和利用知识的能力是至关重要的。

• 基于事实的管理（management by fact）。绩效管理需要诸多类型的数据和信息，这些依赖于绩效的测量和分析。这种测量应取决于经营需要和战略，并提供关于关键过程、输出和结果的重要数据和信息。绩效测量应包括顾客、产品和服务绩效，运营、市场和竞争性绩效，供应商、员工、成本和财务绩效。分析是指从数据和信息中提取有价值的东西，以支持评价、决策和改进。分析需要利用数据来确定趋势及因果关系，它可用于计划、评估、改进和比较等。在绩效管理中，一个重要因素就是选择绩效测量的指标。选择的指标应能很好地基于事实描述顾客、运营、财务和社会影响方面的绩效。

• 社会责任（social responsibility）。组织的领导层应重视公众责任、伦理行为并强调履行公民义务的必要性。在恪守商业伦理和保护公众健康、安全、环境方面，领导应带头做好表率。应在产品的设计阶段就考虑生产、交付、使用和废弃可能对环境产生的影响。组织不仅要满足法律法规中的要求，还应把这些要求视为实现“守法之上”的改进机会；组织应在与所有的利益相关者的经营和交往中强调伦理行为，并加以监控。履行公民义务是指在资源许可的条件下，对于重要的公众利益的支持。对于社会责任的管理要求采用适当的测量指标，并明确对于这些指标的领导责任。

• 注重结果和创造价值（focus on results and creating values）。组织绩效的测量应注重关键结果，这些结果用于创造和平衡关键利益相关方的价值。为了平衡各种目标之间可能发生的冲突，组织战略应满足关键利益相关方的要求，以确保计划与行动满足不同利益相关方的需要，避免对任何一方造成不利的影响。应用平衡的绩效指标，为沟通组织的长短期目标和监控实际绩效提供了一种有效的手段，也为改进结果提供了明确的基础。

• 系统的视野（systems perspective）。准则为管理组织及其关键过程、实现卓越绩效提供了一个系统的视野。要成功地管理总体绩效，必须对组织进行整合、校准和集成。整合意味着把组织看作一个整体，构建关键经营需求，包括战略目标和行动计划。校准意味着应用关键需求间的联系，确保计划、过程、测量和行动的一致性。集成建立在校准的基础上，使绩效管理系统的每个部分以完全相互连接的方式运行。系统的视野包含了高层领导者对于组织战略方向和顾客的关注，它意味着高层领导者依据经营结果来监测、应对和管理绩效。系统的视野还包括利用测量指标和组织的知识来建立关键的战略，这些战略要与关键过程联系起来，并协调资源配置，最终实现整体绩效改进和顾客满意。系统的视野不仅要管理协调整个组织，还要管理其各个组成部分，以最终实现组织的成功。

11.2　几种主要的卓越绩效模式

世界上许多国家通过设立国家质量奖的方式来提升本国各类组织的管理水平，强化和提高竞争力；同时各类组织以国家质量奖准则为依据，进行自我评价和自我诊断。目前，全球共有 80 多个国家和地区实施了质量奖计划，由质量奖评价准则所体现的管理方式，就是卓越绩效模式。最具代表性的卓越绩效模式是美国波多里奇国家质量奖、欧洲质量奖和日本戴明质量奖，也称为“世界三大质量奖”，其中以美国波多里奇国家质量奖最具影响力。本节将扼要介绍几种常见的卓越绩效模式。

11.2.1　世界最早的质量奖——日本戴明质量奖

为了纪念美国著名质量专家戴明博士为提高日本产品的竞争力和日本质量管理水平所做出的杰出贡献，1951 年，日本科学技术联盟提议并设立了戴明质量奖，以促进日本质量管理的发展。戴明质量奖包括三大类：针对个人的戴明奖、针对企业的戴明实施奖和针对企业内一个部门的事业部奖。日本企业以申报戴明质量奖为动力，积极推动和倡导全面质量管理，持续开展质量改进活动。在政府的强力推动下，经过几十年的努力，日本企业的核心竞争力逐渐形成，取得了世人瞩目的业绩，使日本成为世界经济强国。

戴明奖也称戴明大奖，授予在质量管理方法研究、统计质量控制方法及传播全面质量管理的实践方面有杰出贡献的个人，以及质量管理活动突出、在规定的年限内通过运用全面质量管理方法获得卓越改进效果和绩效的企业。戴明实施奖是跨国界、非竞争性的，每一个被接受申请的企业都有可能获奖。每年有数百家企业申请戴明奖，获奖企业的数目不受限制。获得戴明质量奖的企业，都积极按照质量奖的评价标准和要求，根据自己企业的特点、环境，不断完善自身的质量控制方法，其产品和服务质量得到大幅度提高。企业需要思考、创新和变革，制定自己的经营战略目标和质量战略目标，并把戴明质量奖作为一种持续改进和进行企业创新和变革的工具。戴明奖的评审并不要求符合评审委员会所提出的质量管理模式，而是由企业根据自身的现状制定目标，评审整个组织改进、变革的结果及其过程。

企业通过申请戴明质量奖，建立和完善了企业综合管理体系，推进了企业的标准化活动，提高了企业的管理和质量改进意识，提高了全员积极参与全面质量管理活动和质量改进的积极性，提高了产品质量、劳动生产率和企业的凝聚力，使质量改进和标准化活动成为企业的自觉行动。获得戴明质量奖是一种荣誉，更代表一流的竞争力，它是日本企业追求实现的卓越目标。日本企业通过申请戴明质量奖，把全面质量管理作为企业参与市场竞争的武器，纳入企业经营战略中，并贯彻和实施。

图 11-1 给出了戴明奖实施的评审内容、分值及相互关系。

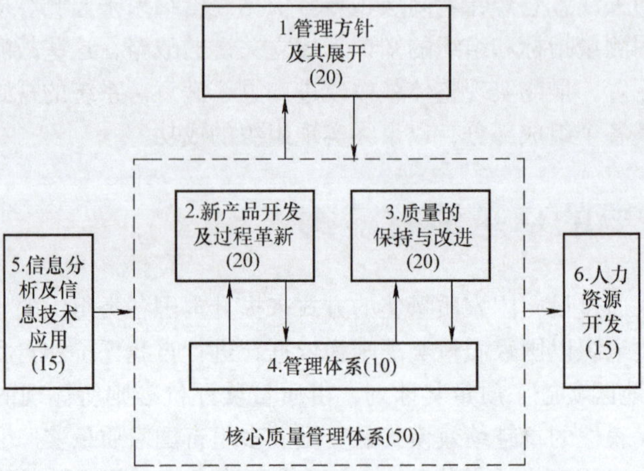

1.管理方针
及其展开
(20)
2.新产品开发
及过程革新
(20)
3.质量的
保持与改进
(20)
5.信息分
析及信
息技术
应用
(15)
4.管理体系(10)
6.人力
资源
开发
(15)
核心质量管理体系(50)

图 11-1　戴明奖实施的评审内容、分值及相互关系

11.2.2　最具影响力的质量奖——美国波多里奇国家质量奖

1987 年 8 月 20 日，美国前总统里根签署了《马尔科姆·波多里奇国家质量提高法》，标志着波多里奇国家质量奖的创立。波多里奇国家质量奖旨在促进美国企业为荣誉而提高质量和生产率，同时增加利润，获得竞争优势；表彰在改进产品和服务质量方面取得成就的公司，并为其他组织树立榜样；建立评价准则和指南，以使企业、行业、政府和其他组织用来评价各自质量改进的成效和自我诊断；通过提供获奖组织实现卓越绩效的详细信息，为其他组织提供具体指南。自 1988 年以来，波多里奇国家质量奖的评审从最初的制造业，逐渐扩展到服务业和小企业；1999 年开始扩展到教育和医疗卫生行业；2006 年起开展对政府、公共和私有的非营利组织的评审。波多里奇国家质量奖的设立，在很大程度上促进了美国在 20 世纪 90 年代后的快速发展，使之重新回到世界经济霸主的地位。美国前总统克林顿曾经指出，波多里奇国家质量奖在使美国经济恢复活力及提高美国国家竞争力和生活质量等方面起到了主要作用。

波多里奇国家质量奖由美国商务部国家标准和技术研究院（National Institute of Standards and Technology，NIST）负责管理。根据来自美国企业、大学、政府部门、咨询机构及其他组织的反馈信息，波多里奇国家质量奖的评价标准、申请指南和评审过程每年都会有不同程度的修改，持续改进是波多里奇国家质量奖的最大特点之一。

波多里奇国家质量奖的评价标准遵循以下原则：

- 波多里奇国家质量奖是一套全国性的质量评价体系。
- 为质量奖的评审和信息交流提供基础。
- 为跨组织合作提供一个平台。
- 提供一套动态的国家奖励评价制度。

卓越绩效准则的核心价值和概念主要体现在七个类目（category）中。图 11-2 展示了美国波多里奇国家质量奖的框架结构，清晰地描述了这些类目的内在联系。该框架从上至下包含三类基本要素：组织轮廓、系统业务和系统基础。组织轮廓描述了组织的环境、关系与挑战，构成了整个绩效管理系统框架的指南。系统业务包括了六个评审类目，其中领导、战略策划、以顾客和市场为中心，构成了“领导作用”三角，是组织的驱动力；而以人为本、过程管理、经营结果则构成了“经营绩效”三角，经营结果是组织质量管理的主要目标；整个框架的中心水平箭头连接“领导作用”与“经营绩效”，强调这一联系对于组织成功具有至关重要的作用。测量、分析与知识管理作为系统的基础，构成了基于事实和知识驱动来有效管理组织的标准。

波多里奇国家质量奖由美国总统颁奖，获奖企业在美国受到高度关注，已经成为美国质量的倡导者。在企业和其他组织中传达着这样的信息：采用波多里奇卓越绩效模式所获得的利润和收益远远超过它们最初的预期。目前，全美每年有数千个企业和组织用波多里奇国家质量奖的准则和评价标准进行自我评估、培训和改进。对许多企业来说，采用波多里奇国家质量奖的卓越绩效模式，提高了生产率、市场占有率和顾客满意度，改善了企业和员工的关系，最终提高了企业利润。

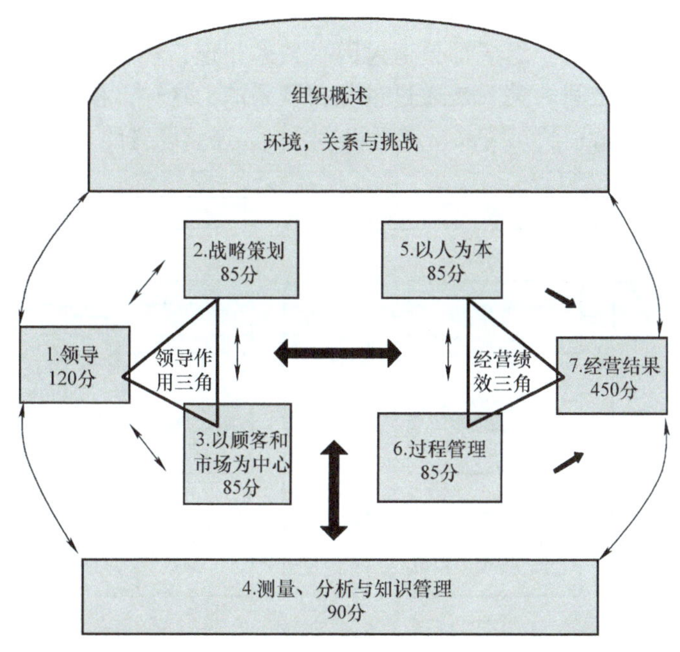

图11-2 波多里奇国家质量奖的框架结构

11.2.3 欧洲质量奖

在20世纪80年代末期，欧洲企业受到其他地区企业强有力的挑战，特别是亚洲企业，主要表现在价格和产品质量方面。为了应对这种挑战，欧洲14家大公司自发成立了欧洲质量管理基金会，以促使人们认识到在获取竞争优势的过程中全面质量管理所具有的巨大潜力。受美国波多里奇国家质量奖和日本戴明质量奖的影响，他们认为欧洲有必要开发一个能与之相媲美的欧洲质量奖框架。为了推动质量改进运动、认可有卓越绩效的企业、提高欧洲企业在世界一体化市场上的竞争力，欧洲质量管理基金会于1991年设立了欧洲质量奖。

欧洲质量奖授予在全面质量管理中做出卓越贡献的企业，它是欧洲具有影响力的质量奖，代表着欧洲质量管理基金会表彰优秀企业的最高荣誉。该奖项对申请者的企业所有权和企业所有者的国籍并无要求，但申请企业的质量管理活动必须在欧洲开展。欧洲质量奖分五个类别和三个等级，这五个类别分别是大企业、公司运营部门、公共事业部门、独立的中小企业和作为分支机构的中小企业；三个等级分别是欧洲质量最高奖、欧洲质量奖和入围奖。

欧洲质量奖所强调的核心价值主要体现在：以顾客为中心、基于过程和事实的管理、注重结果、领导和坚定不移的目标、人力资源的开发和全员参与、持续学习、不断创新改进、发展合作伙伴关系和社会责任。图 11-3 给出了体现这些核心价值观的欧洲质量奖模型。

欧洲质量奖模型不仅仅是质量模型或全面质量管理模型，而是一个经营模型。模型的焦点是公司的使命和目标，并强调对实现这些目标起决定作用的过程和系统要素。该模型可分为三个领域：①使命和目标，这是组织的核心，组织每个成员的注意力都应集中在组织的使命和目标上；②过程，这是组织实现其使命和目标的价值链，过程管理在过程的统一组织和监控，以及优化效果和效率中起着越来越重要的作用；③系统因素，这是将组织描绘成一个系统所需的所有因素，它能驱动组织向其使命和目标前进，因此，系统要素也可以称为“关键成功因素”。模型的三个组成部分通过因果关系相连，过程与结果之间的联系是直接的，而结果与系统要素之间的关系是通过过程相联系的，这样，模型就具有很好的诊断功能。此外，该模型中，由手段、结果、创新和学习构成连续改进的 PDCA 循环。

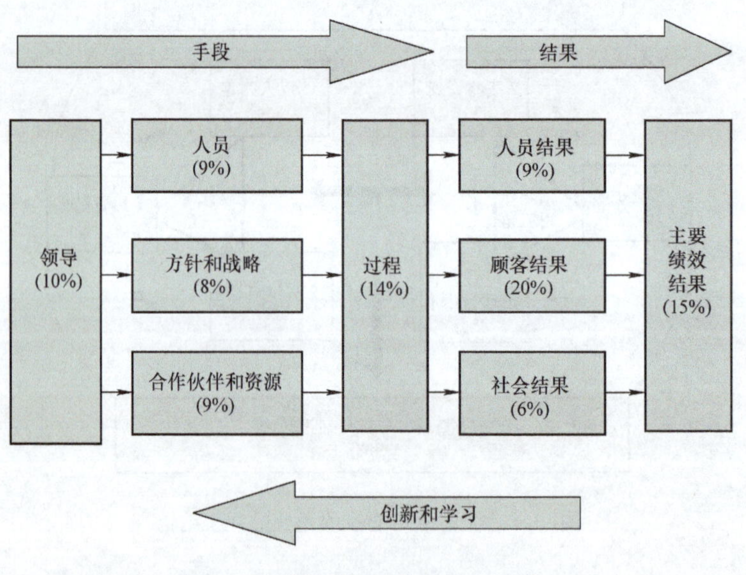

图 11-3　欧洲质量奖模型（2004 版）

11.3　中国卓越绩效评价准则和实施指南

11.3.1　中国质量奖的曲折历程

中国推行全面质量管理起源于 1978 年的改革开放，在向日本学习质量管理，特别是在全国掀起质量管理小组的运动中，逐步引进日本的质量管理理念、质量管理方法和质量管理模式。1981 年，在中国质量协会和相关部门的支持下，中国质量管理奖设立，该奖实施了近 10 年（1982—1991 年）。后来由于以营利为目的评审愈演愈烈，对消费者和生产者产生了严重的误导作用，1991 年国务院决定暂停评选工作。

20 世纪 90 年代，以美国为代表的西方发达国家重新认识全面质量管理，大力倡导卓越绩效模式，取得了令人瞩目的绩效。世界各国和地区纷纷效仿、学习，建立各自的卓越绩效模式，推动全面质量管理向更高层次迈进。在这种大环境下，中国质量管理奖在 1996—1997 年间恢复了一年。但由于当时各类评奖活动盛行，国务院又一次叫停了全国质量管理奖的评选工作。

2000 年 7 月《产品质量法》重新修订，明确提出“国家鼓励推行科学的质量管理方法”，对产品质量管理先进和产品质量达到国际先进水平、成绩显著的单位和个人给予奖励。2001 年，我国加入了世界贸易组织（WTO），质量管理也逐步与国际接轨。中国质量协会在原国家质量监督检验检疫总局的指导下，根据“高标准、少而精、严要求、树权威（品牌），坚持规范、自律，保证评审工作的公正性”的有关精神，于 2001 年第三次启动了全国质量管理奖的评审工作，并对实施卓越质量经营，在质量、效益和社会责任等方面都取得显著成绩的企业或组织授予“全国质量管理奖”。2006 年，该奖更名为“全国质量奖”。为了引导更多企业追求卓越，提高产品质量和经营质量，增强竞争优势，2003 年，原国家质量监督检验检疫总局会同中国标准化研究院，组织制定了卓越绩效模式国家标准，2004 年 8 月发布了 GB/T 19580—2004《卓越绩效评价准则》和 GB/Z 19579—2004《卓越绩效评价准则实施指南》，并于 2005 年 1 月 1 日开始实施；2011 年对这两个标准进行了修订。这两个标准极大地促进了卓越绩效模式在中国的推广，标志着我国质量管理工作进入了一个与国际接轨和提升竞争力的新阶段。

11.3.2　中国卓越绩效评价准则的框架图

中国卓越绩效评价准则是在借鉴“波多里奇卓越绩效评价准则”的基础上形成的，它包括领导，战略，顾客与市场，资源，过程管理，测量、分析与改进，结果七大条款的要求。其中前六个条款是有关过程的要求，称为过程类条款；第七个条款是有关结果的要求，称为结果类条款。

图 11-4 所示为中国卓越绩效评价准则的框架图，表述了各类目之间的相互关系。对于一个组织的经营管理系统来说，“领导”决定着组织的发展方向、组织的治理和组织绩效的评价。“领导”“战略”“顾客与市场”构成“领导作用”三角，是组织发展的驱动力；“资源”“过程管理”“经营结果”构成“资源、过程和结果”三角，是从动性的；而“测量、分析和改进”是组织运作的基础，是连接两个三角的“链条”，并推动着组织的改进和创新，不断提升组织的整体经营绩效和竞争力。图中的小箭头表示各条款之间的相互作用，中间的双向粗箭头表示“领导”密切关注“结果”，并通过对结果的绩效评价来改进领导系统；下方的粗箭头及左、右下方的细箭头，表示“测量、分析和改进”不仅是组织运作和绩效管理系统的基础，还贯穿于其他所有条款中，并相互作用。

11.3.3　中国卓越绩效评价准则的条款要求和分值

GB/T 19580—2012《卓越绩效评价准则》分三个层次，包含 7 个条款、23 个条目、38 个着重方面。总分设定为 1000 分，在 7 个条款下，23 个评分项的具体内容和相应的分值如

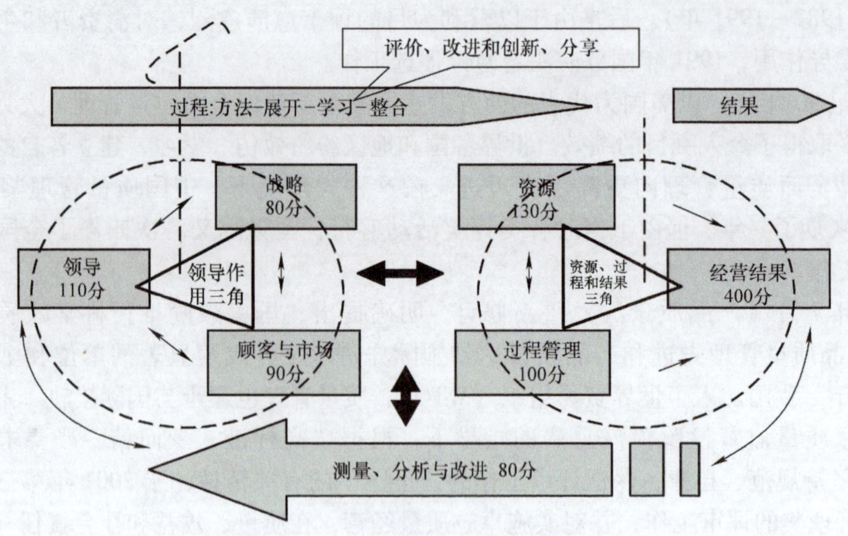

图 11-4 中国卓越绩效评价准则框架图

表 11-1 所示。

1. 领导

“领导”条款中，包含了“高层领导的作用”“组织治理”和“社会责任”三个条目。其中，“社会责任”包含“公共责任”“道德行为”“公益支持”三个需要强调的方面。

在“高层领导的作用”中，组织应从以下几个方面说明高层领导的作用：①如何确定组织的使命、愿景和价值观，如何将其贯彻到全体员工行动中，并影响到组织的供方、合作伙伴、顾客及其他相关方，如何在落实组织的价值观方面起表率作用；②如何与全体员工及其他相关方进行沟通，如何鼓励整个组织实现坦诚、双向的沟通，如何通过对全体员工实现卓越绩效的活动进行激励以强化组织的方向和重点；③如何营造诚信守法的环境，如何营造有利于改进、创新和快速反应的环境，如何营造促进组织学习和员工学习的环境；④如何履行确保组织所提供产品和服务质量安全的责任；⑤如何推进品牌建设，不断提高产品质量和服务水平；⑥如何强化风险意识，推动组织的持续经营，如何积极培养组织未来的领导者；⑦如何促进组织采取行动以改进组织绩效、实现战略目标，并达成愿景；⑧如何定期评价组织的关键绩效指标，以及如何根据绩效评价结果采取相应行动。

“组织治理”应说明组织治理的关键因素，以及如何对高层领导和治理机构成员的绩效进行评价。组织治理的关键要素包括：管理层采取行动的责任、财务方面的责任、经营管理的透明性，以及信息披露的政策、内外部审计的独立性、股东及其他相关方利益的保护。对高层领导和治理机构成员的绩效进行评价主要表现在如何运用这些绩效评价结果改进个人、领导体系和治理机构的有效性。

“社会责任”应该说明组织在履行公共责任、道德行为和公益支持等方面的做法。公共责任主要体现在：①明确组织的产品、服务和运营对质量安全、环保、节能、综合利用、公共卫生等方面产生的影响所采取的措施；②如何预见和应对组织的产品、服务和运营所产生的潜在负面社会影响；③说明为满足法律规定要求和达到更高水平而采取的关键过程及绩效指标，以及在应对产品、服务和运营相关风险方面的关键过程及绩效指标。道德行为主要体现在：①如何确保组织遵守诚信准则，以及如何建立组织的信用体系；②如何确保组织行为符合道德规范，说明用于促进和监测组织内部，与顾客、供方和合作伙伴之间及组织治理中的行为符合道德规范的关键过程及绩效指标。公益支持主要体现在：①如何积极地支持公益事业，并说明重点支持的公益领域；②高层领导及员工如何积极参与并为此做出贡献。

表11-1　卓越绩效评价准则条款和分值

4.1 领导（110分）	4.4.5 基础设施（10分）
4.1.1 高层领导的作用（50分）	4.4.6 相关方关系（10分）
4.1.2 组织治理（30分）	4.5 过程管理（100分）
4.1.3 社会责任（30分）	4.5.1 过程的识别与设计（50分）
4.2 战略（90分）	4.5.2 过程的实施与改进（50分）
4.2.1 战略制定（40分）	4.6 测量、分析与改进（80分）
4.2.2 战略部署（50分）	4.6.1 测量、分析和评价（40分）
4.3 顾客与市场（90分）	4.6.2 改进与创新（40分）
4.3.1 顾客和市场的了解（40分）	4.7 经营结果（400分）
4.3.2 顾客关系与顾客满意（50分）	4.7.1 产品和服务结果（80分）
4.4 资源（130分）	4.7.2 顾客与市场结果（80分）
4.4.1 人力资源（60分）	4.7.3 财务结果（80分）
4.4.2 财务资源（15分）	4.7.4 资源结果（60分）
4.4.3 信息和知识资源（20分）	4.7.5 过程有效性结果（50分）
4.4.4 技术资源（15分）	4.7.6 领导方面的结果（50分）

2. 战略

在“战略”条款中，包含了“战略制定”和“战略部署”两个条目。其中，“战略制定”包含“战略制定过程”“战略和战略目标”两个需要强调的方面；“战略部署”也包含“实施计划的制定与部署”“绩效预测”两个需要强调的方面。

“战略制定过程”主要体现在：①组织应描述其战略制定过程、主要步骤及主要参与者，如何确定长、短期计划的时间区间，以及战略制定过程如何与长、短期计划时间区间相对应；②如何确保制定战略时考虑关键因素，如何就这些因素收集和分析有关的数据和信息。“战略和战略目标”主要体现在：①说明战略和战略目标，以及战略目标对应的时间表和关键的量化指标；②战略和战略目标如何应对战略挑战和发挥战略优势，如何反映产品、服务、经营等方面的创新机会，如何均衡地考虑长短期的挑战和机遇，以及所有相关方的需要。

“实施计划的制定与部署”主要体现在：①如何制定和部署实现战略目标的实施计划，如何根据环境的变化对战略目标和实施计划进行调整和落实；②组织的主要长短期实施计划，这些计划所反映出的在产品和服务、顾客和市场及经营管理方面的关键变化；③如何获取和配置资源以确保实施计划的实现，说明组织为了实现长、短期战略目标和实施计划的重要资源计划；④说明监测实施计划进展情况的关键绩效指标，如何确保这些指标协调一致，并涵盖所有关键的领域和相关方。

绩效预测应说明组织长短期计划期内的关键绩效指标的预测结果，以及相应的预测方法；如何将所预测绩效与竞争对手的预测绩效相比较，与主要的标杆、组织的目标及以往绩效相比较；如何确保实现所预测绩效，如何应对相对于竞争对手或对比组织的绩效差距。

3. 顾客与市场

在“顾客与市场”条款中，包含了“顾客和市场的了解”和“顾客关系与顾客满意”两个条目，其中“顾客和市场的了解”包含“顾客和市场的细分”和“顾客需求和期望的了解”两个需要强调的方面；“顾客关系与顾客满意”也包含“顾客关系的建立”和“顾客满意的测量”两个需要强调的方面。

“顾客和市场的了解”应说明组织如何确定顾客和市场的需求、期望和偏好，以及如何拓展新的市场。顾客和市场的细分主要体现在：①如何识别顾客、顾客群和细分市场，如何确定当前及未来的产品和服务所针对的顾客、顾客群和细分市场；②在顾客和市场的细分过程中，如何考虑竞争对手的顾客及其他潜在的顾客和市场。“顾客需求和期望的了解”主要体现在：①如何了解关键顾客的需求、期望和偏好及其对于顾客的购买或建立长期关系的相对重要性，如何针对不同的顾客、顾客群和细分市场采取不同的了解方法；②如何将当前和以往顾客的相关信息用于产品和服务设计、生产、改进、创新及市场开发和营销过程，如何使用这些信息来强化顾客导向、满足顾客需要，以及识别创新的机会；③如何使了解顾客需求和期望的方法应适合发展方向、业务需要及市场的变化。“顾客关系与顾客满意”应说明组织如何建立、维护和加强顾客关系，如何确保赢得和保持顾客并使顾客满意、忠诚的关键因素和方法。

“顾客关系的建立”主要体现在：①如何建立顾客关系以赢得顾客，满足并超越其期望，提高其忠诚度，获得良好口碑；②如何建立与顾客接触的主要渠道，这些渠道如何方便顾客查询信息、进行交易和提出投诉；③如何确定每种渠道主要的顾客接触要求，并将这些要求落实到有关的人员和过程；④如何处理顾客投诉，确保投诉得到有效、快速的解决；⑤如何最大限度地减少顾客不满和业务流失；⑥如何积累和分析投诉信息以用于组织及合作伙伴的改进；⑦如何使建立顾客关系的方法适合组织发展方向及业务需要。“顾客满意的测量”主要体现在：①如何测量顾客满意和忠诚，所用方法如何因顾客群不同而异，如何确保测量能够获得有效的信息并用于改进，以超越顾客期望、获得良好口碑并赢得市场；②如何对顾客进行产品和服务的跟踪，以获得及时、有效的反馈信息并将其用于改进和创新活动；③如何获取和应用可供比较的竞争对手和标杆的顾客满意信息；④如何使测量顾客满意和忠诚的方法发展方向及业务需要。

4. 资源

在“资源”条款中，包含了“人力资源”“财务资源”“信息和知识资源”“技术资源”“基础设施”和“相关方关系”六个条目。其中，“人力资源”包含“工作的组织与管理”“员工绩效管理”“员工的学习和发展”“员工的权益与满意程度”四个需要强调的方面。

“人力资源”应描述组织如何建立以人为本的人力资源管理体系，促进员工的学习和发展，提高员工的满意程度。“工作的组织和管理”主要体现在：①如何对工作和职位进行组织、管理，以应对战略挑战、满足实施计划，对业务变化做出快速、灵活反应，促进组织内部的合作，调动员工的积极性、主动性，促进组织的授权、创新，以提高组织的执行力；②如何确定员工的类型和数量的需求，如何识别所需员工的特点和技能，如何提高现有员工的能力，如何招聘、任用和留住员工；③如何听取和采纳员工、顾客和其他相关方的各种意见和建议，如何在不同的部门、职位和地区之间实现有效的沟通和技能共享。“员工绩效管理”包括员工绩效的评价、考核和反馈，以及如何建立科学合理的薪酬体系和实施适宜的激励政策和措施，以提高员工和组织的工作绩效，实现组织的战略实施计划。“员工的学习和发展”主要体现在：①员工的教育和培训，包括如何识别教育和培训需求，制定和实施教育与培训计划，并结合员工和组织的绩效以评价其有效性，使教育与培训适应组织发展方向和员工职业发展的要求，如何针对不同的岗位和职位实施教育与培训，鼓励和支持员工以多种方式实现与工作需要和职业发展、技能提高相关的学习目标；②员工的职业发展，包括如何对包括高层领导在内的所有员工的职业发展实施有效管理，如何帮助员工实现学习和发展目标，如何实施继任计划，形成人才梯队，以提高组织的持续经营能力。“员工的权益与满意程度”包括：①如何保证和不断改善员工的职业健康安全，针对不同的工作场所确定相应的测量指标和目标，并确保对紧急状态和危险情况做好应急准备；②如何针对不同的员工群体，提供有针对性的、个性化和多样化的支持，保障员工的合法权益；③如何鼓励员工积极参与多种形式的管理和改进活动，并为员工参与的活动提供必要的资源，以提高员工的参与程度与效果；④如何确定影响员工满意程度和积极性的关键因素，以及这些因素对不同员工群体的影响，如何测量和提高员工满意程度。

“财务资源”主要包括：①确定资金需求，保证资金供给；②如何实施资金预算管理、成本管理和财务风险管理，将资金的实际使用情况与计划相比较，及时采取必要的措施，适时调整；③如何加快资金周转，提高资产利用率，以实现财务资源的最优配置，并提高资金的使用效率和安全。

“信息和知识资源”主要体现在：①如何识别和开发信息源，如何确保获得和提供所需的数据和信息，并使员工、供方和合作伙伴及顾客易于获取相关数据和信息；②如何配备获取、传递、分析和发布数据和信息的设施，如何建立和运行信息系统，如何确保信息系统硬件和软件的可靠性、安全性、易用性；③如何使信息系统适应组织的发展方向及业务需要；④如何有效地管理组织的知识资产，收集和传递来自员工、顾客、供方和合作伙伴等方面的相关知识，识别、确认、分享和应用最佳实践；⑤如何确保数据、信息和知识的准确性、完整性、可靠性、及时性、安全性和保密性。

“技术资源”主要体现在：①组织如何对其拥有的技术进行评估，并与同行先进水平进行比较分析，为制定战略和增强核心竞争力提供充分依据；②如何以国际先进技术为目标，积极开发、引进、消化、吸收适用的先进技术和先进标准，提高组织的技术创新能力；③如何形成和使用组织的技术诀窍与专利；④如何制定技术开发与改造的目标和计划，论证方案，落实增强技术先进性、实用性所采取的措施。

“基础设施”主要包括：①根据战略实施计划和过程管理的要求提供基础设施；②制定并实施基础设施的预防性和故障性维护保养制度；③制定和实施更新改造计划，不断提高基础设施的技术水平；④预测和处置因基础设施而引起的环境、职业健康安全和资源利用问题。

“相关方关系”应说明如何建立与其战略实施相适应的相关方关系，尤其是与关键供方和合作伙伴的良好合作关系，促进双向交流，共同提高过程的有效性和效率。

5. 过程管理

在“过程管理”条款中，包含了“过程的识别与设计”和“过程的实施与改进”两个条目，其中“过程的识别与设计”包含“过程的识别”“过程要求的确定”“过程的设计”三个需要强调的方面；“过程的实施与改进”包含“过程的实施”“过程的改进”两个需要强调的方面。

过程管理用于评价组织过程的识别、设计、实施和改进。“过程的识别”应说明组织如何确定产品、服务及经营全过程，并识别、确定其中的关键过程，包括利用外部资源的过程。“过程要求的确定”应说明如何结合来自顾客及其他相关方的信息，确定关键过程的要求，必要时在全部要求中确定关键要求，如何确保这些要求清晰并可测量。“过程的设计”主要体现在：①在过程设计中如何满足已确定的关键要素，如何有效利用新技术合组织的知识，如何考虑可能的变化并保持敏捷性，如何考虑质量、安全、周期、生产率、节能降耗、环境保护、成本控制及其他效率和有效性因素，确定过程的关键绩效指标；②如何考虑应对突发事件和采取应急准备，以避免风险、减少危害；③在建立组织的应急响应系统中如何考虑预防和管理，以及运营的连续性。

“过程的实施”主要包括：①如何实施关键过程，以持续满足过程设计要求，并确保过程的有效性和效率；②如何使用关键绩效指标监控过程的实施，如何在过程的实施中利用来自顾客和其他相关方的信息，如何优化关键过程的整体成本。“过程的改进”主要包括：如何评价关键过程实施的有效性和效率，改进关键过程，减少过程波动与非增值性活动，是关键过程与发展方向和业务需要保持一致，并在各部门和各过程分享改进成果和经验教训，以促进组织的学习和创新。

6. 测量、分析与改进

在“测量、分析与改进”条款中，包含了“测量、分析和评价”“改进与创新”两个条目，其中“测量、分析和评价”包含了“绩效测量”“绩效分析和评价”两个需要强调的方面；“改进与创新”包含了“改进与创新的管理”“改进与创新方法的应用”两个需要强调的方面。“绩效测量”主要体现在：①组织如何建立绩效测量系统，如何有效应用相关的数据和信息，监测日常运作及组织的整体绩效，支持组织的决策、改进和创新；②如何有效应用关键的对比数据和信息，支持组织的决策、改进和创新；③如何确保绩效测量系统适应发展方向和业务需要，并确保对组织内外部的变化保持敏感性。“绩效分析和评价”主要体现在：①如何分析、评价组织绩效，包括如何评价组织的成就、竞争绩效及长短期目标和实施计划的进展，如何评价组织的应变能力；②如何根据绩效评价结果，确定改进的优先次序，并识别创新的机会；③如何将这些优先次序和创新机会及其举措在组织内展开，适当时扩展到关键供方和合作伙伴，以达到协调一致。“改进与创新的管理”主要体现在：①如何对改进和创新进行策划，明确各层次和所有部门、过程在改进与创新方面的计划和目标；②如何实施、测量、评价改进与创新活动，分析对其对提升盈利能力和实现组织战略目标的贡献，促进组织绩效的提高。“改进与创新方法的应用”主要体现在：①如何应用多种方法，组织各层次员工开展各种改进与创新活动；②如何正确和灵活地应用统计技术和其他工具，为改进与创新提供支持。

7. 经营结果

在“经营结果”条款中，包含了“产品和服务结果”“顾客与市场结果”“财务结果”“资源结果”“过程有效性结果”“领导方面的结果”六个条目。其中，“顾客与市场结果”包含了“顾客方面的结果”“市场结果”两个需要强调的方面。

“产品和服务结果”主要体现在：①主要产品和服务的关键绩效指标（如实物质量指标和服务水平等）的当前水平和趋势；②主要产品和服务的关键绩效指标与竞争对手对比的

结果，与国内、国际同类产品和服务的对比结果；③主要产品和服务的特色及创新成果。

“顾客与市场结果”描述组织在顾客和市场方面的绩效结果，包括顾客满意和忠诚及市场方面的绩效结果。“顾客方面的结果”主要包括：①顾客满意的关键绩效指标的当前水平和趋势；②顾客满意与竞争对手和本行业标杆对比的结果；③顾客忠诚的关键绩效指标的当前水平和趋势。“市场结果”主要体现在：①市场的关键绩效指标的当前水平和趋势，可包括市场占有率、市场地位、业务增长和新增市场等；②市场绩效与竞争对手和本行业标杆的对比结果，在国内外同行业中的水平。

“财务结果”应描述组织在财务绩效方面的关键绩效指标的当前水平和趋势，可包括主营业务收入、投资收益、营业外收入、利润总额、总资产贡献率、资本保值增值率、资产负债率、流动资金周转率等综合指标，必要时按行业特点、不同产品和服务类型或市场区域分别说明。

“资源结果”应说明人力资源方面的结果，应包括工作的组织与管理、员工绩效管理、员工学习与发展、员工权益与满意度等方面的关键绩效指标的当前水平和趋势，也包括组织在人力、财务、信息与知识、技术、基础设施和相关方关系等资源方面的关键绩效指标的当前水平和趋势。

“过程有效性结果”应描述反映关键过程有效性和效率方面的关键绩效指标的当前水平和趋势，包括全员劳动率、质量、成本、周期、供方和合作伙伴绩效等方面。

“领导方面的结果”应描述组织在领导方面的绩效结果，包括：①在实现战略目标方面的关键绩效指标的当前水平和趋势；②组织治理方面的关键绩效指标的当前水平和趋势；③公共责任方面的关键绩效指标的当前水平和趋势；④道德行为方面的关键绩效指标的当前水平和趋势；⑤公益支持方面的关键绩效指标的当前水平和趋势。

11.3.4　卓越绩效评价的方法

与 ISO 9001 标准的符合性评价不同，卓越绩效模式是一种诊断性的评价，既可以对照准则的要求对组织的优势和改进机会给出定性的评价，又可以按一定的评分方法定量评价经营管理的成熟度水平。定性评价采用逐项综合的方式，定量评价根据评分指南进行。这两种评价相互关联，定性评价是定量评价的基础，定量评价则是定性评价的度量，在大多数实际评价中结合使用。

1. 定性的评价方法

GB/T 19580—2012《卓越绩效评价准则》中的七个条款可分为过程、结果两类要求。对这两类要求，使用不同的评价方法。

（1）对过程要求的定性评价。对过程要求采用四个要素来评价：方法（approach）、展开（deployment）、学习（learning）、整合（integration），简称 ADLI。

“方法”主要是指采用什么方法和如何做，评价组织完成过程所采用的方式方法、方法的适宜性、方法的有效性、方法的可重复性和是否基于可靠的数据和信息。

“展开”主要是指实施到什么程度，评价所采用方法的展开程度、方法是否持续应用、方法是否在所有适用的部门中使用。

“学习”主要是指如何完善，评价是否通过循环评价和改进对方法进行不断完善，是否鼓励通过创新对方法进行突破性的改变，是否在组织的各相关部门、过程中分享方法的改进和创新。

“整合”主要是指成熟度，评价方法与组织需要的协调一致性，组织各过程、部门的测量、分析和改进系统相互融合、补充的程度，组织各过程、部门的计划、过程、结果、分析、学习是否和行动协调一致，是否有效支持组织的目标。

（2）对结果要求的定性评价。对结果的要求体现在四个方面：使用水平（level）、趋势（trend）、对比（comparison）、重要性（importance），简称 LTCI。

对结果的评价主要是指结果如何，评价要点包括：组织绩效的当前水平、绩效改进的速度和广度；与适宜的竞争对手和类似组织的对比绩效、与标杆或行业领先者的对比绩效；结果的测量与“组织概述”和重要顾客、产品和服务、市场、过程和战略规划的绩效要求重要程度的联系；组织各部门的结果一致，支持组织使命、愿景和战略目标的实现。

2. 定量的评价方法

GB/Z 19579—2012《卓越绩效评价准则实施指南》对过程类和结果类条款分别给出了详细的评分指南，作为卓越绩效模式自我评价和质量奖评审的评分尺度。卓越绩效评价准则的七个条款由 23 个评分项构成，每个评分项按照“基本要求—总体要求—详细要求”三个层次展开。图 11-5 提供了评分条款格式图例。

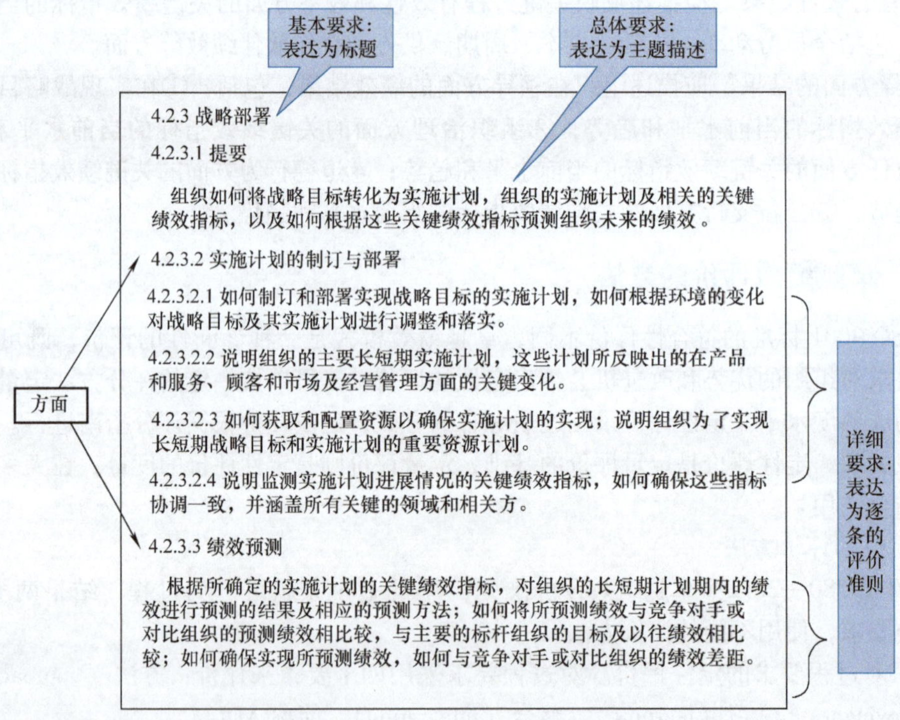

图 11-5 评分条款格式图例

对过程条款的定量评价可按照评分指南进行，如表 11-2 所示。

对结果条款的定量评价可按照评分指南进行，如表 11-3 所示。

3. 评价结果的分析

根据评分指南，对照组织的自我评价报告或组织的具体情况，可以对准则要求的每个评分项给出适宜的分值，并将所有评分项的分值相加，即可得到被评价组织的总分值。目前，美国波多里奇国家质量奖获奖组织的分值在 650 ~ 750 分之间，我国质量奖获奖组织的分值在 500 ~ 650 分之间。

表 11-2　过程条款评分指南

分数	过程
0 或 5%	★ 显然没有系统的方法；信息是零散、孤立的（A） ★ 方法没有展开或仅略有展开（D） ★ 没有改进导向；已有的改进仅仅是“对问题的被动反应”（L） ★ 缺乏协调一致；各个方面或部门各行其是（I）
10%、15%、20% 或 25%	★ 针对该评分项的基本要求，开始有系统的方法（A） ★ 大多数方面或部门处于方法展开的初级阶段，阻延了基本要求的进程（D） ★ 处于从“对问题的被动反应”到“一般性改进导向”方向转变的初期阶段（L） ★ 主要通过联合解决问题，使方法与其他方面或部门达成一致（I）
30%、35%、40% 或 45%	★ 应对该评分项的基本要求有系统、有效的方法（A） ★ 尽管在某些方面或部门还处于展开的初期阶段，但方法还是被展开了（D） ★ 开始有系统的方法，评价和改进关键过程（L） ★ 方法处于与在其他评分项中识别的组织基本需要协调一致的初级阶段（I）
50%、55%、60% 或 65%	★ 对该评分项的总体要求，有系统、有效的方法（A） ★ 尽管在某些方面或部门的展开有所不同，但方法还是得到了很好的展开（D） ★ 有了基于事实的、系统的评价和改进过程，以及一些组织的学习，以改进关键过程的效率和有效性（L） ★ 方法与在评分项中识别的组织需要协调一致（I）
70%、75%、80% 或 85%	★ 应对该评分项的详细要求，有系统、有效的方法（A） ★ 方法得到了很好的展开，无显著的差距（D） ★ 有基于事实的、系统的评价和改进，组织的学习成为关键的管理工具；存在清楚的证据，证实通过组织级的分析和共享得到了精确、创新的结果（L） ★ 方法与在其他评分项中识别的组织需要达到整合（I）
90%、95% 或 100%	★ 应对该评分项的详细要求，全部有系统、有效的方法（A） ★ 方法得到了充分的展开，在任何方面或部门均无显著的弱项或差距（D） ★ 有以事实为依据的、系统的评价和改进，组织的学习是组织主要的管理工具；通过组织级的分析和共享，得到了精细的、创新的结果（L） ★ 方法与在其他评分项中识别的组织需要达到很好的整合（I）

表 11-3　结果条款评分指南

分数	结果
0 或 5%	★ 没有报告结果，或结果很差 ★ 没有显示趋势的数据，或显示了总体不良的趋势 ★ 没有对比性信息 ★ 在对组织关键经营要求重要的所有方面，均没有报告结果
10%、15%、20% 或 25%	★ 结果很少；在少数方面有一些早期的良好绩效水平 ★ 没有或只有极少的显示趋势的数据 ★ 没有或只有极少的对比性信息 ★ 在少数对组织关键经营要求重要的方面，报告了结果

（续）

分数	结果
30%、35%、40%或45%	★ 在该评分项要求的多数方面有改进和/或良好绩效水平 ★ 处于取得良好趋势的初期阶段 ★ 处于获得对比性信息的初期阶段 ★ 在多数对组织关键经营要求重要的方面，报告了结果
50%、55%、60%或65%	★ 在该评分项要求的大多数方面有改进趋势和/或良好绩效水平 ★ 在对组织关键经营要求重要的方面，没有不良趋势和不良绩效水平 ★ 与有关竞争对手和/或标杆进行对比评价，一些趋势和/或当前绩效显示了良好到优秀的水平 ★ 结果达到了大多数关键顾客、市场、过程的要求
70%、75%、80%或85%	★ 在对该评分项要求重要的大多数方面，当前绩效达到了良好到卓越的水平 ★ 大多数的改进趋势和/或当前绩效水平可持续 ★ 与有关竞争对手和/或标杆进行对比评价，多数到大多数的趋势和/或当前绩效显示了领先和优秀的水平 ★ 结果达到了大多数关键顾客、市场、过程和战略规划的要求
90%、95%或100%	★ 在对该评分项要求重要的大多数方面，当前绩效达到了卓越水平 ★ 在大多数方面，具有卓越的改进趋势和/或可持续的卓越绩效水平 ★ 在多数方面被证实处于行业领导地位和标杆水准 ★ 结果充分地达到了关键顾客、市场、过程和战略实施计划的要求

卓越绩效评分时不仅要对应准则条款的具体要求，还要与组织特定的情况相联系。对方法来说，首先要评价其对组织情况的适应性和有效性；对结果来说，不仅需要评价所处的水平和趋势，还要评价其对组织关键经营要素的影响程度。事实上，卓越绩效评价是对组织管理成熟度的评价。在满分1000分的评分系统中，不同的评分区间对应着不同的管理成熟度水平，通常情况下，可以分为四个阶段：

第一阶段：问题反映——救火式（0～20%）。该阶段缺乏管理系统，组织的管理处于“救火”式的状态，如图11-6所示。这一阶段的管理特点是：

- 并非从过程的角度出发，而是按日常活动管理组织运作。
- 组织只懂得实时响应各方面的需要及问题。
- 组织的目标并不一致。

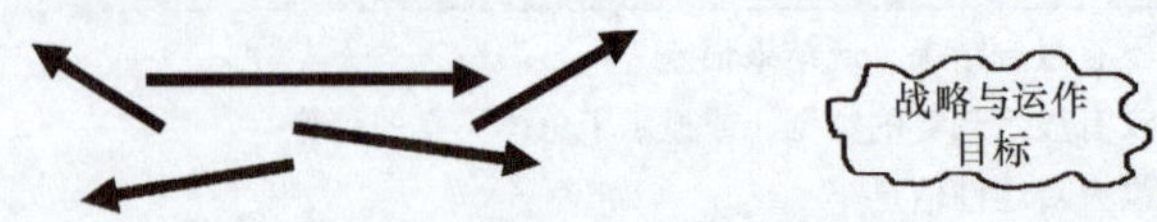

图11-6 管理成熟度第一阶段

第二阶段：初期系统方法（30%～40%）。该阶段具有管理系统的雏形，是不一致的、局部的系统，如图11-7所示。这一阶段的特点是：

- 组织开始从过程的角度管理日常运作，具有可重复性，并已开始评估和改进过程。

- 组织各部门之间开始相互联系，运作协调、顺畅。
- 组织目标接近一致。

图 11-7　管理成熟度第二阶段

第三阶段：一致的方法（50%～60%）。该阶段的管理工作有效、系统、逻辑严谨、方向一致，如图 11-8 所示。这一阶段的特点是：

- 组织从过程的角度管理日常运作，具有可重复性，并定期评价过程运作，实施改进。
- 组织各部门之间不断相互联系，以确保运作顺畅，并能分享持续改进过程和管理方法的成功经验。
- 组织目标一致。

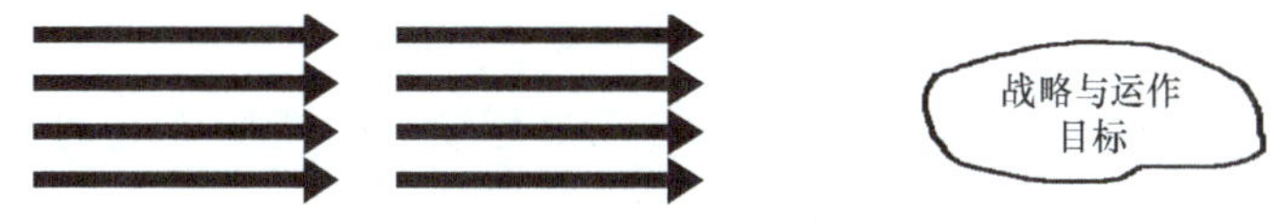

图 11-8　管理成熟度第三阶段

第四阶段：整合的方法（70% 及以上）。这一阶段的管理工作有效、系统、一致、整合、创新，如图 11-9 所示。该阶段的特点是：

- 组织从过程的角度管理日常运作，具有可重复性，并定期评估过程运作、组织绩效，以跨部门合作的方式，实施改进和变革。
- 组织各部门不断合作，提升跨部门的效率，并持续分享持续改进、变革过程及管理方法的成功经验。

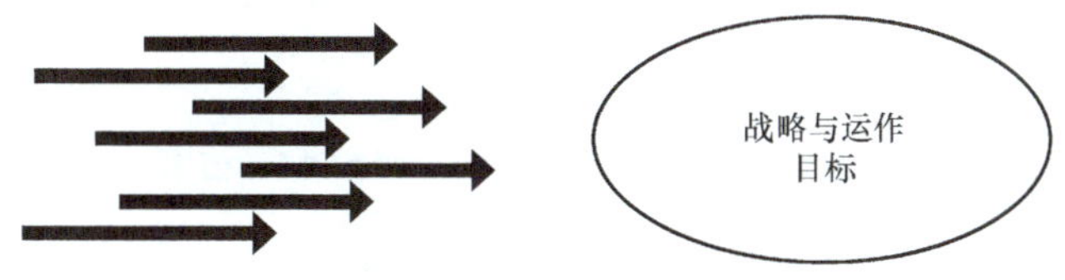

图 11-9　管理成熟度第四阶段

对评价结果分值区间的划分，反映了组织管理走向成熟的几个阶段。从第一阶段到第四阶段，标志着管理成熟度不断提高，呈现了组织管理水平进步的阶梯。

从 ISO 9001、ISO 9004 标准所代表的质量管理体系，到卓越绩效准则所代表的质量奖模式，反映出质量管理的理念由规范的“符合性”到满足顾客要求的“适用性”，从狭义的“产品质量”到“过程质量”，再到“经营质量”的演变和发展。组织只有建立、健全质量管理体系，持续改进，不断提升管理成熟水平，才能适应现代市场日趋激烈的竞争环境，取得良好的经济效益，获取长期的成功和发展。

11.4 ISO 9000族标准与卓越绩效模式的比较

ISO 9000族标准是国际标准化组织在总结世界各国质量保证制度的基础上，制定并颁布的一套通用的质量管理国际标准。它可广泛应用于各种类型和规模的组织，方便各国间的贸易与合作。ISO 9000族标准是一种基于过程的质量管理体系，通过要求在生产过程中的每一个环节都符合相应的标准，来确保最终产品的质量。

卓越绩效模式，事实上是组织的经营管理国际标准，是一种卓越经营的哲学和方法论，为五大利益相关方（股东、供应商和合作伙伴、顾客、员工、社会）创造平衡的价值，使五大利益相关方和谐共赢。

ISO 9000标准体系与卓越绩效模式可以认为是两套不同的质量管理标准，两者既有联系又存在区别。

ISO 9000族标准和卓越绩效模式两者之间的联系体现在：

（1）ISO 9000族质量管理体系中的基础和术语，适用于卓越绩效评价标准，因此，卓越绩效评价准则是ISO 9000标准体系的自然进程和必然的延伸。

（2）ISO 9000族标准的质量管理原则包含在卓越绩效模式所体现的核心价值观中，以美国波多里奇国家质量奖为例，如表11-4所示。

表11-4 质量管理原则和卓越绩效的核心价值观

质量管理原则	卓越绩效模式的核心价值观
① 以顾客为关注焦点	远见卓识的领导②
② 领导作用	顾客驱动的卓越①
③ 全员积极参与	培育学习型组织和个人③⑤
④ 过程方法	尊重员工和合作伙伴③⑦
⑤ 改进	敏捷性
⑥ 循证决策	关注未来
⑦ 关系管理	促进创新的管理③
	基于事实的管理⑥
	社会责任
	注重结果和创造价值④
	系统的视野

（3）都是对照通用模式进行评价或自我评价。ISO 9000族标准为质量管理体系提供了一种通用模式，是一个符合性标准，包括了内部审核、管理评审和自我评价。卓越绩效模式同样对组织提出了评价的要求，组织的自我评定是参考卓越绩效模式，对组织的活动和结果进行全面系统的评审，同时还帮助组织识别需要改进的领域或优先开展的事项。

（4）都为持续改进提供基础。ISO 9000族标准中指出，“应利用质量方针、质量目标、审核结果、数据分析、纠正和预防以及管理评审，持续改进质量管理体系的有效性”。卓越绩效评价准则引导企业持续改进，不断完善和趋于成熟，永无止境地追求卓越。两者的基本结构都是以PDCA循环为指导的持续改进的方法。

（5）都包含外部承认的规定。ISO 9000族标准可以作为质量管理体系审核和第三方认证的依据。而卓越绩效模式用定量化的评分准则，对组织的成熟度进行全方位的评审，也可以用于质量奖的评定。

ISO 9000 族标准和卓越绩效模式的区别表现在：ISO 9000 族标准是一个质量管理的符合性标准，各国组织都将 ISO 9000 族标准作为一个管理基础，使得组织的质量管理活动标准化、规范化。ISO 9000 族标准规定了组织的质量管理体系有能力满足顾客和相关法律法规的要求，但没有考虑组织和社会等相关方的利益。ISO 9000 标准强调组织在建立和实施质量管理体系的过程中，以顾客满意为最终目的，通过体系的实施和持续改进使顾客的要求得到满足。而卓越绩效模式是一个成熟度标准，强调组织战略、绩效结果和社会责任，追求卓越绩效的经营管理模式。卓越绩效模式不仅关注组织、顾客利益的实现，而且还关注员工、供方和社会等相关方利益的实现。卓越绩效模式是一种竞争性的模式，它包括了对组织进行水平比较的评价准则，它提供了组织与其他组织进行水平比较的基础，且适用于组织的全部活动和所有相关方。因此，卓越绩效模式比 ISO 9000 族标准的应用范围更加广泛。表 11-5 从类型、目的、范围、强调的重点等方面分析了 ISO 9000 族标准和卓越绩效模式之间的区别。

表 11-5　ISO 9000 族标准与卓越绩效模式的区别

比较项目	ISO 9000 族标准	卓越绩效模式
类型	合格评定	卓越评审（成熟度，水平对比）
目的	旨在增进顾客满意（过程管理仅考虑顾客的要求）	使顾客及其他利益相关方综合满意（过程管理必须兼顾和平衡各相关方的要求）
范围	质量管理体系（证实其有能力稳定地提供满足顾客和符合法律法规要求的产品）	企业管理体系、全面质量管理体系（包含领导、战略等七大类目，评价其长期成功的能力）
重点	强调过程	强调过程，但更重视结果
主线	质量方针	发展方向和战略规划
称谓	审核、审核员	评审、评审员

通过对 ISO 9000 族标准和卓越绩效模式的比较、分析，可以清楚地看到：二者都是质量管理的模式，都是在不断地改进、完善之中；ISO 9000 族标准是基础，追求卓越是目标。只有打下坚实的基础，才能够实现组织卓越的目标。

思考与练习

1. 如何理解卓越绩效模式的作用？
2. 卓越绩效模式的基本特征是什么？
3. 卓越绩效模式的核心价值是什么？讨论这些核心价值对我国现代企业管理的启示。
4. 简述世界三大质量奖（美国的波多里奇国家质量奖、欧洲质量奖及日本戴明质量奖）之间的联系与区别。
5. 如何从定性与定量的角度运用卓越绩效模式的评价准则对组织进行评价？二者的关系如何？
6. 选择几个具有代表性的企业，根据中国卓越绩效准则实施指南和评分指南对这些企业的管理成熟度进行评价。

7. 试结合我国卓越绩效评价准则对相关企业或者组织进行评价，并提交一份评价报告。

8. 试讨论卓越绩效模式的核心价值观与 ISO 9000 族标准的质量管理原则二者的内在联系。

9. 简述 ISO 9000 族标准与卓越绩效模式的联系与区别。

10. 选择一些实施 ISO 9001 的企业进行调研，分析其质量体系的运行状况。

11. 部分企业实施了 ISO 9001 质量管理体系，但其质量管理水平和产品质量并没有得到提高，分组讨论其原因。

12. 结合企业调研与相关的文献，探讨中国卓越绩效模式在评价我国企业或组织中存在的问题，并指出相应的改进方法。

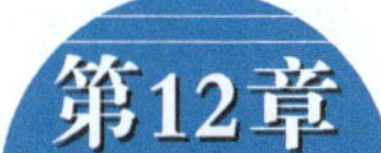

第12章 服务质量管理

伴随着经济的发展和科学技术的进步，服务业在经济活动中所占的比例越来越大。欧美发达国家的服务业占 GDP 的比例已超过 80%，我国也已超过 50%。服务业的重要性日渐突出，高质量的服务不仅是保持竞争力的重要因素，也是质量成熟度的指标。即使制造业已经满足了可靠性、一致性、设计和其他要求，最终仍会关注服务。今天，服务仍是许多组织战胜竞争对手的一个重要因素。

本章将介绍服务质量的概念、服务质量的模型和应用、服务质量管理理论等。

12.1 服务质量的概念

12.1.1 服务与制造的区别

目前，尽管对服务没有确切的定义，但随着对服务认识和研究的深入，人们逐渐体会到服务也应该是多维度的。由于服务过程与制造过程的本质区别，改进服务质量的方法也会有所不同。服务与制造的不同主要表现在如下几个方面：

（1）无形性。制造业的实物生产通常是一种有形的过程，最终的产品也是实物形式。而服务通常具有无形性，它无法储存。顾客在接受服务之前，往往无法先看实物再决定是否购买，而只有在接受服务的过程中判断是否满足要求。对于服务的提供者，只有提供良好的服务体验，才能让顾客满意。

（2）实时性。服务的许多过程是在顾客面前实时提供的，即服务的提供与消费同时进行。与制造业的产品在工厂中完成、可通过事后检验弥补质量缺陷不同，在服务过程中，如果出现问题或者差错，即刻会受到顾客的投诉和抱怨，而且服务提供过程中顾客的情绪反应也会影响到其他顾客，因此，服务质量对实时处理问题的能力要求较高。

（3）易逝性。易逝性是指服务产品既不能在时间上储存下来以备将来使用，也不能在空间上转移到其他地方。易逝性使得服务如果不能及时消费就会造成损失。

（4）顾客参与。顾客参与服务过程的程度要比参与制造过程的程度深得多，服务过程的一个重要特点就是服务人员与顾客之间的沟通、交流和交互，服务就是通过这种交互完成的。在一些顾客参与度高的行业，顾客不但要与服务提供者进行交互，也可能与其他顾客产生联系。例如，在许多饭店，顾客自己倒饮料，这种行为就可称为顾客合作生产（customer coproduction）。

（5）异构性。对许多公司而言，没有两种服务是完全相同的，例如，对广告公司而言，没有两次广告活动是完全相同的。由于顾客需求不同，对不同顾客提供的服务也不相同；即使需求相同，由于不同人员的服务技能、服务态度存在差异，也会产生不同的服务效果。

尽管许多服务行业通过各种方式引入工业化生产手段，采用标准化甚至自动化的方式，尽量减少服务过程及其产出的差异，但仍无法像制造业的产品一样做到完全标准化。

12.1.2 服务质量及要素

对于服务质量，有人认为服务质量应是指服务结果符合既定标准，也有人认为服务质量应是由消费者主观判断而不是客观评估的，其中格朗鲁斯（Gronroos）提出的感知服务质量的概念得到广泛认可。感知服务质量是指服务质量是顾客对期望的服务与实际感知的服务结果的比较，其核心是服务质量必须建立在顾客需求和期望的基础之上，而不是由管理者或服务提供者来决定。

美国服务管理学者帕拉苏拉曼（Parasuraman）、泽丝曼尔（Zeithaml）和贝瑞（Berry）（三人简称PZB）在格朗鲁斯的基础上对感知服务质量进行了更为深入的研究，进而提出顾客对服务质量的感知不是一维的，而是多维的；服务质量不仅针对服务本身，还包括服务过程质量，并涉及顾客服务前的期望与服务后的实际感知之间的差距。当顾客的感知超过期望时，服务具有很好的质量，会让人感到愉悦；当感知没有达到期望时，服务质量是不可接受的；当顾客的感知和期望一致时，服务质量是满意的。

PZB在感知服务质量的基础上，对不同的服务行业进行了充分的研究，从五个维度对服务质量要素进行了概括，分别是可靠性、响应性、保证性、移情性和有形性。

（1）可靠性（reliability）。可靠性是指组织可靠、准确地履行服务承诺的能力，它要求组织以相同的方式、无差错、准时完成承诺的服务。如果顾客选择银行代缴水、电、气服务，那就要求银行每月能准时、准确地自动缴纳相关费用。

（2）响应性（responsiveness）。响应性是指组织帮助顾客并迅速提供服务的愿望，它要求组织能迅速及时地提供服务。例如，在业务高峰时增加服务人员，以减少顾客的排队时间，可以让顾客感受到服务组织的态度。当服务出现差错时，能迅速解决问题会对服务质量感知带来积极的影响。

（3）保证性（assurance）。保证性是指员工具备的知识、态度和能力使顾客感到信任和放心。保证性要求服务人员具有胜任服务所需的知识和技能，与顾客接触时有礼貌、尊重的态度并能有效沟通，将顾客最关心的事情放在心上。

（4）移情性（empathy）。移情性是指能换位思考，设身处地地为顾客着想并给予特别的关注。这要求服务人员努力和有效地理解顾客需求，并给予满足。

（5）有形性（tangibles）。有形性是指服务组织提供有形的设施、设备、环境布置、人员、各种指示标记等。服务是无形的，但有形的环境条件是服务组织给予顾客细致关怀和照顾的体现，直接影响顾客对服务质量的感知。

12.2 服务质量模型和应用

为了更好地测量服务质量，许多学者进行了深入的研究，提出了多种服务质量模型，其中具有代表性的是格朗鲁斯的感知服务质量模型和PZB的SERVQUAL模型。

12.2.1　感知服务质量模型

1982 年，格朗鲁斯提出了感知服务质量的概念，认为总体服务质量由企业形象、技术质量和功能质量构成，在此基础上，1984 年提出了感知服务质量模型，见图 12-1。在这个模型中，顾客的感知服务质量主要取决于顾客期望的服务质量与顾客体验到的服务质量之间的差距。顾客期望的服务质量主要由自身形象、广告、口碑等构成，而顾客体验到的服务质量由技术质量和功能质量组成。技术质量是指服务过程的产出，即顾客从服务过程中得到的东西；功能质量是指顾客如何得到这些东西，更多的是指顾客的感受。组织形象对技术质量和功能质量有一定的过滤作用，组织形象好，即使服务出现一些小失误，顾客也会谅解；反之，如果组织形象不佳，那么服务过程中的失误就会影响顾客的体验。

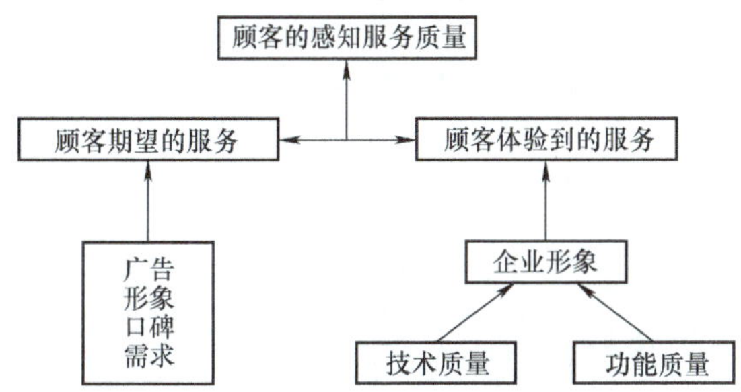

图 12-1　格朗鲁斯的感知服务质量模型

12.2.2　SERVQUAL 模型

在格朗鲁斯感知服务模型的基础上，PZB 提出了著名的 SERVQUAL 模型。SERVQUAL 模型如图 12-2 所示。服务质量从有形性、响应性、保证性、移情性和可靠性五个维度，分别计算顾客“期望服务（ES）”“感知服务（PS）”，以及二者之间的差距（Gap），即 Gap = PS - ES。而期望服务会受口碑、顾客个人需求及过去经验的影响。当 PS > ES 时，感知服务质量超过期望服务质量，顾客感受到较高质量的服务，差值越大，顾客的感知服务质量越高；当 PS = ES 时，差值为 0，顾客的感知质量等于期望质量，服务质量尚可；当 PS < ES 时，差值为负，顾客的感知质量低于期望质量，服务质量较差，差值越小，顾客的感知服务质量越差。

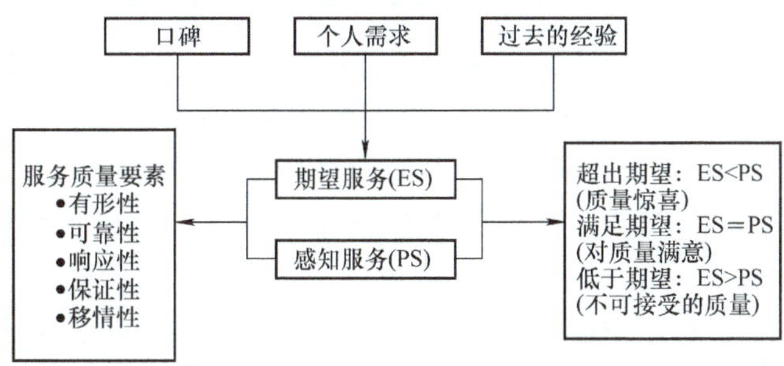

图 12-2　PZB 的 SERVQUAL 模型

SERVQUAL 模型的核心是顾客感知服务质量与服务质量差距模型，它从有形性、可靠性、响应性、保证性、移情性五个维度，采用22个项目进行测量，形成了SERVQUAL模型量表（见表12-1）。

表12-1 SERVQUAL 模型量表

维度	定义	项目	分值
有形性（tangibles）	服务中的实体部分，包括服务设施和人员的外表	1. 拥有先进的服务设施	1 2 3 4 5 6 7
		2. 服务设施具有吸引力	1 2 3 4 5 6 7
		3. 员工仪表得体、整洁	1 2 3 4 5 6 7
		4. 公司设施与提供的服务相匹配	1 2 3 4 5 6 7
可靠性（reliability）	可靠、准确地提供所承诺服务的能力	5. 能在规定时间内履行承诺	1 2 3 4 5 6 7
		6. 表现出对解决顾客问题的热忱	1 2 3 4 5 6 7
		7. 首次即能提供顾客所需的服务	1 2 3 4 5 6 7
		8. 能在其承诺时间内为顾客提供服务	1 2 3 4 5 6 7
		9. 坚持零缺陷的工作要求	1 2 3 4 5 6 7
响应性（responsiveness）	乐于帮助顾客并提供及时的服务	10. 告知顾客提供服务的确切时间	1 2 3 4 5 6 7
		11. 给顾客提供即时的服务	1 2 3 4 5 6 7
		12. 员工总是乐于帮助顾客	1 2 3 4 5 6 7
		13. 员工绝对不会因为太忙而忽视顾客的要求	1 2 3 4 5 6 7
保证性（assurance）	知识、能力和态度使顾客信任、放心	14. 员工是值得信任的	1 2 3 4 5 6 7
		15. 顾客在接受服务时会感到安全	1 2 3 4 5 6 7
		16. 员工有礼貌	1 2 3 4 5 6 7
		17. 员工可从公司得到适当的支持，以提供更好的服务	1 2 3 4 5 6 7
移情性（empathy）	关心顾客并为顾客提供个性化服务	18. 公司针对不同顾客提供个性化服务	1 2 3 4 5 6 7
		19. 员工给予顾客个性化的关怀	1 2 3 4 5 6 7
		20. 了解顾客的特殊需求	1 2 3 4 5 6 7
		21. 重视顾客的利益	1 2 3 4 5 6 7
		22. 公司的营业时间便利所有顾客	1 2 3 4 5 6 7

在应用SERVQUAL模型测量服务质量时，会根据SERVQUAL模型量表设计“期望服务（ES）”和“感知服务（PS）”两部分问卷，每部分均基于服务质量的五个维度设计22个问题。期望服务有22个问题来评价顾客对某类服务的期望；感知服务有相对应的22个问题来反映顾客对某类服务的实际感知。服务质量可以通过计算问卷中每一项顾客期望与顾客感知的差值来得到。

由于服务大多是无形的，因此员工和顾客在沟通和理解上的差异对服务质量感知存在严重的负面影响。图12-3显示了PZB提出的服务质量差距分析模型，用来分析服务质量的形成过程。服务差距模型认为在服务质量形成过程中存在五个方面的差距：

差距一：质量感知差距。它是指组织管理者对顾客期望的认知与顾客实际期望之间的差异。作为顾客，你是否曾想告诉服务提供者："我不想你们那样做，我需要你提供其他服务！"管理者或员工很难突破以过程为导向看待组织活动的观点。在很多情况下，改进过程并不意味着能够改进顾客服务。要想真正改进顾客服务，必须首先了解顾客的需求。

差距二：质量标准差距。它是指组织的管理者认知的顾客期望与组织设定的服务标准之间的差异。管理者一旦真正了解顾客需求，便会开发出帮助员工提供顾客所需服务的系统。通常，由于公司未能根据良好定义的过程来确定顾客需求，也就无法知道顾客需求与管理者期望是否一致。

差距三：服务传递差距。它是指组织提供和传递的服务质量与组织设定的服务标准之间的差异。组织即使设定了服务标准，也不能保证向顾客提供无懈可击的服务。当前台人员（contact personnel）缺乏培训、沟通和准备时，服务的质量就会降低。

差距四：市场沟通差距。它是指组织实际提供的服务质量与组织在市场宣传中承诺的服务质量的差异。组织通常会通过口碑宣传和广告媒体等方式来影响顾客对服务质量的期望，而这便是造成差距的原因。你曾听过有人说"公司说一套做一套"吗？这种差距会使顾客对服务质量产生强烈的负面感知。

差距五：服务感知差距。它是指顾客实际体验感知的服务质量与期望的服务质量之间的差异，也称服务质量差距。它代表了服务质量管理的最终目标，受许多因素的影响，特别地，它是服务传递过程中其他四个差距的函数，受到这四个差距的大小和方向的影响。组织需要通过消除前面四个差距来缩小差距五，从而不断提升服务质量，最终达到提供符合顾客期望的质量。

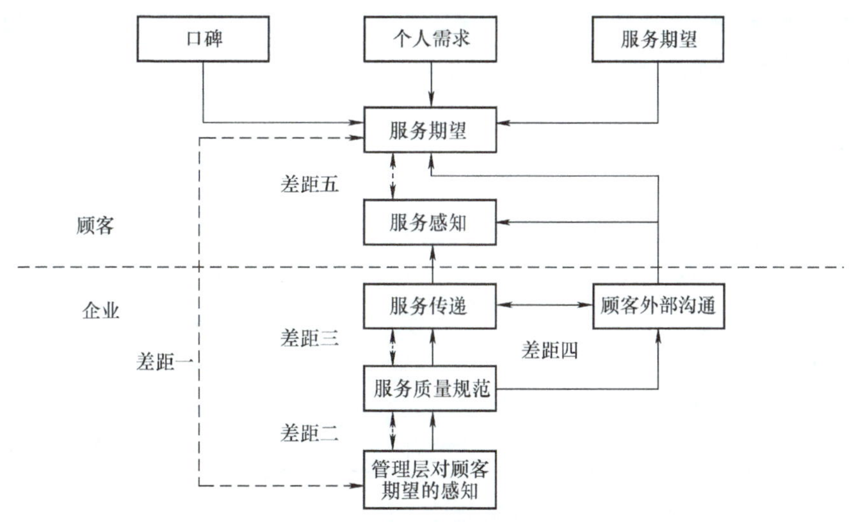

图 12-3　服务质量差距分析模型

服务质量差距分析模型是分析服务质量的常用方法，但也有不完善之处，特别是在某些专业性很强的服务领域，顾客并不清楚自己的期望是什么。因此，也有学者在差距分析模型和 SERVQUAL 的基础上，提出了绩效感知服务质量模型，即 SERVPERF 模型。对于服务质量的其他模型，限于本书篇幅，不再赘述。

12.2.3 应用实例

【例12-1】 某医院为提高服务质量，现对病人做SERVQUAL调查，以此决定应如何加强培训，为顾客提供更好的服务。医院让70位顾客在看病前后填写调查表。如果病人因接受治疗无法当场填写，可请求病人在后续填写。表12-2提供了对70位病人进行调查后计算出来的平均值。

表12-2 医院病人的调查结果

选项	感知平均值	期望平均值
1. 拥有先进的服务设施	6.5	6.3
2. 服务设施具有吸引力	6.4	6.4
3. 员工仪表得体、整洁	6.9	6.2
4. 公司设施与提供的服务相匹配	6.8	6.8
5. 能在规定时间内履行承诺	3.2	5.2
6. 表现出对解决顾客问题的热忱	3.4	6.1
7. 首次即能提供顾客所需的服务	3.3	6.3
8. 能在其承诺时间内为顾客提供服务	3.5	5.9
9. 坚持零缺陷的工作要求	3.6	6.6
10. 告知顾客提供服务的确切时间	5.2	2.4
11. 给顾客提供即时的服务	5.5	2.2
12. 员工总是乐于帮助顾客	5.6	2.4
13. 员工绝对不会因为太忙而忽视顾客的要求	5.8	2.6
14. 员工是值得信任的	4.1	3.2
15. 顾客在接受服务时会感到安全	5.5	3.3
16. 员工有礼貌	4.3	3.4
17. 员工可从公司得到适当的支持，以提供更好的服务	4.1	3.2
18. 公司针对不同顾客提供个性化服务	4.2	3.5
19. 员工给予顾客个性化的关怀	2.6	6.5
20. 了解顾客的特殊需求	2.8	6.6
21. 重视顾客的利益	2.5	6.4
22. 公司的营业时间便利所有顾客	2.4	6.3

根据调查结果，分别计算有形性（选项1~4）、可靠性（选项5~9）、响应性（选项10~13）、保证性（选项14~17）和移情性（选项18~22）感知质量的均值、期望质量的均值及二者之间的差距，结果如表12-3所示。

表12-3 调查结果分析表

维度	感知质量均值	期望质量均值	差距
有形性	6.65	6.425	0.225
可靠性	3.4	6.02	-2.62

（续）

维度	感知质量均值	期望质量均值	差距
响应性	5.525	2.4	3.125
保证性	4.5	3.275	1.225
移情性	2.9	5.86	-2.96

结果表明，在移情性这一维度上存在着最大的负差距，其次是可靠性。因此，医院应着重培训员工的移情性，即能设身处地为病人着想，同时还应改进服务的可靠性。做好上述两点，顾客服务质量即可获得最大的改进。

在评价SERVQUAL的调查结果时，如果不同维度的比较结果具有明显的差距，则二维差距法就十分有效。图12-4提供了本例数据的二维差距平面图，横轴代表感知质量，纵轴代表期望质量。从调查结果可知，在可靠性和移情性这两个维度上，期望值较高、感知值相对较低，所以这正是改进的着眼点。

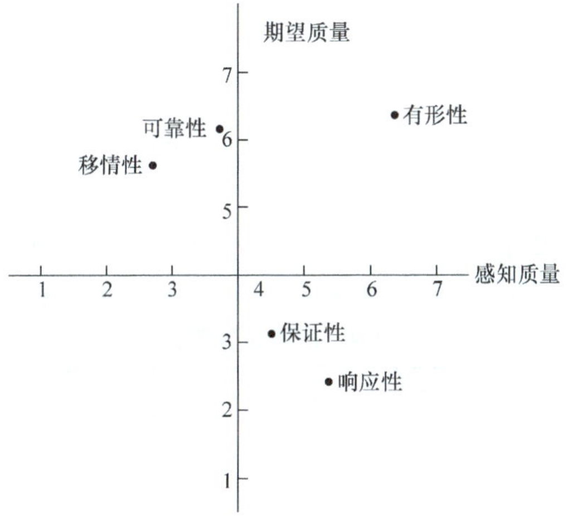

图12-4　二维差距平面图

12.3　服务质量管理理论

在服务质量管理领域，斯科特桑普森（Scott Sampson）提出了服务管理统一理论（unified theory for services management），该理论由数个命题组成。部分命题如下所述：

命题1：统一服务理论。在服务业，顾客对其生产过程提供了大量意见；而在制造业，某些顾客可能对产品的设计提出一些想法，顾客的实际参与过程也仅限于选择和消费产品阶段。所有针对服务的管理主题均以顾客的意见作为出发点。

命题2：不可靠的供应商难题。“在服务业，顾客（即供应商）经常提供不可靠的意见”。由于服务业中的顾客将其自身、财物和信息作为过程输入（统一服务理论），因而出现了“不可靠的供应商难题”。供应商和顾客双重身份的存在，使服务提供者很难控制顾客所提供的意见。

命题3：多变的劳动者。在服务业，顾客（即劳动者）可能忽视、规避或拒绝那些可以提高质量和生产力的技术或过程改进，因此，必须特别注意顾客在过程改进后所购买的产品。

在制造业，劳动者必须遵守公司的决定。若公司决定实施质量改进，投资了一项新技术，即使劳动者认为该新技术对质量改进毫无用处，也必须接受，否则有可能遭到公司的解雇。而在服务业，顾客参与生产过程，共同完成许多工作，因此，他们可以接受或拒绝他们不喜欢的事情。例如，若顾客不想排队等待，那么他们就可以选择离开。

命题4：每个人都自认为是专家。在服务业，服务提供者尚未征求顾客意见之前，顾客通常已经对产品规格（制造什么产品）和过程设计（如何制造产品）提出了意见。

由于需要顾客参与服务过程，因而会发生“每个人都自认为是专家”的现象，这因为大多数顾客对服务过程都有丰富的经验，进而积累了过程知识和改进过程的想法。在服务业，每个人都自认为清楚想从服务机构得到什么。在日常生活中，我们也确实从服务的产生过程中获得了经验。

思考与练习

1. 服务质量与制造质量有何区别？

2. 何为SERVQUAL？它如何帮助公司评估其服务质量？

3. 讨论SERVQUAL评估中差距分析的概念。

4. 服务质量各维度的均值是指每一个维度所包括选项得分的平均值。根据表12-4中的数据，确定应重视哪些维度。

表12-4　服务质量数据表

维度	感知	期望
有形性	5.40	4.12
可靠性	3.20	4.60
响应性	2.45	2.30
保证性	5.60	3.30
移情性	1.90	4.60

（1）考虑单一差距，应重视哪些维度？

（2）考虑二维差距，应重视哪些维度？

（3）根据计算结果，选出最重要的维度，并说明如何制订一套过程改进方案，以提高该维度的质量。

附　录

附录 A　Minitab 软件简介

1972 年，美国宾夕法尼亚大学统计系的教授们开发了 Minitab 软件，当时主要应用于统计教学演示。20 世纪 90 年代以来，Minitab 软件开始活跃于商业与工业生产领域，为质量改善、统计应用提供了强大的工具支持。随着全球六西格玛管理的逐步兴起，Minitab 软件以其使用简捷、分析可靠的特点在商业界和学术界得到了广泛的应用，目前已成为质量改善及六西格玛管理领域的主要工具软件之一。世界上众多的一流企业（如通用电气、福特汽车、3M、诺基亚、东芝等）都选择 Minitab 软件作为质量改善和六西格玛管理的主要工具。此外，世界顶级的质量管理顾问组织和机构（如美国质量学会、朱兰研究学院等）也向需要提高质量的企业推荐 Minitab 软件。随着 Minitab 软件在世界范围内不同行业、不同领域内的广泛应用，其所包含的内容与功能得到了不断的改进。2007 年年初，Minitab 软件推出了其第 15 版 R15，并首次推出了中文版。Minitab 软件中文版的推出使得我国广大用户能够更加便捷地加以使用，同时也标志着 Minitab 软件在我国企业中得到了广泛的应用。

Minitab 软件是一个比较全面的统计软件包，它不仅提供了一般统计学所涉及的所有功能，如描述性统计分析、假设检验、回归与方差分析及多元统计分析等，而且还开发了丰富的质量分析工具，如统计过程控制、试验设计、测量系统分析、可靠性分析等。此外，Minitab 软件还能够绘制散布图直方图、箱线图、时间序列图、等值线图、3D 曲面图等二十多类统计图形，通过丰富的图形功能，生动形象地展示数据的统计分析结果。本书中所有案例分析的计算都是在 Minitab R15 版（简体中文版）的环境下完成的。下面将简要介绍 Minitab R15 版的系统操作环境、统计分析的一些基本功能，让广大读者更加方便地了解 Minitab 软件的基本操作。

1. 操作环境简介

运用 Minitab 软件进行数据分析时，需要使用各种窗口和工具，下面是 Minitab R15 环境下各部分的简介（见图 A-1）。

Minitab 软件操作环境各部分的作用：

- 会话窗口显示诸如统计报表之类的输出文本。
- 数据窗口可以输入、修改数据和查看每个工作表的数据列。
- 图形窗口显示各种输出的图形。
- 菜单条包含了文件、编辑、数据、计算、统计、图形、编辑器、工具、窗口、帮助模块，其中每个模块包含了很多子菜单。
- 工具条包含了打开项目、保存项目、打印窗口、剪切、复制、粘贴等一些基本功能的快捷方式。

● 状态条显示了当前的工作表名称。

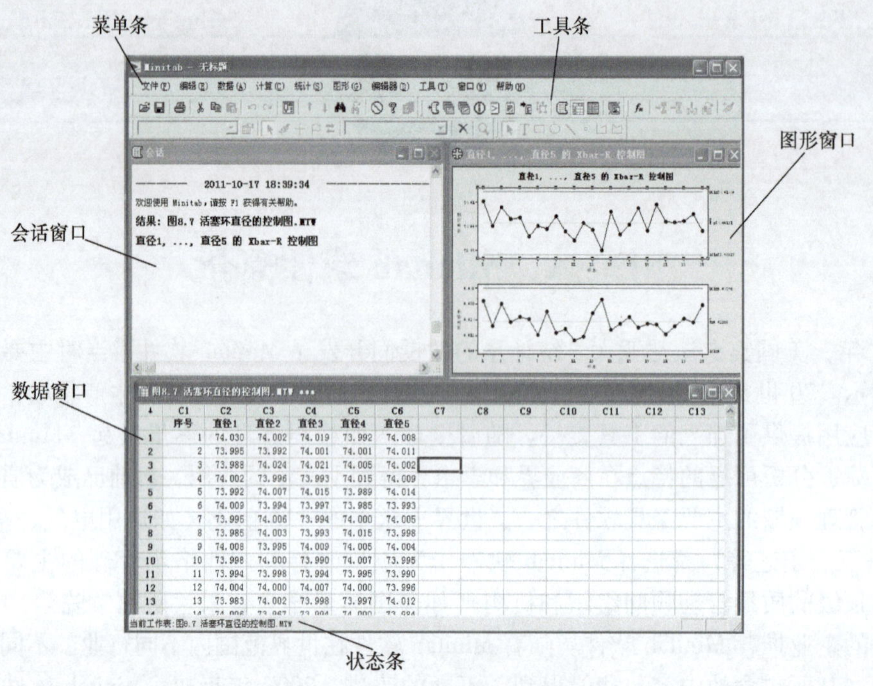

图 A-1　Minitab 软件操作环境

2. 统计分析的基本功能

Minitab 软件中的统计模块是该软件最为核心的部分，主要包括：

● 基本统计量。该菜单包括了描述性统计量，单样本、双样本及配对检验，单比率、双比率检验，单方差、双方差的假设检验，相关系数、协方差计算，正态性检验，以及 Possion 分布的拟合优度检验。

● 回归。该菜单包含了一般回归、逐步回归、最佳子集回归、拟合线图回归、偏最小二乘回归、二进制 logistic 回归、顺序 logistic 回归及名义 logistic 回归。

● 方差分析。该菜单包含了单因子方差分析、双因子方差分析、平均值分析、平衡方差分析、一般线性模型、完全嵌套方差分析、平衡多元方差分析、一般多元方差分析、等方差检验、区间图、主效应图及交互作用图。

● DOE（试验设计）。该菜单包含了因子设计、响应曲面设计、混料设计及田口方法。

● 控制图。该菜单包含了 Box－Cox 变换、子组的变量控制图、单值的变量控制图、属性控制图、指数加权移动控制图及多变量控制图。

● 质量工具。该菜单包含了运行图、Pareto 图、因果图、能力分析、量具分析、属性一致性分析、按属性与变量进行抽样检验、多变异图、对称图。

● 可靠性/生存。该菜单包含了检验计划、分布分析（右删失）、分布分析（任意删失）、保证分析、可修复系统分析、加速寿命数据的回归分析、概率单位分析。

● 多变量。该菜单包含了主成分分析、因子分析、项目分析、观测值聚类、变量聚类、K 均值聚类、判别分析、简单对应分析、多变量对应分析。

- 时间序列。该菜单包含了时间序列图、趋势分析及分解、移动平均、单指数平滑、双指数平滑、Winter 方法、差分及滞后、自相关、偏自相关、互相关、综合自回归移动平均(ARIMA)。
- 表格。该菜单包含了单变量计数、交叉分组表和卡方表、卡方拟合优度检验（单变量）、卡方检验（工作表中的双向表）、描述性统计表。
- 非参数。该菜单包含了单样本符号、单样本 Wilcoxon、Mann – Whitney 检验、Kruskal – Wallis 检验、Mood 中位数检验、Friedman 检验、游程检验、配对平均数、配对差及配对斜率的计算。

Minitab R15 版本，不仅增加了中文版界面，而且还给出详细的中文帮助信息。因此，读者可以结合其中文帮助信息和中文教程更加全面地了解和掌握该软件的基本操作。

附录B 正常检验一次抽样方案（主表）

样本量字码	样本量	接收质量限(AQL) 0.010	0.015	0.025	0.040	0.065	0.10	0.15	0.25	0.40	0.65	1.0	1.5	2.5	4.0	6.5	10	15	25	40	65	100	150	250	400	650	1000
		Ac Re	Ac Re	Ac Re	Ac Re	Ac Re	Ac Re	Ac Re	Ac Re	Ac Re	Ac Re	Ac Re	Ac Re	Ac Re	Ac Re	Ac Re	Ac Re	Ac Re	Ac Re	Ac Re	Ac Re	Ac Re	Ac Re	Ac Re	Ac Re	Ac Re	Ac Re
A	2	⇩	⇩	⇩	⇩	⇩	⇩	⇩	⇩	⇩	⇩	⇩	⇩	⇩	⇩	0 1	⇩	⇩	1 2	2 3	3 4	5 6	7 8	10 11	14 15	21 22	30 31
B	3	⇩	⇩	⇩	⇩	⇩	⇩	⇩	⇩	⇩	⇩	⇩	⇩	⇩	0 1	⇧	⇩	1 2	2 3	3 4	5 6	7 8	10 11	14 15	21 22	30 31	44 45
C	5	⇩	⇩	⇩	⇩	⇩	⇩	⇩	⇩	⇩	⇩	⇩	⇩	0 1	⇧	⇩	1 2	2 3	3 4	5 6	7 8	10 11	14 15	21 22	30 31	44 45	⇧
D	8	⇩	⇩	⇩	⇩	⇩	⇩	⇩	⇩	⇩	⇩	⇩	0 1	⇧	⇩	1 2	2 3	3 4	5 6	7 8	10 11	14 15	21 22	30 31	44 45	⇧	⇧
E	13	⇩	⇩	⇩	⇩	⇩	⇩	⇩	⇩	⇩	⇩	0 1	⇧	⇩	1 2	2 3	3 4	5 6	7 8	10 11	14 15	21 22	30 31	44 45	⇧	⇧	⇧
F	20	⇩	⇩	⇩	⇩	⇩	⇩	⇩	⇩	⇩	0 1	⇧	⇩	12	2 3	3 4	5 6	7 8	10 11	14 15	21 22	⇧	⇧	⇧	⇧	⇧	⇧
G	32	⇩	⇩	⇩	⇩	⇩	⇩	⇩	⇩	0 1	⇧	⇩	1 2	2 3	3 4	5 6	7 8	10 11	14 15	21 22	⇧	⇧	⇧	⇧	⇧	⇧	⇧
H	50	⇩	⇩	⇩	⇩	⇩	⇩	⇩	0 1	⇧	⇩	1 2	2 3	3 4	5 6	7 8	10 11	14 15	21 22	⇧	⇧	⇧	⇧	⇧	⇧	⇧	⇧
J	80	⇩	⇩	⇩	⇩	⇩	⇩	0 1	⇧	⇩	1 2	2 3	3 4	5 6	7 8	10 11	14 15	21 22	⇧	⇧	⇧	⇧	⇧	⇧	⇧	⇧	⇧
K	125	⇩	⇩	⇩	⇩	⇩	0 1	⇧	⇩	1 2	2 3	3 4	5 6	7 8	10 11	14 15	21 22	⇧	⇧	⇧	⇧	⇧	⇧	⇧	⇧	⇧	⇧
L	200	⇩	⇩	⇩	⇩	0 1	⇧	⇩	1 2	2 3	3 4	5 6	7 8	10 11	14 15	21 22	⇧	⇧	⇧	⇧	⇧	⇧	⇧	⇧	⇧	⇧	⇧
M	315	⇩	⇩	⇩	0 1	⇧	⇩	1 2	2 3	3 4	5 6	7 8	10 11	14 15	21 22	⇧	⇧	⇧	⇧	⇧	⇧	⇧	⇧	⇧	⇧	⇧	⇧
N	500	⇩	⇩	0 1	⇧	⇩	1 2	2 3	3 4	5 6	7 8	10 11	14 15	21 22	⇧	⇧	⇧	⇧	⇧	⇧	⇧	⇧	⇧	⇧	⇧	⇧	⇧
P	800	⇩	0 1	⇧	⇩	1 2	2 3	3 4	5 6	7 8	10 11	14 15	21 22	⇧	⇧	⇧	⇧	⇧	⇧	⇧	⇧	⇧	⇧	⇧	⇧	⇧	⇧
Q	1250	0 1	⇧	⇩	1 2	2 3	3 4	5 6	7 8	10 11	14 15	21 22	⇧	⇧	⇧	⇧	⇧	⇧	⇧	⇧	⇧	⇧	⇧	⇧	⇧	⇧	⇧
R	2000	⇧	⇧	1 2	2 3	3 4	5 6	7 8	10 11	14 15	21 22	⇧	⇧	⇧	⇧	⇧	⇧	⇧	⇧	⇧	⇧	⇧	⇧	⇧	⇧	⇧	⇧

⇩—— 使用箭头下面的第一个抽样方案。如果样本量等于或超过批量，则执行100%检验。

⇧—— 使用箭头上面的第一个抽样方案。

Ac—— 接收数。

Re—— 拒收数。

附录 C　计量值控制图系数表

子组中观测值个数 n	控制限系数											中心线系数			
	A	A_2	A_3	B_3	B_4	B_5	B_6	D_1	D_2	D_3	D_4	c_4	$1/c_4$	d_2	$1/d_2$
2	2.121	1.880	2.659	0.000	3.267	0.000	2.606	0.000	3.686	0.000	3.267	0.7979	1.2533	1.128	0.8865
3	1.732	1.023	1.954	0.000	2.568	0.000	2.276	0.000	4.358	0.000	2.574	0.8862	1.1284	1.693	0.5907
4	1.500	0.729	1.628	0.000	2.266	0.000	2.088	0.000	4.698	0.000	2.282	0.9213	1.0854	2.059	0.4857
5	1.342	0.577	1.427	0.000	2.089	0.000	1.964	0.000	4.918	0.000	2.114	0.9400	1.0638	2.326	0.4299
6	1.225	0.483	1.287	0.030	1.970	0.029	1.874	0.000	5.078	0.000	2.004	0.9515	1.0510	2.534	0.3946
7	1.134	0.419	1.182	0.118	1.882	0.113	1.806	0.204	5.204	0.076	1.924	0.9594	1.0423	2.704	0.3698
8	1.061	0.373	1.099	0.185	1.815	0.179	1.751	0.388	5.306	0.136	1.864	0.9650	1.0363	2.847	0.3512
9	1.000	0.337	1.032	0.239	1.761	0.232	1.707	0.547	5.393	0.184	1.816	0.9693	1.0317	2.970	0.3367
10	0.949	0.308	0.970	0.284	1.716	0.276	1.669	0.687	5.469	0.223	1.777	0.9727	1.0281	3.078	0.3249
11	0.905	0.285	0.927	0.321	1.679	0.313	1.637	0.811	5.535	0.256	1.744	0.9754	1.0252	3.173	0.3152
12	0.866	0.266	0.886	0.354	1.646	0.346	1.610	0.922	5.594	0.283	1.717	0.9776	1.0229	3.258	0.3069
13	0.832	0.249	0.850	0.382	1.618	0.374	1.585	1.025	5.647	0.307	1.693	0.9794	1.0210	3.336	0.2998
14	0.802	0.235	0.817	0.406	1.594	0.399	1.563	1.118	5.696	0.328	1.672	0.9810	1.0194	3.407	0.2935
15	0.775	0.223	0.789	0.428	1.572	0.421	1.544	1.203	5.741	0.347	1.653	0.9823	1.0180	3.472	0.2880
16	0.750	0.212	0.763	0.448	1.552	0.440	1.526	1.282	5.782	0.363	1.637	0.9835	1.0168	3.532	0.2831
17	0.728	0.203	0.739	0.466	1.534	0.458	1.511	1.356	5.820	0.378	1.622	0.9845	1.0157	3.588	0.2787
18	0.707	0.194	0.718	0.482	1.518	0.475	1.496	1.424	5.856	0.391	1.608	0.9854	1.0148	3.640	0.2747
19	0.688	0.187	0.698	0.497	1.503	0.490	1.483	1.487	5.891	0.403	1.597	0.9862	1.0140	3.689	0.2711
20	0.671	0.180	0.680	0.510	1.490	0.504	1.470	1.549	5.921	0.415	1.585	0.9869	1.0133	3.735	0.2677
21	0.655	0.173	0.663	0.523	1.477	0.516	1.459	1.605	5.951	0.425	1.575	0.9876	1.0126	3.778	0.2647
22	0.640	0.167	0.647	0.534	1.466	0.528	1.448	1.659	5.979	0.434	1.566	0.9882	1.0119	3.819	0.2618
23	0.626	0.162	0.633	0.545	1.455	0.539	1.438	1.710	6.006	0.443	1.557	0.9887	1.0114	3.858	0.2592
24	0.612	0.157	0.619	0.555	1.445	0.549	1.429	1.759	6.031	0.451	1.548	0.9892	1.0109	3.895	0.2567
25	0.600	0.153	0.606	0.565	1.435	0.559	1.420	1.806	6.056	0.459	1.541	0.9896	1.0105	3.931	0.2544

参考文献

[1] 康蒂．组织自我评价［M］．马义中，译．北京：中国标准出版社，2006.
[2] 龚益鸣，蔡乐仪，陈森．质量管理学［M］．3版．上海：复旦大学出版社，2007.
[3] 国家质量监督检验检疫总局质量管理司．质量专业理论与实务：中级［M］．北京：中国人事出版社，2002.
[4] 韩之俊，许前，钟晓芳．质量管理［M］．2版．北京：科学出版社，2007.
[5] 中国质量协会．质量经理手册［M］．北京：中国人民大学出版社，2010.
[6] 何桢．六西格玛绿带手册［M］．北京：中国人民大学出版社，2011.
[7] 扈延光．现代质量工程［M］．北京：北京航空航天大学出版社，2008.
[8] 岑咏霆．质量管理教程［M］．上海：复旦大学出版社，2005.
[9] 麦格纳森，克劳斯里德，伯格曼．六西格玛——卓越经营之道［M］．刘伟，赵逢禹，马义中，译．2版．北京：中国标准出版社，2004.
[10] 全国六西格玛管理推进工作委员会，六西格玛管理评价准则课题组．六西格玛管理评价准则［M］．北京：中国标准出版社，2007.
[11] 马逢时，吴诚鸥，蔡霞．基于MINITAB的现代实用统计［M］．北京：中国人民大学出版社，2009.
[12] 马逢时，周暐，刘传冰．六西格玛管理统计指南——MINITAB使用指导［M］．北京：中国人民大学出版社，2007.
[13] 马林，何桢．六西格玛管理［M］．2版．北京：中国人民大学出版社，2007.
[14] 马义中．实施连续质量改进的途径［J］．工业工程，1999，2（2）：4-8.
[15] 宋明顺．质量管理学［M］．北京：科学出版社，2005.
[16] 苏秦．现代质量管理学［M］．北京：清华大学出版社，2005.
[17] 苏秦．质量管理与可靠性［M］．北京：机械工业出版社，2006.
[18] 孙静．质量管理学［M］．3版．北京：高等教育出版社，2011.
[19] 邬华芝，信海红．质量管理体系与认证［M］．北京：中国计量出版社，2006.
[20] 朱兰，戈弗雷．朱兰质量手册［M］．焦叔斌，等译．北京：中国人民大学出版社，2003.
[21] 岳刚，赵建坤．卓越绩效模式与实施指南［M］．2版．北京：中国标准出版社，2007.
[22] 张根保．现代质量工程［M］．2版．北京：机械工业出版社，2007.
[23] 张根保，何桢，刘英．质量管理与可靠性［M］．2版．北京：中国科学技术出版社，2005.
[24] 张公绪，孙静．《新编质量管理学（第二版）》辅导与案例［M］．北京：高等教育出版社，2004.
[25] 张善诲．质量管理方法与应用［M］．北京：中国计量出版社，2007.
[26] 中国质量协会，卓越质量研究中心．追求卓越的旅程——美国鲍德里奇国家质量奖自评报告［M］．北京：中国标准出版社，2005.
[27] 何桢．六西格玛管理［M］．3版．北京：中国人民大学出版社，2014.
[28] 卢碧红，等．现代质量工程［M］．北京：机械工业出版社，2013.
[29] 康锐，何益海．质量工程技术基础［M］．北京：北京航空航天大学出版社，2012.
[30] 熊伟，苏秦．设计开发质量管理［M］．北京：中国人民大学出版社，2013.
[31] 韩福荣．现代质量管理学［M］．2版．北京：机械工业出版社，2007.
[32] ECKES G. The Six Sigma Revolution：How General Electric and Others Turned Process into Profits［M］. New York：John Willey & Sons，2001.
[33] ERWIN J，DOUGLAS P C. It's Not Difficult to Change Company Culture［J］. Supervision，2000，61（11）：6-11.
[34] FEGENBAUM A V. Total Quality Control［M］. New York：McGraw-Hill，1991.

[35] FLYNN B B, B. Further Evidence on the Validity of the Theoretical Models Underlying the Baldrige Criteria [J]. Journal of Operations Management, 2001, 19 (6) : 617 – 652.

[36] HALLIDAY S. So What Is Exactly Six Sigma? [J]. Works Management, 2001, 54: (1) 15 – 15.

[37] HENDRICKS C A, KELBAUGH R L. Implementing Six Sigma at GE [J]. Journal for quality and Participation, 1998, 20 (5): 48 – 54.

[38] HERTZ H S. Education Criteria for Performance Excellence 2007: Baldrige National Quality Program [M]. Pennsylvania: Diane Publishing Company, 2007.

[39] HUNTER J S. Statistical Design Applied to Product Design [J]. Journal of Quality Technology, 1985, 17: 210 – 221.

[40] HUNTER J S. Signal to Noise Ratio Debated [J]. Quality Progress, 1987, 20 (5): 7 – 9.

[41] JOSEPH, J R. An Overview of the Strategy and Tactics of Taguchi [J]. IISE Transactions, 1988, 20 (3): 247 – 254.

[42] NAIR V N, ABRAHAM B, MACKAY J, et al. Taguchi's Parameter Design: A Panel Discussion [J]. Technometrics, 1992, 34 (2): 127 – 161.

[43] PIGNATIELLOL J J, RAMBERG J S. Discussion of Off – Line Quality Control, Parameter Design, and the Taguchi Method [J]. Journal of Quality Technology, 1985, 17 (4): 198 – 206.

[44] ROCKART J F. Chief Executives Define Their Own Data Needs [J]. Harvard Business Review, 1979, 57 (2): 81.

[45] 福斯特. 质量管理集成的方法 [M]. 何桢, 译. 北京: 中国人民大学出版社, 2006.

[46] SHEWHART W A. Economic Control of Quality of Manufactured Product [M]. New York: American Society for Quality, 1931.

[47] TAGUCHI G. Introduction to Quality Engineering: Designing Quality into Products and Processes (Tokyo, Japan: Asian Productivity Organization) [M]. New York: Kraus International publications, White plains, 1986.

[48] TAYLOR W A. Optimization and Variation Reduction in Quality [M]. New York: McGraw – Hill, 1991.